三晋百位历史文化名人传记丛书

追寻先贤的足迹　倾听历史的回声
守望伟大的传统　成就时代的梦想

荀子传

高专诚／著

山西出版传媒集团
北岳文艺出版社
BEIYUE LITERATURE & ART PUBLISHING HOUSE

图书在版编目（CIP）数据

荀子传 / 高专诚著 . — 太原：北岳文艺出版社，2017.6
ISBN 978-7-5378-5188-6

Ⅰ . ①荀… Ⅱ . ①高… Ⅲ . ①荀况（前 313- 前 238）
– 传记 Ⅳ . ① B222.6

中国版本图书馆 CIP 数据核字 (2017) 第 088520 号

书　　名：荀子传
著　　者：高专诚
责任编辑：孙　茜
装帧设计：张永文
篆　　刻：刘　刚
插图设计：阎宏睿
印装监制：巩　璠

出版发行：山西出版传媒集团・北岳文艺出版社
地　　址：山西省太原市并州南路 57 号
邮　　编：030012
电　　话：0351-5628696（发行部）
　　　　　0351-5628688（总编室）
传　　真：0351-5628680
网　　址：http://www.bywy.com
E-mail：bywycbs@163.com
经 销 商：新华书店
印刷装订：山西人民印刷有限责任公司

开　　本：710mm × 1000mm　1/16
字　　数：430 千字
印　　张：31.25
版　　次：2017 年 6 月　第 1 版
印　　次：2018 年 1 月山西　第 1 次印刷
书　　号：ISBN 978-7-5378-5188-6
定　　价：52.00 元

《三晋百位历史文化名人传记丛书》组织机构

◎荀子像

◎子夏学说是荀子思想的重要来源

◎孟子学说深刻影响荀子思想

◎荀子弟子韩非子

◎荀子弟子李斯

◎先秦时期百家争鸣示意图

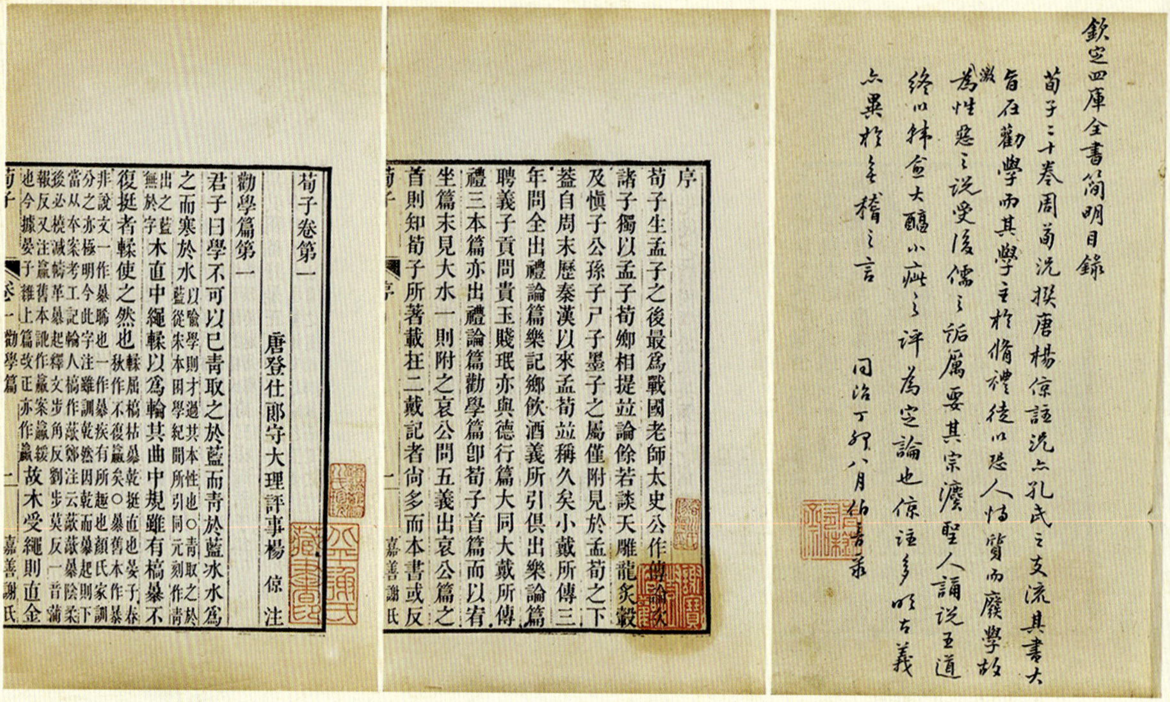

荀子卷第一

唐登仕郎守大理評事楊倞注

勸學篇第一

君子曰學不可以已青取之於藍而青於藍冰水為之而寒於水木直中繩輮以為輪其曲中規雖有槁暴不復挺者輮使之然也故木受繩則直金

序

荀子生孟子之後最為戰國老師太史公作傳論次諸子獨以孟子荀卿相提並論餘若談天雕龍炙轂及慎子公孫子尸子墨子之屬僅附見於孟荀之下蓋自周末歷秦漢以來孟荀並稱久矣小戴所傳三年問全出禮論篇樂記鄉飲酒義所引俱出樂論篇聘義子貢問貴玉賤珉亦與德行篇大同大戴所傳禮三本篇亦出禮論篇勸學篇即荀子首篇而以宥坐篇末見大水一則附之哀公問五義出哀公篇之首則知荀子所著載在二戴記者尚多而本書或反

欽定四庫全書簡明目錄

荀子二十卷周荀況撰唐楊倞註況亦孔氏之支流其書大旨在勸學而其學主於修禮徒以恐人恃質而廢學故激為性惡之說受後儒之詬厲要其宗濟聖人誦說王道終以韓愈大醇小疵之評為定論也倞註多明古義亦異於無稽之言

同治丁卯八月伯言录

◎《荀子》书影

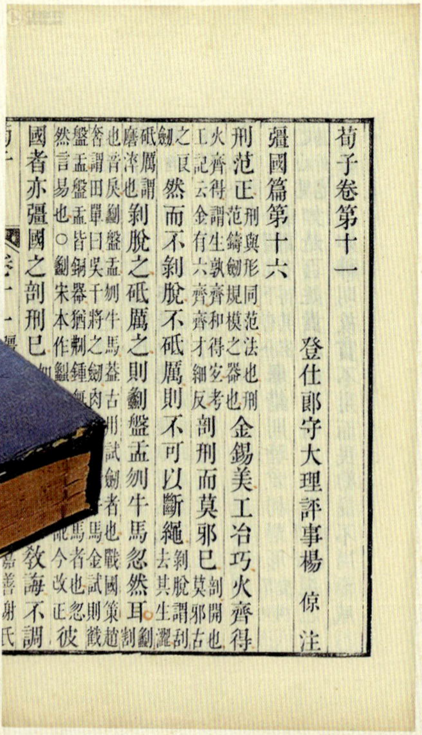

荀子卷第十一

登仕郎守大理評事楊倞注

彊國篇第十六

刑范正金錫美工冶巧火齊得剖刑而莫邪已然而不剝脫不砥厲則不可以斷繩剝脫之砥厲之則劙盤盂刎牛馬忽然耳彊國者亦彊國之剖刑已……教誨不調

◎荀子祭酒图

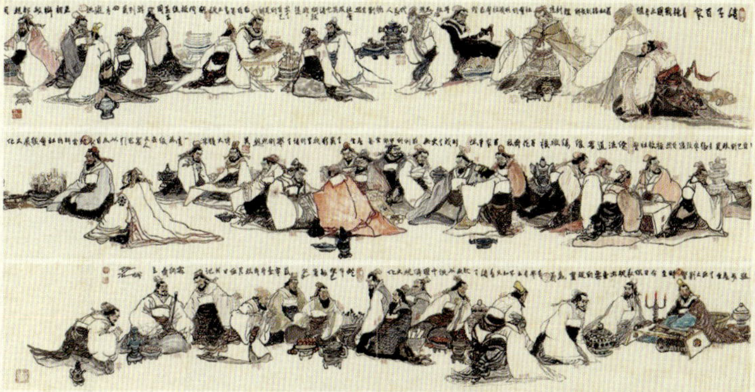

◎诸子百家图

◎劝学图

◎山西安泽的祭荀现场

序：现代化进程中的山西文学

杜学文

从传统社会向现代社会的转化是人类发展进程中的重大课题。每一个国家、每一个民族都将面对，难以回避。个人，作为社会的组成细胞，也同样如此。这并不以我们自己的意志来转移。综观世界各国，在这种转化的进程中，都有了不同的选择，并表现出各异的特色。但总的来说，还是目前我们称之为“发达国家”的率先实现了现代化。其成功的转化有诸多原因，但从文化的角度来看，与其自然环境的特殊性、农耕文明的不发达，以及突出的个人奋斗精神、重利思想、实用主义等有极大的关系。而目前世界上的欠发达国家或发展中国家，则在向现代化转化的历史进程中，又表现出各自不同的特色。就中国而言，在其漫长的历史进程中，农耕文明得到了充分发展，并达到了最为繁荣的境界。现在的发达国家在转型早期的生存压力等表现得并不明显，从而一种自给自足、自得其乐的生活方式逐渐固化。向现代化转型的原生性动力并不强大。从某种意义来看，中国实际上进入了一种人类最美好的发展境界，那就是，依靠劳动来创造财富，与大自然和谐共处，有剩余的时间来体验人生的乐趣等等。中国从传统社会向现代社会的转化主要靠外部的强力推动。就是说，因为先发国家对财富、权力、欲望的强烈追求，在吸纳了东方文化，其中非常重要的是中国文化之后，骤然表现出突飞猛进的发展状态。其商业首先得到了快速的发展。特别是依靠对海外市场的分割，使过去形成的传统的世界市场在大航海时代变得更加活跃。同时，工业技术得到了快速的进步。人类的新发明成几何级数增长。新技术的出现使社会生产力得到了空前的解放，物质生产表现出前所未有的丰富。而与之相应的是社会制度的进一步变革。一种能够服务新的生产力发展的社会管理系统逐渐建立，并在血与火之中不断完善。在这样的变革转型中，东方古老的中国受到了西方先发国家的强烈冲击。传统的农耕文明与新发展的工业文明之间出现了严重了错位，并引发了控制、占有与反控制、反占有的残酷斗争。中国从农耕文明的辉煌顶峰跌落，中国人开始睁开眼睛看世界，并反思自身文明存在的问题。在外力的冲击下，中国不自觉地开始了向现代化转化的历史进程。一代又一代的中国人筚路蓝缕、奉献牺牲，前赴后继、求索奋斗，就是要重新找到国家独立、发展、进步的正确道路，实现民族的复兴。在不同的历史时期，他们承担了不同的历史使命。不同的人们从自己所从事的事业中为这样一个艰难而宏伟的目标作出了自己的贡献。而中国的文学，同样没有疏离民族的历史追求，甚至在许多关键的历史时刻，承担了开启民智、传播思想、激发斗志、重塑文明的历史重任。在这样一个艰难的充满了探索的转型进程中，中国人民表现出了自己最大的智慧与韧性。一直到新中国的建立，才基本形成了主权统一、独立自主的现代国家形态，并以超人的勇气与奋斗精神、惊人的创造力与发展速度迈向现代化。在这样一个伟大的转化进程中，中国虽然经历了失败、屈辱、挫折，但终于创造了他人所没有的成就。而我们的文学，正是这一历史的亲历者、推动者、表现者。就山西文学来说，是中国文学的重要方阵，当然也是这一历史的组成部分。其努力与贡献非常突出。

首先是推动了现代汉语的大众化，为现代汉语从知识阶层走向普通民众，并使二者有机结合作出了积极的贡献。在中国追求现代化的进程中，经历了一个从“器”到“道”的转变。所谓“器”，就是中国人在最初以为是西方发达国家的技术、器物先进，因而倡导“洋务运动”，开办现代工厂，引进西方设施，等等。这些努力从历史发展的必然来看，当然是非常重要的。但是，事实很快证明，仅仅引进西方的先进技术并不能解决问题。之后发生了制度层面的改革，包括推翻清王朝，建立立宪政权，仿效欧美三权分立及选举制度等等。但是，这种形式上的制度变革没有使中国强大起来，反而使中国成了一盘散沙，四分五裂。于是，更多的人开始反思中国的文化。一方面，对中国传统文化中的落后部分进行批判；一方面引进国外的思想如无政府主义、新村主义，包括马克思主义等等。新文化运动成为当时风生水起的社会思潮。从今天来看，其对中国传统文化的批判有许多过激之言。但是如果我们回到具体的历史场景，就会感到这些批判背后所表露的急切心情及历史合理性。在新文化运动中，一个最为突出的问题，也是最为重要的成果就是把中国人使用了数千年的文言文转化为白话文。从文化发展传承的角度来说，以文言文为代表的中国书面语言具有其重要的历史价值、文化价值、文明意义。可以说，文言文的简洁、精炼、典雅，以及其表情达意的丰富性，是世界上任何语言都难以企及的。这也正是其生命力之所在。但是，从历史发展的现实来看，文言文也具有非常严重的局限性，难以适应现代社会的发展要求。首先是缺乏精确性。由于中国传统文化中思维追求整体感、人文感、艺术感，中国的语言缺少对事物的准确表述。这种特点虽然具有非常强烈的人文色彩，以及超越了具体现象的整体感，但是与现代工业技术发展中对事物精确性表达的要求有很大的距离。语言的背后体现的是思维方式。如果语言难以体现精确性要求，人们的思维同样将不能适应时代发展的要求。其次是书面语言与口头语言的分离。虽然任何语言都会表现出书面与口头的差别，也就是说，人们不可能把口头语言照搬为书面语言。但这种差别在汉语中表现得尤为突出。这就是作为书面语言的文言文与口头语言的“白话”之间的区别。这种区别使更多的普通民众与书面书写脱离，对开启民智、提升大众的文化素养产生了障碍。而现代化的实现并不仅仅是少数“文化人”的事，而是全民族的事。因此，语言的变革，使之更能够适应现代化的需要就成为一种时代的必然。20世纪的新文化运动，除了其在价值观方面的追求如“科学”“民主”等之外，对语言的解放也是一种非常强烈的期待。一些有识之士率先放弃了对古代汉语的使用，积极采用白话文来构建现代汉语。这其中，出现了许多具有代表性的人物，如鲁迅、胡适等。今天我们仍然能够感受到鲁迅的语言中存留有古代汉语的元素。这是中国语文从古代汉语向现代汉语过渡的典型表现。而胡适等人则努力使自己的书面语言更加通俗化、口语化，也显示出某种过分倾向于白话的特点。另外一些具有欧美留学背景的人则企望借鉴外来语言对中国的语言进行改造，因而出现了许多非常欧化的表达方式。就中国现代汉语的成熟完善来说，这些努力都是非常珍贵的。但是，真正使新生的现代汉语从古代汉语中出走，并吸纳了民间语言的丰富、生动的特质，使之成为一种既有古代汉语的节制、典雅，又有民间口头语言的生动、活泼，从而使现代汉语能够成为一种具有完整的语法体系、鲜活的表现力，以及体现民族语言特色的“现代汉语”形态，则是以赵树理为代表的作家们作出了重要的不可忽略的贡献。

就赵树理个人的创作而言，其早期也是走欧美语法特色浓重的路线。但是当他发现这条路难以被普通民众接受后，其语言表达发生了转化，开始更加注重民族语言与现代性的融合。他的语言生根于中国古代汉语与民间语言的丰厚土壤。在保持语言典雅品格的同时，至少从这样两个方面进行了努力。一是更多地吸收了民间语言的表达方式，使普通民众能够走进这样的语言，使用这样的语言。也正因此，他的语言表现出非常鲜活、生动的状态，使语言的活力大大增强，表现力得到了拓展甚至突破。二是他的语言在规范性方面进行了重大的努力。一方面剔除了民间语言、方言中粗俗的、生僻的元素，使之更加典雅、庄重，另一方面，他保持并强化了以北方方言为主的结构形式，使之在语法形态方面更加完善严谨。所以，今天我们读赵树理的作品，其语言的流畅、生动、鲜活仍然非常突出。可以说，在中国现代汉语出现、发展、完善的进程中，赵树理作出了不可跨越的贡献。当然，这种贡献不可能是他一个人完成的，而是在特定历史条件下，由包括他在内的一大批作家共同努力，并在一代又一代作家的接力中实现的。赵树理丰富了现代汉语的表现力，并使这种获得新生的语言成为广大民众自己的语言。这后一方面的贡献更为重要。因为如果一种新生的语言难以得到民众的认可，其生命力是非常值得怀疑的。可以这样说，如果没有这些作家的努力，中国的现代汉语很可能成为一种“精英”的语言。也就是说，很可能成为一种少数有“文化”的知识分子的语言。这不仅将使语言的普及受到阻碍，也将因为得不到大众的认可而导致中国现代化的迟滞。

山西的作家受赵树理的影响甚深。除了创作理念、题材选择等方面外，在语言的运用上也同样如此。这也就是说，从赵树理以来的几代山西作家不仅坚持了赵树理的创作方向，也共同为中国现代汉语的进一步完善、发展作出了努力。尽管今天我们可以说，这些作家个人的成就不同，在语言表达方面风格各异，但是他们有一个共同的特点，即在坚持语言的民族化方面都进行了非常积极的实践。进入新时期，随着改革开放的不断深化，各种创作观念竞相显现。山西作家虽然与全国的创作相比更多地表现出固守的姿态，但是新的创作手法、元素等也在自觉不自觉地借鉴当中。其中就语言表达的追求而言，大体表现出两种特点。一种是仍然坚持语言表达的民族风格，并随着时代的发展变化使之更加丰富生动起来。他们的语言，不仅缘于题材选择的民间性、地域性，以及人物、故事的原生性，更缘于吸纳了民间语言的鲜活元素，在叙述、描写等诸多方面更多地体现了植根于本土的语言活力。另一种虽然也注重题材的地域性选择，但在语言表达中更多地呈现出一种开放的意识，比较侧重吸纳外来语言中的合理成分。如修辞的繁复，语句的长结构，象征意象的频繁使用等等。虽然这两种追求表现出各自不同的倾向，但他们随着时代的发展而推动现代汉语不断进步的努力是一致的。

需要我们重视的是，山西作家在自己的创作中表现了中国文化的原生态及其变化。这种原生态不是指文化最初形成的形态，而是指数千年来一直呈现出来的未经现代化浸染、改变的文化。从某种意义来看，它已经成为生活在这样的历史环境中每一个人不自觉的潜在意识，并支配着人们的思想与行为。文学的表达虽然是语言与形象的表达。但是隐藏在语言与形象背后的却是生成这种语言与形象的文化。如果一种文学性的描写没有隐晦地展示出某种文化及其价值观，我以为就是一种表面性的甚或肤浅的描写。山西作家在自己的创作中表现出一个非常突出的特点，即对自己生活的土地、家园有一种执着的关注。而就山西这一地域来说，其文化又具有某种典型性。这就是生根于黄土高原的农耕文化。在中国现代化的进程中，一个非常艰难的任务就是要改变这种文化，使之蜕变为一种新的文化：现代化。这一过程是非常艰难的，也是非常痛苦的。数千年的农耕劳作，已经形成了一种自足的完善的文明体系。但是，就在这种文明体系达到顶峰的时刻，我们突然发现她已经不能适应现代化的要求。于是，开始不自觉地改变自己。这一过程伴随着战争、灾难、屈辱、失去国土与家园等等。在经受这种外在考验的同时，还有我们内在的情感、思想、精神等诸多方面的考验。一方面，救亡与重生成为一种时代的必然使命。另一方面，精神与文化的重建、新生也面临着更大的挑战。就前者而言，山西作家的创作并不是真正的重点。而后者却是其在描写社会变革进步中隐藏的中心。山西是中国最早开始工业化、现代化建设的地区，但是我们很少能够看到山西作家所描写的这方面的作品，而曾经作为抗日战争敌后根据地中心的山西，实际上也没有太多的文学作品来表现。反倒是有许多作品在这样的社会背景下来描写当时的人们如何生活，并参与了这一影响世界文明进程的历史。可以说，这些作家们表面上看起来对社会变革更关心。但是一到拿起笔的时候，就情不自禁地流露出他们对于特定文化及其价值观的不自觉的关注。这实际上成就了他们，也局限了他们。如果就当代文学而言，最早的表达在于农民群体的觉醒。他们感受到了时代的变化，并参与、推动了这样的变化。比如小二黑，虽然具有了杀敌英雄的身份，但作家所要说的却是旧的文化观念，以及由此形成的生活方式对人性的伤害——当然是从爱情的角度切入的。作家的贡献不仅在于表现了时代变化中人性尊严的重新确立，更重要的是，作家生动地再现了这种旧的文化制约在人们劳动、生产、生活、情感，以及社会关系诸多方面的表现。也就是说，作家不是把一个关于追求自由恋爱、自主婚姻的故事作为一种孤立的现象展示出来，而是生动地表现了这种文化观念在旧的生活方式中的普遍性，以及其荒谬性。也就是表达了必须改变这种文化观念的必然要求。这当然是非常符合时代需要的，也是中国在现代化进程中必须跨越的。在山西作家的创作中，相当多地表现了劳动者——当然主要是农民，以及农民出身的、具有农耕文化背景的其他身份的人们对劳动的热爱，对土地的执着，对家庭的重视等等。从历史的层面来看，这些内容都构成了农耕文明的重要组成部分，也是这一文明能够发展、生长的原动力。但是从时代的要求来看，这种文化又成为那些最终必然要离开土地，不再是农民的人们内心世界与精神领域的时代痛苦。比如在改革开放之后，工业化的浪潮漫卷一切。在最具现代化特点的大型露天煤矿当工人的吴福却难以适应这种快节奏的标准化的生活方式。他无限怀恋地回到了自己的家乡。但是家乡已经不再是曾经的家乡，吴福也不再是过去的吴福。他身跨两界，无所归依，内心充满了痛苦。这是一种时代转换、文明更替的痛苦，是一种具有重大典型意义的内心再现。而在现代化程度日益加深的历史时期，农村也已不再是传统意义的农村。农民也不再是仅仅从事农业生产的农民。更大的市场与财富吸引了更多的农民，城市成为新的生活中心。虽然从某种意义来看，城市化可以作为现代化程度的一种标志。但是城市化也同时带来了传统文化的消失、传统生活方式的改变，以及传统人际关系的新建。老甘，这个仍然坚守在内心世界的“过去的农村”中的农民，痛苦地怀恋着昔日活色生香的农村及农村的生活。但是，过去的一切似乎已经义无反顾地过去了。他的农村已然不再。如果说这样的农村随着市场化程度的提高有新生的希望的话，也与过去的农村大不一样。老甘的痛苦同样是一种时代的痛苦，是我们在走向现代化进程中不可回避的痛苦。当然，山西的作家也描写了这种进程中人们的希望、新生，以及由此而来的快乐、自信。宋老大进城送公粮时那种发自内心的自豪感、主人感，那种终于直起了腰板的幸福感将永远感动我们。而在首都打工并学会说普通话的小雪也动人地透露出新一代农民美好的未来。

山西的作家们也企图从比较宏大的层面来揭示中国文化的品格，以及由此而反映出来的中国精神。这些描写不在意于对现实生活具体人事的再现，而是企图通过某种具象化的人事具有隐喻意味地表达作家对民族性的理解。他们营造的人物生活环境不太具体，而是具有某种概括性，超越了具体的、实指的时间、空间。其中人物的行为，以及由这种行为所表现出来的文化内涵、价值选择体现出一种超越了具象的恒久性。由此可以使我们领略一种民族的生存状态与价值操守。其中的一部分作品甚至具有进行人生意义、价值意义探求的哲学性努力。这时，作家关注的不再是现实生活中具体的人事，以及其中透露出的社会文化内涵，而是超越其上的价值追寻。在临危受命的戴夫人身上，作者赋予她民族人格最为优秀的内涵。她不仅具有一般人所可能具有的大局观，以及人性的智慧，而且作为生命个体，她具有了一种古人所言的“浩然之气”。她在漫长艰难的商旅途中，没有感受到生命的渺小，而是站在太行山顶吟诵前人的诗篇。她感受到的是生命的博大、伟岸，以及大自然的神奇、浩渺，是一种天人合一、物我两忘的至高境界。这不仅是她个体生命的壮美华章，也是民族文化中价值体系的完美内化。张马丁的遭遇则从另一种角度表现了不同文化短兵相接所引发的一系列事件，以一种宏阔的视野描写了文化境遇背后各异的价值体系之间的交锋、错位、融合。还有许多作品通过对具体人物生命境遇的描写，表现了具有历史意味的在潜意识中特定价值观支配下的民族精神世界。

读山西作家的作品，事实上也可以看到中国从农耕文明的顶峰跌落到重新崛起，实现现代化的历史进程。在当代文学中为数不多的抗日战争题材的作品中，我们可以看到以中国北方农民为主的人们如何从屈辱中觉醒、抗争，并取得了历史性意义的胜利。抗日战争的胜利，不仅仅是军事的胜利，而且是中华民族在经历了无数的失败、屈辱之后终于走向独立、自主，重新以一个文明民族的形象自立于世界民族之林的标志；也是中国在经历了种种探索，尝试了不同发展道路之后，终于表现出走向正确发展道路，迈出实质性转型步伐的标志。

尽管一直以来我们都有这方面的创作，但是具有宏观性、历史深刻性的作品还不多。新中国的建立是中华民族终于在百余年的努力之后有了自己独立政权的大事，也是中国开始以超人预料的成就向现代化迈进的起点。山西的作家以自己敏锐的笔触描写了这一关键时刻中国普通人内心世界的喜悦、自豪，以及对未来的憧憬。还是在 1949 年 10 月 1 日，诗人高沐鸿就创作了诗歌《这是我们人民自己的胎生》，为新中国的建立而欢歌。之后的一系列文学作品生动地表现了站起来的普通民众内心世界的巨大变化，特别是其人格世界的变化。他们实实在在地感受到了新社会的进步，以及当家做主的自豪。他们不仅在经济上得到了解放，在政治上得到了翻身，而且在精神世界上发生了积极的蜕变。一个新的时代带来了新的发展与进步。也正是这些作品成就了这个新文学史上一个最具典型意义、产生重大影响的文学流派——“山药蛋派”。他们有共同的创作追求，有共同的题材选择，有以赵树理为代表的领军人物。这个流派出现的意义，不仅仅是属于文学的，更是属于中国文化的。他们在尊重并表现中国优秀传统文化价值观的前提下，呈现在这种价值体系影响下中国民众，主要是农民如何生活、生产、思考、发展。读这些作家的作品，不仅使我们能够了解到特定历史时期中国发生的事情，而且将使我们了解中国人是怎样的一种生活方式，中国人在新的历史时期发生了怎样的变化。在 20 世纪 70 年代末、80 年代初，山西的作家们非常敏锐地感受到时代将要发生的巨变。这种感受不是源于理性的分析研究，而是源于他们对现实生活的关注与热爱，是他们从具体的生活中感受、发现了时代变革的动力。其中有他们对极“左”路线的批判，以及对中国变革发自内心世界的呼唤。这首先是已经成名的一批被称为“老作家”的人们走上了历史的舞台。而另一批将在中国文学园地表现出勃勃生机的作家以自己的敏锐发现了生活的变化。至 20 世纪 80 年代中期，以《当代》发表一组山西作家的作品为标志，文学“晋军崛起”成为中国文坛的一个重要事件，引起了广泛关注。这批作家一进入文坛即表现出不俗的活力，显得生龙活虎，风生水起。他们首先成为对极“左”路线的批判者。通过一系列生动的、充满生活意蕴的人物形象来揭示中国曾经走过的弯路，以及即将出现的变革。而后，出现了一系列呼唤改革的优秀作品。一些小说被改编为影视作品，在当时传媒欠发达的条件下产生了极大的轰动效应，甚至有万人空巷之叹。其中的朱克实、李向南、李高成等成为新的历史条件下拨乱反正、推进改革的典型人物。这些作品既是文学的，更是时代的、历史的。它们表达了中国人内心深处希望变革的期待，也呼唤着一个新的历史时期的到来！

中国的改革是中国从传统的农耕文明出走，迈向现代化的重大事件。随着改革开放的不断深化，中国表现出强劲的发展态势。同时，也遇到到了许多需要解决的问题。一方面是现代化程度的不断提高，另一方面是这一进程的艰难演进。一个时期，那种充满浪漫主义色彩的乐观情调被现实生活中的艰难前行所生发的复杂性代替。改革并非一帆风顺，充满了困惑、曲折，有许多困难需要智慧与勇气来克服。这一时期，山西的文学创作沿两条主线展开。一方面是直面现实，表现新的发展时期人民的智慧力量，及时代的进步，如农村改革，国企改革，全球化背景下的商业博弈，以及反腐倡廉、环境保护、民主选举、基层生活、重大事件等等。总的来说，山西文学表现出社会的艰难进步，这种进步首先是积极的、正义的、人民的力量战胜了消极的、不义的、损害人民利益的力量。同时也表现出了中国传统社会在时代的发展进步历程中逐渐变化：如传统农村的式微与新盛；农村人口向城镇的转移；土地的工业化、商业化等等；商品经济的蔓延，城镇化的发展；以及身处其间人们内心世界的彷徨、痛苦、选择；人对土地以及建立其上的生产生活方式的依恋；对改革进程中传统国有企业的情感等等。从这些作品中，我们可以观察、感受到中国正在发生的翻天覆地的变化。另一方面，许多作家企图从超越现实的具有形而上意味的层面来探求中国的民族精神。一些作品甚至具有了某种哲学性品味。他们可能借助于某一历史事件，或者设计一个与现实生活隔离的故事来表现自己理解的民族精神。这一类作品可能表面上与现实生活没有直接的关联，但是对我们认识民族文化、民族品格具有积极的意义。事实上这些作品为我们提供了一种思想文化资源，是对现实生活中剧烈变革引发人的价值观的迷茫进行的某种文化性指引。它不涉及现实问题，不为我们思考感受现实生活提供具体的形象。但是，为我们提供观照现实、解决现实问题的精神力量、价值选择和思想资源。这其中也有一个如何认识人生、如何认识民族、如何面对个人价值的问题。

总之，不论是对现实生活的直接表现，还是以隐晦的笔法对现实生活提供精神资源，都可以看到山西作家对社会生活、人生价值的一种积极的态度。他们试图以自己的描写来表达某种具有积极意义的思想内涵，为今天的人们提供精神力量，以推动中国社会的发展、进步，以及在历史蜕变中人的完善。这些努力也可以视为是在现代化进程中对民族精神的一种回顾与追寻。读山西作家的作品，可以使我们从一个侧面感受到中国走向现代化的历史进程。

山西作家在艺术创造上也进行了积极的努力。就山西文学的当代面貌来看，表现出一种从一元向多样的发展态势。当代山西文学受以赵树理为代表的“山药蛋派”影响甚重。一代一代的作家不仅受到这一流派作家关注现实生活、关注社会民生的创作理念的影响，而且在表现手法上也多承续这一流派。因此，直至改革开放前，山西文学基本呈现出一种“山药蛋派”式的一元状态。但是，进入改革开放的新时期后，这种局面开始发生变化。一些人更注重语言描写、心理表达等等。不同于“山药蛋派”风格的作品开始大量出现。首先是题材选择表现得更加多样，其次是表现手法更加多样，再次是创作观念也呈现出多样化的格局。山西文学终于形成了从一元走向多样的创作态势。那些坚持以农村为主要创作题材的作家们也积极地吸纳了其他的表现手法，使农村生活的表现领域大大拓展。另一方面，山西也出现了典型的所谓“现代派”小说。心理结构、借鉴侦探小说手法的“悬念”结构、无情节结构、意象结构、寓言式结构等等次第登场，宏大叙事与个人化叙事并存一体。这些作品有的已经产生了比较大的影响。无论如何，他们都是山西作家对文学自身进步的积极探索。

从某种角度来看，山西文学似乎为我们呈现出了中国走向现代化的百年变迁史。这不仅表现在人们广为关注的小说创作之中，同时也更加丰富地表现在文学的其他领域，如诗歌、散文、戏剧，以及逐渐从散文文体中独立出来的报告文学及传记文学之中。当我们追寻这种变迁的历史时，不能割断由山西而表现出来的中国五千年文明史。山西是华夏文明的主要发祥地，从远古以来，这一文明代代相传，承续不绝，其中涌现出众多的仁人贤士。作为个人，他们有自己所处的具体的历史环境、成长条件，对人类文明的进步作出了自己的贡献。但是，作为一种文化现象，他们似乎勾勒出中国文明发展进程的历史脉络。在他们身上体现了中华文明的历史贡献、价值选择，以及思维模式。对他们进行研究，并用传记的方式表现出来，使今天的人们了解并感受他们所具有的闪光的人文价值，不仅对今天的改革发展具有积极的意义，对我们现代化进程中的文明重建同样具有非常重要的意义。这将首先使我们看到历史发展进程中文化的影响力，进而使我们能够进一步确立文化的自信心与自觉性。在这些如星光一般闪烁的先人身上，我们将体会到中华文化的魅力、价值和绵延不绝的生命力。承续山西文学的精神品格，创作出新的能够表现时代精神的优秀作品，是我们这一代人的使命。而对五千年文明发展进程中那些曾经作出突出贡献的英杰才俊进行文学式的描述，也将是我们传承民族精神的一种努力。因此，组织编辑出版山西文学“双百工程”，有着非常积极的现实意义。

这一“工程”包含两个序列三个方面的内容。一是“百部长篇小说”，其中一部分是已经发表出版并产生了较大影响的现当代小说。通过集中编辑出版，可以使我们比较全面地回顾审视山西文学某一方面的成就与贡献。另一部分是新创作的长篇小说。其目的是推动山西长篇小说的不断繁荣。把它们列入这一工程，即是对文学发展的新推动，也可以延续已有的成果，使人们看到山西文学创作的最新成就及更加生动的面貌。二是“百部山西历史文化名人传记”。山西的报告文学近些年来表现出非常活跃的态势。不仅参与创作的作家比较多，出现的作品比较多，而且产生的影响也比较大。其中一些作家应该说是中国报告文学领域的领军人物。同时山西也是华夏文明的重要发祥地，在五千年的文明发展历程中涌现出许许多多的对中华文化发展进步作出重大贡献的英杰先贤。以传记的方式把这些先人在中华文化发展进程中的贡献表现出来，有助于我们重新认识中华文明对人类的重大贡献，有助于我们进一步追寻中华文化的精神、操守、品格，并使我们从先人的风采中找到自己前行的楷模和动力，激励我们推动中国的改革发展进步。所以，这也就成为我们的一种责任。相信通过这一努力，既将促进山西文学的进一步繁荣，也将进一步增强我们的文化责任，重塑我们的文化形象，展示中华民族在漫长发展历程中表现出来的精神力量与智慧，为实现民族复兴的中国梦作出积极的贡献。

自 序

写作《荀子传》的这两年，会时常想像着荀子是一个什么样的人。苏轼通过读《荀子》，推断荀子“为人必也刚愎不逊，而自许太过”，意思是说，荀子一定是一个过度自信、自以为是，并且不肯接受他人意见的人。三十年前，我撰写《孔子·孔子弟子》，第一次通读《荀子》，也曾发表意见，认为荀子是个过度刻薄的人。这三十年来，因为作文之故，经常翻阅《荀子》，不时隐约自省，逐渐感觉到当年的意见总有些不妥。此次两年撰书，细读《荀子》全文及各家考校，最终猛醒，原来是我们的立足点太低，视域狭小，无端放大了荀子思想的某一点，方才导致以偏盖全之陋见。

纵观中国古代思想史，除了荀子，很难有第二位思想家可以用“博大精深”来形容其思想成就。荀子思想涉及当时思想界的各个领域，并且还有自己的新拓展。更为难能可贵的是，在他涉及的每一个领域，荀子都能在前人的基础上达到一个新的高度。而贯穿于所有思想成就中的理性主义精神，以及无边的睿智、直达要害的锐利、左右逢源的周详，都只能让人望之而兴叹。呜呼，大哉荀卿！

以我的学力，为荀子立传颇有心强力拙之感。确切说来，只能是说把自己研习《荀子》的心得，以及相关的记载和前贤的研究成果部分地呈现给读者，给读者提供一个了解荀子的新的参考。好在这套丛书的编辑者们有着足够的宽容度，使我这两年来能够一门心思地向荀学讨教、向荀子致礼。更有本书的责任编辑孙茜及其他相关编校人员，以其专业水准和敬业精神投入到本书的编校之中，使本书避免产生过多的舛误，谢谢他们！同时，我也感谢能够拥有此书并加以阅读的人们，盼望你们能够多提宝贵意见。

是为序。

高专诚

2016 年 11 月

目录

绪论 荀子的思想贡献和学术地位

荀子的思想贡献
荀子与三晋文化

从思想史的角度来看，荀子也许并不是中国古代最伟大的思想家，但是，从对社会现实和历史进程产生影响的角度来看，荀子必是中国古代最有贡献的思想家。

荀子的思想贡献

（一）荀子思想的最大贡献，是他的儒、法兼容并存的思想

荀子从理论上全面而合理地论证了儒家思想和法家思想如何能够并存于社会现实和政治现实之中的问题，世称荀子思想“杂王、霸之道”或“礼、法并重”，虽然也是从这个角度作出的观察，但并没有强调荀子所主张的儒、法可以并存，可以共同作用于现实，甚至相得益彰的问题。当

然，对于荀子在主张儒、法并存的同时，认为儒家之礼更为根本、更为重要的问题，研究者之中还颇有不同的声音。实际上，如果认真阅读《荀子》，这种不同看法是不应该有的。

正因为荀子认为儒、法可以共同有益于社会和政治，所以他对这两家思想的研究和思考都是非常全面和深刻的。这当然与荀子所处的历史时期和社会现实有关，也与他的思想传承以及他的社会阅历和学术历程有关。特别是后两者，共同促成了荀子思想的理性主义精神，使其能够从容而不偏激地看待社会和政治，看待思想和文化。

所以，荀子的另一项重要成就，是将儒家思想和法家思想的系统化，这包括深化两家思想的主要范畴，联缀两家思想中各个思想家的主要概念之间的关系。传统上认为荀子是先秦学术的总结者，但这只是问题的一半。问题的另一半是，荀子之所以总结先秦学术，目的是为了突显儒、法思想及其能够相互容纳的那些方面，以便形成一个新的有血有肉的完整的思想体系，更有效地影响现实。

荀子做到了。如同所有深刻影响历史的伟大思想家一样，荀子的思想虽然没有被当世完全采纳或遵从，但在他身后两千多年的中国社会里，儒、法共存的政治愿景，儒、法共同作用于现实的时代，终于在西汉中期完成，直到今天。

（二）荀子的另一项伟大的思想贡献，是对孔子、孟子以来传统儒家思想的继承、调整、深化和发扬

荀子坚持了孔子、孟子以来儒家思想的基本主张，即把道德修身、道德教化、道德约束政治放在其思想首位，强调以先王之道、圣人之道或仁义之道治天下。尽管荀子非常重视法治的作用，但在每一个法治的环节，都没有忘记强调“礼”的核心地位。

荀子对于孔孟之道的理想化的内容有所调整。比如，对于孔子的德政

和孟子的仁政思想，荀子一方面以德政和仁政思想为基础提出了他的王道思想，同时，他也立足现实，强调了传统霸道思想的现实有效性。再比如，对于孟子的性善论，荀子认为现实性不强，所以有针对性地提出了性恶之论，以期更有效地强化儒家教化的力度。

荀子对于孔孟之道简约之处加以细化。比如论“勇”。孔子仅强调礼义之勇，孟子分别了有理之勇与无理之勇，荀子则细化为上、中、下“三勇”。再比如，对于传统儒家所看重的圣人、仁人和君子，孔子和孟子都是一概而论，荀子则细分为若干层次，主张应该有各种类型的圣人、仁人和君子，以便更好地发挥儒家道德修身体系的作用。

当然，荀子思想对儒学最突出的贡献，也是对孔孟之道的补充，即用法治精神来补充儒家思想对社会现实的作用力度，以使传统儒家更有效地应对现实。传统儒学虽然并不完全排斥法治，但孔子和孟子都没有正面论述过法治问题。通过对社会现实的全面考察和深入思考，荀子明确肯定了法治的有效性，并从正面讨论了如何推进法治，以及如何以儒家的礼义约束和提升依法治国的问题。对于儒家以德治国和法家依法治国的深入思考，既是儒家思想的全面提升，也是大一统帝国必须具有的治国之道。

（三）荀子思想是在博学多识的基础上形成的。在中国思想史上，没有任何一位思想家能够像荀子那样博学多识

在《荀子·赋篇》中，甚至记载了荀子对云、蚕、针等事物的描述，似乎已经超出了哲学家和思想家的关注范围。但是，在描述和说明这些事物的时候，荀子却情不自禁地把对社会和人生的关怀表现在其中，比如称云是“功被天下而不私德者”，称蚕是“功立而身废，事成而家败”，称针线之德为“功业甚博，不见贤良”，这就说明，荀子博大精深的思想是建立在观察和思考社会、人生的基础之上的，是非常接地气的。

面对纷繁复杂的社会现实和丰富多样的思想样态，荀子采取的是认真

考察、虚心学习、积极应对、严厉批判的态度，并在此基础上提出了自己的全面、系统、深入的主张。如果没有充足的准备，当我们在阅读《荀子》十万言的时候，对于他的涉及社会生活和思想文化方方面面的深入论述，通常是难以全面理解和把握的。这也使我们深深感受到，如果缺乏广阔的胸怀和广博的知识积累，是难以与荀子展开对话的。

荀子与三晋文化

在有关先秦思想史和学术史的研究方面，遍览所有综合性的重要著述，晋和三晋地区一向不被作为一个有着明确发展线索的整体来看待。也就是说，在先秦思想史和学术史的研究方面，学术界并没有把晋和三晋地区作为一个有着独特地位的发展单元来看待。但是，越来越多的研究表明，三晋地区的思想发展在先秦思想史和学术史上的地位不仅是重要的，而且是有着独特的发展脉络和整体成就的。强调这一点，并不是刻意夸大晋和三晋地区的重要性，而是希望从一个新的、合理的视角去审视先秦时代的思想和学术发展进程，从而加深认识和研究的深度和广度。也正是从这个角度去审视，我们才特别提出了荀子的思想和学术成就的历史定位问题。

荀子的思想和学术成就是整体的先秦文化的一部分，甚至是人类文化遗产的一部分。但是，因为荀子的思想和学术成就源于晋文化，深受晋文化的启迪和塑造，所以，从晋文化的角度看待荀子的思想和学术成就，既是重要的，也是必要的。

中国古代的思想学术发展，从孔子时代开始，正式进入了传统上所谓的“私学”时代。也就是说，从孔子开始，才出现了以个人的思想和学术成就为特色的新的思想文化发展进程。在此之前是“官学”占统治地位的时代，思想家以个人身份传播思想文化既是不现实的，也是不被允许的。孔子之后，大批的孔子弟子成为有成就的思想家。在这些弟子中，最著名的是所谓的“孔门四杰”，即孔子晚年收授的四位年轻的弟子，他们是曾子、子夏、子游和子张。

“孔门四杰”中的子夏（卜商）是三晋人氏，从三晋地区进入孔门，又在孔子去世后回到三晋地区。子夏是魏文侯的老师，魏文侯的重要大臣也几乎都师从子夏。子夏虽然未在魏国做官，但他的思想却深刻影响了魏国政治、经济和法治建设。在政治上，子夏坚持孔子所主张的“以德为政”；在经济上，子夏主张把发展经济和改善民生放在首位；在法治上，子夏主张建立严格而健全的法治体系。子夏的这些思想在魏国得到了很好的贯彻，对于魏国在战国初期的发展发挥了重要作用。而且，正是因为战国初期魏国国势的不断加强，才使子夏及其思想的影响力在魏国国内及周边地区产生了重要持久的影响。

子夏以其在孔子门下的学术所得，整合性地推动了三晋文化的发展，应该说是全面推动晋文化发展的第一人。从时间上讲，子夏是晋文化史上的第一位思想家和学术家；从思想传承上讲，子夏思想是孔子儒家思想在三晋地区的发展；从思想成就上讲，子夏创立了三晋儒学，启迪了三晋法家；从历史贡献上讲，子夏培养了一大批三晋思想家，影响了包括荀子在内的三晋思想家，奠定了晋文化的历史走向。所以，要定位荀子思想和学术地位，必须明确子夏的思想成就和影响。荀子的思想学术成就，是对子夏思想和学术成就的继承和发展。先秦时期的晋文化发展，就“私学”的角度来看，就是始于子夏，终于荀子。

从先秦时期晋和三晋的思想、学术发展的角度定位荀子的思想和学术成就，从对子夏之学的继承和发展的角度审视荀子的思想和学术成就，至少应该有四个方面的着眼点，当然也就至少应该有四个方面的重新认识或全面理解。

（一）荀子与三晋儒学

子夏之学在三晋地区的传播，最终形成三晋儒学。三晋之儒始于子夏，到战国中后期出现了荀子之儒，最终形成了三晋儒学的整体脉络。

荀子的出生地是紧邻魏国东部的赵国郇邑（在今山西西南部），他五十岁之前也主要活动在以郇邑为中心的三晋地区。荀子在郇邑的活动年代上距子夏去世大约百年左右，从地域和时间上讲，荀子肯定有大量的机会接触子夏之学，并受到子夏之学的影响。子夏思想在魏国的重要继承者之一是弟子李悝。李悝的主要贡献是在经济思想和法制思想方面，其前者是子夏思想的重点，后者则是荀子思想的重点。李悝思想很可能成为子夏思想与荀子思想之间的传递者。

荀子把子夏创立的三晋儒学推至高峰。儒家坚持以道德治国，认为道德修养和道德标准是千古不易的法则。这种指导思想使其容易漠视对实际政治形势的分析和理解。子夏出自孔子之门，但他对于孔子的政治追求并不是完全继承或一味模仿，而是结合三晋实际情况，做出了新的调整，取得了可观成效。在荀子儒学中，就鲜明地体现了子夏儒学的这种精神。清代学者章学诚认为，荀子之学就是出自子夏儒学。三晋儒学从子夏开始，到荀子时代走向了成熟。荀子儒学不仅适应了当时天下政治和社会的需求，也奠定了三晋儒学和三晋法家的思想基础，把子夏儒学的核心精神推到了一个新的高度，甚至可以说是三晋儒学发展到了制高点。

（二）荀子与儒家经典

荀子不仅继承和发展了子夏思想，而且在早期儒家重要典籍的传承方面，也是子夏一派的主要继承者。

子夏年轻时就追随孔子，成为孔子后期弟子中的佼佼者。在历史上留下名姓和业绩的孔子弟子都有其独到之处。孔子在世时曾把有成就的弟子分为四类，史称“四科”：德行、言语、政事和文学。子夏与子游一道位列“文学”之科。

在孔子时代，“文学”一词专指文物典章和礼乐制度，相当于现在所说的人文科学，而子夏则尤其擅长对自古流传下来的经典的研究。根据《论语》的记载，孔子曾充分肯定了子夏对《诗经》的某些诗篇的看法。事实上，子夏对经籍的研究，不仅限于思想评说，还有文字方面的考辨。据记载，有一次，子夏经过卫地时，一位读晋史的人将标明时间的“己亥”二字错读为“三豕”，子夏便明确予以纠正。

到了汉代，由于朝廷明确地把儒家经籍规定为正统经典，所以，这些经籍的传承脉络就成为学术界的主要论题之一。因为子夏在儒家经籍研究方面颇有成就，汉儒便把许多儒家经典的最早传承之功归于子夏，认为正是子夏把孔子所校正过的典籍传授给了后人。比如《诗经》《尚书》《春秋》和“《三礼》”等，在后世的流传中，都得从子夏说起。尽管这种归结还有许多不确定的地方，但从总体上说，子夏儒学对于儒家传统典籍的研究和传承，确实发挥了不可或缺的关键作用。

在研习和传承儒家经典方面，荀子是子夏一派的主要继承者。特别是《诗经》和《春秋》，历史上更有明确的传承线索，证明了荀子之学对子夏之学的继承和发展。而在《荀子》中，儒家《五经》都是被经常引用和直接论说的对象。荀子还是研究礼和乐的专家，所以，到了汉代，这方面的儒家经典的流传都被儒生们与荀子挂起钩来。汉儒认为，儒家《五经》都经过了荀子的传承。这样的说法虽然有攀附名人的嫌疑，但汉儒之所以选择荀子为《五经》的传承始祖之一，也并不是空穴来风。

（三）荀子与三晋法家

战国时代最具进步特色的是法家思想，而战国法家就是直接来源于三晋地区，并在三晋地区逐渐发展壮大。三晋法家的一个明显的特点，既有注重实际的法家政治家，也有成就非凡的法家思想家。三晋法家的起源，既与晋和三晋不断进行的变法活动有关，也与三晋地区不断涌现的思想家有关，而在这些思想家中，最早的是子夏，最晚的是韩非子，在子夏与韩非子之间的则主要是荀子。

在子夏注重实践的儒学思想中，主要是发展经济、选用贤人、学以致用等内容，这些思想既是法家思想的核心，也是荀子思想的主要内容。子夏和荀子的思想虽然本质上是儒家的，但却为法家思想的产生和发展提供了各个时期的思想准备。在战国前期，子夏思想是法家思想的开端，并由李悝和吴起等人发扬光大。到战国后期，荀子思想继承了子夏思想中的积极面，并由他的弟子、法家思想的集大成者韩非子最后完成。

在荀子的礼学思想中，最为人称道是他的“隆礼重法”的学说，而这一学说与子夏儒学是一脉相承的。传统上对于“礼”和“法”的本质的理解是，“礼”是要防患于未然，“法”则是惩治已经发生的罪行。在荀子看来，早期儒家偏重于礼，致使奸邪之人有机可乘，容易犯上作乱，难以约束其行为。为了纠正这样的偏颇，法家一味地强调法制，又容易使人表面上规规矩矩，内心却始终潜伏着犯罪的动机，一有机会，就有可能爆发。所以，荀子提出“隆礼重法”的思想，就是想弥补传统儒、法两家的不足之处。事实上，在战国初期魏文侯的治国精神中，礼法并重的思想已经初步形成，而子夏对魏文侯思想的影响是不可忽视的。子夏本人对礼乐制度颇有心得，他自己在西河设教，是孔子儒学重礼的具体表现；但子夏又有太多的著名弟子归于法，说明了子夏思想中重法的倾向是存在的。

荀子的政治思想虽然以礼为根本，但由于对法律的重视和全面论述，使人们感觉到他的思想重点更在法而不在礼。他和两位重要弟子，韩非子和李斯，一位成为法家思想的集大成者，一位成为秦国和秦朝立法和执法的主要人物，应该说都与荀子思想的这种倾向有关。

荀子的法治思想表现了荀子思想中始终如一的战斗精神，这正是三晋思想家一贯的思想作风。平心而论，孔子的思想是比较理想化的，而子夏和荀子的思想则相当注重实际。子夏思想孕育了早期三晋法家，而荀子的思想则为法家思想的最后完成奠定了理论基础。

（四）荀子与三晋名家

荀子不仅是一位哲学家，还是一位逻辑学家。

在先秦时代，所谓名家，也称名辩家，就是当时的逻辑思想家。中国古代没有形成如西方近代思想史上一样系统的逻辑学，但这并不是说古代中国人就不讲究思维训练，不讲究语言规则。事实上，西学中所谓的归纳、判断、推理、定义等逻辑思想，在中国古代很早就出现了，只是中国的名辩家遵循了一条不同的思维体系。春秋战国是名辩家大量涌现的时代，在三晋地区则集中出现了一大批名辩大家。这些三晋名家掌握了相当的历史知识，形成了个人的思想体系，然后凭借其妙口生花的辩术，到处传播自己的思想，有力推动了具有时代特色的语言思辨和逻辑思想。

中国古代逻辑学的基本概念是“名”，这最早是由孔子提出并使用的。孔子提出“正名”的逻辑思想，是要用概念和名分去规范社会。孔子的这种逻辑思想是现代逻辑中所没有的，这种逻辑不能叫形式逻辑、数理逻辑，而应该叫作社会政治逻辑。孔子之后，研究“名”的人就更多了，但他们的研究已不再注重名对实的规范作用。他们意外地发现，名与名之间有许多非常奇妙的关联，它们之间可以互相推演、证明。由一个名可以证明或否定另一个名，比如公孙龙，就推演出“白马非马”的逻辑结论，尽管乍看起来非常荒谬，完全违背生活常识，但当时的人们却无法从道理上驳倒它。至于现代人，也只认识到了它的逻辑推演过程，而要完全否定它的意义，也难以做到。

有鉴于名辩思想给人们带来的思考困惑，荀子全面分析了辩的本质。荀子认为，辩，即议论争辩，应该分为君子之辩与小人之辩。在列国纷争的时代，游士们争先恐后地陈说自己的思想和本领，没有争论是不可能的。天下人都在议论，但议论的内容却不一样。君子议论的是仁义，小人议论的是名利。君子认为，如果能够讨论仁义，就认真地讨论；如果不能讨论，他们宁肯保持沉默。小人则没有这种进退取舍。小人的辩论是为了个人的名利，因此，他们有理也说，没理也说，以至于逞强好辩，无理取闹。

荀子本人非常重视概念的准确性和推理的合理性，《荀子》中专门有一篇叫“正名”，说的就是以正确的，并且能够让人明白的方式陈述思想学说的问题。在这篇论文中，荀子也批评了名辩家的许多“辩而无用”的命题和观点，如“圣人不爱己”“杀盗非杀人也”等。类似的命题，虽然从逻辑思辨的角度能够说得通，但却有碍于道德教化和治理国家。显然，在对待名辩家的态度上，荀子还是坚持了传统儒家把社会责任放在首位的作风，同时也影响了像韩非子这样的法家人物对待名辩思想的态度。这样一来，三晋的名辩之风就带有了更多讲求实用、注重社会实践的精神，与三晋思想的整体发展方向保持了一致。

第一章 晋人、晋地，早期学术历程

姓名尊号、生卒之年和出生之地
早期思想历程，学术师承

如同先秦时期的几乎所有思想家一样，由于记载阙如且混乱，荀子的生平事迹能让后人确知的内容也是少之又少。同样的，历史上首次为荀子写传记的《史记》，在解决了极其有限的荀子生平问题之后，又给后人留下了更多的新的问题。但是，正如美国著名汉学家顾立雅（G.H.Green）在考证孔子生平时所说的，“不过，无论这部传记（指《史记·孔子世家》）有多少不足之处，它仍然是一个基础；在此基础上，我们可以建立起尽量可信的有关这位圣人的生平记载。”[①]对于《史记·孟子荀卿列传》中所记载的荀子的生平，我们大概也只能抱有这样一种态度了。

姓名尊号、生卒之年和出生之地

对于任何一位思想家来说，其姓名、寿数和籍贯等外在标记，有其可有可无的一面，也有其必不可少的一面。我们在探寻荀子的相关外在标记时，也深深地感受到了这一点。荀子的姓名与他的思想对于后世的影响关系密切；他的生卒年和出生地与他在世时的影响和他的思想形成也有极大的关系。所以，对于这些问题，还是有必要认真对待。

（一）姓名尊号

荀子姓荀，或曰姓孙；名况，或曰名卿；尊称为荀子，或曰荀卿子，或曰孙卿子、孙子。很显然，在荀子的姓名和尊号上，歧见比较多。

荀子之“荀”姓，会在后文探究荀子的籍贯时一并说明。

一般认为，称荀子为“孙卿”“孙况”，是为了避汉宣帝（姓刘，名询，字次卿）之名讳。但也有学者不同意这种说法，他们提出的疑问是，为什么东汉的李恂、荀淑等人不必避讳汉宣帝之名，反而是东周的荀子要避讳？如果说早于汉宣帝的人要避讳，那么，《左传》中那么多姓荀的人为什么都没有被改姓孙？再说了，汉元帝名奭，为什么《汉书》中任敖等人却不见避讳？由此可见，汉代并不避讳皇帝之名。那么，荀卿为什么称孙卿呢？原来是在某些时候或某些地域，“荀、孙”在当时有同音之故。②

还有一种观点，认为荀子姓“孙”，与上古时代“以氏为姓”的习惯有关。也就是说，若“以国为氏”，荀子宜姓荀；若以爵为氏，荀子为公伯之后，宜从公孙，以孙为氏。这是折中的主张，比“荀、孙”同音之说更为繁复，且有历史之感，亦可为一说。③

《汉书·艺文志》称荀子“名况”，因为说得很确定，所以后人多予承认。而《史记》一直称“荀卿”而不称“荀况”，让后人颇费思索。观司马迁之意，将“荀卿”与“孟子”并称，似以“卿”字为尊称，并不以为是名，但后人又有“孙卿子”“荀卿子”的说法，显然又是以“卿”为名。

在先秦时代，“卿”是朝廷高级官员的称呼，是大夫之中的高层人物，故有“卿大夫”之称。在战国时代，有些诸侯国设有客卿，有待遇，没有实权，是一种政治地位和荣誉。司马迁认为荀子在齐国稷下学宫做祭酒，享有客卿之待遇。[④]这种说法为司马迁《史记》所独创，所以司马迁在《史记》中绝不提及荀子时代早已通行的以“子”为尊的习惯，不使用“荀子”之尊称，而只使用“荀卿”之尊称。

孟子、荀子在齐国为卿，如孟子所言，是“无官守”之卿，即没有具体官职和实权，所以只能称为客卿，与“大夫之长”的上卿完全不同。我们在下文探讨荀子在齐国稷下的情形时，会进一步讨论这个问题。

从历史上来看，尽管人们更愿意接受“荀子”的尊称，但是，通过上述分析，也能真切感受到不同姓名和尊号所透露出的文化历史内涵。比如，“荀”与“孙”的不同，很可能会说明荀子的不同家世，而在那个时代，家世对人的影响是巨大的。“况”与“卿”的不同，反映出后世学者对于某种历史文化现象的不同解读。所以，在这个问题上虽然不必纠缠不休，也没有必要一定要给出一个人人都能接受的标准答案，但必要的介绍和探究还是有价值的。

（二）生卒之年

荀子的生卒之年，历史典籍不仅没有明确记载，而且相关线索只足以让我们在迷宫里打转。在我们相对比较信赖的《荀子》一书中，并没有关于荀子生卒的记载或提示，只有与荀子有过直接交往的人能给我们一些这方面的思考线索。另外，我们也不得不参考《史记》所提供的材料。这样一来，我们只能利用《荀子》和《史记》提供的一些时间节点，大致确定一下荀子的在世之年。

《荀子·王霸》：“齐湣用强齐，中足以举宋。”按：齐湣王十八年（前286年）灭宋。

《荀子·议兵》：“秦师至而鄢、郢举，若振槁然。……（楚国）兵殆于垂沙，唐蔑死。……今楚父死焉，国举焉，负三王之庙而避于陈、蔡之间。……今楚父死焉，至是乃使雠人役也。”《仲尼》：“楚六千里而为雠人役。”按：这些事件都发生于楚顷襄王在位（前298—前263年）期间。楚父，指楚怀王，为秦国虏拘而死。直至二十七年（前272年）被仇人秦国所役使，是指被迫把太子送入秦国作为人质。

按：《荀子·儒效》记载了荀子与秦昭王答问，秦昭王于公元前306—前250年在位。

按：《荀子·强国》记载荀子与应侯范雎答问，秦昭王四十一年（前266年）拜范雎为相，封以应，号为应侯。

《荀子·强国》：“韩之上地，方数百里，完全富足而趋赵，赵不能凝也，故秦夺之。”按：此谓秦、赵之间的长平之战时，在赵孝成王四年（前262年）。

《荀子·议兵》：“临武君与孙卿子议兵于赵孝成王前。”按：赵孝成王于公元前265—前236年在位。

根据《荀子》所记，特别是荀子与秦昭王、范雎、赵孝成王等人的面对面，发生在荀子离开赵国的家乡，开始游仕和游学天下之后，其活动时间大致应该在公元前290—前250年之间。

《史记·荀卿列传》：“（荀卿）五十岁始来齐。……齐襄王时，荀卿最为老师。”按：据此，荀子在齐，正值齐湣王（前301—前284年）和齐襄王（公元前283—前264年）时代。

《史记·荀子列传》：“齐人或谗荀卿，荀卿乃适楚，而春申君以为兰陵令。春申君死而荀卿废，因家兰陵。”《春申君列传》：“楚考烈王卒，李园……死士侠刺春申君，斩其头，投之棘门外。”按：春申君死在公元前237年。

根据《史记》，荀子五十岁时首次离开家乡，在公元前237年春申君死后的若干年月去世。那么，结合《荀子》所记，荀子很可能生活在公元前340—前235年前后。钱穆先生认为荀子的在世时间是公元前340—前245年之间，[5]至于其他学者的考辨，则更是多种多样。

之所以出现如此多的不同意见，并且相互之间相差较大，主要有两方面的原因。一方面是有关记载不够详细和准确，另一方面则是，在中国古代历史上，战国时期的时间、事件和人物最为舛乱。这其中，更让人头痛的是，《史记》首先全面涉足这段历史，但《史记》本身的记载最为混乱，同一件事、同一个人，往往在不同的篇章中就有相差甚远的说法。好在世传荀子寿长，容或未达钱穆先生认为的95岁以及我们所估计的超过百龄之高寿，也应该至少在80—90岁之间。

钱穆先生在说到关于孔子的年寿之争时指出：“今谓孔子生前一年或后一年，此仅属孔子私人之年寿，与世运之升降，史迹之转换，人物之进退，学术之流变，无足轻重如毫发。”[6]年寿上的多一年或少一年，确实与思想家的思想成就没有多大的关系。但是，在荀子这里，各种研究结果的相差之大，却足以影响荀子思想的发展脉络，所以不得不引起各方面的重视。

（三）出生和早期生活之地

荀子是哪里人？早期生活的地域在哪里？也需要做一些比较深入的探究。

首次为荀子写传记的《史记·孟子荀卿列传》，说到荀子的籍贯时，称“荀卿，赵人”，即战国后期的赵国之人。战国时代，三晋国家的地域范围变化最大，仅说荀子是赵国人，很难确定其籍贯的确切地域。后人主要是根据其荀姓，追溯郇国、郇地，以此来确定司马迁所说“赵人”的具体区域。

很显然，在司马迁撰写《史记·孟子荀卿列传》时，荀子的赵人之地的地望已经不是很明确了。《左传》屡有郇地出现，说家认为在晋国河东之地，即现在晋西南地区，曾经是晋国的核心地域。

晋国后期卿大夫左右朝政，其中的荀氏家族也曾盛极一时。而荀子之荀姓，与古郇国、郇地、荀氏家族中的某一方面必有关联。上文引胡元仪之说，认为“郇卿赵人，古郇国在今山西猗氏县境，其于战国正属赵，故为赵人”，也认为荀子是晋国故地人氏。《荀卿列传》认为，荀子“年五十始来游学于齐”，那就是说，荀子在五十岁之前一直生活在家乡赵国。

至于这个作为荀子家乡的赵国之地究竟在现在具体的哪个地区，历来多认为在现在的山西临猗县境内。近些年来，又有学者认为与临猗相近的安泽县是古郇国和郇地的所在地，而安泽县也利用多种机会和方法纪念和祭祀荀子，使荀子大有被确定为安泽之人的趋势。还有学者认为，西周有郇国，还有荀国，而荀子应该是古荀国之人，其出生之地应当在新绛县境内。[⑦]

一个人的出生之地和生活之地对人的成长，特别是思想成长是大有关系的。对于荀子五十岁之前的生活之地虽然有种种不同主张，但其为晋地东南部之人却没有异议。这个结论，对于本书分析和认识荀子思想也有明显的作用，所以不得不加以强调。

根据各家考证，晋国有郇地是没有问题的，晋国的荀姓大族也是没有问题的。关键是，荀子之为三晋人氏，其荀姓究竟是与古郇国有关，与郇地有关，还是与荀姓大族有关，或者与三者都有关系，殊难断然确定。至于“郇”字与“荀”字的关系，或者是古、今字的不同，或者是别字、通假字之关系。《元和姓纂》在“荀、郇”之后均曰“周文王第十七子郇侯之后”[⑧]。

总之，荀子出生在赵国的郇邑。郇地是西周早期的封国之一，受封者是周文王的一个儿子。晋献公扩张领土，郇地为晋国所有，并赐封给原氏，原氏因封地而改为荀氏。因为郇地西近秦国，在晋国历史上一直是一个军事重镇。

在晋国后期，与姬姓晋公室不同的异姓卿大夫执政，逐渐形成了若干大家族把持晋国政治的局面，这些大家族中就有荀氏，后分化出中行氏和智氏。荀氏、中行氏和智氏后来均被赵氏所灭，郇地为赵氏所占有。赵氏家族后来被封诸侯，就是战国时期的赵国。

荀氏的政治地位和权力虽然被赵氏剥夺，但荀氏家族却代代有人才出现，在赵国的政治舞台上不断表现。比如在战国初期的赵烈侯时，赵国的相国公孙连主持改革，就有荀欣参与其中，主张国家选用贤人。但是，荀子本人的身世，由于缺乏记载，后人却无法知晓。

早期思想历程，学术师承

一般来说，思想家的思想发展都有一个过程，有各种阶段，荀子也不例外。比如说，讲到君子时，荀子作了各个层次的划分，但是，在不同的上下文中，荀子的这种划分并不一致，这很可能就与他对君子层次的不同时期的不同认识有关。《荀子》虽有十多万字，但关于他的思想分期并没有明确记载，所以我们只能依据必要的分析来决断。另一方面，既然学术思想的发展有阶段，也就应该有一些相对明确的时间节点，比如孔子所说的“三十而立，四十不惑”之类。但是，同样遗憾的是，荀子本人和《荀子》一书都没有类似说法，所以我们也只能根据相关记载做一些必要的推测，以此来更加全面和深入地认识荀子及其思想发展历程。

接下来的问题，显然是如何选取这样的时间节点了。以《史记·孟子荀卿列传》为基础，结合《荀子》透露出的信息，本书把荀子思想发展阶段大约分为四个，即：首次离开家乡的早期阶段、在齐国稷下学宫的中期前一阶段、游历各国的中期后一阶段和终老兰陵的晚期阶段。

（一）“五十”与“十五”

荀子思想发展第一阶段与第二阶段之间的时间节点，应该是荀子首次离开赵国，开始在各诸侯国之间游仕和游历的时间。之所以选取这个时间节点，主要是因为没有资料显示在此之前荀子在过赵国以外的地域。所以我们就会自然而然地想到，在荀子家乡这样的一个相对独立的环境之内，荀子思想走向了基本定型和成熟，然后才会下决心离开家乡、游学天下。

关于荀子早期的思想和学术活动，相关文献基本没有明确记载。《史记·孟子荀卿列传》说："荀卿，赵人，年五十始来游学于齐。"这一记载，看上去明明白白，是说赵国人荀卿在五十岁的时候离开赵国，到齐国来游学。然而，就是这样一句明明白白的话，却从来没有让学者们取得过一致意见。

清代乾嘉以来，颇有学者怀疑《史记·孟子荀卿列传》的"年五十"之说，甚至认为"五十"是"十五"之误。确实，根据我们上文对于荀子在各国间的活动轨迹来看，如果荀子五十岁之后才离开赵国，开始他人生后半段的游历天下，那么，他的寿数很可能在百岁左右。但是，《史记》先说"年五十"，接着就说"始"，从文法上讲，这个"始"就是"才开始"的意思，因为正是作者认为荀子五十出游有些太晚，所以才使用"始"字。假如像一些学者所主张的，"五十"是"十五"，那么，就应该说成是"十五游学于齐"，或者因为十五岁太早，就要说成"十五即游学于齐"。所以，在这个问题上，若要怀疑《史记》有误，也是要怀疑司马迁考证荀子五十岁才开始游学齐国在事实上有误，而不应该怀疑司马迁的笔误，或者《史记》在传抄中有误把"十五"写成"五十"的失误。

撇开"五十"与"十五"的笔误不谈，以情理言之，"十五游学"确有难度。

第一，如果说荀子十五岁时离开赵国赴齐国游学，且不说那是个战乱的年代，即如和平年代，由赵到齐，从现在的山西西南部山区到达山东东部齐国都城临淄，千里迢迢，翻过太行山，渡过黄河，对于一个十五岁的少年应该是有相当难度的。

第二，尽管孔子自谓“十有五而志于学”，十五岁的少年可以立志于学习，但要去“游学”，与天下的学者相往还，就需要相当深厚的学养了，而一个十五岁的少年能不能具有深厚的学养，以至于有资格去游学，确实是个问题。

第三，从《荀子》来看，荀子是坚定的儒生，荀子思想是建立在深厚的儒家思想的基础之上的，而这样的基础显然不是一个十五岁的少年所能具备的。这也就是说，如果说荀子是十五岁开始游学天下的，那么，他的思想只能在此后的游学生涯中形成了，而在当时的学术界，儒家思想并不盛行，也没有出现过过得硬的儒家学者，更不用说儒学大师，那么，荀子的儒家思想的素养从何而来，殊难想像，而只有荀子在五十岁时离开赵国，并在离开赵国时已经形成坚定的儒家立场，才会在随后的游学天下的过程中，以儒家思想为基准，对各家思想作出深刻的理解，提出严厉的批判。

总之，荀子“五十始游学于齐”的记载还是比较在理、比较可靠的。五十岁之前的荀子，在家乡深受儒家思想的浸淫，并在学成之后离开家乡，与百家之学相互砥砺，从而使他的思想上升到了更高的层次。

（二）所师所友

那么，五十岁之前的荀子，在家乡是如何奠定他的儒家思想的雄厚基础的呢？说到这里，我们就不得不探讨一下与荀子师承相关的问题了。

如前所述，纵观荀子思想的发展，有两个最显著的特征：一是儒家思想始终占据主导地位，二是在离开晋地游历天下之前，荀子的儒家思想主干已经形成。从《荀子》书中来看，无论是他独立表达自己思想的时候，还是在评论和批评其他思想家的思想的时候，甚至是在与其他人物争辩某种观点的时候，荀子的主张从来都是一以贯之的。这样一来，我们就必须弄清楚，至少也要尝试弄清楚，在极其有限的史料记载的背后，荀子思想在走向成熟的过程中，荀子的所师所友为何人？从这样的师、友身上，荀子学到了什么?

对于师和友，那个时代的人们有时并不分得十分清楚，这主要是因为，这种区分有时是多余的。我们已经看到，孔子与他的许多早期弟子之间，已经是表现出了非常明显的亦师亦友的关系。比如孔子与子路、曾晳、子贡等弟子之间，不仅年龄差距不大，而且关系融洽，甚至经常发生相互之间的公开批评。事实上，孔子的伟大的思想创建，孔子弟子的思想成就，都与他们相互间的亦师亦友的关系有着紧密的因果联系。不用说，荀子的广见博识，一定与他的师友有着密不可分的关系，只是由于记载缺乏，在这方面不及孔门的面貌更加清晰而已。

尽管缺乏相关的必要记载，但荀子本人对于师友关系和师友作用却非常重视，这一方面说明了荀子承认师友关系对他的思想发展的重要影响，同时也为我们更全面地理解荀子思想提供了条件。

荀子举例说，自古以来，有许多精良的弓箭、刀剑和骏马，但是，荀子强调，这些声名显赫的器物，无不是经过百般锤炼和训练才成为世间追捧的宝物。如果没有必要的矫正，就不可能成就良弓；如果不经过必须的锻造和砥砺，就不可能铸就良剑；如果没有必要的驯化和鞭策，就不可能出现良马。

由此看来，一个人，即使有着美善的本质，有着正常或超常的智力，也一定要向贤能的老师学习，与良好的朋友为友。这是因为，在贤能的老师那里，才能听到古来的圣王之道；在益友那里，才能感受到高尚的言行。并且在与这样的师、友的相处中，是在不知不觉中就能达到高尚的人格，取得不断的进步。对于这个进程，荀子用“摩”字加以形容。所谓“摩”，就是按摩，形容的是一种不知不觉的磨砺和进步。所以，荀子之所以特别强调师、友的作用，看重的是通过日常生活的习染，从思想意识上改变一个人，而不是只看重对人的外在行为的强制性约束。这种观念，显然是儒家的。因此，荀子又从反面说，如果有这样一个人，舍弃正直的师、友，而与不善之人日常相处，那么，他所听到的便都是些欺骗诬妄、诈骗伪造之类的言语和事情，看到的也是些污秽散漫、极端奸邪、贪婪谋利的行为，那么，他就会逐渐走向犯罪之路，甚至身处囹圄还不知道原因在哪里。荀子认为，这同样是逐渐习染的结果。荀子最后的总结是：

> 《传》曰："不知其子，视其友；不知其君，视其左右。"靡而已矣！靡而已矣！⑨

这是来自被荀子相当重视的书名为《传》上的一句格言，意思是说，如果不了解一个人，就去看他交往什么样的朋友；如果不了解一位君主，就去看他任用什么样的主要大臣。这都是在说，要从日常所作所为的角度认识一个人，从不经意的习染中了解一个人。

那么，在荀子思想的形成和发展过程中，"靡"荀子的是些什么样的人士呢？

正如我们一再强调的，荀子思想的基础和基本要素是以孔子思想为代表的儒家思想。在《荀子》中，我们不仅从荀子思想的表述中了解了这一点，而且从荀子在不同程度、以不同口吻所称赞的人物中，也了解到了这一点。在孔子心目中，最伟大的人物是古来的圣王，尧舜禹文武周公等等，这些也同样在荀子的极度崇拜者之列。但是，即使在他们的时代，这些古代圣王也基本上是传说中的人物，时代遥远，且并无直接完整记载其思想的典籍传世，尽管当时的人们认为某些典籍出自他们中的某些人物之手。所以，真正影响孔子、孟子和荀子这样的大思想家的人物，应该说还是他们各自生活时代的人物及其思想。

从《荀子》来看，直接面对面与荀子有思想交流的大思想家并没有见到。当然，在齐国稷下之时，荀子与当时的许多思想家有过交流，《荀子》中荀子对这些思想家的批判也可以对这样的交流提供一定程度的证明。但是，这些交流都发生在荀子思想成熟之后，发生在荀子离开晋地周游天下的年代里。这样的交流虽然对荀子思想有影响，但此种影响与他的思想形成和发展时期的影响不可同日而语。所以，当我们认真探究荀子思想的形成和发展问题时，不得不把目光聚集在两个方面，一是荀子崇拜的他那个时代的思想家，二是荀子五十岁之前晋地思想界的状况。

（三）子弓其人

从《荀子》一书来看，荀子与子弓的关系最为研究荀子师承、师友者所重视。在《荀子》中，子弓出现过三次：

> 盖帝尧长，帝舜短；文王长，周公短；仲尼长，子弓短。⑩
>
> 圣人之不得势者也，仲尼、子弓是也。……今夫仁人也，将何务哉？上则法舜、禹之制，下则法仲尼、子弓之义，以务息十二子之说。如是，则天下之害除，仁人之事毕，圣王之迹著矣。⑪
>
> 天不能死，地不能埋，桀、跖之世不能污，非大儒莫之能立，仲尼、子弓是也。⑫

《荀子·非十二子》对当时天下有名的思想学说都进行了非常严厉的批判，但唯独对孔子和子弓的儒学思想非常赞赏，荀子还声明自己遵从的就是孔子和子弓之学。更重要的是，荀子把子弓与尧舜文王周公孔子并列，并称之为了圣人、仁人、大儒等，显然，其地位在荀子心目中是非常崇高的。从时间顺序上看，这位子弓明显在孔子之后，应该说是离荀子时间最近的圣哲之人。所以，如果说子弓与孔子一样深刻影响了荀子的思想，甚至说是荀子之师，也不为过。

但是，真正困惑后人的，不是子弓对荀子的影响有多大，而是这位子弓究竟是什么样的人？是典籍失载的圣贤呢，还是与传世的某位圣哲就是同一人呢？由于《荀子》只提到“子弓”二字，再没有交代其姓氏和事迹，致使这位荀子之师千百年来一直是公案中的人物，始终没有令人信服的定论。

《史记·仲尼弟子列传》记载：“孔子传《易》于瞿，瞿传楚人馯臂子弘。”《汉书·儒林传·序》则曰：“自鲁商瞿子木受《易》孔子，瞿以授鲁桥庇子庸，子庸授江东馯臂子弓。”此馯臂子弘与馯臂子弓当为一人，为孔子再传弟子，接续的是孔子传《易》的传统。《易》在传统儒家思想中的地位之高自不必说，但馯臂子弓只是传《易》，而并没有更多的记载来说明他在儒家思想史中的其他贡献，如果据此就说他足以与孔子并肩，成为荀子眼中的圣哲，应该是有些过分的。

胡元仪《郇卿别传考异》提出两种观点，即：一是认为子弓是子夏门人，其特点是学无常师，不必因为典籍中没有足够的记载而怀疑此人的存在。其实，人们怀疑的不是子弓这个人，而是子弓与荀子的关系究竟如何。

二是认为子弓乃孔子弟子仲弓。理由之一是，在名字上，如同孔子弟子季路称为子路一样，仲弓就被称作子弓。[13]但是，季路之季是姓，而仲弓之仲是兄弟排行之称，本名是姓冉名雍，情况大不相同。理由之二是，孔子称赞“雍也可使南面”，认为冉雍（仲弓）有南面为王之德，而这与荀子对子弓的崇敬比较接近。不过，仲弓是鲁国人，并且没有踏入晋地的历史记载。仲弓是孔子的早期弟子，以讲求德行而著称。在史籍的记载中，仲弓既无著作传世，也没有学术继承人。所以，五十岁以前生活在晋地的荀子，很难接触到仲弓之学，更谈不上受仲弓之学的直接影响。显然，这样的推论也是站不住脚的。

以上荀子与子弓关系的说明，因为《荀子》及其他典籍并没有记载子弓的思想成就，就只能在名姓上做文章，而名姓问题需要确凿的证据，所以，无论如何论证，都难以令人信服地揭示事实。那么，既然我们讨论的是荀子的思想来源，其实更应该把重点放在那些在思想成就上能够与荀子思想建立起内在联系的人物身上，这就是孔子弟子子夏。

（四）子夏其人

综合各种因素，《荀子》中所提到的子弓，最有可能是孔子晚年的弟子子夏（卜商）。子夏是晋国温地人，年轻时追随孔子，成为孔子后期弟子中的佼佼者。在孔子弟子中，子夏对儒家早期经典最有研究，成为孔子时代儒家典籍的主要传承者，比如《诗经》《春秋》和《尚书》等在后世的流传，都得从子夏说起。

孔子于公元前479年去世后，孔子弟子之间的思想分歧开始明朗化。《论语·子张》详细记载了孔子弟子之间的那场伟大的思想辩论，而子夏受到的批评最为剧烈。从孔子儒学的角度来看，子夏思想表现出明显的“离经叛道”倾向。孔子在世时，即批评子夏的为政之道有“欲速”和“见小利”⑭的倾向。这两方面的内容，表现在治国之道中，就是追求革新和注重发展经济。

在老师去世后与同门的论辩中，子夏明确提出，正像工匠一定要做出成品来证明自己的才能一样，儒家君子也要把自己的所思所想运用在社会实践中，能够为社会服务，才能证明其价值所在。⑮而在当时，子夏的选择就是谋“小利”，即与儒学大道之利相对而言的经济利益，也就是发展经济、改善民生。为此，子夏甚至强调在坚持孔子思想的同时，可以根据社会实际，针对实际情况，对孔子儒学做出适时的调整。⑯具体说来，社会管理者必须首先取得民众的信任，然后才能去管理他们，否则，任何的管理措施都有可能被民众视为当政者有意压迫他们、残害他们。⑰那么，要取得民众的信任，最根本的就是要保证他们正常的生产和生活，而这必须在发展经济的基础上得以实现。

魏文侯于公元前446年即位，是战国时期魏国历史上最有作为的君主。魏文侯拜子夏为师，确立了以子夏儒学为核心的国家意识形态。魏文侯之所以拜子夏为师，除了子夏的孔子弟子身份，以及他是晋国温地人氏之外，最重要的原因，恐怕还是子夏的上述思想更为契合战国初期魏国上下励精图治的治国精神。为了更好地学习和理解子夏思想，并以子夏思想为指导，使魏国尽快实现民富国强，魏文侯甚至在年轻时，在做世子（太子）的时候，就去鲁国向子夏学习，并在继位之后把子夏请回魏国。[18]

子夏的思想非常适合当时三晋地区的实际，所以很快在三晋地区传播开来，并吸引了一大批有才能、有志向、有作为的人物投到门下，比如魏文侯的主要大臣李悝、吴起，后来成为著名的道家人物的田子方、段干木，以及著名的墨家人物禽滑离等。

子夏的思想特色是注重实践，提倡实用，这与在齐鲁之地传播的孔子儒学有很大的不同。子夏的弟子中之所以出现了像李悝和吴起这样的著名的政治家和变法人物，也与子夏的思想走向有着决定性的关系。子夏之学在西河地区的传播，最终形成三晋儒学。西河地方与荀子的出生地郇邑毗邻，子夏之学的广泛传播肯定会使好学的荀子有机会接受子夏儒学。荀子之所以成为儒学大师，与子夏儒学的影响是分不开的。

战国时代最具进步特色的是法家思想，而战国法家就是直接来源于三晋地区。法家的著名人物，如李悝、吴起、商鞅、申不害、慎到、韩非子等人，或者是三晋人物，或者是主要活动在三晋地区。三晋法家的起源，既与晋和三晋不断进行的变法活动有关，也与三晋地区不断涌现的思想家有关，而在这些思想家中，最早的是子夏，最晚的是韩非子，在子夏与韩非子之间的则是荀子。

在子夏注重实践的儒学思想中，主要是发展经济、选用贤人、学以致用等内容，这些思想既是法家思想的核心，也是荀子思想的主要内容。子夏和荀子的思想虽然本质上是儒家的，但却为法家思想的产生和发展提供了各个时期的思想准备。在战国前期，子夏思想是法家思想的开端，并由李悝和吴起等人发扬光大。到战国后期，荀子思想继承了子夏思想中的积极面，并由他的弟子、法家思想的集大成者韩非子最后完成。

子夏当时所居西河，正在魏国境内，主要区域是现在山西吕梁和临汾地区的黄河沿岸。孔子去世时，子夏二十九岁，[19]根据上述孔子弟子间的思想分歧程度来看，子夏不可能于孔子去世之后在鲁国久留，其到达魏国，当在三十岁之后的几年之内。世传子夏寿过八十。他在三十岁之后不久来到魏国，并且老死在这块土地上，那么，子夏在魏国传教辅政，当有四五十年的时间。这就是说，子夏去世时，是在公元前430年左右，这与荀子出生，还有百年左右的时间。其间的思想传递，应该与子夏弟子李悝有着更密切的关系。

李悝是三晋法家在实际政治领域的开创者。之所以如此评断，是因为李悝不仅是法家的政治实践者，而且持有法家的主张和思想，并且他的法家思想的重要来源就是他的思想导师子夏。

在儒、法并重的用人之道方面，李悝明确主张，有功劳的人，即为国家做出实际贡献的人，才有资格享受物质奖赏，才有资格得到爵位，并且，根据功劳大小多少、根据功劳有无而做出的奖赏或惩罚，既要适当，又要及时兑现。据此，李悝痛斥当时的“淫民”，即“无功而食”之人，他们对国家没有任何实际贡献，只是享受他们的祖辈父辈的功业而已。对于这种传统的既得利益者，李悝主张“夺其禄”，取消他们的禄位，以便吸引和任用“四方之士”，最终实现有效利用社会资源、推动社会进步的改革目的。[20]

如果说子夏与李悝师徒二人都是儒、法思想并重的思想家，那么，应该说子夏则更偏重于儒，而李悝则更偏重于法，这主要是因为，李悝是魏文侯的重臣，又是当时魏文侯变法的主导者，李悝主持的魏国的变法活动，特别是他创制的《法经》，使他的思想更具有法家思想的色彩。

李悝是子夏思想的实践者。作为子夏弟子，如果说子夏思想中已经形成以法补儒或由儒入法的倾向，那么，李悝就是这一倾向的现实推行者。秦汉以后的中国古代社会逐步形成儒家思想主导意识形态、法家人物掌握国家治理的格局，就是滥觞于魏文侯时代，而李悝则是法家人物主导现实政治的第一人。至少从三晋法家的角度看去，李悝无疑是战国晋法家的鼻祖。

可以说，对于战国时期的晋法家而言，子夏是其思想领袖，而李悝则是行动领袖。当时的魏国，因为子夏和李悝而影响巨大，因为魏文侯而国势强盛。这些历史的过往，不可能不对在一个多年世纪之后即生活于斯地的荀子及其思想产生巨大的影响。荀子在五十岁之后才离开晋地，而他生活在其中的晋地也正是子夏和李悝思想影响巨大的区域。荀子以儒为主、儒法并重的思想特色，在子夏和李悝思想中表现得相当明显。这样一来，从思想继承和发展的角度来看，荀子思想的来源就非子夏思想和李悝思想而莫属了。

子夏当年离开孔子儒学的中心地区鲁国，回到孔子从未涉足过的三晋地区，表面上看是因为有魏文侯的邀请，但实际上却是子夏之学与齐鲁缙绅之儒的思想发生了明显的矛盾。在集中体现孔子思想及其早期发展的传布的《论语》一书中，就记载了孔子众弟子对子夏之学的批评。孔子说过，“道不同，不相为谋”[21]，既然同门不能相容，子夏就毅然选择了回归故里，并且在此后从未与过去的同门中人有过主动的交往。这种体现三晋风骨的刚毅精神，在荀子的行为和思想中也有全面表现。

在早期儒家重要典籍的传承方面，荀子也是子夏一派的主要继承者。特别是《诗经》和《春秋》，更有明确的传承线索，证明了荀子之学对子夏之学的继承和发展。《荀子》中所说的荀子所崇敬的“子弓”，完全可以说是“子夏”之误，是《荀子》传抄过程中的错讹。正是这样的错讹，才使后人弄不明白荀子所说的“子弓”到底是什么人。也有观点认为，子夏之“夏”字有一种讹变之形与“弓”字近似，这方面有待于文字学研究的进一步证实。

到了荀子时代，子夏儒学已经被三晋国家的政治保守势力和思想守旧的儒生所左右，他们无视子夏学说中反对学究作风、积极倡导学以致用的一面，而是用保守的儒家思想维护当政者在政治上的既得利益。比如在有名的赵武灵王“胡服骑射”的改革中，就有赵国宗室人物公子成用保守的儒家的思想反对变革。反映在荀子思想中，就是荀子对所谓“子夏氏之贱儒”的非常刻薄的讥讽。荀子说：“正其衣冠，齐其颜色，嗛然而终日不言，是子夏氏之贱儒。”[22]意思是说，那些只在口头上遵从子夏之学的“贱儒”，装模作样，只注重儒家式的外表，完全背离了子夏之学的根本精神。其实，仅从字面上就可以看出，荀子批评的并不是子夏之儒，而是子夏之儒中的“贱”者，即思想品位低下者。

另一方面，到了春秋、战国之交的时期，鲁国早已成为微不足道的国家，其政治和思想领域同样为保守势力所垄断，有志之士难以抒发其积极的思想创建，更不可能得到施展其政治抱负的机会。在这种形势下，子夏毅然回到新兴的魏国，显然是正确的选择。而且，不久之后的魏国在魏文侯的改革和变法中不断发展，最终成为战国初期的强国，这与子夏在思想上对魏国政治的指导和引领不无关系。同样，在战国末期的赵国，赵武灵王“胡服骑射”所带给赵国的短暂辉煌早已成为昨日黄花。赵孝成王在位，听信谗言，弃用老将廉颇，却任用只会纸上谈兵的赵括，致使赵国军队在长平之战中被秦国打得一败涂地，再也无力与秦国全面抗衡。赵孝成王虽然当面请教过荀子，但却无法接受荀子积极进取的思想，致使荀子对赵国完全失望，不得不到其他国家寻找政治出路。

荀子对“子夏氏之贱儒”的严厉批评所针对的只是战国末期三晋地区的保守儒生，而与子夏本人毫无关系。相反，在抨击“子夏氏之贱儒”的同时，荀子对子夏的人格却充满了崇敬之情，《荀子》记载：

> 子夏家贫，衣若悬鹑。人曰：“子可不仕？”曰：“诸侯之骄我者，吾不为臣；大夫之骄我者，吾不复见。柳下惠与后门者同衣而不见疑，非一日之闻也。争利如爪甲而丧其掌。”[23]

荀子对于子夏人格精神的欣赏，其实也是荀子的人生写照。五十岁之后，荀子游历天下，与当时的一些君主和权贵，如齐国之相、楚国的春申君、赵孝成王、秦昭王和秦相范雎，都有过面对面的交往，但却一直没有得到执掌一国之政、全面实施其政治理想的机会，这既与荀子思想中的理想主义倾向有关，也与他所坚持的子夏式的对待诸侯和大夫的态度有关。如果诸侯和大夫在我面前摆架子，甚至看不起我，我就不会在他们的手下为官，甚至不再去见他们。人生的目的不是争利，而是要对世人有所贡献。

荀子思想并不是无源之水，也不应该是无源之水。从荀子生长的地域、思想成熟的时间，特别是其思想特色来看，毫无疑问应该是来自晋地，即现在的山西西南部。荀子思想的来源，在有所继承和发展方面，远端是孔子的儒家思想，近端则是子夏和李悝等人的晋地思想。正是在此意义上，我们也才可以肯定地说，荀子就是在晋地成长起来的晋地思想家。

从客观情势上来看，公元前300年左右，距离秦国统一天下不过大半个世纪的时间，这个时候，赵国都城在太行山以东的邯郸，对于太行山以西的国土，特别是邻近秦国的山西西南部，赵国已经无力控制，这些土地经常处在秦军的袭扰之下，被秦国吞并是迟早的事情。在这样动荡的形势下，已经五十岁的荀子不得不选择离开战乱之地，顺势游学天下，或许还能得到一展其政治抱负的机会。

就这样，荀子离开家乡——赵国的郇邑，来到了距离秦国最远，相对安宁的齐国。

注释：

①顾立雅著、高专诚译《孔子与中国之道》，大象出版社，2014年版，第9页。

②谢墉《荀子笺释序》，见王先谦《荀子集解》，中华书局，1988年版，第14页。

③胡元仪《郇卿别传考异》二十二事。见王先谦《荀子集解》，中华

书局，1988年版，第41页。

④详见本书第五章关于“稷下学宫”的探讨。

⑤钱穆《先秦诸子系年》，中华书局，1985年版，第619页。

⑥钱穆《先秦诸子系年》，中华书局，1985年版，第2页。

⑦刘保明《荀子故里考》，载《山西日报》2008年10月21日。

⑧［唐］林宝《元和姓纂》，中华书局，1994年版，第374、375页。

⑨《荀子·性恶》。

⑩《荀子·非相》。

⑪《荀子·非十二子》。

⑫《荀子·儒效》。

⑬胡元仪《郇卿别传考异》二十二事。见王先谦《荀子集解》，中华书局，1988年版，第48页。

⑭《论语·子路十三》：子夏为莒父宰，问政。子曰：“无欲速，无见小利。欲速，则不达；见小利，则大事不成。”

⑮《论语·子张》：“百工居肆以成其事，君子学以致其道。”

⑯《论语·子张》：“大德不逾闲，小德出入可也。”

⑰《论语·子张》：“君子信而后劳其民；未信，则以为厉己也。”

⑱《史记·魏世家》：“文侯受子夏经艺。”《史记·仲尼弟子列传》：“孔子既没，子夏居西河教授，为魏文侯师。”

⑲《史记·仲尼弟子列传》：“卜商，少孔子四十四岁。”孔子在世七十三年。

⑳《说苑·政理》。

㉑《论语·卫灵公十五》。

㉒《荀子·非十二子》。

㉓《荀子·大略》。

第二章 儒者的品类及其作用

儒者："贵道诚存"

儒者有品类

儒者"曲辩"

五十岁之前的荀子在故乡深受子夏儒学的影响，形成了纯正的儒家思想。五十岁之后游历天下，在首先到达的齐国和随后游历的其他各国，荀子都与当时天下的各派思想家有过深入交流，在认识别家思想的同时，自己的儒家思想也有所调整和发展。总体上讲，虽然各家思想都有其长处，但在荀子看来，与他所宗从的儒家思想相比，各家思想的短处更加明显。所以，与各家思想的碰撞结果，使得荀子对于儒家思想更加深信不疑，认为天下之乱就在于没有遵从孔子所创立的儒家思想。本章所述荀子对儒者的全面论述虽然很难确定完成于什么时候，但在晋地的儒学思想的形成依然是其最深沉的基础。

荀子的儒家思想是相当全面的，其中，对于儒者的全面认识是一个非常重要的方面。不过，在《荀子》一书中并没有荀子论儒者的专门篇章。可是，令人意想不到的是，正是在与一位对儒者缺乏好感的大国君主的对话中，荀子系统论述了儒者的地位、作用以及不同层次的儒者的表现。这位君主，就是秦始皇的祖父秦昭襄王，《荀子》中称秦昭王。

荀子一生中的重大事件之一，就是他晚年的西行入秦，并与秦昭王（公元前306—前250年在位）和丞相范睢进行的面对面的交谈。范睢也是三晋人氏，由于在魏国受到政治迫害，就逃亡到秦国，受到秦昭王的重用，并在秦昭王四十一年（前266年）受拜为丞相，封以应地，号为应侯。荀子得以面见秦昭王，也许还是由范睢所引见，但史籍对此并无明确记载。

此次在秦国的实地考察和访谈，对荀子思想触动很大。真正的思想家，他们的思想并不完全是在书斋里思索出来的，而是在与现实的激烈碰撞中逐渐形成的。在秦国的所见所闻，使荀子在亲眼所见法家思想之效力的同时，更加深入地思考儒家思想的价值，重新对儒家思想在现实政治中、在历史洪流中的作用进行定位，最终使自己的儒家思想登上了一个新的台阶。

儒者：“贵道诚存”

荀子与秦昭王讨论的主题是“儒效”，即儒生和儒家思想对国家到底有无现实的和实际的益处。

秦国自秦孝公时进行“商鞅变法”，到秦昭王已经是第四世，秦国已由战国前期的中等国家发展成为从战国中后期开始傲视山东六国的大国。秦国在政治军事上的崛起，确实与儒学没有明显的关系，所以，秦国上下一向认为儒学无益于治国，秦昭王也不例外。所以，当秦昭王与荀子见面时，就直截了当地告诉荀子：“儒无益于人之国。”即：儒学对于治国并无益处。

荀子的应对也是在我们的意料之中的。

荀子以善辩著称，秦昭王当然不是其对手。所以，对于荀子的一番辩白，也只能是称“善”。不过，表示同意是一回事，实际采纳却是另一回事。荀子眼见与秦昭王意见不合，并且对秦国的政治方向也不赞成，自然就不会在秦国谋求发展，只能选择离去。可是，秦国以至秦朝的政治发展的结果，却没有出乎荀子的预料。

儒家思想的价值以及儒者的价值，是个千古难以说破的问题。不同的时代背景下，不同的评说者和认识者，总是有着不同的观点，甚至是截然相反的观点。在荀子游历秦国期间，确切来讲，在荀子与秦昭襄王的对话中，就生动反映了这种状况。

秦昭王的观点很鲜明，他对荀子说“儒无益于人之国”，多半注释家习惯于在秦昭王的话语之后使用问号，意思是秦王还不能肯定儒家和儒者是不是无益于国家，所以才请荀子予以解释。实际上，直接使用句号也无妨。秦王既对儒家思想不感兴趣，同时又用法家思想把秦国治理得井井有条。这个时候，他很肯定地说，“儒”无益于当时的诸侯之国，也是顺理成章的事情。

应该说，对于秦王的说法，荀子是有充分的心理准备的。秦王知道荀子之所学，也知道荀子的主张，因为荀子的学生李斯、朋友范睢就在秦国朝廷之上，他们在向秦王介绍荀子的时候，重点肯定是介绍荀子的思想和主张，因为荀子再没有其他可以介绍的东西了。在这种情况下，秦王明确地否定儒家的价值，也是想知道一下，荀子心目中的儒家到底是个什么样子。所以，荀子就平心静气地向秦昭王介绍了儒家的主要思想，于是才有了荀子非常著名的一段对儒者的论说。荀子说：

> 儒者法先王，隆礼义，谨乎臣子，而致贵其上者也。人主用之，则势在本朝而宜；不用，则退编百姓而悫，必为顺下矣。虽穷困冻馁，必不以邪道为贪；无置锥之地，而明于持社稷之大

义；呜呼而莫之能应，然而通乎成万物、养百姓之经纪。势在人上，则王公之材也；在人下，则社稷之臣，国君之宝也。虽隐于穷阎陋屋，人莫不贵之。贵道诚存也。①

荀子当然也没有客气，以他的学养和气度，首先给了儒者一个明确的定义，告诉秦王说，儒者效法先王，隆崇礼义，身为臣子是谨慎的，对在上者是极度尊敬的。荀子如此开宗明义，主要是因为他面对的是一国之主，而且是强大且不乏暴虐的秦国君主。荀子以儒者谨守礼义等级为开端，是宣示儒家的政治立场，直接回答儒家是否有益于国家的问题，以便让秦王能够安心倾听荀子接下来的主张。

身为秦国君主，评价一个人或一种人的益与无益，当然是指政治上的。所以，荀子就针对性地展开论述了儒者在一个国家的政治价值。荀子指出，一位儒者，如果任用他，他就会是一个称职的官员；如果不能被任用，就会是一个安分守己的老百姓。即使穷困潦倒，也不会为非作歹，而是仍然持守着大义；即使无人理睬，照样坚持为百姓着想。一旦地位升高，儒者做个王公贵戚也没有问题；地位下降，做一个社稷之臣，也会是国君之宝；再下降，隐居民间，也会赢得人们的广泛尊敬。为什么会是这样呢？荀子的答案是，“贵道诚存！”所谓“贵道”，是以道为贵；所谓“诚存”，是诚信长存。有这两项原则，所谓“儒者无益”的说法就不攻自破了！

为了证明自己的观点，荀子以孔子为例，说明身为普通人的儒者，其道德影响力会有多大。孔子五十多岁时，曾经在鲁国从政五年，官至司寇，大抵相当于国家的司法负责人。荀子说，就在孔子即将出任司寇的时候，鲁国的民风发生了巨大变化。有沈犹氏，在市场上卖羊，以前总会故意在早上让羊多喝水，以增加羊的体重，现在听说孔子要做司寇，马上停止了这种不道德的造假行为。又有公慎氏，马上休掉了妻子，因为其妻行为不检点。还有慎溃氏，因为生活奢侈，超出了法度的规定，也是仓皇出逃，迁居到其他国家了。另外，鲁国市场上贩卖牛马者往往集体抬价，现在也马上收敛了。而孔子邻里的年轻人们，打上鱼之后，也不再平分，而是给家中有老人的要多分一些，以尽孝养之道。这些改变，固然与司法长官的权力有关，但荀子认为更重要的是孔子是讲求道德之人，人们预期他掌权之后，肯定会把他的道德要求普遍推行到鲁国社会，这才提前加以改变。

以上事例说明，正是因为孔子坚持了儒者的做人标准，才导致了鲁国风俗的好转。所以，荀子的结论是："儒者在本朝则美政，在下位则美俗。儒之为人下如是矣。"[②]作为臣下的儒者，既能提高一国的政治水准，也能改变社会风俗。这里所说的"人下"，是指君主一人之下的主要大臣。

所以，当荀子昭告了上述事实和结论之后，秦昭襄王马上追问道："然则其为人上何如?"所谓"为人上"，是指儒者做了一国之君会怎么办?或者一国会发生哪些变化?对于这样的问题，荀子照样心中有数。

荀子宣称，当儒者身为人君之时，其影响力是广大无边的。因为他内有意志，外修礼节，会用严格的法度管理官员，用忠信爱利对待百姓。在得天下的过程中，即使是通过做一件不义之事、杀一个无罪之人就能实现目的，这个天下也不应当得到。这份信义，通行于普天之下，当然能使天下之人都来欢呼应和。这是为什么呢?就是因为儒者把让自己的好名声大白于天下作为唯一追求，让天下人都能从中受益。结果就是，在他已经统治的区域之内，人们万般歌颂他；而在他还没有实现统治的地方，那里的人们都不顾一切地奔他而来；从而使四海之内的人们如同一家人在一起生活，凡是通情达理之人无不顺从他的统治。这样的儒者，荀子尊称为"人师"，即人类的师长!

说到这里，荀子反过来质问秦王："夫其为人下也如彼，其为人上也如此，何谓其无益于人之国也!"[③]像我们这样的儒者，做人臣时是那样，做君主时是这样，怎么能说他们是无益于国家和社会的人呢?不用说，秦王只好服软，以“善”字结束了这场论争。

儒者有品类

荀子是孔子所创立的儒家思想的继承者、发展者，是真正的儒者。

我们说，孔子创立了儒家学派，并不是说孔子在世时就有意或刻意建立一个思想派别，并称其为“儒”，而是说，孔子思想奠定了儒家的思想基础，是儒家的思想创始人，孔子与门下弟子及其他思想追随者们，形成了最早的儒家集群。事实上，在孔子时代，对于“儒”的定义还处在众说纷纭的阶段。《论语》中的孔子只使用过一次“儒”字，即告诫弟子卜子夏“汝为君子儒，无为小人儒”④。这给人的感觉是，做个“儒”并不是不可以，只是不要做“小人儒”罢了。不过，既然“儒”可以分为“君子儒”和“小人儒”，那么，“儒”的基本内涵应该还是比较中性的。因为，在先秦之后，特别是汉武帝“独尊儒术”以后，“儒”就是个神圣的名词了，不会再有“君子儒”和“小人儒”之类的区分了。

实际上，在荀子笔下，“儒”字的中性特征并没有彻底改变。尽管荀子在与秦昭王的论争中肯定了儒者的价值，但综合荀子对儒者的看法，他眼中的所有儒者并不都是一样的，也并不都是能够有益于一国的。也就是说，在荀子看来，同样是儒者，他们的才能和品格是有高下之分的。

（一）大儒

荀子所说的“大儒”，是儒者的最高端，无论人身修养，还是各种能力，特别是治理天下的能力，是至高无上的。身为大儒，如果得到治理天下的机会，就会成为圣人。荀子从比喻入手描绘大儒，先要告诉人们，大儒是能做什么的。

荀子先举出两位尽人皆知的能人，即周穆王时代的造父和夏代的羿，前者是公认的最善于驾车之人，后者是最负盛名的射手。但是，要想真正的领教他们的才能，就必须给造父准备好车马，给羿准备好弓箭。所谓大儒，就是最善于调治和一统天下之人。若要见识大儒的才能，至少要给他提供百里之地。百里之地是周文王建功的基础。这就是说，如果条件合适，大儒有能力建立像周文王一样的功业。

反过来讲，如果合适的马和车都准备好了，却不能跑出一日千里的水平，那必定不是造父在驾车；弓已调好，箭也是笔直的，却不能射中远处的微小之物，那必定不是羿在射箭。同样地，如果已经拥有了百里之地，还不能实现调治、一统天下，也未能制伏强权和暴政，其统治者就肯定不是大儒了。这其中，对现实统治者的批判是显然的。因为在荀子时代，所谓战国七雄的土地都在百里甚至千里之上，但天下混乱、战事连绵也达到无以复加的程度，所以，期待大儒的出现，甚至把大位让给大儒的，没有任何一个时候比此时更迫切。

在描述了大儒能够完成的功业之后，荀子接着描述了大儒的主要特征。荀子认为，大儒即使是极度地穷困潦倒，王公大人也无法跟大儒获得同样的名声；即使只有百里之地，千里之地的诸侯也不是大儒的对手；至于惩罚那些暴虐的国家，一统天下，更是无人能及。总之，用后世儒家的话来说，大儒就是治国、平天下的最佳人选。这是大儒的总体特征。

这样一来，人们肯定要问，大儒究竟是什么样子的呢？荀子的定义是：

> 其言有类，其行有礼，其举事无悔，其持险应变曲当；与时迁徙，与世偃仰，千举万变，其道一也。是大儒之稽也。

大儒的表现是，言行有规矩、守礼法，不做令人遗憾的事情，处理危机、应付事变的办法很恰当，紧跟时势的变化，不论做什么，都是遵循大道的。其实，大儒的行为，最关键就是“其言有类，其行有礼”，这是做人的最高境界。言有类，是指当说则说，说则适当；行有礼，是指行为遵循儒家思想，而儒家思想正是大道的体现。

进而言之，大儒效法儒家崇敬的先王，统合于儒家的礼义制度，以儒家思想对待万事万物。因为有儒家礼义的统摄，即使奇异事物突然出现在某个地方，也能从容应对。由此可见，在荀子那里，大儒的形象之崇高，已经到了相对神秘的境地了。

当然，大儒尽管言行无可挑剔，但他们毕竟只是个人，只能决定自己的言行，并不能时时刻刻左右时势，所以总有"穷、通"之时。在儒家的理念中，所谓"穷"，是指政治上的穷途，没有施展政治才能的机会；所谓"通"，就是政治上的通达。在对大儒家的描述中，荀子专门讨论了"穷、通"问题，因为在这个问题上，大儒最容易受到人们的非议。包括荀子在内的大儒，在他们时代基本上是不得志的，他们的思想也经常挣扎在这个问题上。

大儒在不得志的时候，会受到俗儒的讥笑；可在他政治通达的时候，英杰之人也会受到教化，猥琐之徒会逃之夭夭，持歪理邪说者会感到畏惧，那些曾经瞧不起他们的人则深感羞愧。总之，通达的时候要把自己的全部奉献给天下，困穷的时候则坚持自己的原则、爱惜大儒的名号，直至"天不能死，地不能埋"⑤，即使身处桀王和盗跖那样的混乱时代，也只有像孔子和子弓（夏）这样的大儒，才能一直坚持自己的立场。

可以想见，当荀子讲述大儒的精神和品格的时候，必是热血沸腾的时候。确实，在荀子时代，眼看儒者的精神正在被埋没，如果没有这样的气势，儒家思想就会灭亡。所以，正是因为有了像荀子这样的大儒的坚持，儒家思想才如浩荡洪流，在历史的长河中永流不绝！

为了确定大儒的地位，证明大儒的作用，明示大儒的能力，荀子以周公旦的事迹为例，专门讲述了"大儒之效"，即大儒的实际功效。

周武王灭亡商朝，建立了周朝，但周武王在西周王朝建立不久之后即去世，而当时的周人并没有建立起很稳固的政权。这时候，有名的周公旦，也是周武王的一位弟弟，挺身而出，担当起了稳固政权，进而建立制度的责任。但是，这时候有了大问题，那就是，继承王位的是周武王的儿子周成王，而周成王此时还是个少年，完全没有能力掌控大局。所以，周公旦在西周早期主持大局的做法，在历史上一直有种种说法，最主要的是摄政说与篡位说两种截然不同的观点。

荀子主张摄政说。他认为，周公旦为了完成周武王未竟的事业，并保护周成王的地位，这才代行了周天子的权力。这个时候，因为有多种势力背叛周天子，想乘机夺取权力，所以，天下人并不认为周公旦是贪取天子的位置。这些反对势力中，在周人内部是周武王的另外几个弟弟，主要是管叔、蔡叔和霍叔，在外部则是殷商遗民中那些不服从周人的力量。周公旦毅然杀灭了“三叔”，把那些叛乱的殷商遗民迁离他们的原住地，同时进一步实行封建之制，建立了71个新的诸侯国，其中周王的姬姓独占53国，对此，天下之人并不认为周公旦有偏心。

更为重要的是，在这个执政过程中，周公旦并没有忘了教导周成王，让周成王逐渐认识和学习治国之道。当周公旦把上述大事完成之后，周成王也到了成人的年龄，于是，周公旦顺利地把政权又还给了周成王，自己也回到了大臣的位置。

显然，周公旦只是摄政，即代行天子之政，并不是真正成为天子，即不是篡夺天子之位。但历史上确实还有其他说法，比如篡位说，认为周公旦篡夺天子之位，把周成王放逐到某个地方，到后来，只是由于天下人的反对，在不得已之下，才把政权又归还给了周成王。此类说法应该在荀子时代已经不少，所以，荀子才大声地为周公旦作辩护。

荀子认为，天子的称号、天子的位置，是不可以随便由他人代替，不可以由他人拿去代管的。这是因为，如果是理所当然的天子，天下人就会归顺，否则天下人就会远离而去。而周公旦代行天子之政时，天下人不仅没有离去，而且还追随周公旦，完成了周武王没有完成的事业。从周公旦的角度来看，周成王成人之后，周公旦马上把天子之权归还周王，显然并没有蔑视周成王的意思，更没有攫取天下的意思。周公旦只是把权力归还周成王，并不是禅让王位；周成王掌握天子之权，也并不是夺取王位；他们只是顺应时势的要求，有礼有节地进行了调整和变通而已。

由于没有更可靠的文献记载，周公旦到底是篡位还是摄政的问题，应该是还会继续讨论下去的。不过，荀子在此的辩护也还是能够站得住脚的。所以，在此基础上，荀子得出如下的结论：

> 故以枝代主，而非越也；以弟诛兄，而非暴也；君臣易位，而非不顺也。因天下之和，遂文、武之业，明枝主之义，抑亦变化矣，天下厌然犹一也。非圣人莫之能为，是之谓大儒之效。

周公旦不过是以旁枝之族代行宗主之职，而并不是实际的僭越；以弟弟的身份诛杀管、蔡等兄长，是因为他们有罪在身，并不是施行暴政；君、臣之间只是替换职位，而不是改变身份，并不是逆行之事。顺应天下和谐的要求，完成周文王和周武王的功业，最终还是明确了宗主和旁枝之族的大义，这是一种权变的做法，并且被天下人安然接受。周公旦的这一做法以及最终取得的成效，在荀子看来，只有圣人才能做得到；因为周公旦是儒家公认的大儒，所以，周公旦的摄政和归政、大乱和大治，充分证明了大儒的作用。

周公旦是周礼的制定者，而周礼是孔子思想的政治基础，所以，在儒学发展史上，周公旦也被视为儒家思想的重要源头之一。荀子在此把周公旦称为大儒，从思想文化发展的角度来看，是完全合理和正确的。

（二）俗儒、雅儒

在谈及人的修养时，荀子有过民、士、君子、圣人这样的四类区分，重点在于世俗的行为或成就。在论及儒者的时候，荀子又从对儒家思想的理解和遵循方面入手，把人分为俗人、俗儒、雅儒、大儒。⑥

什么是荀子眼中的俗人呢？他说："不学问，无正义，以富利为隆，是俗人者也。"不学习儒家思想，没有端正义利之辨，只看重物质利益，这就是俗人。显然，俗人就是不学习、无头脑，只顾获得钱财的人。应该说，看重钱财是没有问题的，关键是不学习，没有培养出正确的义利观。

荀子对俗儒的批评甚至攻击，是从他们的穿戴开始的。在荀子看来，俗儒穿着肥大的衣服，扎着宽厚的腰带，戴着高峻的帽子，看上去像个儒生的样子，但他们的内心却完全赞同于世俗之人。他们在学问上只是约略效法一下先王，但其结果却足扰乱正常的道术。对于当代之事，他们视而不见，醉心于学习儒家之外的各种杂学，而不去把《诗经》和《尚书》之类的儒家主要经典放在学习的中心位置。就是已经到了这步田地，他们还是不知道自己错在哪里。所以，荀子对他们的思想作了这样的总结：他们的言论已经与墨子之说无异，而他们自己却无法区别；他们只是利用先王之名混吃混喝，却还洋洋得意；他们追随在达官显贵之后，丝毫不敢表达自己的意志。

如同任何时代的杰出的思想家一样，对他们形成最大伤害的并不是那些公开与他们对抗的反对派，而是本派之内的那些似是而非的投机钻营者。俗儒就是这样的一些人。他们穿着儒者的服装，口中讲说的也是儒家的语言，但他们内心所想与行动所现，却完全是另外一副模样。他们这样的最大恶果，是败坏了儒家思想的真正价值，损坏了儒家学者的真实形象。对他们表达愤怒，进行批评，可以说是做到什么程度都不算过分。

俗人和俗儒都是反面教材，荀子接下来描述雅儒，以及我们在上文已经介绍过的大儒。对于雅儒，荀子说：

法后王，一制度，隆礼义而敦《诗》《书》；其言行已有大法矣，然而明不能济，法教之所不及、闻见之所未至，则知不能类也；知之曰知之，不知曰不知；内不自以诬，外不自以欺，以是尊贤畏法而不敢怠傲。是雅儒者也。[7]

显然，雅儒的表现与俗儒正好相反，他们效法后王，以制度规定一切，尊崇儒家的礼义，重视《诗经》和《尚书》等儒家经典。不过，严格说起来，雅儒虽然已经拥有了儒家的经世大法，然而只是心中明了，但无法用以济世。更重要的是，凡是儒家思想没有讲到的地方，以及他们没有实地了解的事物，他们就无法去规范了。他们的优点正如孔子所说，“知之为知之，不知为不知”[8]，对于自己不知道的思想和事物，不自欺，也不欺人，所以就尊崇贤人、敬畏道法，一切言行不敢怠慢。

无论从他的人生经历来讲，还是从他的学术历程来看，荀子都是非常注意实效的。在上述与秦昭王的对话中，荀子不仅介绍了儒者的思想，还强调了儒者所作所为的实际作用。所以，当他比较了俗人、俗儒、雅儒和大儒的思想和修身之后，也指出了这四类人能够对于现实做出的贡献。

荀子断言，任何一国的君主，如果任用俗人，即使是万乘之国也会灭亡；如果任用俗儒，万乘之国也就仅能自存，不至于灭亡而已；而如果任用雅儒，千乘之国可以平安无事。那么，如果是任用大儒呢，即使百里之地，也能持久发展。荀子以此使用的万乘、千乘、百里等说法，与春秋时代万乘代指天子、千乘代指诸侯、百里代称大夫的封地等用法不同，指的是一国本有的力量。“乘”是指四马所拉的战车，一国的军事力量足以代表该国的强大与否。拥有万乘之军，力量应该相当大了，但在俗人和俗儒手中，不是灭亡，就是苟存。而千乘之国虽然力量不及万乘之国，雅儒却能保证其平安，证明雅儒的才能远在俗人和俗儒之上。至于大儒，即使只有百里之地，也能保证其长久生存。再进一步说，大儒在这百里之地上，就能够做到使天下人听从号令，让诸侯称臣。如果大儒能够在万乘之国主政，则能在很短的时间内称霸天下。很显然，这其中的不同，并不在于外在的物质力量上，而是在于内的精神力量方面。

从荀子对上述四类人的论断中，我们能够得到一个重要信息。那就是，在荀子的政治思想中，还没有形成明确的大一统的理念。他经常提到的“一”，并不是如秦国后来完成的灭亡六国后的大一统，而是一种思想上和行动上的统一。荀子所主张的王政，也只是强调王者治理天下的方法是以德、以文治国，而并不是政治上和疆域上的一统天下、建立一个集权和专制的国家。

（三）小儒、陋儒、散儒、贱儒

对于儒者，除了俗儒、雅儒和大儒的区分之外，荀子还使用了“小儒”“陋儒”“贱儒”之类的说法。让我们通过对荀子所用此类概念的了解，全面获知荀子对“儒”的认识和评价。

荀子是在无情的比较中让我们认识小儒的，荀子说：

> 志不免于曲私，而冀人之以己为公也；行不免于污漫，而冀人之以己为修也；甚愚陋沟瞀（mào），而冀人之以己为智也。是众人也。
>
> 志忍私，然后能公；行忍情性，然后能修；智而好问，然后能才。公、修而才，可谓小儒矣。
>
> 志安公，行安修，知通统类，如是则可谓大儒矣。

不及小儒的是众人：本来自私自利，却还希望让人认为自己大公无私；本来行为低下，还希望人们认为他们很有修养；本来非常无知，还想让人们认为他们是智者。

高于小儒的是大儒：思想达到了大公，行为表现出了很到家的修养，思想通达、知法知类。

小儒介乎众人和大儒之间：努力克制私心，才能达到大公；克制私欲，才能表现出修养；有智慧，但只有勤学好问，才获得了必要的才能。

很显然，荀子关于众人、小儒、大儒的划分，与我们已经看到两种四分法（民、士、君子、圣人；俗人、俗儒、雅儒、大儒）的划分基本上是一致的。其根本的指导思想，是着眼于现实，认为人的表现是有高低之不同的。而且正因为有上述种种的思想境界的不同、修养的不同、行为的不同，现实中才有了不同的阶级或阶层。荀子说："大儒者，天子、三公也。小儒者，诸侯、大夫、士也；众人者，工、农、商贾也。"[9]尽管这是荀子眼中的理想状态，但也表现出了一位思想家的社会责任感。在荀子看来，一个社会，要想实现长治久安、繁荣发展，必须要有这样的一个社会分层。

"小儒"之外，还有"陋儒"。所谓陋儒，他们既不愿意向贤才学习，又不能遵循礼法，只能做到杂学杂用，表面化地读一读《诗经》《尚书》之类的儒家经典而已。这种态度和做法，即使穷其一生地学习，也只能做一个鄙陋的儒生而已。

"小儒""陋儒"之外，还有"散儒"。荀子的说法是，他们推崇和遵循礼法，虽然不明白其缘由，也可以称为法士，大概是奉法之士的意思。可是，如果不能推崇和遵循礼法，即使能明白礼法的道理，也只能做个散儒，大概是散漫之儒的意思。这是在说，对于儒家的礼法而言，能言不如能行。当然，既能奉行，又能明其所以然，应该是最理想的境界。但如果一定要在二者之间做出选择，中国的传统思想一般都认为应该行动在先。这也是在主张，知与行之间是不能分离的，特别是对于能知不能行的人，荀子更是强烈反对的。事实上，能知不能行，就等于是不知。后儒主张的所谓"知行合一"，就是针对荀子所说的"散儒"而提出的。

“小儒”“陋儒”“散儒”之外，还有“贱儒”。对于贱儒，荀子应该是最为反对，并因此不惜点名道姓地进行批判，而且名姓所指，还与孔子弟子有关。可见，对于荀子来说，这已经是不可不说之事了。且看他说：

第作其冠，冲淡其辞，禹行而舜趋，是子张氏之贱儒也。

正其衣冠，齐其颜色，嗛（qiǎn）然而终日不言，是子夏氏之贱儒也。

偷儒惮事，无廉耻而嗜饮食，必曰君子固不用力，是子游氏之贱儒也。⑩

所谓某某氏之贱儒，当然是指这些人的思想传人。子张是孔子弟子颛孙师，而子张氏的传人，只求儒生的表面，注重儒家式的衣着和言谈，甚至行走的样子都要模仿儒家推崇的古代圣人，荀子的言下之意，这类人的行为肯定没有达到他们所效仿的圣贤标准。子夏是孔子弟子卜商，而子夏氏的传人，也是刻意模仿儒生的外表，在衣着和表情上面下足了功夫，以至于整日表情严肃，以不言不语表现其深沉，这在荀子看来并不是修身真正到家的表现。子游是孔子弟子言偃，而子游氏的传人，本来就是不劳而获之徒，却还找借口说，君子是不必亲身出力的，而在荀子看来，需要不需要用力，并不是君子与小人的区别。

荀子所提子张、子夏、子游三人，正是孔子晚年的几位杰出弟子，加上曾子（曾参），后人称为“孔门四杰”，是孔子思想的主要传人。根据《论语》记载，这四位都有明确的思想和突出的行为。子张之学立意高远，专求卓越；子夏之学稳扎稳打，专求实效；子游之学高屋建瓴，专求创新；曾子之学注意实践，专求守成。

很显然，三类“贱儒”的表现，与他们的思想先人，即子张、子夏和子游的思想特点是息息相关的。也就是说，“贱儒”们的所作所为，正是孔门三杰的思想走入极端的必然结果。或者说，三杰的思想固然高明，但其后人一旦把握不得当，就容易滑入荀子所言“贱儒”的偏颇之中。荀子当然不是批评孔门三杰，但由于他们的思想传人，至少是部分思想传人并没有把握住三杰的思想精髓，这才走入了“贱儒”的行列。子张的追求卓越，容易导致形式主义；子夏的追求实效，容易导致装模作样；子游的追求根本，容易导致不做不为。

由此看来，荀子对“贱儒”的批评虽然在言语上难免刻薄，如同他对于其他丑恶现象的抨击一样，但实际上却是抓住了问题的要害，对于孔门之学的偏学末流，做出了精到的判断和批判。正如荀子随后分析的，与“贱儒”之行相反，“彼君子则不然。佚而不惰，劳而不慢，宗原应变，曲得其宜。如是，然后圣人也”[11]。圣人的表现与“贱儒”适相反之，其行为看上去很飘逸洒脱，但本质上并不懈怠和懒惰；看上去忧劳不断，但却不松弛和散漫。这是因为，圣人能够做到宗从大道的本原，并根据不同的情势做出应变之举，即使是有所委屈，也非常合乎事物本有的规律。

荀子是儒者，他非常看重这样的身份，所以才对那些有儒之名而无儒之实的各种“非儒”进行了尖锐的批判。了解了这些，我们不禁要问，既然儒者是有高下之分的，那么，儒者的基本含义是什么呢？

根据荀子的描述或定义，身为儒者，一定要学习儒家的基本经典著作，认同儒家所肯定的圣贤之人，遵循以孔子思想为核心的儒家礼法，并且要把这些修身所得推广到现实之中，要有积极的投身现实政治的追求。只是在这个过程当中，受主客观种种因素的影响甚至制约，必然会发生种种不到位的甚至扭曲的现象，比如言语与行为的脱节、有意无意的误解、力不从心的遗憾，等等，结果就出现了诸如俗儒、小儒、散儒、陋儒、贱儒等不尽如人意的儒生。荀子之所以明确地从儒生群体中把诸如此类的儒生分离出来，目的当然不是为分而分，而是让儒生警觉，不要在成长过程中滑入可能的斜坡。

儒者“曲辩”

作为整体的儒者，或者说原本意义上的儒者，是有远见、有追求的，也是有责任心、有节操的。在荀子看来，当全社会从上到下轻视礼义的时候，“儒者为之不然，必将曲辨。”此所谓“曲辩”，是因委屈而辩白。因为，当儒家坚持的礼义处在不被社会各阶层积极接受，即人们普遍认为是儒家的礼义之道出了问题的时候，儒者是身受委屈的。尽管如此，儒者还是要努力去辩白，坚持自己的主张。在荀子的主张中，则是仍然坚持儒者对于儒家政治理想的追求。

荀子指出，最高统治阶层必须尊崇礼义，等级严明，士大夫才会看重节操、拼死维护制度。各级官员遵守制度，看重自己的职责，普通公职人员才会敬畏法度、遵章守纪。市场上税收合理，条律明确，商贾之人才不会欺诈掺假。工匠如果能够按时服役，发挥巧思，他们就会踏踏实实地做工。政府如果能够减轻农民的税赋和徭役，不要侵占农时，农夫就都会勤勉种地，而不去想其他事情。这就是说，一个国家，在道德教化、政治制度、工商管理、农业生产等方面都能够有章可循、合理运作，就会成为儒者眼中的理想国度。

荀子进一步推导说，士大夫有节操，国家的军力才会强大。官吏守法，国家才能安定。商贾诚信，经济供给才不会出问题。百工踏实肯干，财用就不会匮乏。农夫勤勉，国家的各项事业才能成功。这种情形，荀子认为，“是之谓政令行，风俗美。以守则固，以征则强。居则有名，动则有功。”政令通行，风俗纯美。国家选择自守则稳固，要去征伐则强大，安居时有名望，行动时会建功。“此儒之所谓曲辨也”，[12]这就是荀子所谓儒者“曲辩”的主旨。

身为大儒，荀子既有深切的荣誉感，又有强大的责任感。当荀子在晋地宗从子夏儒学，最终形成自己坚定的儒家思想之后，他并不是固守前辈学人的主张，而是根据时势的要求，对传统儒家思想进行了不懈的调整和提高。

从孔子开创儒学到荀子的接续，已经过去了近三百年，而这三百年又是中国思想史上思想最活跃、学说最创新、与现实的交错最复杂的三百年，儒学从一家之说，成为百家的众矢之的，加之社会现实的考验，儒生们必然会发生各种各样的集中和分化、上升和下降、荣耀和堕落，所以，当荀子对儒生进行分类时，确实并不是耸人听闻之举，而是对现实的全面描述。

当然，荀子对儒学本身一直是有信心的，对于大儒的存在和作用也是有信心的，为此，他不得不“委曲”，不得不“辩说”，结果就是，荀子不仅全面发展了儒家思想，而且最终得出儒家和法家思想可以并存兼用的结论，为儒、法思想共同主导此后两千年的中国古代社会作了必要的理论准备。荀子的“曲辩”成果是中国古代社会和思想发展的里程碑。

注释：

①《荀子·儒效》。

②以上均见《荀子·儒效》。

③以上均见《荀子·儒效》。

④《论语·雍也第六》。

⑤以上均见《荀子·儒效》。

⑥《荀子·儒效》：“有俗人者，有俗儒者，有雅儒者，有大儒者。”

⑦以上均见《荀子·儒效》。

⑧《论语·为政第二》：子曰：“知之为知之，不知为不知，是知也。”

⑨以上均见《荀子·儒效》。

⑩《荀子·非十二子》。

⑪《荀子·非十二子》。

⑫以上均见《荀子·王霸》。

第三章 儒家的道德修身

修身有道、术
修身有境界
论圣人、仁人
论士人、君子
君子与小人之别
儒者的其他美德

生逢动荡之世，各种思想纷至沓来，荀子又是极包容之人，所以，荀子的思想看上去内容很多，涉及的面很广。特别是着眼于现实，中后期的荀子思想深受法家治国之道的影响，对于法家思想不得不作出积极回应，甚至对于法家思想中一些行之有效的合理观点加以肯定和阐发，直至兼容法家思想的诸多合理之处，因此，便有人认为荀子不是纯粹的儒家思想家。事实上，从先秦儒家的真实情况来看，最全面最深入地正面论述儒家思想的，不是孔子和孟子，而是荀子。

或许是由于书写和传播手段的限制，孔子并没有给后人留下太详尽的思想述说，在所有问题上只有完整的框架，具体内容并不够丰富，更谈不上丰满。孟子时代的情况有所改善，孟子本人也说得够多，但未免失之于偏。到了荀子时代，思想家的数量、活动区域、思想传播和记载的手段，相关方面都有了极大的改善，加之荀子本人游学广泛、善于思考，所以，我们在荀子的作品中看到更为广博和深邃的思想。

正如我们一再强调的，荀子的儒家思想基础形成于他五十岁离开赵国故地之前，与孔子弟子子夏的儒学思想是一脉相承的。在传统儒家看来，社会的动荡、政治的混乱，源之于人们被外在的名利所左右，忽视了个人的内在修养，所以，传统儒学便把个人的道德修养放在了首位。每个人只有成为一个有价值的个体，才能谈得上为社会大众服务，而有价值的个体的核心，就是讲道德、有修养。

修身有道、术

强调个人的修身养性，是先秦时代儒家思想的特色，严格来说甚至是儒家独有的思想内容。可以说，是不是重视个人的修身养性，可以作为判断一个人是不是儒家学者的重要标准。在这方面，荀子的思想是非常独特的。

在荀子看来，所谓修身，就是向善。他说："见善，修然必以自存也；见不善，愀然必以自省也。善在身，介然必以自好也；不善在身，菑然必以自恶也。"[①]见善而自存养，见不善而自省；善在身而自然喜好，不善在身而自然厌恶。这是人必须修身的自然基础。以此为基础，"故非我而当者，吾师也；是我而当者，吾友也；谄谀我者，吾贼也。"为了实现修身向善，一个人既需要别人的批评，也需要别人的表扬，关键是一个"当"字，即适当与否。不以适当为标准，就是谄谀，就是对我的伤害。修身之人需要别人的批评和表扬，并把正确批评我的人视为老师，把正确表扬我的人视为朋友。

那么，当与不当的标准是什么呢？荀子明确地提出了"礼"。《荀子》书中有专门讲述"礼"的篇章，本书也有对"礼"的专门讨论，在此只是就与修身有关的"礼"的要求进行概括性的表述。

孟子把孔子思想总结为仁、义、礼、智、信“五德”，使得这五个字对后世的影响不可估量。“五德”之中，只有礼是有具体可操作的内容和具体规约的，是既有内在规定，又有外在条文的。仁、义、智、信等四项，都必须通过恰当的礼的形式即礼仪来表现。一个人修身的水平如何，或有没有修养，给人的最直接的印象，也首先是礼仪方面的外在表现。荀子提到了食饮、衣服、居处、动静、容貌、态度、进退、趋行，这都是一眼就能看到的人的外在表现。由外在表现作深入观察，又可以发现人的血气、志意、知虑，把这些综合起来，就决定了是会“时通”，还是会“处穷”，即通达于世，还是在政治上走投无路。循礼则进则通，不循礼则退则穷。人是如此，由人组成的社会和国家亦复如是。所以，荀子的结论是：“人无礼则不生，事无礼则不成，国家无礼则无宁。”人无礼则无法生存，事无礼则无法完成，国无礼则不得安宁。

修身的标准决定了之后，荀子马上提出了修身的具体要求。

以善先人者谓之教，以善和（hè）人者谓之顺；

以不善先人者谓之谄，以不善和人者谓之谀。

是是、非非谓之智，非是、是非谓之愚。

伤良曰谗，害良曰贼。

是谓是、非谓非曰直。

窃货曰盗，匿行曰诈，易言曰诞。

趋舍无定谓之无常，

保利弃义谓之至贼。

多闻曰博，少闻曰浅。

多见曰娴，少见曰陋。

难进曰偍（tí），易忘曰漏。

少而理曰治，多而乱曰秏（mào）。

对这些要求的简单总结就是：

教：用善引导人。
顺：用善应和人。
谄：用不善诱导人。
谀：用不善附和人。
智：弄清是非。
愚：是非不明。
谗：中伤贤良；贼：祸害贤良。
直：是就是是，非就是非。
诈：藏匿行踪；诞：言语轻浮。
无常：取向不定。
至贼：为得利而舍弃义。
博：多闻；浅：少闻。
娴：多见；陋：少见。
偍：怠惰；漏：漫不经心。
治：举措少而有条理。
眊：举措多而杂乱。

荀子在此提及的有关修身的概念或要求，都是当时人们习用或习见的。这说明，荀子基于儒家思想而倡导的修身养性方面的具体要求，是与现实生活紧密相关的，而不是出于思想家一厢情愿式的想像。同时，荀子不仅对相关美德有正面要求，也有负面提醒，甚至负面的行为描述更多一些，这表现出了一位思想的现实批判精神。这些当然不是修身的全部，但至少在荀子看来，这些方面的缺失是当时之所急。

传统儒家所谓修身之道，荀子也称之为“治气、养心之术”。这样的提法，主要是受到战国后期阴阳家思想的影响。人是一个整体，所以传统儒家更多的是讲“身”，即通称自身，不把人身分为气和心，所以要说修身之道。这种思想的受众，主要是接受过相当文化教育的阶层，而不利于向社会其他阶层传布。到了战国后期，各种思想的传播日益广泛，社会各个阶层都成为被动员和争取的对象，就现实社会而言，能够接受道的人显然不如能够接受术的人更多，多数人又是急功近利，致使术行而道敝，以至于荀子这样的大思想家也不得不随俗，从术的角度阐述自己的修道之道，以期能够有更多的人向儒家的修身要求靠拢。

在上述主要修身概念的基础上，面对人的不同性格或脾性的表现，荀子提出了治气、养心的相应对策。所谓“修身之术在攻其所短”，从长远来看，治气、养心要面对的是人性中更为根本性的东西，包括与生俱来的和性格养成的，或者是二者兼而有之。性格刚强之性，要用调和之气加以柔化；优柔寡断之性，要用简明之理加以整束；勇猛斗狠之性，要用引导规矩加以辅助；卑下贪利之性，要用志气高远加以激励；平庸懒散之性，要用良师益友加以促动；怠慢无度之性，要用灾害祸患加以明示；愚钝实在之性，要用礼乐修饰加以充实。

荀子主张性恶，认为人性是需要约束和提升的，与之相应的人的气和心，也是需要治、需要养的，所以他总结说：“凡治气、养心之术，莫径由礼，莫要得师，莫神一好。”治气、养心需要有三方面的努力，一是守礼，二是投师，三是向善。这三项大的原则，再加之以上所述具体对策，使荀子的修身之论既有明确的方向，又有具体的路径和方法，这就从本质上发展了孔子和孟子的相关思想。

当然，荀子也不是没有认识到修身之路以及治气、养心之术并不是简单易成之事，而且肯定会遇到种种困难和挫折，为此，荀子又从修身之利益、必成之信心、持之以恒心等多方面对他的修身之论加以充实，以期更多的人加入到这一行列之中。

荀子为人们展示的修身的终极益处是，“志意修则骄富贵，道义重则轻王公，内省而外物轻矣”。儒家所倡导的修身，当然是不断提高人的内在修养。内在修养提高了，就会不为外物所左右。在荀子时代，所谓外物，也不外乎荣华富贵之类。不为外物左右，就是不把富贵和王公放在眼里，一切以儒家的道术为准则。但是，这样的修身之路并不是轻而易举就能实现的。着眼于现实，修养越高，怕是距离荣华富贵越远。为了保持原则的纯洁性，荀子坚持认为，“良农不为水旱不耕，良贾不为折阅不市，士君子不为贫穷怠乎道”，好的农夫不会因为天旱就不去种地，像样的商人不会因为价格低就不做生意，更重要的是，合格的士君子不会因为贫穷就懈怠对大道的追求。因为，追求大道是做人的本质要求。

对于士君子的自信心，荀子有一段非常生动的描述。他说，君子行路时恭敬小心，并不是因为脚下是泥淖之地；对人谦恭低头，并不是因为脖子有疾患；与人对视时先行躬身，也不是因为惧怕对方。那是因为，君子追求修身养性，不跟一般人计较罢了。这也是表明，儒家的修身是要提高人的内在修养，并不是装点门面，用外在的模样欺哄人、吓唬人。更重要的是，越是在普通人面前，越不需要表现出自大和傲气。

实现儒家的修养，完成荀子所说的治气、养心，当然是个永无止境的过程，但这并不是拒绝修养身心的理由。在普通人看来，因为无法在短时间内实现，所以认为还不如止步不前，或别寻他途；但在君子看来，一分努力就有一分收获，只有不断努力，才会无限接近终极目标。对此，荀子很清楚地指出，千里马一天飞奔的路程，普通马匹只要不停地行走，迟早也会达到。如果不能面对现实，把每个人的人生目标制定得无限高远，当然很难达到。可是，如果针对每个人的具体情况制定切实可行的目标，或迟或早地，每个人就都会有所收获，最终都会实现。

荀子指出，先天条件并不能决定修身的高低成败。即使是一只跛腿的鳖，如果爬行不止，也能到达千里之外；即使是一匹千里马，如果一路上左顾右盼、忽进忽退，也不会到达目的地。在才性方面，人与人之间的差距有时会远远超过跛鳖和良骥区别，那么，为什么跛鳖能到达的目的地而良骥无法到达呢？原因很简单，就在做与不做之间。进而言之，再近的路途，不走也达不到；再小的事情，不做也完不成！

修身有境界

在不同的上下文中，荀子对于儒家修身做人的境界有不同的划分，这可以理解为荀子相关思想的发展变化，也可以理解为在不同的情势下荀子有不同的思索。当孔子奠定儒家思想的基础之时，就提出了圣人、仁者、君子、士人等修身的不同境界或层级、等次。除了这些相对固定的概念，孔子还表扬过通达者、有恒心者等。这些修身做人的境界，在孟子的思想中也有明确的肯定之辞，并在此基础上提出了影响深远的关于“大丈夫”的做人境界。

对于人的不同道德境界和修养层次，荀子是坚信不疑的，并利用诸多方式加以表述。荀子假设孔子提出的一个问题，即：“智者若何？仁者若何？”什么是智者？什么是仁者？并以孔子的三位杰出弟子的口吻做出回答。

孔子的这三位弟子中，子路是军人出身，学力最低，他的回答是：“智者会让人知用自己，仁人会让人爱戴自己。”这样的回答，孔子认为是士人的回答。子贡是弟子最聪慧的人，擅长表达和表现自己，悟性高，但学习比较浮躁，他的回答是：“智者能够知用别人，仁者能够爱护他人。”对此，孔子认为是士君子的回答。最后提出答案的是颜回，他学习用功，喜欢深思，是孔子最欣赏的学生，他的回答是：“智者了解自己，仁者爱惜自己。”孔子认为这是明君子的回答。

以上三种回答，严格说起来都是高层次的认识，并且都得到了孔子的肯定。所以，由此可以首先得出结论，荀子认为儒家的道德修身境界又可以分为士、士君子和明君子等三个层次。这虽然又是一种不同的划分方法，但还是坚持了道德修养有层次高低的区别。这就再次说明，荀子对于这个问题是相当敏感的，并且其观点也是坚持不动摇的。

至于对上述三个境界的具体划分和评价，很显然，被知被爱、知人爱人、自知自爱是三种由低到高的境界。为什么这么说呢？因为越是较高的境界，越需要人的主动性。在荀子看来，士人做好自己即可，而士君子还需要主动去顾及别人，至于明君子，则不仅需要做好自己的外在努力，还需要反观内心。也就是说，自知者能够达到知人、被知；知人者能够达到被知，但却不能自知；至于被知者，则既达不到知人，更达不到自知。

荀子也曾把成功的修身之途分为三个主要阶段，所谓“好法而行，士也；笃志而履，君子也；齐明而不竭，圣人也”[②]。能够循礼而行的，荀子称之为“士”；意志坚定地遵守礼的规定，并且能够体现在实际生活中的，那就是“君子”；内心完全明彻，动力源源不竭，这就是“圣人”。

荀子应该注意到，世上之人并不尽是士、君子和圣人，甚至可以说这三类人并不是人群的主体部分，所以，荀子在三类人之外，又加入了一类人，即“民”，普通人而已。从这个角度来看，在荀子眼中，人可以分为四类。只是从儒家修身做人的角度来看，“三境界”已经足矣，普通人因为不知修身，实质上是被排除在儒家所要求的道德修身的视线之外的。

总体上来看，荀子认为人是有等级区分的，只是他继承孔子的思想，强调这种区分不是来自于先天的自然原因，即并不是人们生来如此，而是后天环境，以及与环境相关的个人努力的结果。在前文描述儒者的思想境界时，荀子也把人分为四类，即俗人、俗儒、雅儒、大儒，这种区分与此处的四类划分是一致的。而这两种划分的主要区别是，民、士、君子、圣人的划分，主要是把修身落实在外在成就上；而俗人、俗儒、雅儒、大儒的划分，则主要是把修身依据于内在修养上。当然，从修身的角度看，严格区分内在修养和外在成就是相当困难的，具体到某个人，甚至这两个方面是不可区分的。所以，荀子的两种“四类”分法，也只是侧重点有所不同而已。

那么，人分四类的具体情况是什么呢？

民 荀子说：“以从俗为善，以货财为宝，以养生为己至道，是民德也。”把从众从俗作为善良，视货财为宝，以养生为自己的最高行为准则，这就是普通民众的追求。此处所说的“养生”，应该是指普通人满足衣食住行的行为，并不是思想家们所说的高层次的精神方面的涵养。所以，在普通人这里，主动自觉地进行道德修身是不可能发生的事情。

劲士 荀子说：“行法志坚，不以私欲乱所闻，如是，则可谓劲士矣。”行为守法，意志坚定，不以个人的得失判断事物，也就是不会无原则地去满足私欲，这就是士人的德行。荀子在此称士人为“劲士”，是强调士人坚持原则的精神。上文说士人“好法而行”，也是说士人是礼法的履行者，换句话说，与君子特别是圣人相比，士人的行为虽然也很可贵，但其态度是被动的，是不得已而为之。

笃厚君子 荀子说：“行法志坚，好修正其所闻，以矫饰其情性，其言多当矣而未谕也，其行多当矣而未安也，其知虑多当矣而未周密也，上则能大其所隆，下则能开导不己若者，如是，则可谓笃厚君子矣。”君子具有士人的优点，并能克服士人的不足之处。同样是“行法志坚”，但对于所见所闻，不是听之任之，而是能够去加以修正，然后再传播出去。君子善于学习，所以其言语都很妥当，只是不知其所以然而已。君子的行为是无可挑剔的，只是没有去深入了解其行为方式的由来而已。君子也有对人对事的正确思考，只是还欠缺一些周密性而已。尽管如此，君子对于他们推崇的东西也总能有所开拓，对于不如自己的人也能够加以开导，让他们能够不断进步。因为君子的言行总是扎实可靠的，所以，荀子在此称君子为“笃厚君子”。上文说君子“笃志而履”，也是说君子的表现更多地体现在积极行动上面，但与圣人相比，缺乏的是创造性。而在荀子的思想中，在履行已有礼法并加以创造性的发展，才是最高的修身境界。

圣人　荀子说：“修百王之法，若辨白黑；应当时之变，若数一二；行礼要节而安之，若生四肢；要时立功之巧，若诏四时；平政和民之善，亿万之众而抟若一人。如是，则可谓圣人矣。”③与民、士、君子相比，圣人的最大特色是创制性、主动性和灵活性。圣人能够修正古来的礼法，能够毫不费力地应对现实中的各种复杂变化，能够自如地把握各种礼节，能够很自然地适时建功，能够轻松地掌握现实政治，统一所有人的意志，为所有人造福。上文认定圣人有“齐明而不竭”之德，所谓“不竭”，就是圣人的内心有源源不断的动力，并把这种动力运用在无限的创制之中。

在《荀子》书中的一个场景中，荀子假托了孔子晚年与鲁哀公的一场对话，从另外一个角度描述了“人有五仪”，即人有五种表现，也就是人的五个等级的观点。

最低的等级，荀子称之为“庸人”，即普通人。这种人的表现是，说不出善良的言语，也没有上进之心。尽管如此，也不懂得向贤人和善士学习。成天只是为自己眼前的利益打算，行为没有高尚的目标，只看重外物，为外在利益所左右，不知道什么才是真正尊贵的东西，什么才是人应该追求的目标。庸人看上去也是五官端正，与其他人没有区别，但总是听从私心的驱使，一旦有所行动，就会做出坏事，暴露出自己的本质。很显然，这样的庸人是需要教育和约束的，甚至有时候还需要以一些强制措施加以对待。

比庸人高一级的是士。士的特点是，尽管不能不折不扣地按照儒家的道和术行事，但做事也有一定的遵循和规矩；即使不能事事做到尽善尽美，但也能够有个模样。这就是说，士未必是以礼而行的典范，但也不会放纵无度。士对于儒家道术也可能知道的并不很多，但是，一旦有所知晓，就要弄清楚来龙去脉；其出言吐语不务求多，而是一定要明白自己在说什么；同样，士也不务求做太多的事情，但每做一事都有根有据。总地来说，士的思想、言语、行为都有一定之规，不可更改，不论是富贵还是贫贱，都不能使其增加或减损分毫。从我们的视角去看，可以说士并没有完全获得儒道的修养，也还没有达到高尚的做人高度，但由于积极向儒道靠拢，所以其言行并不会出现明显的偏差。

在士之上的是君子。君子的言语讲求忠信，但内心里并不要求人们的表扬；行为符合仁义，但其表情却并不自傲；思想通明，却不在言辞上争胜。所以，君子的人生节奏把握得非常得当，没有他想做却做不成的事情。很显然，此处所言君子，是那种能够把握自身的明智之人，与更高层次的做人要求相比，荀子此处所说君子是相对消极和保守的人物，属于后世所谓明哲保身一类。

君子之上的贤人，行为符合规矩，并且也不会影响根本的道德原则；言语足以让天下人效仿，但自己不会因此而自满；即使富有天下，也不会为自己蕴藏财富，给天下布施恩惠之时，不会忽视贫穷之人。这样看来，贤人是那些具有儒士的道德修养，且能够掌握较大的权力和较多的财富，能够影响大众、建立世俗功绩的人。

“五仪”之中的最高一级是大圣。大圣之人，其思想贯通大道，能够永远应对一切变化，并对万物的本性和表现了如指掌。通达大道、明辨情性的大圣，就能够上知天文，下识地理，其行为做事，是普通人无从了解、无法评判的。可见，最高层次的大圣，其智慧和才能远远超乎众人，他们掌握的是人类的大方向，普通人不可能理解，也没有必要理解。

荀子所述三阶段或三境界，以及四类或“五仪”之说，其分析的角度和用词都是儒家传统的，只是内涵有所不同罢了。从普通角度去看，无非是上、中、下三档。但是，随着荀子思想认识的提高，他强烈地意识到人群当中最上和最下等的相对不变，而最难把握的还是中等之人。中等之人人数多、变化大、可塑性强，所以，荀子最终不得不把中等之人多次细分。当然，这种不同并不是与传统儒家思想的不同，而是具体的落实不同，即究竟什么样的修养应该落实在什么等级的人的身上，荀子有着自己的理解。但不管怎么理解，成功的修身之道始终是儒家式的。

当然，还需要强调的是，在孔子和孟子那里，对于儒家修身境界的认识和定义，虽然有一些不同的概念，但并没有分出高低的层级，更没有对于某一概念，比如君子，再作更细致的划分，比如什么样的君子。之所以在孔子和孟子那里保持这样的格局，与社会成员的复杂程度有着最直接和最重要的关系。特别是在孔子时代，社会基本上是明显的上、下两层，所谓社会精英阶层人员较少，变化也相对固定。可是，到了荀子时代，先秦时期的社会动荡达到极致，除了社会的上层和下层之外，社会中层的人员数量和复杂程度绝非孔子、孟子时代所能想像，仅用君子之类的概念加以描述，显然力不从心，基本不能说明问题。在这种情况下，荀子以其现实主义精神和敏锐的思想能力，毅然把社会中层作了再为细致的划分，不仅将士与君子相分离，而且把士和君子自身也予以分疏，甚至还加入了贤人之类的新概念。后世之人倒是未必完全接受荀子的看法，况且荀子的看法本身也不固定，但从中应该体会到荀子对于社会现实的全面观察和深入思考。

论圣人、仁人

在《荀子》中，荀子对圣人的推崇和褒扬随处可见，由此证明荀子对圣人治世的渴望。同时，荀子对仁人的肯定也是非常明确的。这样就产生了诸多问题。什么是荀子认为的圣人和仁人？圣人和仁人在荀子的思想中有什么同异？

对于圣人的定义，在孔子那里如同其他概念一样，也是一种相对和间接的表述。《论语》记载，弟子子贡问孔子：“如有博施于民而能济众，何如？可谓仁乎？”意思是说，那种能够惠及全天下的人，是不是可以称作仁人？没想到，孔子非常严肃地回答："何事于仁？必也圣乎！尧、舜其犹病诸！"[4]这哪里是仁人的境界？这无疑就是圣人高度啊！并且孔子进一步认为，即使是像尧、舜这样的上古英明之主，在这方面也是有所欠缺或遗憾的。这显然是在说，圣人是比仁人更高的修身境界，其特点至少包括了惠及全天下的方面。另外，尧、舜也不是百分之百的圣人，这就说明，圣人不仅道德修养是最高的，而且在物质上也能做到"博施"和"济众"。在《论语》的其他记载中，孔子明确指出圣人高于君子。[5]同时，尽管弟子们认为孔子是圣人，但孔子自己明确加以否认，因为很显然，孔子并没有达到在物质上惠及天下的高度。

总之，在孔子那里，圣人的境界至高无上，然后才是仁人和君子。荀子也持有这样的观点，只不过是说得更加清楚明白而已。

那么，荀子的圣人是什么样子的呢？在《荀子》中，对于圣人的描述及尊崇，更多的是出现在荀子关于大治之世的理想愿景中，而对于圣人的单独定义和描述并不是很多。在不同的上下文中，荀子也有不同的定义，尽管主体是一致的，但也各有侧重。

从礼的角度来看，荀子认为，礼的作用是正身，即端正人的行为。那么，礼是怎么产生的呢？作为个人又是如何能够学到真正的礼呢？荀子认为必须要有老师或师长的存在。人要做到礼怎么要求就怎么做，这就把人情交给了礼，安心于礼的要求；人还要做到老师说什么就说什么，这就说明你明白了谁是你的老师。做到了上述两方面的要求，荀子认为就是圣人了。乍看上去，对圣人的如此要求并不高，也不过两项，但这两项之严厉，却是越想越难的事情。

圣人无论是日常生活，还是其他方面，都是井井有条；对自己有着严格的要求，非常自律；对一切都很知足，所以才能长久；秉持乐观的态度执持大道，所以不会有任何危险；有着明确的理智，其理性精神尽显无遗；以统类的角度看待事物的运作，思路非常清晰；外在表现有礼有节，按部就班；对于他人之善，感到由衷的高兴；对于他人的不当言行，则表现出深深的忧虑。

那么，为什么圣人能够做到以上要求呢？荀子强调说，圣人之道源之于“一”。“一”字的哲学意蕴是整体性、统一性和耐久性的意思。圣人之道，就是儒家的思想学说，就是儒学的主张。圣人坚持儒道不动摇，既证明了圣人品格，也强调了儒学的正确性。由此看来，圣人与儒道是一而二、二而一的关系，相互依存，不能分离。为此，荀子最后的定性就是，圣人是儒家大道之“管”。此所谓“管”是“管枢”之意，即枢纽和关键所在。因为是儒学的管枢，也就是当然的天下大道的管枢，自古以来所有的王者之道，也就是圣人及其儒学，更不用说那些传世的重要经典，更是有赖于圣人的传承了。由此看来，圣人就是人类文明的关键，是人类社会的精华，如果缺少了圣人，人类及其文明的存在就会是大成问题的。

圣人是如此的伟大，那么，圣人是怎么来的呢？换句话说，其他人，甚至普通人，能够成为圣人吗？荀子给出的答案是，不断地累积土石，就能成为高山；不断地累积水流，就能成为大海；不断地累积每一天，就能够达到一年之数。当我们倒下第一筐土的时候，看到一条河流的时候，很难想像大山和大海的模样；当我们开始一年之中的第一天时，也许会觉得一年还是个遥远的数字。可是，等到我们坚持不懈地完成积累而回头看的时候，就会发现不断累积的强大力量了。因此，荀子才说，即使是那些普通老百姓，只要不断地累积善行，并且达到必要的高度之时，就会成为圣人。反过来讲，每一位圣人，也都是累积其善行的结果。

事实上，并不仅仅是圣人，任何一种人，甚至一种职业、一件事件，都是累积的结果。比如不断地努力耕种才能成为合格的农夫，不断地到处贩货才能成为合格的商人，同理，不断地累积合乎礼义的事情也才能修养成为君子，确定方向是第一步，而只有坚持不懈地去做，才能保证成功。用荀子的话来理解就是，任何事情的完成、任何类型的人的成长，都不是天生如此，而是不断地累积和艰苦磨炼的结果。

荀子五十岁的时候离开家乡，游学天下，并成为一代宗师、万世楷模，就是积累的结果。因为有过五十岁之前不懈累积，荀子的思想才能那样的明晰、那样的坚定，以至于随后的岁月里，尽管有百家思想的冲击，有像秦国那样的以法家之道治国的巨大效果，也没有使荀子放弃他的基本的儒家政治主张。相反，正是有了累积之后，荀子对于儒家思想才有了练达的掌握，才能在复杂的现实促动下，进一步修正和发展儒家之学，使儒家思想更具现实有效性，从而在秦汉之后逐渐成为中国社会的主流意识形态。

对于圣人和仁人，荀子有时分开述说，有时则合而叙之，这其中的原因是相当复杂的。

事实上，在《论语》所记载的孔子思想中，更多的是谈仁人，很少谈及圣人，而且，孔子论仁、论仁人，重点在于道德修养的境界，不多涉及仁、仁人与具体某种事务、某类事情的联系，即不去说仁人适合做什么、能够做什么、能够做成什么。这样一来，孔子心目中的圣人，如前所述，是修养最高且必能成就事业的人，而仁人则是侧重于崇高修养的人，比如说孔子的得意弟子颜回，孔子曾许之以“三月不违仁”[⑥]，即能够较长时间保持仁者的境界，而颜回的一生只是一位贫穷的布衣，未曾做过任何实际事务，更不用说建功立业了。

到了荀子时代，由于时势混乱至极，急需加以整治，于是，在儒家内部，圣人的功业更能够吸引人们的注意，当然也更具有现实性。在这方面，荀子的论述集中在两个主要方面：一是我们前文所述对圣人的单独叙说，二是在对现实的政治功业进行评价时，把圣人之政或王者之政置于最崇高的地位。换句话说，一方面是探讨圣人的道德境界，另一方面是推崇圣人的功业。在荀子的思想中，这两个方面是一个整体。

荀子对于仁人和圣王有一些具体的美德描述。比如他说，信任应该信任的，怀疑应该怀疑的，都是守信的表现。看重贤人，轻视不肖之徒，都是持仁的表现。当说的时候则说，不当说的时候不说，都是智慧的表现。不管是多说，还是少说，只要严守法度，就都是圣人、君子的表现。说的很多，但却不合法度，即使听上去很有道理，也是小人的表现。荀子对仁人君子的如此描述，始终是以大道和原则为准绳，仍然反映出荀子思想的理性主义精神。

对于圣王所反对和禁止的事项，荀子提出了“三奸”。身为统治者，使用民力之时不考虑民之当务，做的就是“奸邪之事”。制定政策和法律时不效法先王，表现的就是“奸邪之心”。言语通顺、滔滔不绝，但却不合礼义，就是“奸邪之说”。为此，荀子又从正面提出了圣王“兼服天下之心”的方方面面。

圣人的品格是，高贵却不骄人，圣明却不困人，迅捷却不抢先于人，勇敢却不伤害他人。遇到不知之理、不知之事就去请教别人，不能做到的时候就向人学习，即使有能耐也会礼让别人，然后才去获得。侍奉君主的时候要遵循臣下之义，与乡人相处的时候讲究长幼之义，在长者面前则遵守子弟之义，与朋友相交则奉行辞让之义，遇到地位低下者就表现出足够的教导和宽容之义。总之，圣人的处世原则是，无人不爱，无人不敬，无人可争，心胸恢宏，能够包容天下万物。很显然，荀子的这番描述，虽然在言语的气势上不同于孔子和孟子，但其思想基础依然是儒家的原则和胸襟。

仁人以其崇高的道德修养，如果机会合适，当政者诚心任用，同样可以做一个胜任的政治家，同样能够建功立业。

一方面，大凡是攻击别人或别国者，一般是有三种原因，即为名、为利，或者发生了让攻击者感到愤怒的事情。

另一方面，仁人治理下的国家，会修养国民和国家的思想，端正其举止行为，倡导崇高的事业，做出忠信之事，做事有理有节。

那么，如果达到了仁人的修养，即使是布士之士，生活在贫民区，王公贵族也不能跟这样的仁人争名；如果让他们掌握一国之政，全天下也无法遮蔽这样的仁人的名声。所以，他们的名声是公认的，没有任何为名的人会去攻击这样的仁人。

如果说要加强战备，带领大军攻击远方的敌手，这是仁人不会做的事情。可是，如果说治理好一国的内政，迎击敌手的进攻，对于仁人来说则如同拔麦子一样简单。这样一来，敌手不能从中获利，当然也不会主动发动进攻了。

国与国之间的愤怒，通常是大国对待小国的态度。可是，如果让仁人主持小国之政，就会明白强弱大小的道理，对大国表现足够的恭敬，贡献适宜的财货，派出任胜的使节。这样一来，即使大国原有的愤怒也会化为乌有，当然也就不会进攻小国了。

所以，仁人治理下的国家，没有人会因为名、利和愤怒发起攻击，这就肯定会是一个安全的国度。实际上，这样的国家，别国都有动乱的时候，仁人却治理得很好；别国出现危亡的时候，仁人治理的国家却很安稳；别国都在丧失土地和人民的时候，仁人会很安详地趁机去帮他们治理。这就是说，一旦仁人掌握了一国之政，不仅会治理好这个国家，还会影响和兼并其他国家。

总而言之，圣人和仁人都是人类最崇高的道德标杆。如果说圣人是道德水准和政治功业兼具的话，仁人则更偏重于道德修养。换句话说，圣人必须建功，而仁人则两可。圣人必是仁人，而仁人未必是圣人。仁人以其道德修养著称，如果有合适的机会，在政治上也能达到圣人的高度。

论士人、君子

与论圣人、仁人相比，荀子对君子和士人更加重视，因为前者毕竟有诸多理想化的成分，更多的是人们的愿景。但是，真正能够影响人们现实生活的，或者说更多地、更切近地与人们在现实中相伴的，是士人和君子。

（一）士、仕士

“士”字在甲骨文中未见，在西周早期文字中才开始出现，其造型是一柄利斧，而斧则是权力的象征。“士”字最早是指武士，由武士之权威引申为“士师”，即执法之官。在西周社会上升时期，“士”由武官或法官而泛指一般的官员；随着周王朝的社会转型，武官和法官的意义逐渐丧失，但“士”的基本意义却不会轻易丧失，这一基本意义就是他的尚武精神，他的勇气和气概。到春秋战国时期，旧时代的武士渐渐消失，“士”泛言一般意义上的有才能和有修养之人，进而专指后世所谓的知识分子。一方面，当时的“士”都是受过教育的，当他们在周朝廷上无法以“士”的原有身份和地位存在时，其中的一些无疑会想到以自己的文化之道谋生；另一方面，这样的知识分子中确实不乏有勇气有毅力的人。显然，从“士”之意义的变迁，足可以从一个侧面看到周朝社会的变化。当然，“士”阶层的地位升降，以及“士”字之意义的变化，在东周以来的文献中尚可看出。在《论语》中，“士”的意义明显正在向着最后的意义迈进，在很大程度上可以说，正是孔子及孔门对“士”的重新定义，才使“士”的新的价值和意义得以普及于世。

在孟子的思想中，士人就已经成为纯粹的知识分子了，而且是有见识、有勇气的知识分子了。从孔子开始到孟子，他们心目中的士人已经成为一个明确的社会阶层。到荀子时代，这个发展过程更为定型化，所以，荀子对士人就有了更全面深入的了解和定义，并对士人做出了种种不同类型的划分。

如前所述，荀子把修身分为三个层次，或者说把修身者定义为三种类型的人格。从荀子的定义中可以看出，所谓“士”，我们也称之为士人，是能够依照礼法而行的人士；所谓“君子”，则不仅能够依礼法而行，还能对礼法予以整体的掌握，并把礼法推广到社会之中；所谓“圣人”，则是在“士”和“君子”的基础上，对礼法还能有所发明和推进，并且是持续不断地进行。[7]

士人总体上讲是“好法而行”，但就他们个体而言，还是有所区别的，而荀子则把他们分为四类。

悫士，“庸言必信之，庸行必慎之。畏法流俗，而不敢以其所独是。” 所谓“悫士”，就是端悫之士，行为端正而踏实，内心诚实而坚定，能够严格要求自己的人士。即使是平常的言和行，都能够做到谨慎而守信。同时，既能够避免效法流俗之人、流俗之风，也不敢过度肯定自己的做法。显然，这是儒家所说做人的最起码的要求，既严格要求自己，又不敢把自己看得很高。

直士，“身之所长，上虽不知，不以悖（bó）君；身之所短，上虽不知，不以取赏。长短不饰，以情自竭。” 与“悫士”相比，“直士”已经进入了现实政治的领域，而不是仅仅停留在个人修养上了。在儒家看来，从事政治，为社会做贡献，是个人道德修养的归处。具体说来，所谓“直士”，就是正直之士。在面对在上者、面对君主的时候，如果自己有长处，甚至有功业，却没有被君上知晓，直士是从不怨恨的；同样，如果自身有短处，甚至犯了错误，即使没有被君上发觉，也不会去领取相关的赏赐。这就是说，无论是长处，还是短处，正直之士都不会去掩饰，而是每时每刻都是以情呈现。这是起码的政治品德，但重点还在于个人的得失方面。

公士，“不下比以闇上，不上同以嫉下，分争于中，不以私害之。” 看起来，“直士”是对儒家从政者的起码要求，再往上的要求就是“公士”了。在古代君主制下，在上者与在下者的关系相当复杂。儒家的“公士”，不会勾结在下者去蒙蔽在上者，也不会巴结在上者去嫉恨在下者；即使与人有纷争，也不会以私害公，所以称为“公士”，公正之士。公士已经超越了个人得失，上升到了与他人，特别是与在上者的相互关系上了。

通士，“上则能尊君，下则能爱民，物至而应，事起而辨。”[8] 尊君爱民，是儒家从政者的最高要求。在自己的岗位上，有事物和事情出现了，能够起而应对，继而妥善办理，就是荀子所说的“通士”，即通达之士了。政治上的通达之士，应该是儒家士人从政的最高境界。通达之士既能够妥善应对君主，还能够造福于大众，也是荀子心目中最高的从政追求。

需要指出的是，士人的境界由低到高，所谓最高的“通士”乍看上去已经到了做人的顶峰，其实不然。这是因为，士人只是简单的中规中矩之人，他们只能遵循儒家的基本规范，但并没有吃透儒家思想的整体，更不用说能够明白儒学的所以然了。所以，士人只是一个能够把自己约束在最基本的个人操守上的人，在现实政治中则是基层的公务人员。他们的行为表现虽然已经相当可贵了，但距离儒家的全面要求还有相当的距离。

如同那个时代所有的思想家一样，荀子的最高追求依然是现实政治，所以，他所定义的士、君子、圣人，也是要把自己的人生修养集中表现在现实政治之中，而并不是简单的独善其身。所以，荀子就又换一个角度，从仕与不仕区分了两种“士”，即仕士和处士。

根据荀子的描述，合格的从政士人，应该具有以下美德：禀性善良，善于组织，注重民生，排斥恶人，以理服人等等。没有资格从政的士人，则有以下恶行：不讲礼义，言行没有规矩，贪图个人利益，人际关系很差等等。虽然古今之仕士者区别明显，甚至正好相反，但整体的层次并不算高，这与士与君子和圣人的不同是有关系的。

不用说，当荀子放眼现实时，作为士人的整体，并不是每个人都能得到从政的机会，且不说从政时的顺利与否。这些没有机会从政的士人，当时称之为“处士”。为什么称为“处士”呢？在唐代，注释《荀子》的学者杨倞认为：“《易》曰：‘或出或处。’能静，谓安时处顺也。”这就是说，“处”是原地不动的意思，至于“安时处顺”，即安于时势、安静等待时机之意，则是后人的引申理解了。后人形容战国时代的思想界为“处士横议”，就是说那些不在官位的士人们随意评价各国政治，高谈自己的政治见解，力图对时势有所影响。

同是处士，在荀子眼中也有古、今之分，优、劣之别。处士之优者，道德高尚，心思宁静，约束自身，知天认命，并把这些正确的东西表现出来。而处士之劣者，没有能力却自称有能力，本来无知却自称有知，贪婪不已却装作一无所求，行动险恶却自称为人实在，并自我辩护说，这是以不落俗套为习惯，所以才有意与众不同。

荀子是那个时代的斗士，言行上持守原则，而在批评那些应当批评的人物和事物时，总是能够毫不留情地掷出投枪，以近乎刻薄的语言正中要害。在这一点上，只有他的学生韩非子继承了荀学的精髓。读着《韩非子》中那些真正出自韩非子之手的政论文，大声诵读着文中那些犀利的句子，上述荀子的形象会跃然出现在我们眼前。

(二) 君子、士君子

从孔子开始，在传统儒家的修身之路上，就被描绘或定义出各种不同的境界，其中，从社会现实的角度来看，“君子”在修身之路上所达到的境界最为引人注目，影响也最为广泛。在孔子看来，君子是既有成熟的道德修养，又在现实政治中卓有成效的人物。因为“君子”一词的本义就是“国君之子”，起初只是对那些具有相当高的社会地位的人物的称呼。也正是因为他们具有很高的社会地位，也才有可能在礼仪修饰、行为举止方面接受良好的教育，从而至少在外在行为方面中规中矩，看上去比普通人更有修养。但是，在孔子看来，仅有外在的合乎规矩的行为举止是不够的，真正的道德修养是由内到外的全方位的，而正是在孔子时代，那些具有高层社会地位的人，在他们的漂亮举止之下，表现的是对普通人欺压、是对政治秩序的危害、是对道德原则的践踏。所以，孔子下决心重新定义君子之行，宁愿把君子的称号给予内外皆修之士，而不是仅仅具有社会地位的人。这样一来，孔子的“君子”就从其最初的对“国君之子”特指，逐渐转向了对于把修身放在首位的人士的褒奖。我们在《论语》中看到的“君子”一定得是道德修养合乎儒家标准的人。到孟子时代，“君子”完成了从孔子开始的语义过度，由内外俱佳者的称号，逐渐专指在道德修身方面达到崇高境界的人士。

荀子极度推崇传统儒家的君子之道、君子之行，并在自己的著述中从不同的角度，在不同的背景下论述了他心目中的君子之行。根据荀子对于士、君子和圣人的区分，“君子”的境界，正处在士人和圣人之间。圣人的境界相当高远，能达到的人少之又少；士人境界有低有高，基本的士人，甚至一般人稍有所学就能达到。而只有君子之人，既超越了士人，又不像圣人一样渺不可及，正是人群中应该有的现实的典范。所以，荀子把自己对修身的认识重点放在君子身上，也就是自然而然的事情了。

对于君子的定义或君子内涵的说明，荀子采用的也是传统的方法，即只历数哪些长处属于君子，而不是说君子就是什么。因为前者的逻辑是相对开放的，即君子的长处是无穷无尽的；而后者的逻辑则是相对封闭的，一旦说君子是这个样子，就不能是那个样子了。

荀子认为，总结起来，君子的长处有如下几项：

思想端正，内心诚实，做兄顺，做弟悌，喜好学习，谦逊审慎。

有节制地取利，以远离灾祸；谨慎地避开容易取辱之事，但却要勇敢地追求真理。

君子即使陷于贫穷，也要保持高远的志向，目的是推崇仁义；即使身处富贵，也要保持谦恭之态，目的是避免以势压人；安逸的时候不松懈，因为始终要遵循天理；劳累疲倦的时候不失态，因为有着良好的修养；发怒的时候不过度夺取，高兴的时候不过度给予，那是因为在君子身上，原则胜过了私利。

很显然，君子是以天道、礼义和法则严格要求自身的，这与荀子始终遵循的理性精神是一致的。他说："君子行不贵苟难，说不贵苟察，名不贵苟传，唯其当之为贵。"⑨根据通常的理解，君子肯定是"行贵难，说贵察，名贵传"，即行为要追求高难，言语要追求明察，名声要追求远传。但荀子强调说，对这些追求不能作片面理解，即反对"苟"，反对苟且式的追求，不会为了难而难、为了察而察、为了传而传，而是要把握一个"当"字，达到恰当、适当。所谓的"当"，就是天道、礼义和法则所允许的范围。

君子之"当"是如此重要，荀子在讲述道理的同时，还以例引申之。据记载，商朝时曾有一位贤人申徒狄，因为痛恨世道混乱、大道不行，进而愤懑不已，最终负石投河而亡。一般人都很表扬这位贤士，认为他有着难能可贵的坚持道义的精神。但荀子不这么认为。在荀子看来，世道混乱固然是一个人难以改变的，但只要不懈努力，多少还是能够做出积极贡献的。所以，他认为申徒狄的极端做法并不符合礼义的要求。

在言语表达方面，荀子时代有著名的名家或称名辩家，因为提出了一些在一般人看来不符合常识的哲学观点而名声大噪。比如他们认为，如果站在足够高的地方往下看，高山和深渊是在一个平面上，没有高低之分；东方的齐国和西方的秦国并没有像晋或三晋国这样的大国隔在其中，而是相连着的。他们还认为，严格说来，鸡蛋是长着毛的，因为鸡蛋孵出的鸡是有毛的。这些观点，从哲学上讲是能够讲得通的，并且有趣的是，也能够为我们今天的科学观点所证实。但是，在当时的荀子看来，人们固然难以驳倒名家的类似说法，但这些说法于世无补，毫无实用价值，更不在礼义要求的范围之内，所以，君子并不以为可贵。

说到人的名声，荀子的例举是，春秋末年的盗跖，聚众山林，与诸侯为敌，博得了很大的名声，甚至达到了与大舜、大禹的声名一同被民间广为传称的程度。但是，荀子强调，仅有知名度或名声并不足以说明问题。

盗跖凶贪，为害于世；舜、禹勤勉，有功于民。所以，即使他们有一样大的名声，君子也不会像称颂舜、禹一样地称颂盗跖，因为盗跖的行为是不符合礼义的。

因为原则或礼义是君子的唯一坚持，所以，荀子豪迈地说："荡荡乎，其有以殊于世也。"君子心地坦荡，与世俗之人是不同的。具体说来，荀子的概括是："君子易知而难狎，易惧而难胁，畏患而不避义死，欲利而不为所非，交亲而不比，言辩而不辞。"[10]认识一位君子并不难，但要跟他深交就有难度了，因为他对别人也是讲原则的。君子做事小心翼翼，但却并不惧怕别人的无理威胁。君子是不愿意惹麻烦的，但是为了大义，却是连死都不怕的。君子并不反对获利，但非法得利之事却是从来不去做的。君子也会与人亲近，但却不会丧失原则。君子也是要跟人辩理的，但却不会强词夺理。

荀子眼中的士和君子的品格在许多方面是重合的，至少在外在行为方面，甚至是无法分开的，所以，荀子有时也会把士和君子的修养结合起来，极赞所谓"士君子"，只是他的重点还是在于君子。如前文所分析的，严格说起来，士人虽然在外在行为方面可圈可点之处有很多，但在内在道德层次方面总是无法与君子相提并论。不过，着眼于现实，正如孔子也经常感叹的一样，多数情况下很难找到理想人格，而更多的时候只能是达成降低一等的目标。[11]这也可能是荀子使用"士君子"一词的原因之一吧。

我们且看荀子对士君子的描述和称赞。在内在品德方面，士君子能做什么，不能做什么，荀子从三个方面加以考量。

第一，能做到可贵的高度，但不能强求别人因此而看重自己。什么意思呢？这是说，士君子能够达到道德修养所要求的高度，但并不是每个人都看重这样的高度，也就不能强求每个人都看重自己。所以，让士君子深感羞耻的是自己能不能达到修养的高度，而不是别人对自己的污蔑之语。

第二，士君子能做到有资格被人信任，但无法强求别人都信任自己。

这也是说，士君子只能是严格要求自己，却不能也没有必要去强求别人。所以，让士君子感到羞耻的是自己是否达到了值得被人信任的程度，而不是别人是不是信任自己。

第三，士君子能做到被人任用，但不能要求人家一定要任用自己。所谓被任用，就是其德其才能够做一个合格的从政者。但现实是复杂而又无情的，有德有才者，未必是能够得到从政机会者。

荀子强调的这三项做人原则，应该是他自己人生经历的总结，来自于他一生中奋发修养、汲汲从政过程中的思想所得，当然也是他的人生追求。正是源之于自己的经历和思想所得，荀子才能发自内心深处地总结说，真正的君子，一定是不为声誉所诱惑，不惧诽谤和恐吓，直道而行，端正自己，始终不能被外在利益所左右。从他自己丰富的人生阅历中，荀子看到，人的是是非非，根本上源之于外在利益的驱策。所以他才坚定地说，只有超越了外在利益，才会成为真君子、士君子。

关于君子的品德，荀子也使用了一些非常生动的形象化的说法，比如借用孔子与弟子们交流思想的场景。有关孔子的这些故事肯定只能被视为故事，是后人或者就是荀子本人对于孔子思想的一种解读，但其阐述的哲理却受到人们的广泛重视。比如这一次，是孔子与其最聪慧的弟子子贡的一场对话。二人面对浩荡河水，子贡问道："君子之所以见大水必观焉者，是何?"君子为什么看到大水就要观察一番呢?

孔子的回答深刻而全面。他说，这是因为大水有其特有的美德，对君子有深刻的启示。这些美德是：大水遍及它所遇到的每一个事物，没有任何条件，不作任何挑挑拣拣，这是有德性的表现；大水总是流淌在卑下之处，形成的沟沟渠渠都有一定之规，这是义气的表现；大水绵延不断，好像大道的一样；在其行进途中，即使遇到百丈深渊，也会毅然而下，这是有勇气的表现；遇到坑坑洼洼之处必定注满注平，不用任何工具，这是公平正义的表现；细微之处也要流经，这是明察的表现；能够洁净任何事物，这是善于感化和变化事物的表现；无论遇到任何阻挡，最终必流向东方，这是意志坚定的表现。

荀子或孔子如此言水，当然不是研究水本身，而是有感于大水所启迪的君子的美德。同样，在另外一个场合，孔子以玉的特性比喻君子的美德，在历史上也有巨大的影响。

这样的故事虽然未必为真，但述说此类故事的人对于孔门弟子颇有了解。子贡在孔门以勤于思想和善于思考著称，他提出的问题通常都很有分量。这一次，子贡问的是，君子为什么看重玉而轻视珉？难道是因为玉太少而珉太多的原因吗？在《论语》的记载中，子贡通常会在提出问题的同时，还要说出自己对这个问题的认识，以便显示其聪慧，但往往并不在孔子认定的正确答案之内。在这个问题上，子贡提到的珉是一种石头，只是看上去像玉而已。所以，玉与珉的区别不在外表，而是在内在品质上。

不用说，孔子马上明确否定了子贡的答案。因为，在孔子看来，“夫玉者，君子比德焉。”君子看重玉，是因为玉的内在品质与君子的道德修养有相似之处。玉有色泽温润的特点，这很像是君子的仁厚表现；玉的文理缜密，如同君子的智慧；玉很坚硬，像是君子守义一般；玉虽然有棱角，却不伤人，好像君子的行为一样；玉不能被弯曲，就像是君子的勇敢；玉有瑜有瑕，但却瑕不掩瑜，表现君子有人情味儿的一面；叩击玉时，会听到清扬之声悠然远去，然后断然停止，就像是君子的言辞一样，该说的时候能说清楚，该停止的时候马上停止。孔子最后引用了一句诗，“言念君子，温其如玉”[12]，就是说，君子就如同温润的玉一样。

总之，君子的美德是罗列不尽的。尽管如此，荀子还是尽量多、尽量全面地把自己认定的君子之德告诉了人们。

在中国古代，特别是先秦时代，知识分子如果要生存，除了从政，是没有其他选择的。特别是君子之人，在孔子的定义中，就是有修养、有社会地位的人，所以，君子本身就意味着从政。不过，也是由于从孔子开始就特别强调君子的道德修养，所以，此后对君子的定义，就开始往个人修养方面倾斜，经过孟子等人的强调，似乎有没有社会地位、有没有官职，对君子是可有可无的事情了。但是，在荀子这里，君子的内涵又开始向孔子时代回归，君子不仅有修养，还有必须实现的政治抱负，所以，君子的政治理念和政治行为，是君子的定义中必不可少的内容。

但是，荀子对君子的政治内涵的定义，也有许多特别之处。荀子主张，君子要治理的是治世，而不是乱世。这是什么意思呢？是说君子所要治理的社会，是一个讲礼义的社会，因为君子所擅长的就是礼义。那种不讲礼义的乱世，并不是君子能够治理的社会。那么，人们就问了，如果面对的是乱世，君子就不去治理了吗？荀子的回答是，去乱和治乱是两个概念。好比面前是一个满身污泥的人，应该是先去掉污泥，然后再行修饰打扮，而君子的长项，不是去污泥，而是修饰打扮。这是君子从政的先决条件，即君子的治国之道，不是改变乱世，而是提升治世。孔子说："笃信好学，守死善道。危邦不入，乱邦不居。天下有道则见（现），无道则隐。"[13]这基本上就是荀子所遵循的原则。尽管君子好学，持久善道，但是，危险和混乱的邦国却是君子不进入、不久居的。甚至对天下而言，也是在天下有道时出现，天下无道时隐退。这主要是因为，在当时世袭制的政治制度之下，所谓的一国之乱，是指最高阶层内部出现了政治动乱，也就是统治者家族或宗族内部出现了动乱，这自然是外人无法干预的。而荀子所持的君子的政治态度，就是要求一国的统治家族先收拾好自己的内部事务，使国家安定，没有政治动乱，然后再延请君子治国，最终实现王政。

在"治治"的前提下，君子的政治表现是，君子应该保持自己尊贵的地位，即君子掌握着治国的大道，但是，当君子实际治国理政之时，志意又很谦恭，不以才傲人；个人的力量虽小，但所持有的治国之道却是无穷之大；个人所听所见虽然有限，但其所作所为的影响力却相当远大。这是为什么呢？就是因为君子掌握了正确的治国之术，即治理国家的道术。因为这样的道术是根本性的，所以，尽管社会很复杂，有千人万人的诉求，但从道术的角度来看，基本上等同于一个人的诉求，后世所谓“人同此心，心同此理”者也。君子审视当代君主所追求的治国之道，与前世圣王之道相比较，很容易就能辨别高低是非，这并不是什么难事。以礼义为统领，分清是非，即使是治理全天下的人，也与治理一个人没有什么区别。以道术为根本，越是从基本点出发，越是容易治理大国、做成大事。荀子比喻说，木匠手中一个小小的矩尺，就可以量尽所有的方形，关键是这个尺子要准，使用尺子要合乎规矩。以此为准则，荀子甚至形容说，君子不出庭堂，只要“操术”而行，就能处理好天下之事。

在中国古代专制政治体制下，用人的问题是根本问题，而从君子本身的角度来看，能不能被任用，如何才能被任用，同样是根本问题。荀子指出，君子能够做到有德有能，成为有价值的从政者，但却不能让君主或当政者一定看重自己；君子能够做到具有治国理政的才能，但却不能让在上者一定任用自己。这是君子之人面对政治现实时必须具备的起码认识。尽管有如此的艰难，尽管君子并不能左右自己的政治前途和命运，但是，一旦被任用，就会增加在上者的荣誉，减少在下者的忧虑。意思是说，君子必能以其真才实学建立功业，让任用他们的人和追随他们的人都能放心。从反面来说，君子认为，没有才能而居其位，就是诬妄者；不能做出有益于上下的事情还要接受名和利，就相当于是窃取者。

君子不仅能够处理好国之大事，还能应对好日常事务。荀子甚至相当具体地说道，从政之君子，不要拿自己的短处去比较别人的长处，而是要收起自己的短处，去做那些自己能够完成的事情。同样，君子憎恶这样的人，他们才疏学浅而不守规矩，能说会道而追求歪门邪道，莽撞行事而不讲礼仪。这种人之所以会有如此表现，主要原因是他们欠缺必要的学习。所以，荀子强调，求学不是一定要去做官，但从政者一定要去学习。荀子学宗孔子弟子子夏，而子夏就说过，“学而优则仕，仕而优则学”[14]，求学之时如果精力优裕就要去从政，从政者如果精力优裕则要去求学。他们的共同点是要求从政者必须学习，通过学习提高自己，这也是儒学的基本主张。但是，由于时代背景的不同，子夏时代的知识分子或士君子基本还只有从政这一条出路，而到了荀子时代，所谓“处士横议”，士君子群体基本成了一个独立的社会阶层了。

荀子对君子治国的这份自信，就是源之于他的道德思想和政治主张。正如我们一再强调的，着眼于现实，在荀子所见到的实际治国过程中，理想中的圣王和仁人基本上无法遇到，所以，要想使社会走上轨道，或者不出现大的闪失，更重要也更现实的选择是使用好士君子阶层的政治资源。孔子和孟子的政治思想更多的是讨论治国理政的大方向，而只有到了荀子这里，才大量地讨论了儒术如何解决实际政治的问题。在当时的政治背景下，选人用人是第一位的，而选择士人、君子这些实际政治中的中坚力量更是重中之重，所以，荀子对士人和君子的重视就显得非常重要了。事实上，荀子对于士人、君子在治国理政中的技术性强调，对于此后中国古代社会士大夫阶层的形成起到了重要的指导和促进作用。

在中国古代家天下的专制政治体制下，至少在理论上讲，或者多数场合，是君主一个人说了算，用什么人与不用什么人，特别是用谁不用谁，往往是君主个人就能决定的事情，这就造成了在用人上的相对随意性，从而在从政者自身的感觉中，就有了用与不用、遇与不遇、通与不通、穷与不穷这些在中国古代政治传统中特有现象的名词。这个问题，在孔子时代就有，到荀子时代表现得更为强烈，所以，荀子对此也有很多的探究。在讲到君子的生活品格和政治品格时，自然也少不了对于这个话题的探讨。荀子利用孔子的一段经历，即周游列国途中所遇到的困顿之时，设想了孔子与弟子子路的一段对话。

周游列国后期，孔子曾经接到过楚昭王的邀请，打算前往楚国。没想到在途中遭遇困顿，在多达七天的时间没有吃过像样的食物。子路性格直爽，不由得生发出一个重大问题，这就是，按理说，善人得福、不善人得祸，而在子路看来，孔子“累德、积义、怀美”，且“行之日久”，为什么还会遭此极困？对于如此艰难的问题，孔子除了列举古代那些公认的善人所遭遇的困境之外，还从理论上深刻阐述了这个问题，既抒发了情怀，又消解了子路的困惑。

根据荀子陈述的孔子观点，对于君子之人来说，在政治上能否得到在上者的知遇和任用，那是时机的问题，孔子有时表达为天命，即各种条件是不是具备的问题。但是，一个人是不是有德性、有才能，那就是自身的问题了。这也就是说，君子之人只能决定通过自己的努力而达到博学深谋，并不能决定是否被知遇用。换句话说，君子之人自己能够决定的事情是：博学、深谋、自身、正行，然后等待合适的时机。这正如后儒所总结的，尽人事、待天命。

君子与小人之别

对君子之行的最大威胁是小人之行。后人读《论语》时，最深切的体会之一，是孔子不断地强调君子与小人的区别，所谓“君子喻于义，小人喻于利”[15]“君子坦荡荡，小人长戚戚”[16]等等，更是人们耳熟能详的著名格言。这就说明，在孔子时代，如何对待君子与小人的对立就已经是儒家道德修身进程中的一个重要课题了。

荀子继承了孔子的道德关怀，在任何地方都不会忘记把君子与小人相区别。事实上，只有认清了什么是小人，什么是小人之行，才能更确实地认识君子，把握君子之行。对此，荀子主张以“能”与“不能”来区分君子与小人。所谓“能不能”，是一个综合的说法，包括会不会、行不行、通不通等方面的含义。在荀子看来，人行为的好与不好，甚至是善与恶，并不是由能与不能来决定的，而是由修养和品德决定的。这样的修养和品德，在能与不能所造成的结果上，有着生动的体现。比如说，当君子能的时候，就以宽容的心态帮助别人；不能的时候，就会虚心向别人学习。小人则不是这样。小人能的时候就骄傲待人，不能的时候妒贤嫉能，诽谤他人。所以，在与人相处的过程中，君子能的时候，人们就会以向君子学习为荣；不能的时候，人们就会乐于告知君子，以期君子加以改正。小人呢，能的时候人们则以向其学习为耻；不能的时候，则羞于告知他们。

换个角度，荀子再次肯定道："君子，小人之反也。"[17]君子在所有方面都与小人正好相反。从大的方面来说，君子敬天遵道，小人则傲慢暴虐；从小的方面来看，君子以义而行，有所节制，小人则缺乏底线，一味地向权势靠拢。君子与小人的区别在于后天的道德修养，而并不在于性格或才能等先天方面的不同。所以，在于君子，智慧者则明理而通达，愚钝者则诚实而守法，被知用则恭敬而不放纵，不被知用则守节而不抱怨。不论喜和忧，君子都能安和沉静地加以对待。仕途通达时去努力奉献，不通达时则束身安详。与君子相反，小人因为大方向上的错误，所以，智慧者会变得贪婪不已，愚钝者就会贼害为乱，被知用时无所顾忌，不被知用时怨恨而偏激。高兴的时候不知所以，忧愁的时候一蹶不振。通达的时候骄横无度，不通达的时候则自暴自弃。

荀子一生游历天下，由三晋东向齐，然后向南入楚，还曾经到秦国考察，并北上燕国，也就是说，所谓战国七雄之地，荀子都有过亲身的观察和体验，更不用说与社会上各个层次、形形色色的人物都有过往还。所以，根据亲身经历、亲自交往，荀子深刻体会到了小人的害处，这才声色俱厉地谴责小人和小人之行，并以酣畅淋漓的文字表达出来。

荀子也从天人关系的角度区别了君子与小人。他说，大自然不会因为人们不喜欢寒冷就停止冬天的出现，也不会因为人们不喜欢辽远而缩短距离，联想到人世间，荀子强调君子也不会因为小人的抱怨或其他恶言恶语而停止自己的君子之行。

如果说天道对人有什么影响的话，在荀子这里，只是从天道的永恒不变，而联想到君子之行的永恒不变。这就是说，天地有其永恒不变的大道和规则，君子也有其永恒不变的行为规范。君子的这种行为规范不会因为环境和际遇不同而改变，但是，在小人那里，他们的行为是完全受眼前的利益所左右的，既不崇高，也不恒定。

荀子举例说，"楚王后车千乘，非智也；君子啜菽饮水，非愚也；是节然也。"[18]身为一国之主，楚王在出行的时候，要有庞大的车队跟随；身为君子，如果时运不济，甚至只能吃粗茶淡饭。这样鲜明的不同，并不能证明楚王聪明、君子愚笨，而是客观情势使然。那么，君子与小人之间呢？荀子说，君子真正关注的是自我选择，而并不羡慕那些能够天然得到的东西；小人相反，他们把自己的选择放在一边，而只羡慕那些天然赋有的东西。所谓"小人不诚于内，而求之于外"[19]，结果就是，君子天天有进步，小人日日在退步。君子的进步和小人的退步，在道理上是一样的；同样，君子与小人之所以相距甚远，原因也是一样的。

小人的做派是，一门心地做荒诞之事，却想要人们信任他们；以狡诈为务，却想让人们亲近他们；行为如同禽兽，却想要人们善待他们。实际上，他们的思虑难以让人知晓，其行为难以让人放心，所坚持的事情难以成立，即使做成事情，既不能达到他们的目的，也无法让他人肯定，到头来必定受到人们的厌恶。

那么，君子应该如何对待小人呢？荀子讲了一个有趣的孔子的故事。

孔子五十多岁的时候曾经担任鲁国的司寇，即负责司法事务，还有记载说他代理相事，即孔子代行相当于宰相的职位。根据《荀子》所载故事，孔子代理宰相七日之后，就下令诛杀了少正卯。少正卯是个什么人呢？用孔子门人的话说，是"闻人"，即著名人物，用现在的话说是社会上的名人或明星。在其他典籍的记载中，少正卯并没有任何职务，但当时在鲁国却很有影响力和号召力，是著名的演说家，甚至有孔子弟子不上孔子的课，却跑去听少正卯的演说，致使孔子的课堂中经常只剩下颜回一个人在听课。由此可见，少正卯必不是普通的名人，而是有着一套自己的主张，有人认为如同郑国的前辈名家人物邓析一样，而邓析则被孔子所称赞的政治家子产诛杀。

孔子诛杀少正卯的故事被儒家内外共同承认，其原因，应该不是所谓的个人恩怨，而是思想斗争的结果。至于是什么样的思想斗争，《荀子》给出了具体的答案。孔子认为少正卯的表现是“五恶”，即五项罪行，并且其恶劣程度已经胜过了盗窃之罪。具体说来，一是“心达而险”，即思想通达，但动机和目的非常险恶，也就是说，这种人有着系统而成熟的思想，而这种思想表面上看不出有什么问题，但却潜藏着危险性。二是“行僻而坚”，行为怪僻，难以改变，这是非常重要的一点，即这种人的行为是不被社会主流所认可的，甚至于不是社会正面倡导的，但是，其行为却是坚定不移的、无法说服的，所以只能采取诛杀的方式加以制止。三是“言伪而辩”，这种人能言善辩，说得头头是道，有些人听着会很痛快，社会大众更无法辨识其险恶动机和将会造成的恶果。四是“记丑而博”，这是说这种人只盯着社会的丑恶事物，而且其所知晓的内容相当广博，即对于社会的不良一面了解得很多。五是“顺非而泽”，迎合一些不健康、不积极的思想，以非为是，以便吸引这些人，进而从中获得利益。

综合上述分析，可以得出结论说，少正卯就是当时社会的“聪明”的反对派。但是，由于其做法巧妙，比如能言善辩，有一套自己的主张，对社会负面现象有广博的了解等，一方面能够吸引社会上相当一批人的重视，另一方面还让当局无可奈何，无法用现有的法律给他定罪。同时，少正卯还是有思想的人，他对自己的所作所为有清醒的认识，明确的动机，固定的手段，所以，这种人是难以从思想上加以说服和改变的。由此可以看出，即使是在几千年前，当社会发展到足够的文明程度时，就会有很大一部分人对现状不满，这种不满也还不足以让他们走上与社会公开对抗或武力对抗的程度，但他们却喜欢获得社会的负面信息，以及对这些负面信息的解读，而少正卯则适时地满足了这部分人的这种需求，所以，在一定范围之内，少正卯式的人物可以达到一呼百应的程度，以至于有孔子弟子认为孔子在执政之初就以铁腕的方式处理少正卯，是不是有些过度了。

根据荀子所述孔子立场，上述“五宗罪”中，只要犯有其中一项，就必然受到君子的诛杀，而少正卯可以说是“五罪俱全”，自然要在被诛之列了。进而言之，在荀子看来，孔子诛杀少正卯，不仅是国家权力与社会犯罪之间的对立，也是君子与小人之间的对立。所以，如果有这样的人，其住处足以成为聚众议论的中心，其言谈足以让人们无法明辨是非，其强势足以让人们与社会对立，这种人就是小人之中的“杰雄”，即带头人、鼓动者和组织者，很显然，作为执政者，必须对其进行诛杀。当然，荀子所谓诛杀，是君主专制时代特有做法，其一般的意义，其实是在于君子与小人的不同。任何社会的任何时期都会有其负面的东西，任何人也有理由对这些负面的东西发表意见，但君子的意见和做法是积极的，小人则是消极的。小人的做法，不是想自己获利获名，就是严重地反社会，引发混乱。这种行为，在任何社会里都是不能容忍的。

儒者的其他美德

在先秦时代，儒家思想与其他各家思想的最大区别，或者说其最明显的特征，是把道德修养、道德自觉放在人生的首位，或者说最优先地强调个人道德修养，即修身的基础性作用。作为个人，如果不能修身，甚至修身不能达到一定的境界，就没有必要讨论其他，甚至没有资格做一个正常的人；作为社会和国家，如果不能把道德作为思想基础，其他的任何成就都是残缺的和微不足道的。

孔子是儒家思想的开创者，但是，关于修身的重要性，应该说在孔子时代之前已经越来越受到人们的重视，只是孔子把相关的思想系统化，并纳入了自己的思想体系之中。此后，经过若干孔子弟子，特别是孟子等人的传承，儒家的道德标杆更加深入人心，更广泛地影响社会，而我们之所以说荀子思想本质上也是儒家的，就是看到了荀子思想中有关道德自觉的思想始终处在最重要的位置上，并且对于其他方面的思想具有“一票否决”的作用。

各个时期儒家大师在强调和阐述其道德思想时，既有系统性的叙述，也有点点滴滴的说明；既有统一的长篇论述，也有对于某一方面的特殊强调。所以，在荀子思想中，在他描述圣人、仁人、君子等道德人格时，无疑要涉及儒家道德思想的整体，不过，在论述某一具体问题或某一类具体人物形象时，荀子也会对于某一种或某几种美德，进行相对独立的阐述。对于这些美德的具体阐述，当然只是表现在形式上，事实上，它们之间是有着内在关联性的。我们在此分而述之，不是要隔离它们，而是为了突出它们各自的要点和特质，以期更全面更深刻地理解相关内容。

（一）诚

在先秦儒学的道德框架中，“诚”的观念至关重要。特别是经过《中庸》“不诚无物”的强调，这个概念的地位更加崇高。不过，我们看到，“诚”的观念在《荀子》书中已经有了很详尽和深入的探讨，甚至《中庸》所述思想，也没有超越荀子的有关思想。由此可见，在塑造先秦儒家思想体系的过程中，荀子思想的贡献是非常巨大的。那么，我们就要仔细考察一番，荀子关于“诚”的思想，究竟说了些什么。

荀子开宗明义地指出：“君子养心，莫善于诚。致诚，则无它事矣。”所谓“养心”，就是培养道德之心，树立道德自觉。道德修养的核心问题，在荀子看来，就是一个“诚”字，不含任何杂质，从内心深处皈依道德。所以才说，一旦达到了真“诚”，其他任何事情都不在话下了。

当然，从字面上看，“诚”只是一种态度或心态，要实现修身，应该是有具体内容和要求的。

仁与义，是先秦儒家思想道德观念的核心内容。仁是道德修养所要达到的境界，在孔子思想中是身与心的和谐；义则是表现在外的行为的最高准则，在孔子思想中是一切行为的准绳。以此为基础，荀子提出，如何表现一个人的“诚”呢？就是内心有仁，以仁为心中的持守；行为有义，以义为标准的行为。以真诚之心持守仁，达到身与心的和谐，就必然树立起了道德形象。因为这样的道德形象是身心和谐的自然结果，所以它所发挥的作用就是一种无形的神奇，无形的力量，对周遭事物和人的影响无疑是一种化育的过程，让人们在不知不觉中就起了变化。同样，以真诚之心行事，以大义约束行为，就会表现出天理的存在。有了天理的指引，人的思想就会明朗无缺，进而导致人的世界观发生变化。这样的变化不断出现，体现的就是上天之德，也就是任何人都不能抗拒的道德力量。结果就是，这样的真“诚”之人，就如同天、地和四季一样，形成一种自然而然的影响力，人们也就自然而然加以接受和遵循，成为所有人的期待。这样的一个过程，就是荀子所推崇的“至其诚”的来龙去脉。

由此可见，“诚”并不是一个空洞的概念，也不仅是一种虔诚的态度，而是仁的持守和义的行为的表现。也就是说，没有仁和义，“诚”是不能成立的。那么，既然有了仁有了义，“诚”还有什么意义呢？当然有。没有仁和义，“诚”不能成立，但仁和义并不是“诚”的全部。同时，持守仁和表现义过程中，也必须有“诚”的存在。只有诚心持守仁，诚心表现义，也才是符合大道的仁和义。

因为“诚”是所有道德力量得以发挥其作用的关键，所以，荀子以君子之行为喻，进一步阐明“诚”的价值。儒家的君子，不仅是有地位的人物，更是道德修养至上的人物，其道德影响力之所至，不用说什么人们也能明白，不用刻意施恩人们也会亲近他，不用表面发怒人们也能感受到他的威严。这是为什么呢？在荀子看来，就是因为君子能够做到“慎独”，就是最充分的道德自觉，即使在独处之时，照样是顺从天命的君子。但是，“慎独”的根本来源，就是一个“诚”字。那些真正遵循天道的君主，正是因为“诚”，才达到了“慎独”；因为“慎独”，才能成为道德典范。没有以“诚”为基础的“慎独”，即没有始终如一的道德表现，那么，一个当政者，即使你所提出的政治主张或施政要求确实是自己内心的决定，即使这样的决定由你本人予以推行，民众也不会遵从。有时，即使是迫不得已遵从了，心中也会有疑惑。在此我们可以看到，“慎独”的道德要求，在荀子思想中有着明确的表述，这与出现在《中庸》中的相关内容有什么关联，值得后人研究。而就荀子的这一思想而言，荀子对“慎独”的强调，是说当政者自身道德表现的重要性。甚至是，一个不能“慎独”的当政者，即使你有好的施政方针，也未必能够让民众信服。

正是以这种观念为基础，荀子才明确指出，即使是天地之大，造物之能，如果“不诚”，即不能遵循自然之理，也不可能化育万物。“智者明于事，达于数，不可以不诚事也”，那些大智慧之人，明于事理，知晓万物变化的规律，也要以诚待人、以诚做事。即使是大智慧的圣人，如果不诚，也不可能化育万民，即不可能治理天下。至于父亲与儿子，可以说是至亲之人，但如果相互间缺乏“诚”，关系也会疏远。以君主之尊，如果缺乏诚意，其地位也会由尊降卑，失去尊荣。

所以说，“诚”是君子之人的最基本的操守，也是君子推行其政治之道的根本。荀子非常强调做事之“类”，即事物本来的性质，而“诚”就是君子做人做事的本质所在。因为“诚”是本质，才会有“操则得之，舍则失之”的规律。以“诚”为操守，身心就会没有负累；没有负累的时候，才能做到“慎独”；坚持慎独而行，做事才能成功；事事成功，民众才会被化育，道德之行才能风行天下。

回顾历史，荀子指出：“诰誓不及五帝，盟诅不及三王，交质子不及五伯（霸）。”[20]在五帝[21]的时代，道德水平最高，所以，五帝从来不用立誓，上下也会完全信任，社会和谐稳定。在禹王、汤王和周文王的“三王”时代，道德水准有所下降，虽然有了盟誓，但还不至于以恶诅重咒来保证誓约的执行。到春秋五霸[22]时，虽然盟诅常有，但诸侯之间还不至于以互相交换人质的方式保证盟约的履行。由此可见，从上到下，人们内心不“诚”的最终影响是对于社会大环境的负面作用，各国统治者与民众之间、诸侯国之间都普遍存在诚信缺失的问题，致使社会道德滑坡、政治腐败，直至民不聊生、战乱不已。这就是说，“诚”不仅仅是个人修身的问题，也是关乎人类生存的根本问题。

（二）敬

在整体的儒家传统中，“敬”的观念或修养与“诚”是密切相关的。用儒生的表述方式来说，“诚”是存乎内，“敬”是形乎外，内心有诚，行为有敬，才是完整的人格表现。在荀子思想中，“敬”的地位很崇高。他说：“仁者必敬人。”敬畏他人、恭敬待人，是仁人必备的品质。这是因为，那些看不起贤人的人，是不肖之徒；而那些不敬畏贤人的人，则无异于禽兽；你自己是不肖之徒，却又不敬畏贤人，那就等于戏弄猛虎。荀子认为，禽兽之人会遭遇祸乱，戏弄猛虎的人则会危害自身。由此可见，敬畏他人，特别是敬畏贤人，不仅是一种修养，更是一种生存法则。荀子的如此告诫，同样是充满了理性主义的情愫。普通人可能会把“敬”视为一种表面文章，只是表现人的礼仪，而荀子则郑重其事地告诉人们，不敬人，不敬贤人，还会危及自身。

那么，如何表现对他人的敬畏呢？荀子说：“敬人有道。”

从特定角度看，人群基本上可以分为贤者与不肖者两类，荀子主张，对这两类人都要表现出敬，或者说，要“敬”所有的人。对贤者要有敬畏，那是因为贤者有高贵的品质；对不肖者也要尊敬，那是因为不肖者会无端地伤害到别人。也就是说，对于贤者，我们会因为感到亲切而敬畏他们；对于不肖者，我们会为了疏远而尊敬他们。荀子分析道，同样是“敬”，但情形不同，性质也不同。荀子主张“仁者必敬人”，这是由仁人的本质决定的。仁人忠信待人，行为端正，态度诚恳，不会去伤害任何人，那么，剩下的表现就肯定是“敬”了。具体说来，仁人的本质是忠信，行为准则是端正诚恳，外在表现则符合礼义的要求，对于不同的人和事又有不同程度的对待。总之，就是言语端正，行为谨慎，言行中规中矩、遵循法则，要体现在一个“敬”字。

以“敬”为核心，荀子主张，君子之人要持守恭敬、调和、谨慎，反对斗怒。这是因为，恭敬是守礼的表现，协调平和的心态能够得到快乐，言行谨慎能够让人获得利益，而争斗和发怒则会招致危害。君子坚持这样的原则，做任何事情都不会过度。当然了，荀子也提醒人们，小人的行为与君子正好相反。

（三）顺

关于“顺”的观念和修养，后世儒者很少提及，也没有在儒家道德教条中得到推崇。荀子明确强调了“顺”的观念，并有一定程度的阐述。他说，一个人，当他需要事奉在上位者的时候，如果不能表现出顺从，那就是反应迟钝者；如果反应足够敏捷，却又不能顺从，那就是缺乏敬意的表现；有了足够的敬意，但却不能表现出顺从，那就是内心不够忠实者；内心忠实，但却不能在行动上顺从，就不能建立功绩；建立了功绩，但却不能表现顺从，那就是缺乏修养的人了。荀子总结说，无德之人会经常表现为“伤疾、毁功、灭善”，缺乏行动能力、毁掉能够建立的功绩、消灭应该有的善良。很显然，君子之人是不赞同这样的表现的。

根据荀子的论述，所谓“顺”，是指行动上的顺从。但是，这样的顺从也并不是无原则的苟合、迎合，而是要表现出迅捷、敬畏、忠实，最后还要见到实效，建立功绩。显然，这样的“顺”是有德的一部分，是君子应该有的表现。当然，也许是因为这样的顺从是不容易把握的，所以才没有得到儒家内部的更多遵从。

(四) 智

在先秦时代，各家各派都讲求知，都努力做智者。在儒家思想传统中，从孔子开始就倡导智者的智慧，有著名的“智者乐水，仁者乐山”[23]的主张。荀子所说的“知”，在字义上并没有特殊之处。根据文字学的研究，先秦时代应该是有“智”字无“知”字，“知”是后起字。所以，荀子此所谓“知”，应该是儒家仁义礼智信之“智”，讲的是人的智慧、智力、明智等关乎人的思想、素质和品位的精神追求和境界。

荀子首先论述一般意义上的“智”，或者就是传统儒家所定义的智者及其行为效果。在《荀子·赋篇》中，荀子以二人对答的方式讨论了若干荀子思想中重要概念和范畴。论及“智”，荀子提出的问题是，有一种东西，虽然上天有恩，赐给了每一个人，但每个人得到的却是多少薄厚不等。这一种东西，暴君利用起来就会使天下大乱，圣王使用起来则任用了那么多的贤人，君子用它来修身，盗贼则用它去盗窃。这个东西，往大了说与天一样高，往小了看则无影无踪，可以用它修正人的礼仪，也可以用它成就事业，可以用它禁止暴虐、解决人的思想困惑，也可以用它让百姓安居乐业。那么，这是个什么东西？

答案是，它可以实现平安、阻止危险，可以洁污去邪，可以战胜敌人，可以效法圣王，可以指导行为，可以修养精神，可以给百姓带来安宁，可以给天下带来和平。这个明达纯粹而没有任何瑕疵的东西是什么？叫作什么呢？那就是君子的智慧。

很显然，君子之智，君子的智慧，是实现人间所有美好的必需之物。我们说荀子是中国思想史上理性主义思想的代表，所谓理性，就是根源于人之智、君子之智，是“智”的哲学提升。所以，荀子如此看重君子之智，就是完全可以理解的了。

值得强调的是，同样是智者，同样的智慧，在现实中是有不同表现的，在每个人身上的分量是不同的。荀子已经提到了君子之智在暴君和圣王身上的不同效果和作用，这并不是说人类的智慧有所不同，而是说，当智慧与具体的人和事相结合时，结果就会大为不同。具体说来，“有圣人之智者，有士君子之智者，有小人之智者，有役夫之智者。”

当智者达到圣人的修养时，虽然有必要说很多的话，但却并不敢怠慢，在讲话过程中讲究文辞，很有条理，哪怕是言说终日，说上千言万语，也不会跑题。至于达到君子高度的智者，虽然以做事为主，少言寡语，但在需要讲话的时候却能够直截了当，没有闲言碎语，说话层次清楚，中规中矩，话语的内容也很正直。荀子之所以说圣人之智者言多，士君子之智者言少，主要是认为圣人有铺陈大道、教育四方的责任，而君子则主要是完成具体事务者。

再看小人之智者和役夫之智者。缺乏修养的小人之智者，其表现是言语散漫，行为悖乱，经常做出连自己都会悔恨的事情。而没有头脑的役夫之智者，则是口齿伶俐却没有条理，言语内容庞杂却没有实际用处，语速很快但不能解决急难问题，没有是非曲直的观念，只要在言语上能够胜人就是他们的唯一目标。这就是说，所谓役夫之智者，他们并没有自己的实际主张，只求说话占上风。荀子所谓“役夫”，并不是一般意义上的受苦人、体力劳动者，而是被外在利益所奴役、所役使的人。试想，本来是以智慧胜人的智者，最后却落到了被某种外在力量所左右的人，由此可见其悲哀程度，也可见荀子对这种人的鄙视程度。

可以说，“智”相当于某种精神性的工具，它本身在原初的意义上只有程度和高低的不同，而并没有善恶之分。但是，在现实世界中，“智”，不论是智力、智能、智慧、理智，都不会单独存在，而是必然存在于某个人、某种人、某类人身上，并且落实在某个事情和过程中，在这个时候，才会有圣人之智、士君子之智、小人之智、役夫之智，或其他更细微的区别。作为现实主义的思想家，荀子当然更看重“智”的现实意义和现实作用。

（五）勇

“勇”的观念也是传统儒家的重要思想，“勇”的行为更是传统儒家道德教条中的重要美德。孔子和孟子对于“勇”都表述过相当精辟的见解。孔子主张：“智者不惑，仁者不忧，勇者不惧。”[24]“仁者必有勇，勇者不必有仁。”[25]但却明确反对不受礼义约束的匹夫之勇，所谓“勇而无礼则乱”[26]“好勇不好学，其蔽也乱”。当颇有勇力的弟子子路请教君子是否“好勇”时，孔子坚定地告诫子路说：“君子义以为上。君子有勇而无义为乱，小人有勇而无义为盗。”[27]一个人如果有勇而无义，不是去犯上作乱，就是去做盗寇。显然，没有礼义约束的勇力是相当危险的。孟子的说法则是更为形象生动，他引用孔子弟子曾子的话说：“自反而不缩，虽褐宽博，吾不惴焉；自反而缩，虽千万人，吾往矣。”如果我自认为无理，就是面对一个普通人，我也很胆小，可是，当我认为有理之时，即使面对千万人，我也会勇往直前。

孔子认为“勇”就是勇，只不过是需要礼义的约束而已。孟子把“勇”分为有理之勇和无理之勇。到荀子这里，则把“勇”分为三类，即“有上勇者，有中勇者，有下勇者”。在荀子思想体系中，对于传统的儒家美德，荀子经常做这样的层次高低的划分，这与他所主张的人性为恶以及理性主义和法治精神是一致的。

荀子对“上勇”论述的最多，也最为详尽。他认为，上勇之人的表现是，遇到合乎道义的事情，一定会挺身而出；对于先王之道，敢于推行；不会苟同于乱世之君，也不会苟从于乱世之民，在什么时代都能够坚持仁义之道；在有机会推行仁义之道时自己不会身处贫穷，在仁义之道无法推行时自己也不会身处富贵；[28]被天下知用的时候，即有机会表现自己的政治才能时，就要努力与天下人共同获得快乐；如果不被天下知用，则宁肯坚守自己的原则，而不畏惧任何的艰难困苦。

很显然，荀子所称道的“勇”，是与孔子、孟子共同认可的勇气，而不是单纯的勇力，是一种道德之善，精神之大无畏。既然是道德之善，那么，勇气的核心还是儒家的道德原则。荀子说：“懦弱易夺，似仁而非。悍戆好斗，似勇而非。”[29]懦弱而容易改变立场的人，看上去像仁人，比较宽容和接纳别人的意义，但实质上却根本不是仁，因为仁人的忍让是有界限的。而那种一味地好勇斗狠之人，看上去挺有勇气，实质上也根本不勇，因为勇气的表现也是有原则的。

那么，什么是“中勇”呢？中勇之人，遵循礼法的要求，严格约束自己，看重信用，轻视物质利益；遇到贤者，一定会坚定地推崇和支持，对于不肖之徒则果敢地废弃他们。显然，荀子眼中的中勇之人虽然没有道德上的创见之能，但在履行道义方面却是明确而坚定的。

至于“下勇”之人，荀子的言辞则满是不屑了。这是因为，下勇之人轻视自身而看重财货，面对祸患却满不在乎，还能找到一大堆借口来化解；遇到真正的考验时，只求能够苟且免责，根本不在乎是非对错；总是肯定不应该肯定的事情，目的只是如何能够压制别人。

很显然，荀子对“勇”的理解和分析是更为全面的。最高层次的勇敢，是那种有思想、有原则、有担当、有创建的人；中等层次的勇敢，则是那种中规中矩，严格要求自己的人；下等层次的勇敢，则是为了一己之私而无所不为的人。荀子对“勇”的如此区分，不仅使传统儒家所看重的“勇”的观念上升到更加全面和理性的层次，而且对于战国时代以来的侠士精神也作了系统的规范，这对于秦汉以来更有内涵和韧性的士大夫精神的形成产生了深刻的影响。

（六）权

作为中国古代理性主义思想家的代表，荀子坚决反对把任何思想观念甚至道德品质不节制地推演至极。特别是在当时君主专制的政治制度之下，对君主的忠和顺，既能带来有道之政，也能导致无道之政。所以，荀子在强调对君主忠、顺、敬的同时，也认为应该对这类政治美德加以调节，也就是说，针对不同的政治形势、不同的君主，忠、顺、信之的品质不能作教条式的理解和执行，而应该加以适当的权变和调节。

英明的君主要对以下三方面的问题心中有数。

一是疏通忠道，使大臣对君主的忠诚能够表现出真正的顺平。比如当年的魏国信陵君，争谏魏王，违令出兵，不顾个人安危，最终击败秦军，挽救赵国，客观上安定了魏国，可谓建功立业，从而实现了对君主的大忠。如果信陵君执守愚忠，不仅不能建功，还会损害魏国和魏王的根本利益，从最终结果上看，并不是君主的忠臣。

二是通晓权变，使大臣能够以必要的手段平息危险情势。当年的商汤王和周武王，率众杀掉夏桀王和商纣王，夺取其王位，是标准的君臣易位，但从结果上看，却是建立了参天之功，让天下生民享受其恩泽。如果他们一味地坚守臣道，顺从暴君，人民遭受的苦难很难说什么时候才能结束。

三是能够从大臣的顺从之语中辨别出招致祸乱的先兆。与上述两种情形相反，奸佞之臣飞廉、恶来，无原则地顺从商王，商王犯了错，他们给寻找借口，没有任何原则可言，更谈不上是非曲直，只要自己能够得利，什么迷乱君主、狂妄君道的事情都能做得出来。在他们自己看来，这也是对君主的忠诚，但事实上却是对君主和国家的祸害。

任何合理的道德原则都是具体的，都是应该能够在处理和解决具体事情的过程中发挥其作用的。如果离开具体情况，泛泛而谈什么道德教条，是最容易误人误事的。也就是说，如果有这些道德原则，在作理论推演之时井井有条，而在处理具体问题时捉襟见肘，就注定难以产生真正的社会影响，难以发挥真正的实际作用。

在特殊情况甚至极端情况下对于道德原则的调整和协调，孟子有过非常生动的说明，并以“经”与“权”作为理论的概括和提升。

孟子的思想对手之一淳于髡设计出一个思想难题，以期难倒孟子。这个难题是，既然儒家认为“男女授受不亲”是礼的规定，那么，如果嫂子落入水中，要不要伸手援救？孟子的回答斩钉截铁：“嫂子落水不救，那就是豺狼禽兽的表现。”那么，如何解决坚守礼义与避免禽兽之行之间的矛盾呢？这当然难不倒孟子。孟子指出，男、女之间不亲手交接东西，这是礼的硬性规定；而伸手搭救落水的嫂子，这是权变的表现。意思是说，任何的礼义规定都是针对一般情况和正常情况而言的，如果遇到特殊情况，应该有一些权变的处理。[30]

这样看来，任何的美德，特别是政治品德，必须以最终结果作为终极的评判标准。事实上，孔子在世时，有多位弟子曾就一个重大历史事件向孔子发问。当年的齐国，公子纠和公子小白（后来的齐桓公）争夺君位。管仲起先追随公子纠，公子纠被公子小白消灭后，管仲没有尽节而死，反而去追随公子纠的仇人公子小白。管仲的这种行为，到底是忠诚，还是背叛？孔子的回答是，管仲忠诚于大道，不必忠诚于个人。所谓忠诚于大道，就是辅佐齐桓公称霸，实现了“尊王攘夷”的大道，捍卫了华夏文明。[31]显然，孔子站在了更高的高度去评价一个人的政治品德，而且看重的是行为的结果，而不是动机或口号。但是，并不是任何政治人物或政治行为都有明确的最终结果让后人去评判，这样一来，忠君与忠道，便一直作为儒家内部甚至中国传统政治中的一个难解的课题存在着。

注释：

①《荀子·修身》。以下所引荀子语，如无特别注释，均引自此篇。

②《荀子·修身》。

③以上均见《荀子·儒效》。

④《论语·雍也第六》。

⑤《论语·述而第七》：子曰："圣人，吾不得而见之矣；得见君子者，斯可矣。"

⑥《论语·雍也第六》子曰："回也，其心三月不违仁，其余则日月至焉而已矣。"

⑦《荀子·修身》。

⑧《荀子·不苟》。

⑨《荀子·不苟》。

⑩《荀子·不苟》。

⑪《论语·述而第七》：子曰："圣人，吾不得而见之矣；得见君子者，斯可矣。"子曰："善人，吾不得而见之矣；得见有恒者，斯可矣。

⑫《诗·秦风·小戎》。

⑬《论语·泰伯第八》。

⑭《论语·子张十九》。

⑮《论语·里仁第四》。

⑯《论语·述而第七》。

⑰《荀子·不苟》。

⑱《荀子·天论》。

⑲《荀子·大略》。

⑳《荀子·大略》。

㉑根据《史记·五帝纪》的说法，五帝是黄帝、帝项须、帝喾、尧帝和舜帝。

㉒五秋五霸有多说，一般认为是齐桓公、晋文公、楚庄王、秦穆公和越王勾践。

㉓《论语·雍也第六》。

㉔《论语·子罕第九》。

㉕《论语·宪问十四》。

㉖《论语·泰伯第八》。

㉗《论语·阳货十七》。

㉘《论语·泰伯》：子曰："笃信好学，守死善道。危邦不入，乱邦不居。天下有道则见（现），无道则隐。邦有道，贫且贱焉，耻也；邦无道，富且贵焉，耻也。"

㉙《荀子·大略》。

㉚详见《孟子·离娄上》。

㉛《论语·宪问十四》：子路曰："桓公杀公子纠，召忽死之，管仲不死。曰未仁乎？"子曰："桓公九合诸侯，不以兵车，管仲之力也。如其仁，如其仁！"子贡曰："管仲非仁者与（欤）？桓公杀公子纠，不能死，又相之。"子曰："管仲相桓公，霸诸侯，一匡天下，民到于今受其赐。微管仲，吾其被发左衽矣。岂若匹夫匹妇之为谅也，自经于沟渎（dú）而莫之知也？"

第四章 儒家本位的礼、义之道

礼的起源，制礼的目的
礼是治国之道
从礼之制到礼之理
义、信之理，义、利之辨
仁、义、礼相协调
从礼道到孝道

传统中国是一个礼治的社会。先秦儒家思想中，礼是落实其思想的具体表现。在集中体现孔子思想的“仁、义、礼、智、信”的“五常”之中，礼显然是相对更具有形式性的方面，甚至可以说是其他“四常”的载体。不过，具体说来，礼有礼仪、礼教、礼法等不同的侧重面，礼仪之中含有礼义，礼教针对个人修养，礼法针对的是社会治理。这些复杂的内容，很难用简单的阐述去表达清楚某种思想或某位思想家关于礼的思想究竟如何。

从总的倾向上讲，中国古代社会确实重礼胜过重法。这种特色主要是由中国古代农耕社会的特点所决定的。农耕社会的生产力相对低下，物质财富的生产能力有限，社会成员的流动性程度也很低，社会关系的稳定性相当强烈，这就使得礼义对于维护社会安定更为持久有效。从这个角度来看，中国古代的礼治社会，并不是某些个人的选择，也不是某种思想单独发生作用的结果，更不是某种特殊的人性使然。

传统中国是一个人治的社会，这样的结论主要是源之于礼治的精神。礼虽然注重外在表现形式，所谓“礼仪三百，威仪三千”，但这些约束人的行为的种种形式尽管很多，甚至不乏烦琐，但却并不带有法令的明确性、强制性，而是建立在自觉性、灵活性的基础上，强调的是人性化、道德影响性。在礼治社会的原初设计中，当礼仪、礼教、礼法等能够有效约束社会成员的时候，当然是一种非常高尚的社会发展状况。但是，在现实中，当礼的作用遭遇到政治权力和地位的时候，却只能更多地屈从于当权者，礼的种种作用也只能服务于人治社会。

所以，反思礼治下的中国古代社会，确实是有许多问题需要探讨。而中国古代的礼治思想和礼治精神，又与荀子的相关思想有着千丝万缕的关联。

荀子的政治思想，总体上讲是礼治思想。虽然荀子比孔子和孟子更多地强调和探讨法治的作用，但荀子并不认为法治在走向仁道、王道或圣道社会中能够发挥主体作用。在对当时最有效地执行法治的国家——秦国的考察中，荀子固然被法治的效率和效果所震撼，但出于思想家的洞察力和儒学家的人文情怀，荀子更为法治的严酷性忧心忡忡。荀子的结论是，礼治是治国之本，法治是治国之术，法治必须以礼治为主导，才会造就一个公平公正和长治久安的社会。

世称荀子“隆礼重法”，其实是以礼制法、以礼约法，最终走向了儒、法并举，儒、法协同，共同作用于社会现实。荀子的这一思想，是对中国历史的最大贡献。经过了秦王朝迅速走向衰亡的验证，两汉时期在塑造中国古代大一统形势下的政治模式时，充分接受了荀子的这份贡献。

对于传统儒家之礼，荀子进行了多方面的深入思考和论述，这是儒家史上的其他学者难以企及的。荀子的礼治思想坚持儒家本位，既是他的政治思想的核心内容，也为儒家思想成为国家意识形态塑造了整体形态。

在荀子看来，礼是一个整体，“礼者，本末相顺，终始相应，”不仅是要表面一致，而且要坚持其整体性。这种整体性，不仅体现在礼的完成形式上，而且强调了对礼的精神的整体把握。礼不可以唯我所用，不可以一事一礼、一时一礼，而是要在任何时候、任何情况下，都要遵循礼的内在和外在要求。荀子说："礼者，众人法而不知，圣人法而知之。"①对于礼，普通人只知其然，不知其所以然；只知道遵守礼，不知道为什么遵循。但是，作为制礼者的圣人，则始终明白礼的始末缘由，只有这样，才能从根本上遵循礼、发展礼，使礼不仅具有强大的现实性，还要有深远的指导意义。很显然，正是由于荀子对于礼有着如此全面的理解，他的礼之论才能深刻持久地影响着中国社会，直到今天。

那么，就让我们从《荀子》中去全面追寻荀子的礼治之道吧。

礼的起源，制礼的目的

从事物发生的角度来看，任何事物的发生都是有原因的。中国古代的礼法，或者礼和法，其发生或起源也是有原因的。礼和法，或者任何可以称作规矩的东西，都是对于人的言行的约束。

（一）礼的发生

人是不是需要约束？怎样来约束才更为合理和有效呢？这是荀子论礼、论礼的起源时所要回答的问题。

礼是因为什么而兴起的呢？

荀子的答案是，人生下来就有欲望，当欲望得不到自然满足的时候，就不能不去主动求得。在这个求得的过程中，人们很难把握好尺寸量度，而物质供应或财富供给，在任何时候和任何情况下都是有限的。以难以把握量度的欲求，面对有限的供给（不管是天然所生，还是人自己所生产），人与人之间就难免发生纷争与斗争。这种纷争和斗争，在最初的时候肯定是无序的，而无序的争斗必然产生混乱，当混乱无法停止的时候，人们就会陷于走投无路的境地。这个时候，荀子认为，先王（圣人、圣王）不能接受这种混乱，就制作了礼义规矩，让人们各有其分，让物质财富的求得各有其分。先王这样做的目的显然并不是限制人们的欲求，而是解决全体人类的生存问题，满足所有人的合理欲求。或者说，不要使人们的欲望因为缺乏物质而得不到满足，也不要因为人们的欲望太过无度而使物质出现匮乏，进而影响社会安定。总之，要让人们的生存欲望和物质供给之间保持一种合理的平衡，并且相互促进，以利于社会的安定和发展，这就是产生礼的根本原因。

荀子认为，礼制有三个来源。一是天地，那是生命和本源；二是先祖，那是人类产生的本源；三是君上和师长，那是社会成立的本源。没有天地，就没有人的生命；没有先祖，我们自己就不会来到这个世界上；没有君上和师长，社会也就建立不起来。三者缺一不可。所以，礼制的内容，就是事奉天和地，尊重先祖，推崇君师，这是礼制的来源。也就是说，为了“三本”，人们才发明礼制、使用礼仪。

（二）礼要满足物质需求

荀子所说人生来的欲望，显然是指人的物质欲求，至少是生存的欲望。为了生存而要求得到物质保障，这样的要求既是自然的，也是合理的。荀子的这一观点，是其思想学说的重要基础。荀子对人性的理解，对法治的认识，对政治理想的追求，都是建立在人的基本物质欲求是自然而合理的，并且人类社会必须对此加以满足的基础上的。

但是，人的物质欲求是合理的，并不是说人人都能把握好这个合理要求的度量。且不说能供人们所需的物质财富是有限的，就是无限的，事实上也不能满足所有人的缺乏度量的要求，所以，从荀子的角度来看，人与人之间的纷争同样是不可避免的。如果一直纷争下去，人群或人类社会也必然会混乱无序，人们生活在混乱和痛苦中则是不可避免的。

在这个时候，建立规矩，在规矩之下分配物质财富以减少纷争和痛苦，应该说是人们的必然要求，只是在某个关节点上，有什么人、以什么方式提出这种要求、实现这种要求，是人类发展史的研究者们争论不休的问题。当然，最简单的答案，就是有某个人或某种人率先认识到建立规矩的必要性，并着手加以解决。不过，估计用说服的办法是解决不了的，所以，荀子提出是“先王”为此做出了贡献。之所以把这个功劳给了“先王”，应该是认为先王有能力使用必要的强力手段制定和推行礼义。只不过是，这样的礼义如果是合理的，大家就会接受，如果不合理，就不会得到大家的拥护罢了。

所以，从发生的角度来看，礼的作用就是平衡人们的生存需要。礼既要让人们获得相当的物质以保证其生存，又要限制人们没有量度的欲望。荀子断言，“礼者，养也”，就是把礼对人的生存的物质需求放在了首位。没有物质条件的保证，人类的其他追求都不可能实现的。荀子的这个“养”，最基本的有“养口、养鼻、养目、养耳、养体”②等五项具体要求，包括了衣食住行所有方面。养口是说要吃好，养鼻是说食物的味道要好，养目是说住的地方要有装饰、衣着要好看，赏心悦目，养耳是要听音乐，养体是要坐好车、住好房子。这些方面，都是人们的合理要求，都是礼要保障的内容。

强调基本生存的“养”，是就礼的产生而言的，因为生存是人的第一需求，也是所有生物的共同需求。这样的“养”，还有一种说法，就是“顺人心”。

荀子进而指出，礼并不是无理地强加于人的外在东西，而是发自人的内心，是仁义之人的内在要求和自然流露。荀子说：“礼之大凡。事生，饰欢也；送死，饰哀也；军旅，饰威也。”③大体上讲，礼的作用就是节制和修饰，因为担心人的过度高兴和哀痛，也担心军队的过度放纵，所以就制定礼来修饰和节制，这显然是人对待人、死、军旅等的适中态度，舍此则容易出现种种流弊，正是在此意义上，才说礼是顺应人心的规定。所以，任何顺应人心的规定，即使在《礼经》这样的权威礼书中没有记载的，也是合乎礼的要求的。这其实是强调说，所谓《礼经》的规定，并不是凭空想像出来的，而是对于现实生活相关规定的记载或文字的总结，而所有的相关规定，只有一条永恒的标准，那就是合乎仁义之心。比如说，《论语》中有《乡党》篇，记载了许多孔子的行为，而这些行为基本上都成为后世之礼。细察孔子的这些行为，其规矩并不是凭空而来，而是源之于实际生活的合理需求，特别是在衣、食、住、行方面的要求，更是以适度美观、食品的味道和卫生、住所的舒适、行动的快捷和安全为根本出发点。这些要求，无论《礼经》中有没有记载，都被后世认为是礼的内容，因为它们都是发自人心的行为。

可见，传统儒家对礼的认识，从孔子开始就是前后一贯的，只不过是荀子对其进行了更为全面和详尽的阐述而已。严格说起来，荀子无论是对于礼仪的细节，还是对于礼论的更加深入的探讨，在儒家之礼制和礼论的发展史上都占有无可比拟的重要地位。

（三）礼要满足精神需求

当然，人毕竟不是普通生物，在满足了第一需求之后，还有第二第三甚至更多的需求，有精神需求，还有社会需求，等等。这也就是说，礼的目的是要养人，而且不仅有物质之养，还要有精神之养，这是人区别于其他生物且又高于其他生物的关键所在。

人在面对死亡威胁时要保持节操，这才是养护生命，因为人的生命的价值并不是一味的长生不死。人如果只是为了长生而活着，必然会是无所不为，遭人唾弃，这样就是真正的死亡了。

人在必要的时候要有所付出，这才是真正的养护财富，因为没有付出就不会有收获。如果一切以利为计较，必然会危害他人、危害自己。

人要表现出恭敬辞让，这才是养护安逸，因为对他人彬彬有礼，才会被尊重。如果懒惰无礼，苟且度日，迟早会危及自身。

人要表现出礼义节制，这才是养护性情，因为按照礼义行事，在社会中才能顺畅而行。如果一味追求身体的快乐，结果就会害死自己。

荀子的结论是，如果完全用礼义要求自己，人就会两全其美，物质和精神享受全部到位。如果完全以口体之娱、外在享受为追求，到头来是物质和精神享受全部丧失。

在上述物质满足和精神满足的基础上，荀子提出了礼有等差的观点，认为“君子既得其养，又好其别”。这是强调，“礼”是为了养人而制定的规矩，但是，不同的人有不同的规矩，也有不同的“养”的方式和水平，这就是“别”，区别。具体说来，就是“贵贱有等，长幼有差，贫富轻重，皆有称者也”[④]。社会地位的高低不同，成年人与未成人的差别，穷人和富人的不同，都要有与他们的处境相对称、相适应的礼。以天子为例，荀子认为其物质生活水平就应该不同于常人，除了养目、养鼻、养体、养神、养安之外，还要养威。这就说明，礼不仅要限制人，还要提高人；不仅是关注人的过去和现在，还要关注人的未来。也就是说，礼治并不仅仅是被动地要求人们不能做什么，而是还要主动地要求人们去做什么，以期人们得到全面的满足和全面的发展。

礼是治国之道

先秦诸子百家的思想，其出发点和归宿处都是指导现实政治，荀子更不例外。荀子关于礼的重要性的阐述，最终也是落实在了治国之道上。作为治国之道的礼，在孔子和孟子的思想中也有论及，但其重要性和独特作用却远远没有荀子论述得那么全面，也没有像荀子那样把礼视为治国总纲。

荀子对礼的内容有很全面的说明，对礼的重要性更有无以复加的推崇，这主要是因为，荀子思想的中心是其政治思想，而其政治思想的核心就是礼。礼既是传统儒学政治思想的实践内核，又是荀子思想中以儒家政治理念主导法家政治理念的工具，甚至可以说，礼是荀子打通儒、法两家政治思想的关键所在。理解了这一点，就不难理解荀子对礼的极度重视了。

在荀子看来，礼是人间的正道，上自国家治理，下自个人生活，“所失微，而其为乱大者，礼也”，即使稍微偏失于礼，也会导致绝大的混乱甚至动乱。

礼好比是国家政治的运营之车，政治运行不遵循礼，就无法前行；又如同衡量之器与事物轻重的关系，墨斗与曲直的关系，不依靠衡器就无法知道轻重，不使用墨斗就确定不了曲直，同理，如果没有礼，国家就不会走在正道上。对于个人来说，礼就相当于鞋子，鞋子不合适，走路就不会顺畅。总之，人无礼就不能生存，事情无礼就不能完成，国家无礼则不会安宁。

（一）礼是什么

既然礼如此重要，那么，礼究竟是什么呢？在《赋篇》中，通过君、臣相答问这样的有趣的文学手法，荀子对于礼有一个比较全面的概括，其实是从不同角度对礼之为“物”的描述。

问者说，有一种巨大之物，它不是像丝帛一样的具体事物，却让人看上去很有纹理，很有样子。它不像太阳和月亮那样能够发光，却为天下人提供了光明。它可以使活着的人长寿，死去的人安然下葬，也可以使城池坚固，三军强大。完全遵循它就可以称王，部分坚持它就可以称霸，完全背离它只能灭亡。我很愚笨，不知道这到底是个什么事物，请圣王予以指点。

在圣王看来，这个事物确实很有纹理，但却并不会光彩照人。它虽然简单而易于了解，但却是最讲理性的事物。君子敬重它，小人看不起它。人性如果得不到它的改造，人就会变为禽兽；如果能够得到它的修饰，人就会变得高雅。普通人推崇它就会成为圣人，诸侯推崇它就会统一天下。总地来说，这个事物是最光明的又是最简约的，非常通达，却又顾及全体。在圣王看来，这个事物就是“礼”。

很显然，在荀子看来，就实践层面而言，礼是人类社会的最高要求和最高境界。礼，既关乎君子与小人的区分，又关乎天下的安危和国家的兴亡；既关乎人的外在仪表，又关乎人的内心修养；既关乎人的行为，特别是政治行为，又关乎人的思想水平，特别是人生态度；等等。可以说，礼涵盖了人生和社会的里里外外，任何人都没有理由轻视它。

（二）礼是约束

荀子认为，礼能够约束一个人，不论是在前途通达的时候，还是在走投无路的时候，都能够保持行为适度。具体说来，人的思想，遵循礼则通顺，不遵循礼则混乱；人的日常行为，遵循礼则温和有节制，不遵循礼则到处碰壁；人的举止，遵循礼则雅致，不遵循礼则乖僻而粗俗。所以说，无礼之人等于失去了生命的活力，无礼之事则不会成功，无礼之国则不得安宁。

礼，是处理事务的终极手段，是强国固家的根本原则，是表现威严的途径，也是建功扬名的汇集之处。因此，荀子断言，对于国家的最高统治者来说，遵循礼就能得天下，不遵循礼就会毁灭社稷。与推行礼相比，强大的军队也无法获胜，森严壁垒的城池也算不上牢固，严酷的法令也不会有什么威严。荀子的如此断言是有事实依据的。他说，楚国之兵装备良好，行动迅捷，但却屡战屡败，原因就是不走正道。楚国之地，本有江河高山的天险，但却难以有效抵挡秦兵的进攻，同样是不走正道的结果。商纣王施行严刑峻法，但当周武王的大军到达时，却无法推行其号令，这也是不走正道的结果。

在古代，王者之兵使用的都是些普通兵器，却可以让敌对的国家不用交战就屈服；不必构建特别的防御工事，却能使国家安定，不必畏惧任何外来侵略。这没有其他特别的原因，就是因为王者能够深明大道，公平分配社会财富，适时使用民力，真诚爱护百姓，使得在下位者能够全面而积极地听从在上者，然后再对有令不从者施之以刑罚。所以，只要惩罚一个，就能够让天下之人服从，而被惩罚者也不会抱怨在上者，因为他们知道罪责在己。这样一来，刑罚没有多少，却能使在上者的权威顺利发挥作用。这一切的一切，都是因为在上者遵循大道，遵循礼去治理社会和国家。

荀子举例说，在水道中标志出水的深度，目的是让人们不要走进危险的深水区。同理，治理民众的人也要对混乱甚至犯罪的行为做出标志，以使人们避免做出这类事情。从这个角度来看，所谓治国之礼，就是一种标志和尺度。荀子指出，先世圣王之所以制礼，就是要标志出天下的祸乱是什么。所以，后人如果废除了先王之礼，就等于是去掉了这样的标志。结果就是，民众因为看不到标志而产生迷惑，进而做下了祸患之事。在荀子看来，这正是强制性的刑罚条文之所以非常繁多的根本原因。

在此，我们看到的是：第一，礼是治国的标准，当然也是儒家王道的治国标准；第二，与法治相比，礼治更为根本，甚至可以说，理想的礼治之国甚至是不需要法治的。所以，着眼于现实，荀子虽然承认法治和刑罚的作用，但那是在礼治缺乏的情形下不得已的选择，至多也只能是对礼的补充和辅助。从学理上讲，礼治是最根本的，是可以取代法治的作用的。这就从根本上说明，荀子的思想是以儒家思想为根基的，荀子本人从根本上讲也是儒家思想家。

荀子举例说，要铸造一柄宝剑，除了冶锻出剑型之外，还需要进行砥砺，也就是打磨出刀刃，才能断铁如泥。同样，一个国家的成立，也只是强国的坯型。只有进行必要的砥砺，才能成就真正的强国。那么，砥砺强国的是什么呢？荀子说，对一个国家的砥砺就是礼义和规矩。人的寿命长短决定于上天，即各种原因的综合结果，而国家的寿命长短则在于礼。循礼则寿长，不循礼则寿短。相应地，对于一国之主而言，隆礼尊贤就能称王，重法爱民就能称霸，喜好财利、多使诡诈就会危及国家，而使用权谋、倾覆、幽险之术就会灭亡。在这里，荀子虽然把危国和亡国分开来说，但这两种情形的本质是一样的。

（三）礼是凝聚力

礼的本质，是用真心爱护之力、道德感召之力、说服教育之力，使人们从内心里遵循某种行为约束的规则，所以，与礼相反的做法，荀子称之为“赏庆、刑罚、势诈”之力。

如果人们是为了获得奖赏而行动的话，那么，一旦见到不利的东西，见到会对自己有所伤害的情形，就会停止行动。这就是说，人们如果是为了利而行，就会因为害而止。所以，用奖赏、刑罚和欺诈的手段鼓励或诱使人们有所行动，都不可能让人们尽心尽力地去做，更不会让人拼死去做。身为人主，对于治下的百姓，不是用礼义忠信去激励他们，反而是用奖赏、刑罚、势诈的手段迫使他们，就只能获得一时和有限的功效。一旦国家发生重大险情，比如大批侵略军来到、两军对垒、繁重的劳动等等，百姓就会分崩离析，在下者反而会借机要挟在上者。所以，荀子明确指出，奖赏、刑罚、势诈的办法，是商品交换的办法，不足以团结大众，美化国家，是体面的人们羞于称道的东西。

荀子为说明礼的终极作用而提出了“凝”这个概念。他认为，使用强力手段把一国的土地和人民兼并过来，相对来讲是比较容易做到的事情，但是，让兼并来的人民归心，让兼并来的土地永久归我，这却是最难的事情。人民的归心是根本。没有人的存在，土地是没有任何价值的。荀子进而举出历史上的一些著名事件为例来说明他的上述思想。他认为，齐国曾经兼并宋国，但因为不能“凝”，最终又让魏国给夺走了。燕国反攻齐国，占领了齐国全境，但因为不能“凝”，才让田单又夺了回去。

在这方面，最典型的莫过于赵、秦二国对上党的争夺。那是在赵孝成王四年（前 262 年），由于韩国的上党之地（在今山西东南部）已经成为飞地，韩国不能守，意欲献给秦国，落个人情。没想到上党的韩国守将不听君命，决定把这块地送给赵国。赵国贪地，派出大兵把守，结果由于守将赵括“纸上谈兵”的失误，兵败秦军，酿成历史上有名的“长平之战”的大败局。但在荀子看来，这并不能简单地认作为守将的失误所致，而是赵国当时没有能力“凝”住这块土地，这才被秦国夺去。显然，荀子在此所说的“凝”，既指当时管理人民和土地的能力，也指这个国家内在的力量。所以，所谓“凝”就是指凝聚力，即人和社会的内在力量、精神价值和力量、道德水准和力量。而这样的力量，只能来自于礼义，不可能来自于赏罚。

正如荀子所说，有力量兼并，却没有能力凝聚，必定让别人夺走；没有力量全部兼并，更没有能力凝聚，还会使国家灭亡。如果有凝聚的能力，就一定有兼并的力量。把凡是得到的土地和人民都能凝聚起来的话，面前就不会有强大到不可兼并的对手了。从这个角度来看，商汤王当年的封邑亳、周武王当年的根据地镐，都只是百里之大，最后却能统一天下，让天下诸侯称臣，荀子认为，其原因就在于他们都有凝聚天下的能力。不用说，这样的能力，其核心力量就是“礼”。

要凝聚士人，靠的是礼；要凝聚民众，靠的是政令。这两方面的事情做好了，通过修治礼仪让士人诚服，通过平缓政令让民众安定，荀子把这种社会政治局面称之为“大凝”，即最大的凝聚。一个国家能够达到“大凝”的时候，那么，需要坚守的时候就会非常牢固，需要征伐的时候就很强大，所谓令行禁止，王者的事业也就能够完成了。很显然，荀子心目中最高的政治成就，就是王者之政。而实现王者之政的核心，就是以礼治天下、以法治天下。

荀子生动地描绘说，在天上最光明的是日月，在地上最光明的是水火，在事物之中最光明的是珠玉，而在人身上，最光明的就是礼义了。所以，一个国家，如果不把礼义放在首位，就不可能建立光辉的功名。如果说人的寿命决定于上天，那么，国家的命运就在于礼义。那些管理人民的人，那些统治者，特别最高统治者，如果能够推崇礼义、尊重贤人，就能称王；重视法度、爱护民众，就能称霸；如果喜好获利、多使诡诈，国家就会陷于危难；使用权谋、只想倾覆别人、心性幽险，则只能遭遇灭国亡身了。

（四）礼有具体要求

礼的作用是治国，是管理社会，那么，社会各阶层究竟如何以礼行事？或者对于社会各阶层，礼的具体规定是什么呢？对此，荀子有着具体的分疏。

按照礼的要求，君主要做到公正不偏私，即对大臣不能以个人的偏好划分出三六九等，而是要公平要求、公平对待，这样一来，人臣才能根据礼的规定对待君主，做到忠诚、恭顺，做事不松懈怠慢。可以说，在礼的约束下，君臣关系正常融洽，充满活力，治国便有了最根本的保障。值得注意的是，在礼所要求的君臣关系中，荀子认为君主应该率先做出典范，以保证人臣依礼而行，这与孔子所要求的“君使臣以礼，臣事君以忠”⑤如出一辙，表现出先秦儒家在这个问题上的明确立场。

那么，礼所要求的父子关系是什么样子的呢？荀子认为，做父亲的，对家人要宽厚，要施以恩惠，并且也要率先循礼而行。然后，做人子的才会敬畏家庭和家族，并表现出最大的恭顺。这样的要求父亲做表率的思路，与荀子对君臣关系的要求是一致的，也反映出荀子同样遵循先秦儒家的基本主张，即父子关系即是君臣关系的初步和缩影，君臣关系是父子关系的放大和提升。

在家庭和家族内部，兄弟关系同样重要，兄弟关系的正常与否决定着家族和家庭这样的社会基本细胞能否健康成长。在荀子看来，作为主动一方的兄长照例要有表率作用，要以慈爱和友善对待弟弟，以使弟弟表现出恭敬和不苟且的行为。

在家庭关系中，最基本的当然是夫妻关系了。因为夫妻关系的形成是基本保证，没有夫妻关系，就谈不上父子和兄弟关系。夫妻关系如何，也从根本上决定了父子关系和兄弟关系的状况。那么，荀子所要求的夫妻关系应该是怎么样的呢？荀子说，做丈夫的，要使夫妻关系达到最高的和谐，但是，这种和谐又不能是一边倒的，不能是不讲原则的。

从道德伦常方面讲，夫妻关系要达到最高要求，首先是丈夫要表现出最高的道德水准，同时，做丈夫的又要有能力处理好家庭中的具体事务。至于对妻子的要求，则必须首先参照丈夫的表现。也就是说，当丈夫循礼而行时，妻子就要表现出足够的柔顺，听从丈夫的安排；而当丈夫表现无礼时，妻子则要为丈夫担心，同时约束自身，不能听任丈夫的所作所为。很显然，荀子对夫妻关系的要求，既有那个时代的特点，也有他自己的理性主张。不可否认，在荀子时代农业社会的条件下，女性没有政治权力和社会地位可言，男权的地位牢不可破，是家庭的当然主导者。但是，作为理性主义的思想家，荀子清楚地认识到在家庭内部不可能也不应该忽视妻子以及母亲的地位，所以，在他所主张夫妻关系中，不仅沿用他对于君臣、父子、兄弟关系中的思路，首先强调丈夫的表率作用，同时也明确主张妻子万不能无原则地屈从丈夫的无礼。这样的观点，在那个时代是难得一见的，甚至在儒家内部，从孔子和孟子的思想中，也见不到如此明确而硬朗的家庭伦理观念。

荀子强调指出，上述要求是一个整体，从治理国家和安定社会的意义上讲，不可偏废，只能全部遵照执行。因为，从历史经验和现实考量来看，这是必须的要求。

荀子认为，古代的王者，正是因为全面遵循礼的要求，才能兼顾天下，行为无不适当。所以说，君子之人全面遵循礼的结果就是，态度恭敬而不做作，敬畏而不惧怕，贫穷之时不会无所事事，富贵的时候也不会骄横跋扈，遇到特殊的困难也不会走投无路。

再具体地说，君子对于礼的态度是，敬畏它，还要感觉到心安理得，把礼的要求视为当然之事。这样一来，对于应该做的事情，就要径直去完成，不会出现闪失；对于他人，少发怨气，宽厚以待，不要阿谀；对于自己，要提高修养，不行诡诈；对于突发事件，要反应敏捷，不被迷惑；对于万事万物，不一定都知道为什么，但也一定要尽力发挥他们应有的作用；对于负责具体事务的官吏和有技艺的工匠，不要与他们比试才能，而是要善于发挥他们的长处；对于上级，要忠诚恭顺而不松懈；使用下级时，要持守公平，不偏三向四；交往朋友的时候，要以大义为准绳，分品类地看待人；对于邻里乡亲，要容纳他们，不要让他们陷于混乱之中。

上述荀子的这些要求，除了没有提供具体的案例，可谓是再详细不过的要求了。对于一位纵横古今的思想家来说，也是相当难能可贵的。所以，荀子很有把握地最后总结说，那些遵循礼义的君子，一定是“穷则必有名，达则必有功，仁厚兼覆天下而不穷，明达周天地、理万变而不凝。血气和平，志意广大，行义塞于天地之间，仁智之极也”。即使在政治上不得志的时候也是名声在外，而得志的时候必须会建功立业。事实上，这样的君子，以仁厚之德对待万事万物，终究也会得志明达，其影响、其作用，会遍及天地之间，“是之谓圣人”，而其根本原因，则是“审之礼也”[⑥]。

从礼之制到礼之理

荀子对于中国古代礼论的贡献是全面的。

上文所述，是关于儒家礼论的一般性问题，只不过荀子论述得更为详尽，某些问题说得更为明确，当然不乏创见。而荀子思想对于中国古代礼论的贡献，主要表现在以下两个方面。

其一，《荀子》一书对于古代礼制的记载，是古代中国礼文化最重要的一页。现在看起来，如果没有《荀子》的相关记载，战国以来，特别是在汉代，关于古代礼制的任何使用和记载都是不可能成立的。比如《荀子·大略》云："天子雕弓，诸侯彤弓，大夫黑弓，礼也。"类似这样的具体礼制和礼仪的记载，在《荀子》中有很多，这对后世研究相关问题有着巨大的价值。

再比如丧礼，荀子说："礼者，谨于治生死者也。"要看重人的生和死，"使生死终始若一"。因为，适宜的丧葬之礼，"一足以为人愿，是先王之道，忠臣孝子之极也"，丧礼要表现忠臣和孝子的情愫，是丝毫不敢怠慢的。具体说来，天子的丧礼要通知四海之内，即天下的所有国家，包括周边属国，并由诸侯主持操办；诸侯丧礼要通知所有诸侯国，由卿大夫主持操办；卿大夫丧礼通知一国之人，由士人主持操办；士人丧礼通知一乡之人，由朋友主办；平民百姓的丧礼则通知本族之人，以及街道邻里。比较特殊的是受过刑罚的人，这种人的丧礼不得通知亲朋，只能由妻和子办理，棺椁葬衣都有规定，不能过重过厚，并且出殡只能在晚上，找个地方埋掉即可。由此来看，荀子对于各种礼仪的细节都是非常知晓的，是那个时代真正的懂礼之人。

只是关于这方面的记载已经不在荀子思想的范围之内，所以本书只能是点到为止。

其二，是荀子礼论中对于礼之理的探讨，即有关礼的理论和学理本身的探讨。

孔子说："礼云礼云，玉帛云乎哉？乐云乐云，钟鼓云乎哉？"[⑦]所谓"玉帛、钟鼓"就是礼制，具体的礼乐制度、仪式仪规，而孔子如此反问的重点，是说在完成礼仪的同时，一定要有礼义的精神灌注其中，这样的仪式仪规才有意义。所以，荀子关于礼的历史贡献中，有关礼的思想和礼的制度是互为表里，缺一不可的。

在传统儒家看来，礼重在内容。礼的形式固然重要，但必须要符合礼的内容的要求，与内容保持一致，更不能对内容形成损害。因此，根据孔子所说，难道礼就是单纯地通过玉帛这样的贵重物品来表现的吗？也就是说，难道是礼品越重，就越是守礼的表现吗？显然不是。所以，荀子引用《聘礼志》上的说法，认为礼物过度贵重会有害于人的修养，过度奢侈则会有害于礼仪。荀子对此的总结是，如果不关注适宜与否、对交往缺乏敬重之心、不能让人心中欢欣，即使是奉上美好的礼物，也是不符合礼的要求的。所以说，荀子有关“礼之理”的思想，是对孔子相关思想的继承和发展，而且作了进一步的研究和细化。并且，荀子的礼论是与他对古代具体礼仪的说明和分析联系在一起的，这样一来，就既有思想价值，又有历史文献价值。

（一）礼的作用和原理

在本章开始处，我们了解过荀子对于礼起源、本源的探究，这也应该是荀子所论述的礼之理的重要组成部分。

说到具体的礼制及其制定的动机和相关内容，荀子说：“故王者天太祖，诸侯不敢坏，大夫士有常宗，所以别贵始。贵始，德之本也。郊止乎天子，而社止于诸侯，禫及士大夫，所以别尊者事尊，卑者事卑，宜大者巨，宜小者小也。”这是在说，关于祭祀祖先之礼，以及天子、诸侯、士大夫的相关礼仪活动，不仅有区别，而且在立意上有明显不同。要知贵始，别尊卑，使种种礼制井井有条。然后，“大飨，尚玄尊，俎生鱼，先大羹，贵食饮之本也”[⑧]。从祭祀先王的“大飨”开始，荀子一边介绍礼制的内容，一边阐述礼制的精神。

荀子认为，“凡礼，……至备，情文俱尽；其次，情文代胜；其下，复情以归大一也。”礼仪由内外两方面构成，内是情，即人们用具体的礼仪表达感情，无论是对天地、对先祖、对君师；外是文，即具体的仪式。最高级的礼制，是情感真挚，仪式合规。中等级别的，是情和文在不同的仪式和场合下各有高低多少。最低级的，则完全是情感的发泄。尽管情感真挚是核心，但必要的仪式也是应该具备的。荀子分礼为高中低三等，只是一种描述，并没有评价的意味，因为在很多情况下，不同等级的礼的形成，原因是相当复杂的。

不管怎么说，适时而适当的礼仪，能够达到“天地以合，日月以明，四时以序，星辰以行，江河以流，万物以昌，好恶以节，喜怒以当”的作用，从上到下，从自然界到人类社会，礼的作用是“以为下则顺，以为上则明”，是能够指导一切的。“礼岂不至矣哉！立隆以为极，而天下莫之能损益也。”礼是至高无上的，任何事物都不能对它有所增减。荀子不惜把所有的赞美之辞加之于礼，直到“本末相顺，终始相应。至文以有别，至察以有说”，礼仪的表现是，自始至终都很顺畅，起始到结束都能有呼应。不同的外在形式是用来区别不同的礼仪，不同的内容则是有着不同的原因。总之，真正到位的礼仪就是要从里到外、从头到尾把相关的人和事纳入到一个和谐的系统运行之中。

礼的重点当然还在于人类社会，“天下从之者治，不从者乱；从之者安，不从者危；从之者存，不从者亡。”礼是天下治乱存亡的根本。“礼者，人道之极也。然而不法礼，不足礼，谓之无方之民；法礼，足礼，谓之有方之士。”[9]荀子所说的“方”是指一般意义上的规则、规矩，具体到国家政治、社会规范，那就是“礼”。

有感于那个时代的无序和混乱，荀子非常期待礼的作用。作为儒学宗师，荀子与他的前辈孔子和孟子相比，虽然更为明显地强调法的治世作用，但就人类社会的整体和发展而言，荀子还是更为看重礼的作用。因为法的作用是一时一事的，而礼的作用是持久而深刻的。礼的作用是发挥在不该发生的事情之先，是预防性的，而法的作用是发挥在犯罪事实之后，是惩罚性和补救性的。所以，一个理想的社会，必然是礼的作用大于法的作用的社会。

为此，荀子以大量的文字论述“礼之理”，也就是礼制产生、制作、发挥作用的原理。荀子认为，礼仪的完成，需要有物质保证，比如祭祀之礼，要讲究祭品的材料、品质、多少和高低。有了必要的物质准备，仪式过程的繁或简，主持者和参与者的真诚与否，即人参与的程度，就成为礼仪完成的关键。最隆重的礼仪，是仪式很繁复，人为的因素很节省。相反的情形则是，仪式很简单，但人为的因素很多。仪式中规中矩，人为因素很合理，二者互为表里，分量得当，这是最适中的礼仪。君子之人行礼，既要仪式隆重，又要真诚尽力，并针对实际情况加以调整。在荀子看来，遵循诸如此类的原则，是礼仪发挥其社会功能的必要保证。

礼的特殊性，在于用一套特殊设定的外在形式表达某种特定的情绪和思想，这就产生了如何协调这样的内外关系的问题。早期儒家对此有明确的观点。孔子认为“文质彬彬，然后君子”[10]，孔子弟子子贡认为“文犹质也，质犹文也”[11]。荀子继承了这种思想，并把它嵌入关于“礼之理”的思想之中。荀子说：“文貌情用，相为内外表里，礼之中焉。”[12]荀子用“文貌”解释孔子的“文”，用“情用”解释孔子的“质”，更全面地体现了礼的外在表现和内在情愫，此二者的内外一致、表里适中，才能全面表达礼的真意和真用。

荀子引用了传说中的故事，或者是他自己想像的一场对话，进一步表达这种思想。

对话的双方是鲁哀公和孔子。鲁哀公在孔子晚年时在位，与孔子多有思想交流。这一次，鲁哀公请教孔子的是这样一个问题，即礼仪的那些外在形式，比如各种礼服，是不是有益于比如像仁这样的道德修养的提高？孔子一听，大吃一惊，没想到作为君主会问出这样的问题！然后，孔子举例说，那些在丧葬期间守孝的人，并不是听不出动听的音乐，也不是吃不出美味的味道，而是内心的伤痛要求他不去听音乐、不去吃美味，而这样的伤痛，会通过专门的丧服提醒和约束守丧者。这就说明，适当的外在形式是能够发挥作用的，在那样的特定时刻也是必需的。实际上，自从儒家提出礼制的时候起，就有人颇为怀疑礼制的外在形式的必要性，从怀有善意的担忧，到心怀不善的反对，始终与礼制共存。所以，荀子在阐述"礼之理"的过程中，也就不得不强调"内外表里"的一致性和相互依存性。

（二）"中流"之德

礼制的根本之理，是对人的行为加以节制和约束，其中心思想是防止人们的行为走入任何的极端，孔子所谓"文质彬彬"之"彬彬"，就是对于这种适中情形的形象描述，而在荀子思想中，则把这种境界称为"中流"之德，其实质也是"中庸"之德的表现。

荀子认为，礼仪功能，是对人的实际行为的补充，在需要的时候，可以去掉行为中多余的部分，增加不足的部分，以适当的仪式、仪容表达对于某种事情、某个人的爱戴和尊敬。

比如说，人在完成礼仪的时候，可以很注重外表，也可以不在意外表；可以欣赏美好的声音，也可以哭泣；可以表现得很轻松愉快，也可以悲伤忧戚。至于什么情况下如何表现，是要根据具体情况而定，但都要在礼制的范围之内。

总地来说，外表光鲜、声乐动听、轻松愉快，是在正常喜吉之事时的表现；而外表粗糙、哭哭啼啼、忧伤哀戚，则是遇到凶险不吉之事时的表现。

但是，荀子也告诫人们，在参加礼仪活动时，衣着可以讲究，但不能太光鲜轻佻；不讲究的时候，也不能拉里拉沓；声乐欢愉时，不能太不严肃；哭泣哀伤时，也不能毁伤身体。

做到上述要求，才是"礼之中流"，适中而体面的礼仪表现。参加任何的礼仪活动，人的装束、表情等，都应该是与平常情况不太一样，但也不能表现太过度，其基本原则是，能够让人看上去明白是参加吉事或凶事，能够看明白参加者的身份高低，与当事者的关系远近，这就可以了。越过这样的界限，就是奸邪的表现。

荀子断言，越过适中的界限，即使参加者很卖力气，很尽力，君子之人也会瞧不起他们。用一句话来概括，就是人要根据自己的饭量吃饭，根据自己的腰围选择腰带，否则就是不得体。以参加丧礼为例，如果有参加者并不是主家的至亲，却表现得要死要活，这就是奸邪之人的表现，并不是礼义的要求，更不能说是孝子的表现，而是一定有其他的非分之想。

在荀子时代，有许多自称儒者的人是要替人们主持各种礼仪活动的。这本无可厚非，但有时做这类工作的儒生，为了讨好主人，多赚取报酬，就会不顾礼仪之中流，做出一些过度的举动，这让荀子非常反感，所以才义正词严地做出这样的批评。这类儒生的所作所为，不仅有损人格，而且对于儒家的礼仪和礼制之道也是大有毁伤的。

荀子认为，礼仪的功能或作用是，如果事奉活着的人，主要是修饰人的欢乐之情，让欢乐更尽兴；如果是送别死去的人，那就是修饰哀痛，让哀痛适当表达，并有所节制；在举行祭祀活动时，则要充分表达人们的敬意；在与军队的活动有关时，礼仪则要表现威武的精神。这是关于礼仪的最普通的一般性原则，荀子认为古今所同，但他也承认，对于那些具体的礼仪过程和环节，人们并不清楚其具体的产生过程和学理依据。

荀子用最多的笔墨讨论了丧葬之礼的有关理论，因为这是传统儒家最为重视的一块礼仪之地，最关乎社会风气和人伦之德。

荀子认为，所谓丧礼，就是生者如何对待死者，最高的要求就是像对待活人一样给死者送行。为此，在举行丧礼时，要做到事奉死者如生者，终始如一，以哀痛和敬重之心送走死者，并周到地加以埋葬。用心埋葬，是敬重死者的形体；举行祭祀，是敬重死者的精神；撰写墓志等，是敬重死者的名声。对于我们的亲人，在生前事奉，在死后送终，都需要有礼仪的修饰，这样才能表现孝子之事，履践圣人之道。

在死生之间，在事生事死的问题上，荀子明确反对三种过激行为。他说："刻死而附生谓之墨，刻生而附死谓之惑，杀生而送死谓之贼。"此所谓"刻、附"就是减少和增加之意。墨家主张薄葬，这是轻视死者；主张厚葬，则是一些陋儒的主张，让生者过度铺张浪费；还有殉葬的做法，杀死生者去送走死者。相反，以荀子为代表的理性的儒者，坚持"中流"之德，根据"大象其生"送走死者，即用适度的象征性的礼仪送葬，"使死生终始莫不称宜而好善"[13]，这才是礼义的标准，是儒者应该坚持的准则。

（三）三年之丧

作为一个更具体的例证，荀子详细讨论了"三年之丧"。这是自孔子开始就坚持的儒家丧葬之礼的重要内容，也是自孔子时代就开始不断受到各方质疑的礼仪。在《论语》中，我们看到孔子弟子宰予等怀疑"三年之丧"的合理性[14]；在《孟子》中，我们也不断看到孟子弟子及同时代的其他人对于"三年之丧"的合理性和可行性的种种疑问和责难[15]。到荀子时代，这还是个重要问题，使儒家的礼制备受批评，所以，荀子也不得不专门就这个问题提出自己的观点。

荀子对"三年之丧"的理解和说明，更有理性，更具有说服力。荀子说，守丧三年的制度是"称情而立文"，是为了与生者的情感相对称而建立的一种礼仪表达方式。从区别亲疏贵贱的角度来看，守丧三年的规定恰到好处，是不可以改变的。

荀子认为，至亲之人的离世，是对生者最痛苦的打击，按理说，时间愈久，这种伤痛越是难以治愈，三年的时间是不够的。在这三年之中，穿孝衣、拄杖而行，住在草房之中，吃粗食，睡柴薪，枕砖块，就是要表达心中的至痛。就是这样，结束三年之丧的时候，孝子的哀痛并没有完结，对亲人的思念和爱慕不曾忘掉，但是，毕竟死去的不能复生，送别死者终究要有节制，活着人还要继续生活，所以就只能止于三年了。荀子的这番表述，既深恻动人，又充满理性精神；既有孝子的无奈，又有生者的克制。至少从情理上讲，我们感觉到，荀子是希望人们奉行“三年之丧”的礼制的。

从根本上讲，天地之间有血气的生物都是有良知的，而有良知的生物必定爱惜其同类。荀子举例说，有些大型的动物，当同类死后，过了一定的时间，活着的必定会沿途返回，表达爱惜和哀悼之情。同时，当路过生养它们的故乡之地时，也会徘徊鸣叫，然后才依依不舍地离去。甚至是一般人认为无知的小鸟，也会留恋生长过的地方。

那么，最有血气的人类，对于死去的亲人，一定会永生铭记。那些愚昧安陋、奸邪无度之人，会把亲人朝死而夕忘，甚至还要纵欲不止，荀子认为，这样的人连鸟兽都不如，肯定不会与其他人相安而居。这也就是说，不孝之人是不能与之相处的。相反，在君子那里，守丧三年还觉得如白驹过隙一样转瞬即逝，如果没有任何约束，他们肯定会一直做下去。所以，先王圣人才会建议三年之丧的制度，让孝子适度节制，能做到恰当地表达了礼制的要求，就可以停止了。

那么，结束了三年之丧，是不是对亲人的爱慕就完全结束了呢？并不是，因为还有定期的祭祀、祭奠，这同样体现的是顺乎人情的礼制之理。

在荀子看来，祭祀是人们意志和思慕之情的积聚，是对故去亲人的忠信敬爱的最高表现，是后人礼仪修养的盛大展示。这样的道理，就是制定礼仪的圣人的最初目的和最终达成。

圣人很明白这样的道理，君子士人安然遵循，官方把完成这类事情当作职守，老百姓则认为这是既成的风俗。从思想认识的层面来讲，君子认为这体现的是人道，老百姓则会认为是事奉鬼神的事情。

根据荀子的观点，老百姓认为祭祀是向鬼神讨要实惠，如获得护佑、去凶逢吉，而在有识之士看来，祭祀活动能够移风易俗，安稳人心，安定社会。这样的理解，就是真正的“礼之理”。

义、信之理，义、利之辨

传统儒家以“礼、义”并称，礼是适中言行的表现形式，义是礼的内涵。对义的传统解释是，“义，宜也”，即义是指人们应该做的事情，其具体规定就是儒家的道德教条。

(一) 义、信关系

荀子指出，“夫义者，所以限禁人之为恶与奸者也。”义的作用，就是限制和禁止人们作恶、做出奸邪之事。

荀子把“义”提升为天地万物、世间人伦的根本性原则。义的作用，在外则节制天地万物，在内则节制人的行为；在人世间，义能够在上而安定君主的地位，在下而调和民众的生活。义无处不在，无时不有。凡事凡物凡人，合于义者为合理，不合于义者为不合理。

值得强调的是，荀子在此还提出一项极其重要的原则，即义为本、信次之，换句话说，诚信的核心是守义，如果不合乎义的要求，诚信是没有价值的。这样的思想，在儒家的思想传统中，起始于孔子，随后有孔子弟子有若的进一步明确阐述，然后是荀子在此更为大胆的强调。孔子说：“言必信，行必果，硁硁（kēng）然小人哉”[16]，认为只在形式上守信的人并不是理想的人格表现；有若指出：“信近于义，言可复也。”[17]符合大义的信用，才值得去兑现。而在荀子这里，则明确了义与信的关系，义为根本、信为其次的原则。

着眼于现实，荀子又分析了世人不看重义、不敬畏义的原因。荀子说，不义之人，就是奸邪之人。荀子认为，这种人的出现，特别是成为一种社会风气的出现，肯定是在上者不看重义、不敬畏义的结果。在上者是在下者之师，是在下者的榜样。在上者的一言一行，必然引起在下者的追随，所以，在上者必须做到言行谨慎，谨慎对待礼义，务求忠信，然后才能说是称职的在上者。那些在上者，即有管理社会职责的人，其最根本的一点，就是遵循礼义、持守忠信。礼义忠信，首先是对在位者、君人者的要求。在一个社会中，社会管理者做不到礼义忠信，就不可能要求普通民众做到这些。社会上下都做不到，这个社会就只有崩溃瓦解了。

(二) 义、利关系

义和利的关系，既是道德问题，也是政治问题和社会问题。从学理上讲，义和利之间的冲突是不可避免的，如果处理不当，就有可能危及社会基础，所以，孔子郑重提出了义利之辨，并且认为这是君子与小人的重要分水岭之一。所谓“君子喻于义，小人喻于利”[18]，道出了义与利的最明显的冲突。

义利之辨并不是孔子的发明，这一思想古已有之，但在孔学中却升至重要地位。也正是由于孔子的强调，这一思想才得到了普遍的回应。孔子之义利观的本质，说的是一旦义与利出现了非此即彼的尖锐对峙时，君子与小人的抉择是截然相反的；而并不是说，义与利是天敌，是永恒对立的双方。

为了解决义与利之间在现实中出现的冲突，孔子提出了“见利思义”[19]“见得思义”[20]的主张。见利思义，不同于所谓的先义后利。见义思利，是把义当作正当取利的保障；而先义后利，则是一种机械的教条，实际上是以义代利，这在现实生活中明显是行不通的。所以，当有人提出“义然后取，人不厌其取”[21]的观点时，孔子大声叫好。这说明，义和利是有可能统一起来的，关键是我们要把握好时机和尺度。

所以，孔子更希望义利兼收。如果有这样一个社会，或者有这样的一个人，在它或他的行为中，义必然能带来利，谋利又完全合乎义，那便是理想的社会和理想的人格。可惜的是，放眼现实，循义往往不得利，得利者又往往不讲义。所以，如果说孔子有什么梦想的话，那就是希望君子亦能达到不舍利而取义。事实上，古今中外，义利兼收之人也并不是没有，只是寻常人等难以做到罢了。

包括孔子在内的所有人，无不想过上富足的生活，但是，并不能因此就推断出，为了求富足就可以不顾原则、不择手段。所以，孔子说："富而可求也，虽执鞭之士，吾亦为之。如不可求，从吾所好。"[22]如果不去享受不义的富贵就得处于贫贱的话，有道之士不仅无所畏惧，而且还要继续自己的事业。也就是说，尽管孔子的理想是让人人都能过上富足而又有道的生活，但当二者之间出现非此即彼的选择时，孔子是主张选择后者的。不过，这一主张并不是孔子片面地欣赏贫穷的生活，而是在某种特定的两难情形下的不得已的选择。

对于孔子如此重视的道德和社会问题，荀子当然不能等闲视之。在荀子看来，守义与取利之心，是人所共有的两种思想，即使是圣王也不能去掉人们的好利之心，即使是暴君也不能制止人们的好义之心，所不同的只是，圣王要让人们的好利之心不能胜过好义之心，而暴君却能使人们的好义之心无法胜过好利之心。换言之，圣王是在充分考虑人们的实际利益的同时，要求人们把仁义放在首位；而暴君尽管无法泯灭人们的好义之心，但却是让人们的利欲之心占了上风。所以，荀子的结论是，所谓治世，就是仁义左右利欲；所谓乱世，就是利欲克制了仁义。这其中的原因，最重要的就是君上的导向问题。

为此，荀子严正指出，天子不要说什么获得多少，诸侯不必去关注利害，大夫不要在意得失，士人不能经营财货。这不是说利益财货不重要，而是对于社会上层或管理层来说，关注社会发展的方向，关注人心的朝向更为重要。用当时的话来说，就是社会管理者不要与劳动者争夺产业和利益，并且乐于分财和施舍，耻于积聚财富，使劳动者不缺财货，贫困者也能生存。这并不仅仅是传统儒家所谓不与民争利的思想，而是强调了社会管理者不应该把发财作为自己的首选，而是要把社会治理，实现仁义社会作为自己的使命；同时，只有让劳动者得到自己应该有的物质收获，才能充分地实现治世。

一个社会，社会风气为什么不好？不道德的，甚至是犯罪的行为为什么那么多？其根本原因就在于，有权有势者大量积聚财富，还要看不起穷人，同时不断加重劳动者的负担，对于无法完成此类负担的人予以处罚。在这里，荀子从社会的经济基础讲起，进而提升到社会风气的层面，最后归结到政治的合理与否，充分显示出他的观察能力和思考深度。

在荀子看来，国家治与乱的关键，在于统治者如何定位社会发展的方向。在上者喜欢仁义，人民就会努力修养自身；在上者喜好财富，人民就会拼死谋利，不顾一切。“故君子苟能无以利害义，则耻辱亦无由至矣”[23]，君子之人要想避免耻辱之事，一个非常重要的方面就是不要“以利害义”，因为取利而违背大义。进而言之，就是因为在上者喜好财富，才导致人们产生如此的发财冲动，这样一来，社会怎么能够不乱呢！

仁、义、礼相协调

先秦儒家的核心概念和理念虽然都是孔子提出，并由孔子作了最初的和最基本的定义，但孔子并没有在字面上系统整理过这些概念，更没有提出过哪些概念更能集中代表他的思想。这不仅是因为这样做的本身就有难度，更重要的是不符合孔子的思想襟怀。孔子并不想做一个纯粹的思想家，即使是他在世时最为引人注目的教育成就，在孔子看来也不过是他的政治追求的副产品。所以，孔子是始终不渝的实践家，并不在意建立表面上的思想体系，尽管他的思想确实是成体系的。所以，当后来孟子强调孔子思想中仁、义、礼、智、信的重要地位时，并不能从孔子那里找到完整论述其相互关系的字句。孟子想做这方面的尝试，但严格说来又是浅尝辄止，而真正在这方面下功夫的无疑是荀子，因为荀子思想本身不仅内容广博，而且体量很大，不得不照应各方面思想和各种各类思想概念的相互关系。所以，在仁、义、礼这样的传统儒家的重要概念之间，荀子有许多明确而精彩的论述。

仁、义、礼等道德范畴在传统儒家思想中的地位是最高层次，这些范畴之间的关系既重要，也比较难于厘清。荀子在这方面有过多角度、多方面的阐述，力图为我们说明儒家道德体系的整体性。

在荀子看来，仁的核心是爱，并有差等，这个差等的顺序是，亲近亲人、重视故旧之人、任用有才能之人、奖赏有功劳之人。其实，传统儒家所说的爱有差等，只是一种逻辑理念上的要求，并不是实际操作层面的具体安排。比如说，它并不是对于同样的资源分配，先从亲人开始，最后是有功劳之人，而是说不同身份和作用的人，应该占据不同的资源，以不同的形式获得资源。以当时社会最看重的政治资源来说，儒家并不主张无原则地把亲人都放在最重要的位置上，而是要把亲人们的贤德作为最基本的考虑，对于亲人中的无能者，只能安排那种荣誉性的位置，对于故旧之人也是如此。真正治国理政的关键位置，必然是留给那些贤德和有功之人的。

至于义，荀子认为体现的是理，所谓贵者、尊者、贤者、老者和长者，都是已经对社会有所贡献的人，所以对他们要重视、要尊重，这是符合情理的。根据仁者之爱、义者之理，加以有节制的推行和落实，这就是礼所要维护的秩序。

那么，根据上述关系，如果推行恩爱而不顺情理，就不能成就仁；过度看重情理而没有魄力加以执行，就不能成就义；只求节制和秩序，而没有适度的折中，礼也无法完成；完成之后，不能加以抒发和表达，也就不会有乐。与孔子和孟子相比，荀子重视乐的作用，所以在此加以强调，以完成整体的儒家思想的表达。

很显然，荀子真正关注的是，仁、义、礼、乐的关系是“其致一也”，即有着相互支持和相互制约、相互递进和相互提高的关系。仁爱必须符合义理，义理必须通过礼制落实，制作礼既要有仁，也要有义，这才能够成就礼。仁、义、礼三者之间没有矛盾，顺通一致，构成一个道德整体，这就是儒家的大道。

总之，就先秦儒家的思想整体来说，仁、义、礼三者之间是不可分离的。仁是人生和社会的最高境界，义是具体原则，礼是实践的环节。仁、义、礼是儒家思想的核心，所以，荀子才说，对于任何一个人来说，仁义礼的重要性好比是一家之中的柴米油盐及其他必不可少的财富，拥有多了就是富人，少了就是贫困者，一无所有则是贫困到极致的人。这样一来，那种既没有本事积聚大量财富，又不肯从点滴积攒而起的人，肯定无法生存。同理，如果既没有能力用仁义礼治理一个国家，又不肯用仁义礼约束自身，这无疑是抛弃国家、放弃个人的做法。换句话说，国家要发达，必须亲近仁义礼；个人要进步，也要遵循仁义礼。

对于君主来说，治理一个国家，首先要设置仁心。此所谓设置，并不是说仁心是外在的，是可以摆摆样子的，而是说要使仁心主导自己的思想，主导君主的思想，一切以仁心为中心。所以，荀子才接着说，在设置仁心之后，要运用理智把仁心落实在具体的治国理政的过程中，因为对于君主来说，他们的“役”，即要从事的工作，就是治理国家。最后，用理智把仁心落实在现实中的过程，就是“尽礼”，就是礼的铺陈。

对这样一个治理的总体过程，荀子总结为“先仁后礼”，并且认为是天道使然，即必然的规律。事实上，所谓“先仁后礼”之先后，只是一个逻辑上的先后，并不是现实中的先后。也就是说，并不是说君主只有等到修养完善了仁心，才通过礼去治国。而是说，一旦成为君主，治国之任马上就落在肩上，这个国家不可能停止不前，等待君主去修养仁心。所以，荀子就加入一个“智”在仁、礼之间，用以说明在实际操作层面，修仁的同时必须尽礼，仁、礼须臾不可分离。只是从逻辑上讲是仁先礼后，这其实是强调仁应该是礼的主宰。不管是治国，还是做人，都须如此。

作为理性主义的哲学大师，荀子十分看重理智和理性的作用。在荀子的人生哲学和政治哲学中，智不仅应该出现在仁、礼之间，还应该出现在任何概念之间，出现在人的每一刻和每一个行动中。智是一种理性的考量，因为儒家思想对人对事的要求并不是可以量化的，在任何一个环节上都需要理性的支撑。

从礼道到孝道

根据儒家思想，“礼”既是治国之纲纪，也是个人的行为准则。这样的行为准则，体现在个人生活的方方面面，并且在荀子关于礼的思想中有了更明确、更系统的阐述。在传统儒家看来，人与人之间的关系，是人类社会得以存续的最基本要素。那么，在人际关系中，荀子的礼论提出了什么样的具体规定呢？

在荀子看来，所谓人的行为，确切地讲是人的正确的行为，就是根据礼的要求所做出的行为和行动。所以，根据礼的要求，任何一个人，都应该对于有社会地位的人表现出恭敬，对于老者表现出孝行，对于长者表现悌道，对于幼者表现慈爱，对于社会地位较低的人表现出恩惠或照顾。换个角度来说，如果得不到礼的约束，或者说不能按照礼的要求行事，那么，君臣之间就不会相互尊重，父子之间就不会有亲情，兄弟关系也不会和顺，夫妻之间也没有欢愉。依靠礼的作用，年少者得以成长，年老者获得赡养。可以说，礼的这些规定是由天地所生，由圣人加以完成。这一方面是说，这些规定都是人生在世所必需，另一方面是说，这些规定需要有人去制定、去履行。而对于个人来说，其最切近的要求就是孝道。

君道与父道相一致，这是儒家思想的重要内容。君主是一个国家中最尊贵、最尊长的人，父亲则是一个家庭中最尊贵、最尊长的人。如果在一个国家、一个家庭中，最尊长的人只有一位，这个国家、家庭就能得到大治，就能安定发展，如果有两位或更多，就会陷入混乱。荀子进一步断言，从古到今。从来没有过任何一个国家和家庭会由于多人尊长而能长久存在的。荀子的如此主张，表面上看是主张君主或家长专权，但其真正想要表达的，应该是国家和家庭的团结一致，而团结一致的保证，就是权力的相对集中。当然，从政治伦理的角度来看，君道与父道的一致性，在荀子这里也是不言自明之理。

《易传·序卦》认为："有天地，然后有男女。有男女，然后有夫妇。有夫妇，然后有父子。有父子，然后有君臣。"这就是说，夫妇之道是人际关系的基础。有了适当的夫妇关系，人与人之间的其他关系才能成立；夫妇之道的正确建立，是其他关系能够正确建立的基本保证。正如荀子所说，"夫妇之道，不可不正也，君臣、父子之本也。"正确的夫妇之道是君臣和父子关系的基础。荀子认为，《易经》的《咸》卦，体现的就是夫妇之道，即"咸，感也，以高下下，以男下女，柔上而刚下。"[24]所谓"咸"，就是感应的意思。《易经·咸卦》由"《艮》下《兑》上"组成，根据传统说法，艮为少男，兑为少女，阳气上升，阴气下沉，阳唱阴和，然后相成，所以才说"见夫妇"之道。总之，荀子明确提出夫妇之道是人际关系的基础和开始，这在孔子和孟子思想中是没有看到的。

有夫妇之道，必有父子之道。父子之道，从子女的角度来说，就是孝亲之道或孝道。严格来说，孝道是礼道的一部分。

儒家的孝道源之于孔子的孝论，这在《论语》中有诸多记载。孔子之后，弟子曾子（曾参）对儒家孝道多有继承和发明，直至儒家《孝经》的形成，都与曾子有直接的关系。所以，当荀子在其礼论中讲到孝道时，也是大量引用曾子的观点。

根据曾子的观点，孝子要有明确的言论和行为。有了明确的言论，远方的人们才能听到，听到之后才会感到喜悦，进而产生归附的行为。有了明确的行为，周围的人，特别是亲人们，才会感到喜悦，关系也会变得更为亲近。周围的人越来越亲近，远处的人们都来归附，这样才能体现孝道的价值。荀子如此引用的目的，是强调孝道的亲和力和吸引力，进而说明孝道是人生的基本价值。遵循孝道的孝子，才值得人们亲近和尊敬，特别是那些素不相识的远方之人，同样认可孝子的为人，这才会产生归附之感。看起来，在荀子的思想中，已经强烈认为，不孝之子就是没有任何社会价值的人。

当然，在父子关系中，倡导子对父之孝的观点比较容易表达，所以相对来讲也比较多、比较全面，而对于父对子的关系，则由于相对敏感，不易把握分寸，所以相关理论显然比较平淡。孟子主张“古者易子而教之”，认为正确的教育子女的方法是，自己的孩子让别人去教育，别人的孩子让自己来教育，理由是“势不行也。教者必以正，以正不行，继之以怒。继之以怒，则反夷矣”[25]。父子双方的情势不允许亲自教育子女。怎么说呢？孟子认为，教育后代必须以正道，但是，一旦正道难以在孩子身上落实，做家长的比外人更容易发怒，最终会伤害父子的感情。这是从常识的角度对“易子而教”的证明。在荀子这里，虽然相关主张也有常识的成分，但理性的分析和要求却是更为明显一些。

荀子说，对于自己的孩子，君子有爱，当然也有严格的要求，但是，不管是表现爱的时候，还是在表现严的时候，都要正颜厉色。同时，无论是爱还是严，都要以引导为主，用严肃的大道去要求，既不应该强求，也不要无原则地放松标准。荀子对父亲的如此要求，可以说是明确了传统中国的父亲在父子关系中的角色和地位。父亲对孩子的爱，事实上是表现在严格、严厉和不苟且之中。但是，荀子意识到了过度的严厉会给孩子造成负面影响，所以马上就强调说，这样的严厉不是无原则的蛮横，而且要以大道为折中，同时，坚决不能勉强和强求孩子去做无法做到的或不能做到的事情，这相当于是对父亲也提出了严格的要求。

在《荀子》中，并没有大量而集中的关于儒家孝道的论述，这不能说明荀子不重视孝道，而是在荀子的时代，如果企图以四平八稳的孝道改变社会，似乎是一件相对不现实的事情。在此大前提下，荀子并没有对孝道进行全面的论述，而是把重点集中在儒家孝道的几个容易引发争议的地方。总地来说，荀子的孝道之论更倾向于对在上者的要求，即对于君和父提出了严厉而明确的要求。

在荀子看来，同样称孝，同样是孝子和孝行，却是有着不同层次的。荀子的这一视角，与他对于儒家其他道德之行和修行境界进行层次划分的理念是一致的。这一划分乍看之下是要求在下位者如何行事，而实质上是对于君、父提出了更严格的要求。

具体说来，孝有三等。小孝就是所谓的“入孝出悌”，在家孝养父母，在外尊敬长者。做到这些当然并不容易，而且也是儒家之孝的基础工夫。但是，有比小孝更高层次的是中孝，即“上顺下笃”，出身社会之后，对在上者顺从，对在下者诚恳，这既是“入孝出悌”的提升，也是孝行在社会范围内的表现。不用说，比中孝更高的是大孝，即遵从道义，而不是无原则地遵从君主和父亲的意志。

荀子言孝的重点当然是孝之“大行”，即大孝，而荀子大孝所涉及的问题，是儒家孝论的最高层次的难题，无论在理论上还是在实践层次，如何理解和践行“从道不从君，从义不从父”，即“从道义而不从君父”，既是儒家内部的大问题，也是儒家之外非难儒家孝道的主要之点。我们不能在此就这个问题作太多的展开讨论，但应该指出的是，在孔子和孟子的相关论述中，对于这个问题的表述，远不如荀子简明扼要、公开明确。

因为最大的孝行、最崇高的孝道是“遵从道义而不遵从君父”，所以，荀子明确指出，“孝子所以不从命有三”：其一，如果听从君父之命，君父就要处在危险之中，而如果不听从，君父则会身处安全之中，这样的不听从君父之命，正是忠君忠父的表现；其二，如果听从，君父就会受辱，不听众则能得到荣耀，这样的不听从是守义的表现；其三，如果听从，君父就会做出禽兽之行，而不听从则会让君父的道德修养得到提升，这样的不听从就是恭敬待亲的表现。

令我们印象深刻的是，荀子的“三不从命”，是以君主或父亲，或在上者和亲人们并不会永远处在安全之中，也不会自动获得荣耀，更有可能犯错误等三项或多项可能性为基础的。因为他们并不是完美的，他们的行为也不可能是完善的，这才需要孝子表现其忠、义、敬。君主有错，做臣子的不言不语；父兄有错，做子弟的一味顺从，这才是彻头彻尾的不忠、不义、不敬。所以，荀子总结说，只有明白了这样的听从与不听从的道理所在，一个人才有资格说自己的表现是恭敬、忠信、诚实敦厚的，也才能有资格成为“大孝”之人。并且，自身能够遭受多大的苦楚也要表现这份敬，面对多少的灾难也要表现这份义，受到多少误会和厌恶都要坚守这份爱。这样的表现，已经超出了孝的范围，达到了仁人的境界了。

为了全面阐明“大孝”的主张，荀子设想了孔子与鲁哀公的一场对话。鲁哀公问孔子：“子从父命，孝乎？臣从君命，贞乎？”儿子完全听从父命，是孝子的表现吗？大臣完全听从君命，是忠贞的表现吗？这问题太大了，鲁哀公问了三次，孔子也没有回答。荀子之所以设想孔子不做回答，是因为孔子的回答肯定不对鲁哀公的路子。广而言之，真正的孝子和贞臣，是不会无原则地听从父、君之命的。那些一味听从君、父之命的人，孔子直斥之为“小人”。这是因为：

> 万乘之国有诤臣四人，则封疆不削；
> 千乘之国有诤臣三人，则社稷不危；
> 百乘之家有诤臣二人，则宗庙不毁。

父有诤子，不行无礼；士有诤友，不为不义。

故子从父，奚子孝？臣从君，奚臣贞？

审其所以从之之谓孝、之谓贞也。㉖

荀子所谓“诤”，就是根据原则说话、做事的行为。在他看来，大国如果有足够的诤臣，国土就不会被别人侵削；中等国家有了足够的诤臣，政权就不会出现危机；大家族有了足够的诤臣，就不会被其他家族兼并。很显然，所谓诤臣，就是能够说真话、敢于说真话，对于君主和主人的错误能够看出、指出，更不会听从他们的错误命令。除了这些在政治上的大是大非，荀子也主张在日常生活中需要有诤子和诤友，也就是说，父亲和朋友同样也会犯错误，也会提出错误的主张，也需要得到反对意见。弄清了这些道理，我们就会明白，故事中的鲁哀公的问题是如何的难以回答了。而孔子的不答复，在荀子看来，就是孔子弄明白了什么才是真正的孝子和贞臣。

如前所述，荀子提出的这个问题，具有广泛的普遍性和现实性。荀子又假设了一场对话，是孔子弟子子路问孔子说：“有人于此，夙兴夜寐，耕耘树艺，手足胼胝（pián-zhī）以养其亲，然而无孝之名，何也？”子路是孔门之中学力较差，但本性朴质之人，他的问题是，如果有这样一个人，极度辛苦地劳作，尽力去赡养双亲，最终却得不到孝子之名，这是为什么？这个问题与上述鲁哀公的问题在意向上如出一辙，即表面工夫能否说明真实问题。

孔子是如何回答子路的问题呢？孔子说：“意者身不敬欤？辞不逊欤？色不顺欤？无此三者，则何为而无孝之名也？”让我推测一下，是不是这个人对父母没有表现出足够的恭敬呢？言语是不是不够温和呢？表情是不是不够安顺呢？也就是说，如果只是单纯的物质生活上的赡养，而没有情感的照临，就如同一味地听从，而不讲原则一样，是难以得到孝子之名的啊！孔子进而告诫颇有勇力的子路：

> 虽有国士之力，不能自举其身。非无力也，势不可也。
> 故入而行不修，身之罪也；出而名不章，友之过也。
> 故君子入则笃行，出则友贤，何为而无孝之名也。[27]

即使你是一国之中的第一勇士，也不能把自己举起来，这不是因为你力量不够，而是你所处的位置决定了这种情势。所以说，一个人在家中表现不好，那完全是他自己的责任；出身社会而没有获得好名声，那就是因为没有交往到真正的朋友。其实，一旦你能够在家中实实在在地修行，在外面交往善友、诤友，那怎么会得不到孝子之名呢？

注释：

①《荀子·法行》。
②以上均见《荀子·礼论》。
③以上均见《荀子·法行》。
④《荀子·礼论》。
⑤《论语·八佾第三》。
⑥以上均见《荀子·君道》。
⑦《论语·阳货十七》。
⑧以上均见《荀子·礼论》。
⑨以上均见《荀子·礼论》。
⑩《论语·雍也第六》。
⑪《论语·颜渊十二》。
⑫《荀子·法行》。
⑬以上均见《荀子·礼论》。

⑭详见《论语·阳货十七》。

⑮详见《孟子·滕文公上》等。

⑯《论语·子路第十三》。

⑰《论语·学而第一》。

⑱《论语·里仁第四》。

⑲《论语·宪问十四》。

⑳《论语·季氏十六》。

㉑《论语·宪问十四》。

㉒《论语·述而第七》。

㉓《荀子·法行》。

㉔《荀子·法行》。

㉕《孟子·离娄上》。

㉖《荀子·子道》。

㉗《荀子·子道》。

第五章 在『稷下学宫』的岁月

在齐国，在稷下
探究『稷下学宫』和『稷下学派』真相

荀子一生九十年左右的岁月里，以五十岁为界，大致可分为前后两个大的时期。由于资料缺乏，前期五十年相对简明，就是学习和成长，在思想上则是儒家基本主张的确定。后期四十年左右相对复杂一些，本书分三个时期予以梳理，其中的第一个时期主要是讲述荀子在齐国，或以齐国为活动中心区域，与天下学术的接触、交流和碰撞，以及对天下学术的批判。

在齐国，在稷下

《史记·孟子荀卿列传》说，五十岁时，荀子离开赵国的家乡，游仕天下，成为当时非常时兴的游学之士中的一员。

荀子为什么离开赵国？为什么在五十岁时才离开赵国？史籍没有明确记载，我们也只能作一些同情性的揣度。比如说，在学术上，荀子思想以儒家正统自居，是不是会受到他所谓的三晋“贱儒”的排挤？在政治上，荀子显然在赵国没有得到过从政的机会，而从他后来的经历来看，特别是做楚国兰陵令的经历来看，荀子也是热衷于做官，有展现其政治抱负的强烈追求的，这样一来，因为得不到从政的机会而离开赵国，也是情理之中的事情。

根据《史记·孟子荀卿列传》，荀子游学的第一站是齐国。

为什么选择齐国呢？

其一，在战国七雄之中，直到战国中期，齐国应该还是最大的国家，其军事实力未必居于七国之首，但国土面积、人口和物产，以及相关的生产力发达程度、经济发展程度、社会繁荣程度，也应该位在前列。以荀子的学问之深湛和广博，以及政治理想之高远，首选齐国去游学和游仕，也是自然而然的事情。

其二，此时的七国虽然都无法脱离国与国之间的战争，但在总体上讲，齐国和秦国的形势最好，而事实上，齐国也是最后一个被秦国灭亡的国家。山东六国在军事上最强劲的敌人是秦国，而在六国之中，只有齐国和燕国与秦国没有接壤，受秦军的冲击和苦害也最少。但燕国偏居北边，从来也没有进入中原文明的主流，也不是各国间交流的主角。所以，在山东六国中，齐国的社会相对安定，适合学者们久居。

其三，齐鲁之地是儒家文化的发源地和大本营，而儒家学说又是先秦时期百家争鸣的源头。在先秦时代，要论文化的连续性和按部就班地发展而言，齐国理所应当排在头一位。七国之中，秦、楚、燕地处边陲，一向被视为蛮夷之地，而地处中原的韩、赵、魏，在春秋晋国时代尚能以一个社会整体推进其文化进程，与齐鲁并肩发展，但在三家分晋之后，则一落千丈，难以形成整体优势。从历史的角度来看，三晋国家虽然有法家、兵家、纵横家、名辩家等大的思想流派的发展，也出现了众多一流的思想家，但韩、赵、魏的任何一国都无法形成具体的区域文化，更难以聚集起众多的学者，形成相对稳定发展的文化脉络。所以，荀子虽然长期生活在赵国，但最终还是不得不选择离开。而齐国则凭借着孔子儒学所开创的齐鲁文化的洪流，逐渐成为战国时期中原文明的汇聚之地。在这样的现实之下，荀子首选游学齐国，同样是一种自然而合理的选择。

不过，在整部《史记》中，虽然对先秦时期主要的儒家人物都有传记，但这些传记却都可以称作是《史记》中的败笔，一是混乱，二是随意。就说这篇《孟子荀卿列传》，以孟子、荀子为名，但对此二人的记载却少得可怜，而把大部分笔墨用在了司马迁更感兴趣的阴阳家人物的身上。据粗略统计，《孟荀列传》全篇2000多字，用来描述孟子和荀子的，每人不足200字，余下的文字便都去叙说与孟子和荀子不相干的人物。而且，就是这不足200字，也是支离破碎，语焉不详，为后人留下了太多的疑问，致使后世在相关问题上争论不休。

比如，说荀子五十岁到了齐国，而这一年是齐国历史上哪一年？亦或是历史上的哪一年，《孟荀列传》却并没有明确交代。

年五十始来游学于齐。

驺衍之术迂大而闳辩。奭也文具难施。淳于髡久与处，时有得善言。故齐人颂曰："谈天衍，雕龙奭，炙毂过髡。"田骈之属皆已死。

齐襄王时，而荀卿最为老师。齐尚修列大夫之缺，而荀卿三为祭酒焉。①

细细思考这段记述，混乱且可疑之处甚多。按常理，上言荀子五十岁时才开始游学于齐国，末言齐襄王时荀子所得到的礼遇，那么，中间所述驺衍、驺奭、淳于髡、田骈等人物，应该是与荀子有过交往的人物。但是，我们确知的是，孟子与齐宣王、淳于髡是同时代人，而《史记·田敬仲完世家》也称驺衍、淳于髡是齐宣王时代的“稷下学士”，如果荀子与这些人物有交流，则荀子与孟子就成为同时代之人，其寿数可近二百，显然不合情理。所以，《孟荀列传》这样的记载，不仅不可信，而且使荀子来到齐国的时间也难以确定了。勉强来说，荀子到达齐国的时间，最晚是齐襄王时代。

齐襄王名法章，是齐滑（闵）王之子，公元前 283—前 265 年在位。事实上，荀子在齐国生活的时间比较长，也有可能赶上了齐滑王的时代，并对这一时期齐国政治相当了解。齐闵王在位时，著名的战国四君子之一的孟尝君田文曾经主政齐国，齐国也曾受到燕国等五国的联合攻击，几欲亡国，所以，荀子就把齐闵王列为亡国之主，他所抨击的唯利是图，也正是齐国当时的政治风气。

不过，在《荀子》一书中，只记载了荀子与赵孝成王和秦昭王的会面，却根本没有提及齐国的任何一位君主。在《荀子·强国》中记载荀子与齐国之相有过交谈。这是一位不知名的齐国相国，荀子对其进行了严厉批评，批评其不用贤能之人，守胜人之势，不求胜人之道。按理说，如果荀子与齐国君主，不论是齐滑王还是齐襄王有过会面的话，《荀子》书中应该是有所记载的。当然，也可能是《荀子》本有这方面的记载，却在后世佚失。不过，与齐国君主相往还的内容如何会佚失得干干净净，却也有些过度蹊跷。

就上述能够看到的证据证明，荀子在齐国的活动，纵的方面说，应该在社会中下层，横的方面说，则应该是思想学术领域。至于《孟荀列传》所言荀子“三为祭酒”之事，我们在下节将作专门探究。

探究“稷下学宫”和“稷下学派”真相

既然《史记·孟子荀卿列传》认定五十岁之后的荀子游学到了齐国，

并在齐国都城临淄的“稷下学宫”滞留日久，还曾经主持过这个学宫的日常事务，我们就不得不对所谓的“稷下学宫”以及相关联的“稷下学派”作一个简单了解。

在中国古代思想史上，根据流行已久的观点，可以说没有任何一种学术运动堪与战国中晚期发生在“稷下学宫”的学术活动相媲美，也没有任何一个学术流派能与“稷下学派”相提并论。但是，也没有一种学术现象或学术存在竟像“稷下学派”一样，其出现和存在的根据是那样地简单和薄弱，而其真实性和确实性却从来没有受到丝毫的再思考，遑论置疑性的探究。因为这项探究工作与荀子的生平事迹有重要关联，我们势必要稍微多下一些工夫，以期加深或确定在这方面的研究和认识。

始于春秋晚期思想界的“百家争鸣”，到战国时代愈加炽烈，而在战国中晚期更是其发展的最高潮。从学术史角度观之，所谓各“家”各“派”当然是后人为了解和研究的方便而作的划分，如司马谈《论六家要旨》、刘歆《七略》及班固《汉艺》等。但不论是司马谈的“六家”，还是刘歆和班固的更多划分，都得到了先秦文献的明确支持。可是，对于稷下之学辉煌景象的描述，最早却出现于西汉前期中段，即汉武帝时代司马迁《史记》之中。不仅在战国典籍中未有提及稷下学派者，即使在西汉早期典籍中也看不到相关记载。至于“稷下学宫”或“稷下学派”的用词，则是近现代人的发明。

一般认为，稷下学宫始建于战国中期齐桓公田午（公元前375年—前357年在位）时期，兴盛于齐宣王（公元前320年—前302年在位）时期，衰亡于齐王建（公元前264年—前221年在位）时期，历时150多年，而荀子正值生活在这一个半世纪的时间区限之内。根据后世研究者的意见，在这150多年中，当时天下著名学者都曾莅临位于齐国都城临淄的稷下学宫，或作长期学术研究、参政咨政，或作短期逗留、以文会友，近到鲁国孟子，远到赵国荀子，甚至楚国屈原，均曾显耀于此。完全可以说，这一时代的学者，如果不能到稷下学宫一游，则其学术地位和学术成就便无从谈起；而稷下学宫之所以扬名天下，成为度量天下学人是否有资格称为学者的，也是因为有太多的著名学者辐辏于此。但是，令人困惑的是，被认为凡是在那个时代到过此地并因为在此处的成就而闻名天下的学者，在其著述中，多至十几万言的巨著，少到几千言的精文，却从不提及“稷下学宫”四字，更不曾如后世学者一样，描述他们自己在稷下学宫的这段一生中不可或缺的学术或政治经历。

这究竟是为什么？让我们从事情的源头说起。

(一)“稷”“稷门”考疑

“稷”字由来尚矣，甲骨文中即有用为地名者。在先秦文献和出土战国器物中常有“社稷”并举之词，“社”为土地之主，“稷”用《说文解字》的说法是“五谷之长”。“社稷”并举，或指祭祀国家神主之场所，或指国家政权。《左传》中有许多国家都有地名曰“稷”者。《左传·昭公二十二年》：“莒子如齐莅盟，盟于稷门之外。”此稷门当在临淄，但说家或以为临淄之西门，或以为南门。不过，“稷门”之称不独齐国有之，在《左传》中，鲁国亦有“稷门”，如《定公五年》：“己丑，盟桓子于稷门之内。”释家认为是指鲁国都城曲阜正南之门。

“稷”和“稷门”虽属专有名词，但在先秦典籍中并没有与这一时期的学术活动有什么联系。甚至在积极主张“稷下学士”或“稷下先生”的司马迁《史记》中，也从未提及“稷门”二字。把“稷门”与“稷下”联系起来的是司马迁以后的学者。

> 刘向《别录》曰：“齐有稷门，城门也。谈说之士期会于稷下也。”
>
> 《索隐》刘向《别录》曰：“齐有稷门，齐城门也。谈说之

士期会于其下。”

《齐地记》曰：“齐城西门侧，系水左右有讲室，趾往往存焉。”盖因侧系水出，故曰稷门，古侧稷音相近耳。[②]

稷下，齐之城门也。或云稷下，山名。谓齐之学士集于稷门之下。[③]

综上所述，齐国都城有“稷门”当为确说。但“稷门”坐落何处，则众说不一。一座寻常的城门之名，为什么会有这么多不同的说法，原因并不复杂。一则因为时代邈远，事情本身就不易说明；再则各家都要为司马迁《史记》“稷下”做解释，只能拿最近乎“稷下”的“稷门”来加以叙说，以为“稷下”就是稷门之下。

（二）“稷下”考疑

最早出现“稷下”二字的是现存《韩非子》。《韩非子·外储说左上》：“兒说，宋人，善辩者也。持‘白马非马’也，服齐稷下之辩者。乘白马而过关，则顾白马之赋。”不过，众所周知，以“白马非马”之说闻名当时的是名家著名思想家、赵国人公孙龙子，世传其所著《公孙龙子》中的《迹府》《白马论》两篇，专说“白马非马”。在汉代，公孙龙子“白马过关”的传说已经很普遍，有好事者以兒说代之，更有人把此类附会故事掺杂进《韩非子》，所以，此所谓“稷下”的说法，其可靠性是很可疑的。

严格说来，大倡“稷下”之学，司马迁是其第一人，《史记》则是其第一书。

宣王喜文学游说之士，自如驺衍、淳于髡、田骈、接予、慎到、环渊之徒七十六人，皆赐列第，为上大夫，不治而议论。是以齐稷下学士复盛，且数百千人。[④]

自驺衍与齐之稷下先生，如淳于髡、慎到、环渊、接子、田骈、驺奭之徒，各著书言治乱之事，以干世主，岂可胜道哉。

于是齐王嘉之，自如淳于髡以下，皆命曰列大夫，为开第康庄之衢，高门大屋，尊宠之第。览天下诸侯宾客，言齐能致天下贤士也。⑤

齐宣王乃好大喜功之主，选择他来欣赏和招待游说之士，当属颇具慧眼。司马迁所列"稷下先生"的两处说法基本一致，但"稷下先生"与"稷下学士"看上去是两种人和两样待遇。稷下先生有76人，受赐豪宅，享有上大夫待遇；稷下学士则是普通学者，或者追随稷下先生，或者享受集体生活待遇，人数有"数百千人"。但是，这两处记载中也有不一致或缺乏进一步说明的地方。如"齐王"之称，并没有具体指明是哪位齐王或者是说若干齐王，而"上大夫"与"列大夫"称号是相同还是不同？这些不明确之处，无论是司马迁的有意或无意，还是《史记》的疏忽或造作，都为后人演绎稷下学派留下了足够空间。另外，在战国时代，尽管齐国是东方第一大国，都城临淄是一流的大城市，但在那种战争频仍的年代，齐国有没有经济实力优待数量如此众多的学者，真是值得提出疑问的。

《史记》明言"稷下"者只是上述两处，但其影响所及，却大大超乎人们的想像。司马迁之后，关于稷下学派的说法纷纷扰扰，竞相发明，其详尽程度远胜于《史记》：

系水傍城北，流逕阳门西，水次有故封处，所谓齐之稷下也。当战国之时，以齐宣王喜文学游说之士，邹衍、淳于髡、田骈、接子、慎到之徒七十六人，皆赐列第，为上大夫，不治而论议。是以齐稷下学士复盛，且数百十人。⑥

齐有稷下先生，喜议政事。邹忌既为齐相，稷下先生淳于髡之属七十二人，皆轻忌，以谓设以辞，邹忌不能及。乃相与俱往见邹忌。⑦

盖齐稷下先生千有余人。及湣王……矜功不休，百姓不堪，诸儒谏不从，各分散。慎到、捷（接）子亡去，田骈如薛，而孙卿适楚。⑧

齐桓公立稷下之官（宫），设大夫之号，招致贤人而尊宠之。自孟轲之徒，皆游于齐。⑨

以上引述有三个特点。第一是重复，即重述《史记》的看法，认为确有稷下之学和“稷下先生”等。二是增添，即依据个人推断，为稷下之学增加新内容，如《水经注》确定“稷下”之“故封处”。三是歧义，即不同于《史记》的说法，如《史记》谓“稷下先生”76人，《新序》谓72人；《史记》称“稷下之学士”有“数百千人”，《水经注》则称“稷下学士”为“数百十人”；另外，《盐铁论》把“稷下先生”统称为“诸儒”，而孟子游齐并不在齐桓公之时。这就说明，一方面，后世学者很想弥补司马迁关于稷下学术之说法的不合情理之处；另一方面，由于稷下学术本身缺乏必要依据，后人的论断不免具有随意性，甚至不惜与司马迁的说法相抵触。

（三）“稷下之宫”考疑

在对司马迁《史记》所言稷下学术的描述中，关于“稷下之宫”，后世称为“稷下学宫”的描述最为生动。《史记》只说齐宣王赐给“稷下先生”以“列第”，并没有详细说明这些豪华住所在什么地方、规模怎样、如何管理。但在《史记》相应注释中，后人却增加了详细说法。

虞喜曰：“齐有稷山，立馆其下以待游士。”⑩

刘向《别录》以稷为齐城门名也。谈说之士，期会于稷门下，故曰稷下也。《郑志》曰："张逸问〈书赞〉云：'我先师棘下生，何时人？'郑玄答云：'齐田氏时，善学者所会处也。'"[11]

齐桓公立稷下之官（宫），设大夫之号，招致贤人而尊宠之。[12]

很显然，为了附会《史记》的"稷下"之说，后世学者先是把"稷下"与"稷门"或"稷山"联系起来，然后又说这些谈说之士定期在"稷门"之下会谈或辩说，接着又说在"稷门"之下"立馆"或"宫"，逐步把一件不确定的事件描述得有鼻子有眼。到了近现代，更有学者索性以"稷下学宫"为称，以"稷下学派"为说。而实际上呢？从最初的"稷下先生"和"列第"，到最终的"稷下学派"和"稷下学宫"，是经过了好多次无缘无故的跳跃和想象才实现的。

随着近现代考古学的发展，特别是从20世纪末期以来有关战国时期学术史方面的考古学成就不断涌现，人们都希望在齐国临淄地方的考古发现中找到"稷下学宫"遗址，以彻底断定"稷下学宫"的存在。但可惜的是，迄今为止，这样的考古发现尚未到来。事实上，无论是以齐国的经济能力来说，还是以政治必要性和行政管理的可行性来说，在当时要建造一个能够容纳"数百千"人的"馆"或"宫"，都是有相当难度的，也是不太可能的。即使是让这"数百千"人聚集在一个地方聆听演讲或相互辩说，以当时的技术条件，也是超乎想像的。更不用说，在《史记》最初的描述中并没有提及类似"学宫"的地方。

（四）"稷下"之"祭酒"考疑

在司马迁认定的稷下之学中，"祭酒"这一名词的说法及其确定性是非常重要的环节。前引《史记·孟子荀卿列传》称齐襄王时荀子在稷下"三为祭酒"，《索引》的解释是："礼，食必祭先，饮酒亦然，必以席中之尊者一人当祭耳，后因以为官名，故吴王濞为刘氏祭酒是也。而卿三为祭酒者，谓荀卿出入前后三度列大夫康庄之位，而皆为其所尊，故云‘三为祭酒’也。”然而，遍览先秦典籍，特别是战国诸子著作，并没有看到与上引《史记》用法相当的“祭酒”一词。观《索引》之义，“祭酒”应与某种礼仪有关，但在《周礼》中并无此词，《礼记·乡饮酒义》谓：“祭荐，祭酒，敬礼也。”而在《仪礼》中，作为专门用语的“祭酒”一词共出现50多次，但其用法均与《礼记》略同，指是的某种礼节或某项礼仪中的一个环节，并没有把“祭酒”视为尊号或职务。

根据现有记载，以“祭酒”为荣誉称号或尊号者，最早见于汉代典籍。如《史记·淮南衡山列传》：“吴王赐号为刘氏祭酒。”《汉书·苏建传附子武传》：“以武著节老臣，令朝朔望，号称祭酒。”师古《注》曰：“加祭酒之号，所以示优尊也。”这就说明，在西汉中前期，不论是吴王刘濞的“刘氏祭酒”，还是苏武号称的“祭酒”，显然只是一种尊号，并没有成为固定官职，并且“祭酒”这个尊号尚未进入学界和学宫。到西汉末期，“祭酒”被逐渐定型为一种官职，并且主要使用在学界，如《汉书·龚舍传》：“明年，（王）莽遣使者即拜胜为讲学祭酒。”东汉以后，“祭酒”一职逐渐从学界演化到政界，前者如《六经》祭酒、《尚书》祭酒、文学祭酒等，后者如司徒祭酒、京兆祭酒、军谋祭酒等。东汉以降，“祭酒”用于官职者愈多，如丞相祭酒、将军祭酒、镇东将军祭酒等，同时，用于学界的官名也越来越多，如儒林祭酒、经学祭酒、史学祭酒等。

综上所述，在荀子时代，或者根本就没有“祭酒”的说法，或者“祭酒”只是“周礼”所述某项礼仪中的一个环节，而与某个团体的领袖或某种学术活动的带头人是毫不相干的。《孟荀列传》称荀子为“稷下”之“祭酒”，不过是司马迁袭用西汉前期的流行叫法，意欲说明荀子是稷下之学中最重要的人物或学术带头人、学术活动主持者。这就说明，在司马迁为荀子写传记时，如果他能确知荀子在稷下作“稷下先生”首领时的称号，就不应该使用西汉时代习用的尊号；如果他不能确知，则一方面说明描述者对于他所要描述的对象缺乏详尽了解，另一方面说明被描述的事物本身是不清晰的甚至是不存在的。

《史记》所认定的荀子在稷下“三为祭酒”最为后人称道，被认为是稷下学派曾经存在和辉煌过的最有力证据之一，但事实上却是最有疑点的说法。既然“祭酒”的说法在先秦时代并不存在于学界之中，也不是这个时代的官职，那么，司马迁“荀卿三为祭酒”的说法就值得怀疑。详《史记》之说，是认为荀子居“稷下”时，正赶上“稷下”学宫在战国后期的复兴，但因为以田骈为首的稷下先生的先辈人物已经去世，就使得荀子“最为老师”，学问最好，威望最高。齐襄王为复兴稷下之学，决定增补“列大夫”的空缺，这当然少不了荀子，并因此而“三为祭酒”。

然而，在《荀子》书中并未出现“稷下”这个词，更没有出现过“稷下先生”“稷下之学”和“祭酒”等相关说法，更不用说荀子的“三为祭酒”了。如果荀子果真在稷下这样一个人才济济、影响广远的思想学派担任领袖人物，并且适逢稷下之学的复兴时代，而《荀子》对此事却只字不提，这的确是让人难以接受的。

换一个角度来说，《荀子》毕竟是先秦时代和早期儒家学派中大部头的著作之一，甚至被认为是先秦思想的总结，那么，对于汉代部分学者推崇的那么重要的“稷下”学派，它竟然没有从学派的角度去论述，没有从领袖人物的角度来阐述，这难道还不足以让人对这一学派的存在产生疑窦吗？《荀子》虽然不是荀子的传记，但它对于荀子一生行迹多有叙说，对于荀子在齐国的活动也多有记载。可是，对于荀子在齐国获得的堪称是其一生中最高世俗成就的“老师”地位和“祭酒”职务却只字不提，这未免让人难以置信。

（五）“稷下先生”考疑

稷下之学的可靠性，亦有赖于司马迁笔下“稷下先生”的确定性和真实性。《史记》虽称“稷下先生”有76人，“稷下学士”更有“数百千人”之众，但综合前引《史记》相关材料，在这前后150多年里，能确认的“稷下先生”只有驺衍、淳于髡、慎到、环渊、田骈、接予和驺奭，共8人。其他“稷下先生”只见诸汉代以来的其他记载。如《盐铁论·论儒》：“齐宣王褒儒尊学，孟轲、淳于髡之徒。”《史记·鲁仲连邹阳列传·索隐》引《鲁仲连子》云：“齐辩士田巴，议稷下。有鲁仲连，往请田巴。”《汉书·艺文志》：“《尹文子》一篇。说齐宣王。先公孙龙。师古曰：‘刘向云与宋钘俱游稷下。’”据此，孟子、尹文子、宋钘、田巴、鲁仲连、宋钘等人，亦可勉强称之为“稷下先生”。总之，加上荀子，司马迁所云数量巨大的稷下学者中，其名姓传于后世者仅14人。还有个别学者，因为在战国中后期游历齐国，就都被近现代研究者定为“稷下先生”，这显然就更加勉强了。平心而论，对于备受渲染的一个足以左右天下思想形势的庞大学派来说，这样的数量是让人深感惊讶的。

“稷下先生”在“质量”方面之逊色同样让人惊诧。《史记》称“稷下先生”“各著书言治乱之事”，都有著作问世，但流传于后世却寥寥无几。《汉书·艺文志》只记载有荀子的《孙卿子》33篇、田骈的《田子》25篇、邹衍的《邹子》49篇和《邹子终始》56篇、邹奭的《邹奭子》12篇、慎到的《慎子》42篇、尹文子的《尹文子》1篇、鲁仲连的《鲁仲连子》14篇，其余有名姓传于后世的7位“稷下先生”并无传世之作。即使是上述流传后世的作品，除荀子的著作之外，其他6位的著作，我们现在能看到的，或者是后人的托名之作，或者是后人辑集的内容相对肤浅的作品。这就告诉我们，若干“稷下先生”的著作之所以少见或佚失，证明他们个人成就的影响力、他们著作的深度和传承性，都是相当有限的。汉代学者对稷下学派表现出了过度热情，但他们并没有拿出直接证据，如稷下人物的可靠作品，并对之进行像样的整理，从而证明这一学派的存在和价值，而不应该使仅存的几种还一直受人怀疑。但是，汉代学者用力最多的却是把稷下人物轶事的传来传去、添枝加叶而已。

在战国时代，一流的思想家，无论从典籍的记载或后世的研究来看，他们的生平和思想基本上是清晰可辨的。可是，被汉代以来学者们极力推崇的稷下学者的情形却恰恰相反，这同样与一个空前绝后的学术派别的影响力是不相当的。见于《史记》的，荀子的材料最多，也相对完整。其他"稷下先生"，则自战国末期以来，不仅史料稀少，且各种记载之间的相互矛盾之处远胜于同时期其他学者的情形。他们中的每一个人，从名姓到里籍，从生卒年到活动年代，从相互交往到与同时代具有确切纪年的其他重要人物的往还，不仅记载模糊、时有缺失，而且仅有的一些记载之间往往都有相当大的出入。虽然不能据此就说他们都是些子虚乌有式的人物，但如果说他们是当时的一些相对次要的人物，则并不过分。所以，这些人是否有实力形成一个影响一个半世纪的学派，或者说他们的事迹和成就能否称作是一个学派的行为，都是成问题的。

事实上，汉代学者拼凑的稷下人物，由于在当时影响力有限，传世的先秦典籍很少正面记载他们的事迹和思想，并且每当提及他们时，多半作为反面典型或奇闻趣事来对待。所以，到了汉代，对所谓稷下学派情有独钟的学者们就根据自己的需要，结合传世典籍中一鳞半爪的记载，开始随意构想稷下先生的事迹，品评其思想。结果是，对这些人物的说法自然就是一个人一个样，缺乏起码的一致性。

从整体上来看，先秦思想是中国古代思想史最明晰的源头。由于时代久远，这一时期的思想家及其思想内容在后世必有说不完的争议，这在任何时代、任何地域的思想发展和研究过程中都是自然之事。但是，一个时代的史实，如果当时的记载中少且零乱，而在随后时代的叙述中却多且系统，这其中必有隐情。

对于稷下之学的重视，在汉初尚未开始。比如说，贾谊之文屡称老子，却从未提及发扬黄老之学的稷下人物。这主要是由于汉初思想界的斗争尚未展开，黄老之学的主导地位未受撼动，学者们就不会为黄老之学无端张本。而从汉武帝时代开始，思想界的斗争逐渐展开。不管汉武帝的内心如何，他对儒学和儒生的重视，致使一些对此类儒生心怀不满的学者们开始利用各种方式排斥儒学，方式之一就是提高黄老之学的历史影响和地位。为了充实黄老之学，亟须从先秦思想中寻找更多思想来源，于是就开始夸大或制造稷下学派。另一方面，强调稷下学派的存在及其在古代受到的上好待遇，恐怕也是在汉武帝思想高压政策之下的士人们的美好愿望之一。

然而，在汉代所能获知的先秦学术记载中，可信的和有分量的都已经有了明确归属。而且，越是知名思想，越是难以歪曲和重新定性，所以，汉代学者就选择了战国时代那些不入流的学者。这些学者的共同特征是，到了汉代，其生平和思想既不完全又模棱两可，方便随意解释和利用。同时，这批学者的思想又是被间接传述的，容易形成一种神秘气氛。把他们与更具神秘性的黄帝、老子归为一类，显然可以收到相得益彰的效果。但是，汉代学者在作这种历史比附时忽略了最重要的一点，即：因为让这些人物形成一个学派的随意性太强，就失去了起码的可靠性。

为诸子分“家”者乃汉代之事。但是，《别录》《七略》和《汉志》等在总结和划分先秦诸子各派时，已经意识到有些思想家虽然有过一定影响，甚至在历史长河中留下一定痕迹，但其思想缺乏深度，难以入流。在战国时代，一般二三流学者为引起各国当政者注意，博取世俗利益，并不在意自己的主张是否具有一贯性。后世所谓稷下先生，更以三四流学者居多，其思想驳杂，实用性极强，很难归入哪一“家”。至于稷下学派，虽为汉代若干学者所造，终究没有得到广泛认可，未成一“家”。汉代学者所认定的稷下先生，不过是在那一时代不同时间段里在齐国逗留过的一些三四流学者。严格来说，他们之中并没有纯粹的思想家，也没有人把做学者、做思想家当作一回事。对于这些学者，单独研究其思想或许有必要，但是，若把他们归入一个学派来看待，则有画蛇添足之嫌，甚至会因为把他们硬性归入一个不曾存在过的或影响力有限的思想学派而产生不应有的负面影响。

齐国也许建成过类似后世所谓学宫的地方，但那无非是一个招待来访学者的场所，并且各国都可能有这样的地方。在那个时代，有抱负的知名学者都想在政治上有所作为。如果未获政治重用，而是单纯为稻粱谋，没有一位学者愿意长久待在一个国家，此乃时风使然。也许确有一部分末流学者，或者不入流的士人，以作食客、得温饱为追求，但是，对这样的人士，一则没有一个国家愿意长久收留，再则即使有愿意“养士”的政客收留之，他们对一国政治也难以产生真正的影响。所以，所谓稷下学宫也好，稷下学派也罢，或者是出于汉代学者的美好愿望，或者是齐国君主曾有过的奢望，或者是齐国历史上昙花一现的政治败笔。

总之，荀子一生，所见所闻极广，为先秦时代所仅有，所以，说他离开赵国，到相邻的齐国游仕，应当是非常可能的。从《荀子》的记述来看，荀子与齐国的“相”曾有过交谈。齐国是当时的大国，各种人物都来这里寻找政治机会，也是很自然的事情。荀子在齐国与各色人物的交往，也是有可能的，但如果一定要说是这样的学术交流一定发生在稷下学宫，则未免有些牵强。司马迁又说，荀子在齐国被人进了谗言，不得已而离开齐国，到了楚国。总之，荀子在齐国没有寻找到自己想要得到的，只能到他国再作尝试。

注释:

①《史记·孟子荀卿列传》。

②《史记·田敬仲完世家·集解》。

③《史记·孟荀列传·索引》。

④《史记·田敬仲完世家》。

⑤《史记·孟子荀卿列传》。

⑥《水经注·淄水》。

⑦《新序·杂事二》。

⑧《盐铁论·论儒》。

⑩《中论·亡国篇》。

⑩《史记·田敬仲完世家·集解》。

⑪《水经注·淄水》。

⑫《中论·亡国篇》。

第六章 哲学理念和理论

哲学认识论
逻辑学：名实之论
论辩说

作为哲学家和思想家，荀子明确表达和阐述了自己的哲学理念。荀子闻见广博，思想深邃，最有资格全面总结先秦以来的哲学成就。这个总结的过程，也是荀子哲学思想的形成过程。同那个时代的所有哲学家一样，荀子虽然没有去建立明确的哲学体系，但贯穿于荀子思想中的哲学理念，却是显而易见的和前后一贯的。荀子的哲学思想，是其整体思想学说的重要基础。这样一来，当论及一些问题时，荀子势必也会专门就某个哲学观点、某种哲学理念进行专门的论述，而这些就是我们现在所要关注的内容。

哲学认识论

说到“哲学”“认识论”这样的概念，严格说是舶来品，是西方哲学传统中使用的概念和范畴，至于对它们如何定义，也是众说纷纭。我们用它们来阐述荀子思想成就中的某一方面，既有习惯上的考虑，也有我们自己的考虑。在西方哲学传统中，哲学是思考一般性的问题的，即哲学不会面对具体事物，而是要思考事物形成和变化发展的背后原因，甚至是终极原因。即便说哲学是“爱智慧”的学问，也是强调哲学能够回答各种层面的“为什么”的问题。这个寻求为什么的过程，就是对于世界万物万象的认识过程，而在这个认识过程中发生的所有问题，正是认识论要面对的问题。

（一）知识和认识的来源，获得知识的途径、方法和过程

人的知识和认识是哪里来的？这个认识的过程是如何实现的？在探讨如何命名事物的时候，在区别事物的同异的时候，荀子有着相当具体的说明。

那么，人们是如何区别事物的相同和差异之处呢？荀子的回答是：因为人们有天官。所谓天官，就是眼、耳、鼻、口、四肢等五官。因为五官是人生来俱有的，所以称为天官，即上天所生成之器官。①

荀子认为，凡是同类型、同性质的事物，五官对它们的感觉也接近，人就会给他们起一个共同的名字，以方便交流和交接。具体说来，眼睛是去观察形体、颜色等等特性的，耳朵是辨别声音的，口舌是品尝味道的，鼻子是闻识气味的，身体四肢是感觉冷热、轻重等等的，这些感觉汇集一处，最后由心，荀子称之为“天君”②加以综合，产生出喜怒哀乐等情感。总之，这些方面的感觉和知觉，就是思想认识的来源。

荀子既然提到了心，也就是我们所说的心智、思想，就要弄清楚在认识事物的过程中，心能发挥什么样的作用。古人并没有认识到人的思想过程是用大脑来完成，而是认为大脑只与眼耳鼻口的运动有关。因为人能感觉到心脏的跳动，在紧张的时候甚至还要加快跳动，古人就误认为心脏是在完成思考和认识的过程，然后自然而然地把思想的过程归之于心的作用。所以，古人所谓心，其实就是人的心智，即思想活动和思想过程。

荀子指出，心智和思想有主动求得知识和发挥认识的作用和功能。心智有要求，耳、目等五官才会去发挥其作用，去听、去看。当然也应该包括，五官之所得，还要归于心智的判断。但是，还有一个重要的环节是，五官必须接近或接触事物，才会认识事物。如果五官在接触事物之后却没有任何知觉和认识，或者心智在接收到五官的信息之后没有任何反应，那么，人们就会说，这种人是心智有问题的，甚至是缺乏心智的。

既然认识要经过这么多环节，那么，任何一个环节出了问题，都会形成思想的“蔽塞”。荀子从思想方法的角度出发，很严肃地讨论了“解蔽”的问题。所谓“蔽”就是思想不能通明，被某些观点遮蔽在某个有限或偏颇的地方，用现代哲学的术语来说，就是思想出现了片面性，不能全面而客观地看待问题。所以，荀子也把这样的错误称为“蔽塞”，被片面性和极端主张所壅塞，思想上出了大问题。

荀子认为，被某种片面的思想、观点所影响，而对公理认识不清，这是人们的一个大的缺憾之处。什么是片面的思想和观点呢？就是不能认识“经”，而是被“两”所迷惑。荀子所说的“经”，就是永恒的真理，而“两”则是两个极端。

对于这种情况的出现，荀子先从大的社会背景上加以分析和认识。他认为，当时的天下政治形势是，各国诸侯的政治追求都不相同，各个君主的治国之道更不相同，这使得诸子百家都持有不同的政治主张、思想倾向，结果就造成是与非、治与乱始终处在不断的变幻之中。

客观形势的不同，造就了不同的哲学思想，同时，从哲学本身来讲，不同的学者，都把自己的思想看得很高，唯恐听到批评之声；他们都是根据自己的所学所长，去衡量和看待其他思想，又唯恐有别人的思想胜过自己。这样一来，必然会囿于所见，蔽于一曲，自觉不自觉地形成个人的片面认识，从根本上失去了求得正道的机会。从认识事物的一般规律上讲，荀子一针见血地指出，如果有一个人，当他认识高度有限，不能很好辨别是非的时候，就很容易不辨黑白，充耳不闻，那么，当他被某种片面的思想所局限的时候，情况只能是更糟。

那么，荀子所说的这种片面或极端的思想具体表现是什么呢？他列出了十种极端主张，即由两个极端所组成的五方面的问题。这就是，欲求和厌恶、起始和终了、远处和近处、博大和浅近、古代与当今，具体说来，就是只知欲求而不知厌恶，只顾起始而不管终了，只看远处而不见近处，只有博大而不顾浅近，只知古代而不知当今，反之亦然。在描述了这些具体方面之后，荀子也意识到，万事万物之间都有不同，这在客观上容易导致人们的片面认识，即总以为某种单独的存在方式就是真理，而容易忽视其他的存在。这是一种普遍存在的容易让人产生片面认识的倾向，需要引起人们的重视。

当然，对于引发片面认识的主观和客观情势，圣人是能够认识到的，所以，也有圣人才能够避免“蔽于一曲”[③]，不被极端思维和片面认识所左右。那就是，既不要极端地欲求，也不要极端地厌恶，对于始终、远近、博浅和古今，也同样不做片面的理解和极端的追求，这就是全面看问题，选择适中的权衡之道，也就是大道，后人也称为天理、真理。

荀子强调说，人的思想不可以不了解大道，不可以不持守大道。不持守大道，就会不承认大道，并且去认同错误的思想。按照常理，人们都不会不顾一切地持守错误的东西，也不会禁止正确的东西。但是，一旦被错误思想所左右，就会以错误的思想去衡量别人，那么，就会认同不持守大道的人，而远离得道之人。所以说，以不符合大道的错误思想衡量人，就会与不认同大道的人一道，去议论得道之人。荀子认为，这种倾向或做法，是人们思想混乱，进而是社会混乱的根源所在。

（二）以道“解蔽”，以心得道：“虚壹而静”

有蔽塞之处，就需要解开，需要化解，这就是“解蔽”。化解蔽塞的唯一正确的途径，就是持守大道，以道解蔽。为什么这么说呢？

在荀子看来，所谓大道，其特点就是，本体永恒不变，却能够把握万事万物所有的变化，所以，只根据某一方面或某一事物就下结论，根本不能说明大道的本质。不幸的是，那些"曲知之人"④，即喜欢片面看待事物的人，只是看到了大道的某一方面，并没有把握大道的整体，就开始炫耀，用这种片面的东西作为装饰。实际上，这种做法只能是对内扰乱了自己的思想，对外迷惑了他人的认知。他们在上位之时会蔽塞在下者，在下位之时则蔽塞在上者。荀子断言，这种思维上的偏颇和错误，就是思想陷于蔽塞的根源。

那么，人如何才能得道呢？荀子的答案是"心"。心是如何得道的呢？荀子的答案是"虚壹而静"⑤。如前所言，在古人的认识中，从生理功能上来看，"心"基本上相当于我们现在所说的大脑；从心理或精神层面上来看，"心"指的是思想意识和情绪等。荀子所说的心能得道，这个心显然是指人的思想认识。当然，在这些方面，古代思想家的说法还是比较笼统的。这种特点，有其合理之处，也有其不明确之处。合理之处是，人的思想意识确实是非常复杂的，很难做到条分缕析；不明确之处是，以心指示思想意识，有时也会把人的情绪和性格、性情之类的内容掺杂进来，这就需要在认真研读其上下文之后再加以理解，但是，这样一来，就容易引发争议。

那么，荀子对人心的理解是什么呢？

在荀子看来，人心，或者说是人的思想，有若干特点。

人心有"藏"有"虚"　这是说，人生下来就有"知"，即知觉和认识的天赋能力，根据这种天赋的能力，人的思想会有记忆，不断有所获得，这是"藏"。不过，人的思想也不会因为已经有所获得，就排斥新遇到、新得到的东西，这个过程就是"虚"。套用哲学术语，藏近乎已然，虚近乎未然，也就是排他性和兼容性。

人心有"两"有"壹"　人的与生俱来的知觉和认识能力，在认识事物和有所获得的过程中，是会产生差异的，既会认识不同的事物，也会在认识同一事物时产生不同的结果，这就是“两”。然而，对每一个事物的认识，或对每一种事物的认识，都有具体的确定性，不会因为一种认识而排斥另一种认识，这就是“壹”。荀子的如此区分，就是现代哲学中差异性与确定性的关系。

人心有“动”有“静” 人的思想或思虑，在睡觉的时候会做梦，在无意识的时候会自行其是，如果主动使用它，就可以有谋划，这就是“动”。但是，人有理智，有分析判断能力，有自控能力，不会把梦中所想或无意识时的臆想当作现实，这就是“静”。从哲学上看，就是无意识与理性的关系。

所谓“虚壹而静”，就是未得道者通过坚持思想的兼容性和确定性，以理性的精神加以思索，这就是唯一正确的求道过程。“作之，则将须道者之虚，则入；将事道者之壹，则尽；将思道者静，则察。知道察，知道行，体道者也。”具体说来，求道者求得大道的过程是，以兼容性以为开端，进入求道的过程，然后以确定性求得大道的全部，最后以理性加以澄清，明白大道究竟是什么。当然，这样的先后之分只能是逻辑上的。在实际的求道过程中，应该虚、壹、静同时起作用，而在不同的阶段又有所侧重。

通过“虚壹而静”而求得大道，荀子称之为“大清明”的境界。这个境界，荀子描述为“万物莫形而不见，莫见而不论，莫论而失位”，万物之形都能看得见，万物之理都能说得清、说得准，以至于“坐于室而见四海，处于今而论久远，疏观万物而知其情，参稽治乱而通其度，经纬天地而裁官万物、制割大理，而宇宙理矣”，无所不见，无所不知，从自然现象到社会治理，再到宇宙的规律，都在得道者的掌握之中。由此可见，“虚壹而静”的境界，直可以“明参日月，大满八极”，而达到此一境界的人，荀子称之为“大人”，而这样的“大人”，显然是不可能有任何“蔽塞”之病的。[6]于是，荀子的“解蔽”，至此也就是大功告成了。

对于人心，对于人的思想，荀子也有换一个角度的理解和解释。他认为，就人的个体而言，心与形相对，思想与身体相对，这两者的关系，是人自身最重要的关系。孔子就是把“仁”理解为身心和谐，但传统儒家最终还是把心放在更主动、更重要的位置上，强调人的思想修养和精神境界是人之所以为人的根本。所以，荀子也才认为，心是形的君主，即思想支配着人的身体，心对身体发出命令，决定着人的言行，而不受身体要求的左右。进而言之，思想活动完全自成体系，根据自己的判断行事。荀子比喻说，人的嘴可以被迫不说话，身体可以被迫做出屈伸的动作，但是心思不能被迫改变，心里同意的就会接受，不同意就会推辞。这当然是指内在的决定，不包括表面的应付和推诿。

所以，人的心里所能容纳的事情，思想所能接受的内容是没有止境的。不过，思想也有一个特点，就是接受的事物再多，也能够在无限的差异中找到自己要确定的东西。但是，如果思想在接受了太多的东西之后却没有中心，没有专注，就会出现疑惑。也就是说，真正有思想的人，不会随着纷繁的事物而行，而是一定要运用理性，把握事物的原理，这样才能做到兼知万物。

荀子举例说，一个能干的农夫再精于种田，也做不了负责农业的官员；一个精明的商人再善于经商，也做不了管理市场的官员；一个工匠再有技术，也做不了管理作坊的官员。相反，有一个人，很可能既不会种田，也不会做生意和制作工具，但却可以管理这个行业，那是因为，他精于管理这三个行业的原理，而不是精于具体的生产和制作。所以说，精于具体事物生成原理的只能去制造具体事物，而精于相关事物生成之道的人则能够去管理这些事物。这就是说，君子之人精于掌握事物的根本原理，并以此原理去掌握无穷无尽的具体事物。把握了事物的原理才是正道，掌握了万事万物才会明察秋毫，才能充分利用万物。荀子的这种思想，显然是从哲学的角度去评价事物的。也就是说，在荀子看来，只有运用哲学思维，从一般性原理的角度去把握事物，才是对事物的更高深的认识，也是更有价值的认识。

荀子关于心的原理，也是哲学上的认识论的内容。在认识论上，荀子把思想的归纳能力，即把握事物原理的重要性放在头等重要的位置上。根据荀子的天人关系之论，自然与人类，事物与人的个体，是相互独立的。但是，人生活在自然之中，必须认识自然，利用自然。这样的过程是从认识具体事物开始，但由于外在事物是无穷尽的，所以，人的高明之处，是通过认识事物而上升到把握事物的原理，即大道，进而从总体上掌握事物的规律，让外在事物更好地为人所利用。

荀子认为，大舜治理天下的诀窍，就是不去无休止地追逐具体事物，而是“处一”和“养一”⑦，即专注于掌握事物发展的一般规律和原理。“处一”是指专心致志、集中思虑，“养一”则是偏重于所谓的道德之心的培养。因为“处一”之心是针对一般事物，所以容易取得巨大成就。“养一”之心指人的道德修养，是一种无止境的过程。

很显然，“人心”要求尽可能不受外物的牵制，专心致志，从容思考，这样才能裁决是非和疑惑。荀子认为，外在事物是纷繁复杂的，人们应该澄清自己的思想，以事物之理为核心，就既能满足人的欲求，又能兼顾事物的情理。“故仁者之行道也，无为也；圣人之行道也，无强也。仁者之思也恭，圣人之思也乐。此治心之道也。”⑧所谓治心之道，就是修养人心和道心。荀子的观点是，仁者和圣人，亦即“至人”，内心无为、无强，不为任何具体事物所牵挂；思虑是恭顺和快乐的，同样是以无牵无挂积极心态面对万物。

由此看来，荀子对人心的探讨，对于人的思想认识的探究，并不是就知识论本身为归宿，而是在思考如何让人的思想更好地应对现实问题。这是中国古代知识分子使命感的集中体现。因为荀子心目中的君子和圣人，都是治国理政的实干家，他们必须在不同的层面上把握治理国家和社会和一般原理，使社会发展保持着正确的方向。

在哲学方法论上，荀子对于传统儒家的“中道”思想也有一些论述。荀子指出，先王（也就是儒家所称道的圣王）之道之所以是最高尚的仁道，就是因为遵循了“中”之道，也就是儒家传统所谓的中道或中庸之道。那么，什么是荀子所指的“中”呢？他自己的答案就是“礼义”，即循礼义而行就是适中，就是正确。而他所谓的“道”，既不是天道，也不是地道；既不是大自然的规律，也不是万事万物的规则，而是人类社会所应该遵循的原则，当然也是君子所遵循的行为之道和治世之道。

中道的原则是儒家哲学的精髓。从方法论的角度去看，中道哲学就是要求事物发展的平衡，反对极端主义。所谓“中”，并不是物理意义上中间路线，而是哲学意义上的适中、恰当。荀子所谓“比中而行”[9]，也是强调做任何事情都会有一个最适中的方法和途径，这样的方法和途径是对任何极端选择的反对和制约。具体说来，荀子又提出了“中事”和“中说”，就是做事和言谈都要有益于增进理的建立和发展。此所谓理，就是儒家所坚持的仁道和礼义。以此来看，与中道相对立的所谓奸邪之事和奸邪之道，必然是被治世所抛弃，而为乱世所遵循的东西。

不过，综观荀子思想，对于中道哲学的阐述远不及对于礼义本身的探究，这主要是因为时势所迫，容不得他在哲学方法论上投入更多的精力，而实实在在地建构礼义之理本身，即中道可实际遵循的路线，在荀子看来也许更能有效地改变现实。

逻辑学：名实之论

西方哲学中的逻辑学，在印度佛教是因明学，在中国先秦时代是名学、名辩之学、名实之论，荀子称之为“正名”。不过，在古代中国思想史上，此所谓逻辑学，或名辩之学，在先秦时代发达之后，在先秦之后即归于寂静，后来虽有因明学的促动，但究竟也没有形成中国本土的学问。其中原因，并不是因为先秦有百家争鸣，故有名辩之学，大一统之后便不需要这方面的研究，而是因为中国古代的思想传统强调力行，主张言行一致，甚至行然后言，所以并不重视如何在言语上取胜。这并不是说古代中国思想家不讲逻辑，不重视思维的清晰有条理，而是这种逻辑性或条理性只需落实在具体的言语或学说之中，而没有必要作为一种单独的学问去进行专门的研究。在具体的言说或行动中，思想家们更注重情理，而不主张单独论理。孔子说："君子名之必可言也，言之必可行也。"⑩就是反对脱离实际功用的逻辑之学。

其实，逻辑学也是对于情理的一种理论概括，是对于言语中的对与错所做的一种独特审视，不懂逻辑学的概念，也未必就是不讲理的人。孔子说："辞，达而已矣。"⑪语言通达，能让别人听明白就可以了。这本身就是逻辑。

不过，在先秦时代，思想家很早就注意到了语言中和理论问题阐述中的逻辑性问题，并且这一派思想家最终形成了名家思想。最早的名辩思想家可以追溯到郑国的邓析，然后是惠施，还有墨家的后期人物，以及最有名的公孙龙子。特别是墨家的《墨经》和公孙龙子的著作，更是这方面专门的学术成果。

在儒家传统中，孔子说过，"名不正，则言不顺；言不顺，则事不成；事不成，则礼乐不兴；礼乐不兴，则刑罚不中；刑罚不中，则民无所措手足。"⑫意思是说，名称或概念一定正确，以保证言语通达。特别是社会管理者，如果不能讲出通达的言语和政令，就无法教育人民、管理国家。这就既强调了语言的逻辑性，也指出了讲求逻辑的归趣是言语的实际应用价值，即其社会价值，这一观点被荀子加以了很好的发挥。至于孟子，则是著名的论辩好手，人称其"好辩"，喜欢辩论。而孟子的答复是："予岂好辩哉？予不得已也。"迫不得已在哪儿呢？"我亦欲正人心，息邪说，距诐（bì）行，放淫辞，以承三圣者。”[13]不过是想继承先辈圣人的精神，端正人心，止息歪理邪说而已，同样是强调了逻辑论辩终极的社会价值。

（一）制作名称

荀子作为先秦思想的总结者，对名辩思想既有深刻的研究，也有独特的思考，更有专门的论述。现存《荀子》中的《正名》一篇，就是对于荀子名辩思想或“正名”思想的全面记载。

荀子认为，“制名”或“正名”的目的就是解决社会政治领域的问题，这就体现了强烈的，甚至是具有唯一性的社会责任感。所以，荀子认为应该由王者制定名称，确定名称的实际意义，以便使大道能够行得通，能够统一民众的思想和行为。如果王者不对此加以控制，而是任由某些人利用语词本身的特点，擅自发明概念和名称，以扰乱名称的正确含义，就会使人们迷惑，不能正确理解王者之政。荀子所说的“析辞”，就是当年郑国邓析的“两可之说”，主要是在诉讼案件中寻找对方讼词中的漏洞，而不是澄清诉讼事实中的曲直，所以荀子斥之为“大奸”[14]，并认为这与伪造国家文书和篡改度量衡是一样的罪行。

在荀子的言语中，“奸”指奸邪，与之相对的概念是“悫”，即诚实厚道。而正名的社会意义就是让人们诚实厚道，一是一，二是二，比如在诉讼中，不能利用对方言语中的疏漏，而罔顾事实，从中取利，这样才能引导人们以“悫”为美德，形成诚实厚道的社会风气，民众的思想统一于王道和法令，社会管理者由此而建功长绩，使社会达到大治。从这个角度来看，王者之治的核心是“守名约”，恪守正确的名称和约定。

一般来说，事物发生变化了，就会影响到人对事物的看法。出现了新现象和新事物，如果没有新的名称及时跟进，而是用旧的名称做比喻来指称，就容易把新旧事物混为一谈，使名称和实际事物之间出现混乱，最终导致贵贱不明，相同和不同没有区别。这样一来，会让人表达不清楚自己的真正想法，好多事情也不能做到位。这时候，有头脑的人就会站出来区别新旧，制定新的名称以指称实际存在的事物，特别是新出现的事物。在荀子看来，这就是新名称之所以会出现的基本原因或深层的学理方面的原因。很显然，这样的原因是必然的，不可避免。这种必然，既是社会发展的必然，也是事物变化的必然，更是人的思想变化和进步的必然。

荀子所说人们有关事物名称的制作过程，其实就是人的认识的产生过程，我们在上文已经有所说明。荀子认为，人类作为生物体，本来就有天赋的认识能力，加之人们的天官，即所谓的眼、耳、鼻、口、四肢等五官要不断地与外界事物接触，凡是同类型、同性质的事物，五官与它们接近的结果，就是会由心智给他们起一个共同的名字，以方便交流和交接。同时，人的心智也会提出要求，指挥耳、目等五官发挥其作用，去听、去看。总之，事物名称的产生，就是人与事物在接触过程中必然产生的结果。

（二）名称的分类

通过五官与心智的共同作用，人们在区别了事物的相同和不同之处之后，明白了可以用不同的名称使事物相联系、相区别，就会“随而命之”，随之给事物一个命名。但是，那么多的事物，需要那么多的名称，这些名称或命名有什么规则或规律没有？它们是如何分类的呢？

命名事物的首要原则是，相同性质的事物要有相同的名称，不同性质的事物则需要不同的名称。有些事物需要有单独名词的名称，有些事物则需要有复合名称，比如马和白马，关键是能够让人听明白，不相混同就可以了。有时，由于情境的需要，也会用单名和复合名指称同一个事物，这也是正常的。比如一匹马，在某种情形下称马即可，在另一种情况下称白马亦可。

命名事物的次要原则就是，名称要有高低大小不同的类别。荀子说，万事万物虽然很多，但不能一个事物一个名称，而是需要分类，区分各类事物，制作各类名称。当需要指称越来越多的事物之时，荀子称为“遍举”，就需要一级一级的从下到上的共名，如白马、马、牲畜、动物、生物等等，一个比一个名称更有公共性和概括性，并且还要把原来的名称包括在其中，这样一直向上概括，直至无法再上升，比如到了“物”这个名称，就成为事物最大最高的名称。反过来看，从上到下，或者从共名到别名，也是这样，直到最具体的事物，这个过程就结束了。

荀子对于事物名称或命名方式的思考，也是所谓形式逻辑要解决的问题。从一般到特殊，或从属概念到种概念，或者相反，是命名事物的普通原则，因为命名事物的本义就是便于说明，便于交流。在这一点上，人类的思维是一致的。并且，种概念和属概念总是相对而言的。“白马”是属概念，是特殊，“马”就是种概念，是一般；“马”是属概念，是特殊，“动物”就是种概念，是一般。荀子所说“推而共之”“推而别之”，就是这种认识事物、命名事物的从特殊到一般和从一般到特殊的思维过程。在先秦名家思想家中，我们只是从荀子的著述中看到了有关形式逻辑的全面思考。

荀子还提到了一种名称或概念的分类现象，荀子称之为“后王之成名”[15]，即当世的统治者制定或确定的名称。一般来讲，在专有名词方面，法律名词多是继承商代人使用的，官爵之名则多取于周代所用，文物典章则多取身《周礼》所载。至于普通事物的“散名”，即普通所使用的用来指称日常事物的常用名词，既要遵从中原各国各民族的习惯，也要照顾周边民族的实际使用，其中心目的只有一个，即“通”，通晓、通例、通用。

荀子又举例说，人的认识能力称作“知”，而认知准确就称为“智”；先天疾病称作“病”，偶然的遭遇称为“命”。类似这样的名称，又是与人有关的普通名词，也需要当时统治者加以确认。看起来，如我们一再强调的，荀子虽然是名辩大师，但他真正关注的不是逻辑和逻辑学本身，而是逻辑的实用性，对于治国理政的实际作用。并且，逻辑的基本问题是可以解决的，而现实的问题则是层出不穷，处在永恒的变化之中的，而这种变化才是思想家真正应该关注的内容。

（三）名称的变与不变

荀子还思考了名称在命名和使用过程中的变与不变的问题，同样体现的是理性思想家的风范。

荀子指出，名称或概念及其所指称的事物，并不是一成不变的，因为人们对名称或概念的使用，最基本的原则是约定俗成，即被人们的使用习惯所认可（“宜”），才是名称能否成立的最重要的因素。同样，名称所指称的事物也会发生变化，事物发生了变化，原来的名称要不要变化，也是由约定俗成所决定的。即使是与社会大势、国家政策法律有关的名称，也要考虑现实的适应性。荀子认为，最好的名称，是那种直截了当、明白易懂的概念。

还有一个问题，荀子也认为是制作名称时必须要考虑的关键之一。

有一些事物，虽然从形状上看是同一种事物，但却因为所在不同地方，或处在不同的情境之下，他们虽然可以使用同一名称，却是不同的事物，如同样是马，却生长在不同的地方。还有一些事物，形状发生了变化，实际上还是原来那个事物，这样的变异，可以称作“化”，即在不知不觉中发生了内在变化，但却不足以与原来产生本质区别，所以还要使用原来的名称。比如一个人，从小到大，变化很大，但姓名不改变也是可以的。

与名称的变与不变相关的，是荀子所批判的“惑名”和“乱名”者，即混淆或偷换概念和名称者。

说到先秦名家，更为引人注目的不是荀子，而是其他人物，如前文提到的公孙龙子、惠施、宋钘等，尽管真正有内涵的、系统的名辩思想还是存在于荀子思想中，并成为中国古代逻辑思想史的主流。可是，在当时，还是这些时髦的名家人物提出的一些观点更吸引人们的眼球。对此现象，荀子进行了严厉的批判。

对于名家人物的眩目说法，荀子总结为“三惑”[16]。

第一惑，荀子举出三例，即受到侮辱不认为是受辱、圣人不爱惜自己、杀盗贼不是杀人。这是以名乱名，即混淆种概念和属概念。比如，有些事情是公认的侮辱人的事情，这与当事人认为是不是受辱是两码事，也就是说，不能因为当事者不认为是受辱，就得说这不是侮辱人的事情。再比如，圣人是种概念，其中就包括有圣人本人；人是种概念，其中也包括有盗贼。换句话说，圣人自己也是人，盗贼也是人。同时，荀子也强调，如果以实际事物或行为加以验证，上述三种说法就更不能成立了。

第二惑，荀子也举出三例，即高山和深渊处在同一平面、人的情欲是很少的，以及大餐并不好吃、盛乐并不好听。这是用人的主观感受改变事物的实际情况。比如说，如果处在高空往下看，人的肉眼有时确实难以区别实际的高山和深渊的高度差别，比如现在从宇宙飞船上观察地球；名家宋钘就从自己的主观感觉出发，认为人们没有什么太多的欲望；而墨子则认为，他对于一般所谓的美食和美好的音乐并没有什么感觉。但是，如果人们完全从个人感受出发去确定概念和名称，那必然导致无法与人交流，所以，荀子也强调，付诸实际生活和感受，就可以禁绝这类惑乱思想。

第三惑，荀子举出两例，即排除之后还是盈满、刎马不是马。这是无视事物的变化，以名乱实。就是说，满池的水被排干之后，盈满已成过去，就不能再说池子是盈满的了；宰杀的马，应该还是马。如上所述，名称和概念应该随着事物的变化而变化，不能不讲时间地点地使用概念和名称，否则就会造成交流上的困难，思想上的混乱。对此，荀子主张“验之”，把如此主张的人放在实际中让他们加以感受，以纠正其混乱的想法。

在进行了学理上的论辩之后，荀子指出，主张上述“三惑”之人，其目的无非是以这种貌似合理的说法吸引人们的注意力，最重要的是吸引君主的注意力，以求得到名和利。所以，如果君主能够充分加以辨别，这样的言论自然就会消失了。

论辩说

我们在下一章分析荀子批判“十二子”之时，会提及荀子之批判过程的一个特点，即在批判他们的思想卑陋和偏执之后，荀子基本上承认他们在论述其思想时，能够做到“持之有故，言之成理”，也就是说，尽管他们的思想不尽合理，但却能够通过上好的言辞和口才欺惑愚昧之众。这样一来，我们会感觉到，荀子是不喜欢那些纯粹的辩说之徒的。诚如孔子对“佞人”和“口给”⑰者的批判一样，纯粹的辩说者是造成社会思想混乱的罪魁祸首之一。

（一）君子必辩

作为思想家、学者、教师，事实上荀子对于辩说这种说理的手段是非常肯定和重视的，或者说，荀子并不是泛泛地反对辩说，而是反对言不及义的辩说，以及空洞的为辩说而辩说。

荀子强调，凡是不合乎先王的教诲，不顺从礼义的要求，就是奸邪之言，大方向上出了问题，所以，即使是听上去很有道理，能够自圆其说，在表达上挑不出什么毛病，君子也不会去谛听，更不会听从。反过来说，君子之言，虽然也注意表达方式和水平，但重在语言的内容。

那么，一个真正的士人又应该如何去判断呢？荀子明确指出，即使是能够效法先王、顺从礼义，并且与真正的学者为伍的士人，如果不喜好言语、不乐于言说，也算不上是“诚士”，即真诚信实的士人。这是因为，士人不仅要自身达到儒家要求的高标准，还肩负着宣传道义的使命。而如果没有能力，甚至不愿意做大道的宣传员，这样的士人即使不是不合格的，也是不圆满的。

荀子主张“正名”，从哲学认识论的角度入手，全面探究概念如何产生、如何使用等相关问题，并严厉批判世俗名辩人物的偏颇之论，目的就是要还“辩说”以本来面目。名称正确、概念明确是辩论和说明问题的基本要素，在荀子看来，人们不能为了辩说而辩说，辩说必有实际意义，在荀子时代，则其社会意义尤其重要。

荀子认为，世事的混乱，一个重要的原因，是人们的思想混乱。对此，身为思想家的荀子，并不主张用单纯的辩说去诱骗人们，以期统一人们的思想，而是明确主张“易一以道”，以儒家之大道换取民众的思想统一。但是，在当时的时代背景下，荀子也并没有理想化地主张说服民众，因为民众的受教育程度，以及紧迫的客观形势都不允许当政者如此从容地去做思想教育和心理说服。所以，荀子主张，英明的君主应该以威势面对民众，用大道引导民众，直接把民众应该做的事情告诉他们，公开把结论告诉他们，然后用刑罚禁止他们的不当行为。这样一来，民众向大道的归化就会如神灵的作用一样快速而见效，根本用不着跟他们用辩说的手段反复讲说。

然而，不幸的是，当时并没有圣王存在，现实却是天下大乱，奸邪之言不断出现。像荀子这样的君子，既无权威压服民众，又不能使用刑罚禁止民众的行为，那么，要想完成其负有的社会使命，只能采取辩说的手段。具体说来，事实不能让人们自然明白，就采取直接说明的办法；直接说明还不能让人们明白，就等待一段时间，让人们进行反思；等待之后还不见效，就去努力说服他们；说服也没有效果，最后就采取辩论的办法。由此看来，上述四种方法，都是高层次的改变人们思想的做法，是王者之业的开始。

很显然，在荀子这里，辩说并不是一种纯粹的手段或方法，不是为了辩说而辩说，而是要通过辩说而阐明大道、明辨是非、得荣去辱。

荀子以当时著名的名辩家宋钘的“见侮不辱”为例，指出：“凡议，必将立隆正，然后可也。”[18]根据宋钘的观点，即使是自己受到了侮辱，只要自己不认为是侮辱，就不算是受辱，并认为这种态度能够减少不必要的争斗。荀子认为这是一种是非不分的态度，致使人们各执己见，一直处在争辩不休的过程中，所以，不是说不能有辩说，而是说辩说一定要“立隆正”，即树立起高尚而正确的辩说目标。这个目标也并不是抽象的道德要求，而是“王制”，即王者所制定的制度，因为这是天下最大的目标，也是大是大非的界线，以及世间所有名分、名称的来源。由此可见，荀子思想的最终目标，是现实的政治追求，是改造社会，造福人类的使命。

说到具体的辩说过程，荀子指出，一切的概念、判断、推理等等，都要以圣王为师法。至于如何辨识圣王的教诲，荀子提出，无非是荣、辱之两端，即享受荣耀和遭受辱谩的两个极端。而对于荣耀和辱谩这两个截然不同的概念，荀子又以“义”和“势”加以细化和进一步的区分。

所谓“义”和“势”，就是内在与外在的不同，是内心道义和外力强迫的区分。

根据上述区分，“义荣”就是人的内在道德修养，比如说，一个追求高尚、道德深厚、思虑明确的人，就会获得内在的荣耀，即不受外在因素影响的荣耀。“势荣”就是指人的外在的社会地位，上自天子、诸侯，下至卿相、大夫，他们有尊贵的爵位、丰厚的收入、有利的地位，但是，这些东西都是外在的，所以只能说是外在的荣耀。同样地，所谓“义辱”，就是思想放纵、不守本分、扰乱天理、骄横暴虐、贪图利益的表现，也就是说，这种人的内在修养出了问题，所遭受的内在的辱慢，与外在的境遇无关。至于“势辱”,则是遭受到的外在的辱慢，比如被人击打，以及受到刑律的罚处等。

对于荣辱两端，荀子分析道，由于人并不能左右外在环境，所以，有修养的君子有可能遭受到外在的辱慢，但却不会有内在的辱慢；小人有可能获得外在的荣耀，但不可能得到内在的荣耀。换句话说，即使地位再低，如果保持内在修养，并不妨碍人们去做尧、舜一样的君子；即使地位再高，如果放弃内在修养，也只能去做桀、纣一样的小人。所以，内在、外在都获得荣耀，只能属于君子；内在、外在都遭受辱慢，也只能属于小人。荀子的如此分析和结论，就是他所强调的“荣辱之分”，荣耀与辱慢的分界。这样的分界，圣王视之为治理天下的法则，士大夫则认为是做人的原则，官员要作为政治操守，老百姓要作为风俗，并且是永远不能变更的。

总之，对于大道，君子不仅要立志去追求、去修行、去实践，还要去宣传、去推广、去维护。所以说，“君子必辩”，君子一定要有必要的哲学思维和语言辩说能力。

一般来说，人们都喜欢言说那些他们认可的善良的东西，而君子在这方面尤其积极，因为如上所言，他们是肩负历史使命和社会责任的人。不用说，对于这方面的言语，君子是没有厌烦的时候的。在君子看来，把美好内容的言语说给别人听，比赠送人们金石珠玉更为贵重；用积极向上的言语劝勉人们，比高档服饰更为美丽；让人们听到美好的言语，更胜于欣赏动听的音乐。由此可见，得体而美好的言语是多么重要。言语不是简单的外表性的表现，而是能够由表及里，深刻地表现一个人，影响一个人。

荀子认为，“小人辩言险，而君子辩言仁也”，缺乏修养的小人总是喜欢以偏险的言语压服其他人，而君子的辩说则是以其内容符合仁义而占得上风。在君子那里，如果言语不能体现仁道，还不如默不作声。“言而仁之中也，则好言者上矣，不好言者下也。”⑲只有在言语符合仁道的前提下，才可以说，喜欢言语的人是居上者，不喜欢言语的人是居下者。总之，辩说也好，谈说也罢，内容正当是大前提。

（二）辩说之术是什么

既然辩说对于君子来说是如此的重要，那么，辩说之术又是什么呢？事实上，对于辩说本身，荀子有着明晰的界说和批判。

辩说有小辩、有大辩。所谓小辩，应该是指为了纤细小事而辩，特别是那些简单易明之事、易明之理，显然是不值得一辩的。同时，只求口头上争胜，不顾事情或事情的大体和根本，更是“小辩”的致命缺陷。所以，与其“小辩”，不如“见端”，即认认真真地从事情的开端说起，而不是各取所需，不要只是为了口头争胜而辩说。当然，“见端”还不是目的，也不是最重要的，所以要去小辩而取大辩，达到“本分”，即事物或事理的根本所在。我们已经注意到，在荀子思想中，关于“分”的思想非常重要。在社会中，各人都有其分；在宇宙中，万物各有其分。“分”就是人或事物最应该存在的地方，也就是人或事物存在的理由。

“小辩”过度注重细节，流于琐碎，不在意全局。事实上，只有从“见端”做起，才能逐渐明确事物的来龙去脉，最终达到“本分”，统理全体事物。荀子认为，只有这样，才能算是达到了对圣人、士君子的基本要求。[20]

说到这里，荀子提出了他的理性见解，即辩说者的三层境界。

最高境界是圣人之辩者，即达到了圣人修养的辩者，或者说善于辩说的圣人。其特点是，辩说时不必事先谋划，任何时候都能做出正确而准确的应对。稍逊于圣人的是士君子之辩者，其特点是提早谋划，认真听取对方的每一句话，应对时有文有质，内容广博而正直。

不用说，最让人遗憾的是小人之辩者。荀子的描述是，听其言辞，虽然很雄辩，但却没有条理；再观其行动，则多为狡诈，少有功绩，上不合天理，下无益于百姓，只不过是口才上好、辞藻华丽而已，至多也只能算是“奸人之雄”罢了，即奸邪之人中的佼佼者。所以，荀子不客气地表示，一旦有圣王到来，最先诛杀的肯定是这种人，甚至对盗贼的惩治都要放在下一步。这是因为，盗贼都有可能被教化而改过，但小人之辩者却难以改变，原因就在于他们的人性和思想已经彻底变质了。

由此看来，作为理性主义大师的荀子，对辩说、谈说或辩论术同样持有理性的态度。他并没有一般性地反对辩说，而是主张在保证辩说内容的前提下，圣人、君子都应该重视辩说，甚至认为必要的辩说能力是君子的基本才能之一。这比孔子婉转地反对辩说，孟子的不得不使用辩说的态度，都是一个明显合理的改进。为此，荀子还对辩说本身进行了深入思考，就如何保证辩说为仁道服务，如何表现有力的辩说作了多方面的阐述。

荀子认为，辩说中的困难，是言说者的立意高远，言说的目的是想达到天下大治，而听者的境界很卑下，并且正处在社会大乱的境遇之下。这样一来，如果不能说到对方能够接受的高度时，说得太高远容易被误解，说得太浅近又容易被理解得太庸俗。所以，一个善于辩说的君子，当他言说高远时不至于让人误解，言说浅近时不至于让人陷于庸俗，要能做到随着客观条件变化而表现出适当的进退、高低、缓急，自如地控制自己，既要让对方明白，还要保证自己不受伤害。总地来说，是要严格要求自己，宽容对待他人，自己是贤者却能容纳普通人，自己是智者也能容纳愚钝者，自己是博识者又能容纳浅薄者，自己是纯粹者还要容纳杂乱者。荀子称此为“兼术”，即合格的辩说者要能做到兼识兼容各种各样的人、应对各种各样的局面。

再具体一些，荀子直接说到了“谈说之术”[21]，那就是：在与人谈说的时候，首先态度要端正，以严肃的态度对待此事，以诚实的思想处置此事，以坚强的精神坚持此事。在谈说过程中，可以使用比喻来说明问题，也可以对不同的人在不同的情况下分别对待，就好像是把最好的东西送给别人，让对方把你的谈说视为珍宝，认为你谈说的东西很值得高看，甚至有一种神奇的力量。这样一来，你谈说的东西就会经常被人所接受，有时即使不一定会让人家喜悦，但也会被看重，因为你谈说的内容有着可以让人高看的东西。

（三）辩说的规则：方法、步骤、类别

如何进行一场合理而有效的辩说呢？荀子的观点是，首先，听到一个名称，就能明白这个名称要指称的事物，那么，这就是个有用的、合格的名称。把若干名称或概念累积成文句，那就是名称的最好配合，也是对名

称的恰当使用。有了合格的名称，以及恰当的名称使用，就可以称作“知名”，即对于名称的作用和使用都实现了应有的掌握。

名称、词或概念的作用，是要把事物区分开来。说辞、句子，是要利用概念或词汇，表达出某种意思。辩说不是针对具体事物的异同，而是要说明某种道理的。深入反思、直接判断，是为辩说服务的。这其实是在讲述词、句、文的区别。

所谓辩说，是要表达思想对大道的追求。思想是大道的制造者，就是说，大道是人们利用名、辞进行思考的结果和结晶，是治国理政的原则。反过来就是，思想要符合大道，辩说要与思想一致，说辞要为辩说服务。

辩说的具体原则是，名称正确才能方便人们思考，也就是所指内容真实，让人们能够明白。辩说事物的同异不过激，推理事物的类别而不自相矛盾。听的时候合乎文理，辩说的结果能够说明原因。以端正大道来辨别奸邪，好比是工匠用墨绳决定曲线和直线。只有这样，奸邪的学说才不能扰乱人心，百家的争辩才不能肆无忌惮。

那么，什么才是正确的辩说，或者用荀子的话来是，是“圣人之辩说”[22]呢？

圣人的辩说，能够达到兼听各种意见，但也没有奋争、矜持的表现。有顾及各种意见的醇厚，但没有自以为是的表情。圣人的学说如果能够推行，天下就会走上正道；如果不能推行，圣人自己则是一边宣扬自己的学说，一边引退一旁，等待时机。

当然了，在圣人之外，还有“士君子之辩说”[23]。这说的是，在辩说的过程中，辞让的节奏把握得很准，对于比自己年长者或年少者应该遵循的道理也掌握得很通顺。不使用犯忌讳的词句，不说出怪诞之语。说话的时候以仁厚之心为根据，听讲的时候抱着学习的心态，辨别同异的时候要坚持公平之心。不因为众人的批评或赞誉就改变自己的立场，不因为人们想看什么听什么而炫耀，不因为高贵者的权势而迎合他们，不为自己的利益而传播偏僻的言论。这就叫作，坚守大道而不三心二意，辩说失利的时候也不强辞夺理，辩说有利的时候也不会流淫无度，看重的是辩说公正，轻视的是一味的言语争胜。

显然，在辩说过程中，士君子与圣人的表现是明显不同的。可以说，士君子的辩说更具有个性，而圣人则具有一般意义。士君子更注意具体的方式方法，而圣人更注意整体表现。

有质量、有意义的辩说，还要抓住问题的要害。在这个问题上，还是要以荀子对名辩家宋钘的批判为例。

宋钘认为，如果能够让人们明白，明明是遭受了侮辱，却不认为是屈辱，就可以使人们相互间不会发生争斗了。也就是说，人们正是把侮辱当成了屈辱，所以才会争斗；如果明白了受到侮辱也可以不视为侮辱，也就不会去争斗了。

那么，问题就来了。

有人反问道，这难道是说，人们真的是打心眼儿里不厌恶受辱吗?

宋钘们的答复是，当然会厌恶受辱，但却可以不认为是侮辱。这就是说，一旦不认为是侮辱，也就不存在厌恶不厌恶的问题了。

但荀子认为，如果真的这样认为，并不能达成不争斗的目的。

为什么呢?

荀子解释说，大凡人与人之间的争斗，都是起于厌恶，而不是因为到底是不是受到了侮辱。比如说，那些作践自己供人们取乐的人，比如当时宫廷上的演员、市井里的艺人，他们的表演被人叫好时其实是很受屈辱的，但他们并不跟那些享受他们表演的人去争斗，这其中的原因，并不是他们不明白他们是在做某种低贱的工作，而且他们并不厌恶他们的工作。再比如，有人家的猪被人偷窃而去，这家主人有可能操起武器去追逐窃贼，甚至不惜为此而遭受死伤。这难道是认为丢失猪是一种侮辱吗？不是，而是厌恶被人偷窃。

所以，即使把侮辱视为受辱，如果不感到厌恶，也不会去争斗；即使不把侮辱视为受辱，如果感到厌恶，也必定会去争斗。或者说，要不要去争斗，并不在于是不是视侮辱为屈辱，而是在于是不是感受到了厌恶。即是不是形成侮辱的事实并不重要，重要的是人们心里感受到了厌恶没有。这就是说，事实是什么不是问题，人们的心理感受才是问题之所在。

说到此，荀子直接批判宋钘说，他不理解人们是厌恶受辱才去争斗，而是一直努力说服人们不要把侮辱视为屈辱，这真是不得要领啊！

荀子最后的总结是，对于辩说而言，最让人忧虑的是，如果不知道某种东西无益，那是缺乏智慧的表现；如果明知道无益，却还要去欺哄人们相信，则是不仁的表现。既不仁又不智，才是最大的侮辱。本想让人们受益，结果却是完全无益于人，只好在莫大的屈辱中草草收场了。

注释：

①《荀子·天论》：“耳、目、鼻、口、形能，各有接而不相能也，夫是之谓天官。”

②《荀子·天论》。

③《荀子·解蔽》。

④《荀子·解蔽》。

⑤《荀子·解蔽》。

⑥以上均见《荀子·解蔽》。

⑦《荀子·解蔽》。

⑧以上均见《荀子·解蔽》。

⑨《荀子·儒效》。

⑩《论语·子路十三》。

⑪《论语·卫灵公十五》。

⑫《论语·子路十三》。

⑬《孟子·滕文公下》。

⑭《荀子·正名》。

⑮《荀子·正名》。

⑯《荀子·正名》。

⑰《论语·公冶长第五》：或曰：“雍也仁而不佞。”子曰：“焉用佞？御人以口给jǐ，屡憎于人。不知其仁，焉用佞？”

⑱《荀子·正论》。

⑲以上详见《荀子·非相》。

⑳《荀子·非相》。

㉑《荀子·非相》。

㉒以上均见《荀子·正名》。

㉓《荀子·正名》。

第七章 评判社会现象和学术思潮

社会现象之批判
学术思潮之批判
对墨家的批判

真正的思想家是最具有批判精神的。特别是身处社会大变动大转型时期，没有批判现实的精神，思想家就难以建立起自己的思想体系，更谈不上提出系统的社会改革方案。荀子的时代，中国社会更是处在何去何从的十字路口上，甚至是中国历史上最大、最重要的十字路口上。荀子以其十足的理性主义精神，深厚的哲学基础，全面观察和思考社会现实，不能不对一些非理性的社会现象加以鞭挞。

如果说五十岁之前的荀子专注于在家乡做学问，深研传统儒家思想，那么，当他五十岁之后来到齐国，开始与天下学者和学术进行交流，进而开始游历天下时，才真正认识到了学术之乱象、社会之乱象。这些乱象的最终祸害，是对于儒家理想的治国之道，对于儒家所追求的仁政和圣王之治的干扰和破坏。于是，荀子便勇敢地以正统儒者的身份，站在传统儒家的立场，以深刻的批判精神，进入广泛的批评领域，对于上述种种乱象，及相关的人物和事物，进行了持久的、毫不留情的批判。

社会现象之批判

任何时期、任何时候，都不乏寻求生活捷径之人。特别是在社会动荡时期，人们在无法把握自身命运的时候，自然会专注于一些偶然现象，在意事物之间的非理性的联系。比如说，在当时流行的思想中，会把人的相貌与人的遭遇联系起来，所谓“相人之形状、颜色，而知其吉凶、妖祥”，这类“相人”之人，“古者有姑布子卿，今之世梁有唐举”，这些人有着广泛的市场，被世俗所称道，但荀子却明确表示，“古之人无有也，学者不道也”。[①]

这是为什么呢？荀子的反对和批判的依据是什么呢？

荀子首先提出了对于所谓“相人”之术的总的态度。他说，一个人的吉凶祸福，人生的价值和遭遇，并不是由外在的相貌所决定，而是由他的思想所决定。当然，荀子在此所讲思想并不是抽象之物，而是思想的内容、水平、高度，即“择术”[②]，思想所选择的道术。荀子的结论是，一个人的思想如果选择了正确的道术，即使相貌很差，也不妨碍成为君子。相反，尽管一个人可能相貌堂堂，但如果思想有问题，修养不对头，就极有可能成为小人。所以，人的外在的东西，相貌如何、身高如何，与人生的吉凶祝福没有任何必然联系。

为此，荀子举例说，同样的古来的圣贤，尧帝、周文王、孔子，都是身高之人，而大舜、周公旦、子弓[③]则是身材短小之人。在稍近于荀子的时代，春秋末期，在卫国，“卫灵公有臣曰公孙吕，身长七尺，面长三尺，颜广三寸，鼻、目、耳具”，却因为贤能而名震天下；在楚国，“楚之孙叔敖，突秃长左”，秃发瘸腿，却长修文德，使楚国称霸天下；至于楚国的名臣“叶（shè）公子高（名诸梁），微小短瘠，行若将不胜其衣”，身体很小，连衣服都撑不起来，却平定了白公之乱，安定楚国，立下大功。由此看来，“长短、大小、美恶形相，岂论也哉?”人的外形、相貌如何，能说明什么问题呢?

可是，直到今天，社会上还是有太多的人相信所谓相面之术，荀子时代更不必说。包括荀子的一些弟子，也对此深信不疑，所以，荀子进一步举例说，“徐偃王之状，目可瞻颜；仲尼之状，面如蒙倛（qī）；周公之状，身如断菑（zī）；皋陶之状，色如削瓜；闳（hóng）夭之状，面无见肤；傅说（yuè）之状，身如植鳍（qí）；伊尹之状，面无须眉。禹跳，汤偏，尧、舜参眸子”。这些人物，在荀子时代人们的眼中都是公认的俊杰，甚至到现在也还是知名的历史人物，他们在古代社会的贡献基本上是得到历史认可的，但是，他们的外表、他们的相貌，都有不尽如人意之处。虽然荀子的具体描述后人会有些不同理解，但他们的相貌之恶却是毋庸置疑的。所以，荀子最后向弟子们提出问题，对于这些人的评价，“将论志意，比类文学邪?直将差长短，辨美恶，而相欺傲邪?”④我们是根据他们的思想高度和历史贡献，还是根据他们的相貌美丑，对他们进行评说呢?答案无疑是明显的。

换一个角度来看，外形可观、相貌姣好之人，是不是就是天然的贤人呢?荀子说，在远古时代，有名的暴君夏桀王和殷纣王，据说都是“长巨姣美，天下之杰也；筋力越劲，百人之敌也”。身高伟岸，相貌堂堂，勇力可敌百人。可此二人结果是什么呢?“身死国亡，为天下大戮。后世言恶，则必稽焉”，他们都是亡国之君，本人也都死于非命，并且受到全天下的谴责，甚至后世之人凡是用恶人做比喻的时候，都会提到他们。荀子一针见血地指出，之所以会有如此结局，与他们的容貌无关，而都是因为他们“闻见之不众，论议之卑尔!”⑤身为一国之主，从来不接受人们的正确意见，以至于思想低下，没有高远的见识和高尚的见解，这才是暴君们身死国亡的根本原因!

然而，令人遗憾的是，“今世俗之乱民，乡曲之儇（xuān）子，莫不美丽妖冶，奇衣妇饰，血气态度拟于女子”，那些头脑错乱，举止轻浮之人，都追求以奇异的服饰和女性化的姿态来表现自己，原因就是，这样的人在普通人群中却很有市场，以至于“妇人莫不愿得以为夫，处女莫不愿得以为士，弃其亲家而欲奔之者，比肩并起”，妇人都想嫁给这样的人，年轻女子更喜欢跟他们交友，甚至还有很多人抛弃了家中亲人而要去追随他们。这充分说明，在荀子时代，社会风气之劣，已经到了病态的地步。面对这种严峻情势，荀子表现出了知识分子应有的社会责任。他明确指出，对于上述那种以外表矫饰为追求的病态之人，“中君羞以为臣，中父羞以为子，中兄羞以为弟，中人羞以为友”，即使是中等层次的人士，从君主到普通人，都羞于与那种病态之人相往还，更不用说任用他们为官。就是在推不开的亲情面前也难以接受他们，至于为朋为友，更是要远离这种人。作为崇尚礼法的儒士，荀子甚至认为应该把这种人“束乎有司，而戮乎大市”，把他们交给司法机关治其罪，直至把他们押上刑场，当众惩罚他们，让全社会引以为鉴。

当然，如同对待暴虐的桀、纣二王一样，荀子也分析了那些病态之人产生的原则，认为同样不是因为他们的容貌让他们受到惩罚，而是因为他们“闻见之不众，论议之卑尔！”⑥见识有限，思想水平卑下。所以，荀子一生致力于学术研究、思想论议、教育事业，重要目的之一就要提高全社会的认识水平，避免人们的思想陷于愚昧之中。

学术思潮之批判

身为儒士的荀子，其思想受到后世部分儒生的大力鞭挞，主要问题出在三个方面。一是荀子主张性恶，二是荀子重视法治，三是荀子对当时其他各派，包括儒家学派重要人物的毫不留情的批判。荀子对孟子等儒士的批判，主要出现在《荀子·非十二子》的记载中。当然，后世也有研究认为，原初的这篇文章应该是《非十子》，而《非十二子》中对孟子和子思的批判，是后人加入其中的。[7]不过，在《荀子》的其他篇章中，对儒士的批判也并不少见，在人性论的问题上更有对孟子的批判。即使记载在《非十二子》中荀子对孟子和子思的批判是荀子后学所为，也是有一定的必然性的。

学术界通常认为，荀子是先秦时代的学术总结者或终结者。在荀子时代，以及荀子之前，起始于孔子和孔门的春秋战国时代的所谓“百家争鸣”，到荀子时代臻致高峰。而荀子本人游历天下，与各家各派思想都有过正面接触，对它们理应有着比较深刻的理解。所以，在《非十二子》这篇堪称不朽的檄文中，虽然被时弊所激，荀子的用词不免尖酸刻薄，但揭示的问题却是异常深刻的，而且对各家各派之思想要点的把握，大体上也为后世所认可和遵循。

在具体批判十二位思想家之前，荀子先开宗明义，对他们的思想动机，以及他们的思想所造成的危害，加以概括。荀子说：

> 假今之世，饰邪说，文奸言，以挠乱天下，欺惑愚众，谲吁委琐，使天下混然不知是非治乱之所存者，有人矣。

荀子认为，他们借口矫正时弊，用光鲜的言语掩饰邪说奸言，其目的却是扰乱人们的思想，欺骗愚昧无知之人，使自己从中得利，但结果却是让人们失去了正确认识时势，以及实现天下大治的机会和可能。

那么，这著名的“六家”十二子，十二位先生和思想家，究竟是什么人物呢？且看荀子的严苛批判。

第一家，可以说是享乐主义者，代表人物是它嚣和魏牟，具体表现是，“纵情性，安恣睢（huī）”，思想放纵，行为随意，但荀子认为，如此行为“禽兽行，不足以合文通治”，与禽兽无异，显然也难以使天下政治走上正轨，更谈不上社会安定和大治。当然，就其思想的形成和阐述而言，荀子也承认“其持之有故，其言之成理”，立论有根据，表述有条理，并且“足以欺惑愚众”，让不明就里的普通人承认其合理性，甚至还会有所追随。正是因为这种思想的欺骗性是不容易识破的，所以，荀子并没有深责那些追随它嚣和魏牟的人们。只是这派思想既没有思想上的传人，也没有流传下来，甚至这两位思想家究竟是什么人，史籍中也没有明确记载，致使我们也只能从荀子的此番批判中知其一二。要之，这是一派尽管在当时颇有影响，却也是转瞬即逝的思想。

第二家，可谓苦行主义者，代表人物是齐国的陈仲子，也称田仲子，以及卫国大夫史鰌——以性情耿直而闻名的史官。他们的主张和表现是，“忍情性，綦（qí）溪离跂，苟以分异人为高”，要努力克制自己民，不同流合污，甚至不惜因此而走极端，特别是陈仲子，《孟子》对其行事有详细记载[8]。当然，在那个时代，上层社会奢侈糜烂的生活是造成社会矛盾的主要原因之一，但如果因此而陷于“不足以合大众，明大分”，采取极端不合作的方式面对社会，虽然其理论也能达到“持之有故，言之成理”，但最终效果也会是“欺惑愚众”，并不能达到改造社会，达于大治的目的，所以也受到荀子的严厉批判。

第三家，可以称之为功利主义者[9]，代表人物是稍晚于孔子的著名的墨家创始人墨翟，以及宋国人宋钘（xíng）。这一派的主张是，“不知壹天下、建国家之权称，尚功用、太俭约而曼差等”，他们不知道，治理国家和社会，不能完全从功用的角度出发，不能把眼前看不到实际收获的活动比如祭祀、音乐、礼仪等，视为毫无价值的浪费，以至于过度俭约，无法从人的思想深处提升人们的认识和境界，无法从根本上扭转和提高社会风气，如荀子所说，“曾不足以容辨异、悬君臣”，使社会没有等级，没有分工，从而失去了进取的活力和必要的管理。当然，这样的思想也同样是

"持之有故，言之成理"的，但本质也仍然是"欺惑愚众"的，对社会发展的负面作用胜过正面作用。

第四家，可以称作法治主义，代表人物是赵国人慎到和齐国人田骈。依法治国是那个时代普遍缺乏的，后来秦国之所以取胜他国，就是在法治国家的路上走得相对更好一些。但荀子在此批判的我们称之为法治主义的思想，与以法治国的精神并不相符。荀子认为，这一派思想是，"尚法而无法，下修而好作，上则取听于上，下则取从于俗"，意思是说，这两位思想的虽主张法治，但却以无法而终。原因是，不喜欢根据实际情况修改以前的旧法，而只是关注制定新法。他们制定新法的原则是，或者片面遵从在上者的意见，或者片面听从在下者的想法，所以，总是达不到预期的效果。如荀子所批判的，"终日言成文典，反循察之，则倜然无所归宿，不可以经国定分"。制定法典很快，有时甚至一天的时间就完成，但在落实的时候，往往不切实际，根本达不到治国安邦的效果。事实上，正如荀子所言，在法家人物中，慎到更强调君主之"势"，这使得法的精神更倾向于君主的主观意愿，从根本上讲就不得治国之要领。而田骈的法制思想则更倾向于黄老之术，流于空疏高远，也不符合战国后期各国征战天下的需要。所以，虽然这二位的思想也能达到"持之有故，言之成理"的学术高度，但当面对现实时，仍然是"欺惑愚众"，不能得到各国当政者的实际重视。

第五家，是有名的诡辩主义，在当时称为名家或名辩之家，专门从分析概念、辩明哲学入手，等受到君主的肯定之后，再发表他们的政治主张。这一派的代表人物，是春秋早期郑国的著名学者邓析和战国中期著名政治家惠施。荀子指出，这两位思想家，"不法先王，不是礼义，而好治怪说，玩琦（qí）辞"，身为儒士的荀子，明确以效法先王，遵从礼义去衡量名辩家，认为他们既不符合儒家的这些基本要求，还喜欢玩味偏邪的概念，提出怪诞的学说。然而，这样的作为，"甚察而不急，辩而无用，多事而寡功，不可以为治纲纪”，他们虽然下了很大的功夫，至少在分析词句、思考问题方面很有成就，但他们努力分析和思考的内容却不合实际，不是时势急用的东西，所以，不管他们多么下功夫，也不会成为治国的纲纪。其实，在史籍的记载中，邓析和惠施的思想观点还是比较多的。邓析在世时是郑国的名人，专门替人打官司，以其名辩家的智慧专门寻找法律的漏洞，但当政者认为这种做法很危险，便找借口治了他的死罪。惠施曾在韩国当政多年，虽然颇有政绩，但并未有效阻止韩国的颓势，其主张也最终被君主弃用。这样的结局，还是在荀子的定义之内，即“其持之有故，其言之成理，足以欺惑愚众”，所以依旧是荀子批判的对象。

第六家，也是有争议的一家，即以孟子和子思为代表的战国中前期儒家思想。子思是孔子的孙子孔伋，应该与孔子晚年收授的弟子年龄相仿，但令人奇怪的是，在《论语》中并没有子思的踪迹，而在战国前期以来的许多典籍中，特别是在《孟子》中，子思却是重要人物，并且被孟子尊崇为师，尽管二人因为时代相隔的关系未能谋面。传统儒家认为，就个人比较全面地传承孔子学说而言，子思是第一人，孟子则是通过子思而发展了早期儒家思想。孟子本人也是如此认为的，所以，荀子或荀子后人在此把子思和孟子放在一起进行批判，也是基本符合事实的。

荀子对子思和孟子的批判，明显在内容上多于对其他十子的批判，在分量上也更重一些。子思和孟子虽然是公认的儒家人物，但荀子对他们显然很不满意。荀子直言：

> 略法先王而不知其统，犹然而材剧志大，闻见杂博案（焉）。往旧造说，谓之五行，甚僻违而无类，幽隐而无说，闭约而无解案（焉）。饰其辞而祗（zhī）敬之曰：此真先君子之言也。[10]

在荀子看来，他们的思想尽管也是效法先王，但却简略而不得要领，原因就在于他们虽然志向远大，却是思想庞杂，没有中心。为了克服这个毛病，他们以“仁义礼智信”等五种行为概括孔子思想，但这是明显的以偏概全，既不能说服别人，也不能自圆其说。面对别人的批评，他们也只能强词夺理地说：这才是先辈君子的思想。

显而易见，荀子对子思和孟子思想的如此批评是相当严苛的，丝毫不留情面的。其实，与其说这是荀子对子思和孟子思想的批判，不如说是荀子思想与二子思想的不同。荀子的儒家思想非常强调与社会现实相结合的实用的形而下的一面，而二子的思想更偏重于理论的形而上的一面。这本没有高低对错之分，只是各位思想家面对的时势及对时势的不同认识而导致的思想重点的不同。但是，由于荀子面对的政治形势更为急迫，所以，他对二子的批评不得不表现出少有的疾风暴雨式的猛烈。

在严厉指出子思和孟子思想的错误之后，荀子还痛斥了他们造成的现实的危害。荀子不无忧虑和愤慨地指出他们的错误思想，“子思唱之，孟轲和之，世俗之沟犹瞀（mào）儒，嚾嚾（huān）然不知其所非也，遂受而传之，以为仲尼、子弓为兹厚于后世”。子思首倡，孟子发扬光大，此后的儒生目光短浅，只知道埋头追随，以为孔子和子弓所倡导的儒家思想就是这些内容，对此，荀子直斥为“是则子思、孟轲之罪也”，以“罪”来给子思和孟子的思想定了性。

孟子和荀子都是儒学史上的大师级思想家，在先秦时代儒学发展进程中，孔子、孟子和荀子，其重要性和思想贡献是不言而喻的。如上所述，孟子生活在战国中期，荀子生活在战国晚期，面对不同的时势，自然有不同的生活感受和思想选择。在后世，孟子思想更多的是影响知识分子的世界观和人生观，而荀子思想则更多的是影响政治和社会现实，从思想史的角度来看，确实难以对他们二人思想做出高低之分。

清代学者郝懿行有云：

近读《孙卿书》而乐之，其学醇乎醇，其文如《孟子》，明白宣畅，微为繁富，益令人入而不能出。

颇怪韩退之谓为“大醇小疵”，蒙意未喻，愿示其详。

推寻韩意，岂以孟道性善，荀道性恶？孟子尊王贱霸，荀每王、霸并衡？

以是为疵，非知言也。

何以明之？

孟遵孔氏之训，不道桓、文之事，荀矫孟氏之论，欲求时世之急。

《王霸》一篇，剀切錞于，沁人肌骨。假使六国能用其言，可远暴秦并吞之祸。

因时无王，降而思霸。孟、荀之意，其归一耳。

孙卿与孟，时势不同，而愿得所藉手，救弊扶衰，其道一也。[11]

这是认为，《荀子》一书表现了醇厚的儒学思想，其文字明白畅达如《孟子》，而其内容之丰富则令人流连忘返，所以，郝懿行颇为不理解，为什么韩愈认为荀子的思想是“大醇小疵”，大的方面没有问题，小毛病不少。郝氏分析，韩愈如此判断，可能是两个原因。一是孟子主张性善，荀子认为性恶；二是孟子尊崇王道，看不起霸道，而荀子则力图在王道和霸道之间寻找一个可以接受的平衡之点，换句话说，对霸道有一定程度的肯定。在郝氏看来，因为上述与孟学的不同而批评或贬低荀学，是对荀子思想的不够理解。孟子遵循孔子的教诲，不称道齐桓公和晋文公之类的霸业，而在荀子看来，孟子的主张未免不切实际，因为在荀子时代，霸主之业正是当时所缺乏的救世之道。郝氏进而指出，《荀子·王霸》的内容非常切合实际，如果山东六国能够遵从其言，完全可以避免覆灭于秦国的结局。总地来说，在孟、荀的时代都不可能出现王者，这时候，退而求得霸主，应该是他们共同的意愿。只是由于各自时势的不同，二人采取了不同的救世之道，但“救弊扶衰”的总目标还是一致的。

郝氏如此论断当然是相当宽容的。事实上，正如我们已经分析过的，从思想史的角度来看，荀子思想的根本精神还是儒家的，与孟子思想的分歧，也不足以把他们以儒或非儒作区分。只是站在荀子的立场上，孟子思想未免不切实际、空洞无物，这才让他发出了猛烈的批判之声。

上述荀子对子思和孟子思想的批判，有两方面的问题需要特别指出。一是在文字表述的形式上，完全不同于对于此前其他五种思想的批判，结合其他因素，比如在《韩诗外传》的引述中就只有十子，而没有最后的子思和孟子，这不得不让人推测，对于第六家思想的批判，极有可能不是出于荀子本人之手，至少也不是出自批判十子的同一时期。也就是说，对于子思和孟子的批判，不是荀子本人后来加上的，就是荀子后学或者后世其他学者加入的。特别是考虑到荀子思想的严谨性以及《荀子》之书的完整性，不太可能在批判六家的同时，在文字表述的方式上呈现出如此明显的不同。

第二个问题是“子弓”其人的问题。我们在其他地方从不同的角度有所提及，在此我们再次略作概括，以期加深人们对这个问题的印象。

《荀子》书中屡屡并列提及“仲尼、子弓”，并且受到荀子的全力称赞，说明此二人不仅是荀子尊崇的对象，而且二人的思想成就在荀子心目中还可以并列，这样一来，除了孔子弟子，确实很难找到其他人物。

在孔子弟子中，并无子弓，而名和字中有相接近的，只有弟子冉雍字仲弓，但是，此仲弓是孔子所肯定的“德行”弟子，而不是追求学问的弟子，也没有学术上的成就和传人，所以，一般认识荀子所言子弓应该不是这位仲弓。

孔子有一位再传弟子，《史记·仲尼弟子列传》：“商瞿字子木。孔子传《易》于瞿，瞿传楚人馯臂子弓，子弓传江东娇子庸庇。”有人认为荀子师从子弓学《易》，但并没有明确的根据，而此子弓除传《易》之外，并没有其他事迹和思想传世，从情理上讲，难以成为荀子极度尊崇的对象。

有鉴于子弓之名没有文字记载方面的确切着落，也有主张子弓乃孔子弟子卜子夏。“弓”字与“夏”字在那个时代的文字即大篆中形状有相似之处，更为重要的是，荀子的思想是对子夏思想的继承和发展。子夏创建三晋儒学，在荀子心目中与孔子并列，并位列孔子之后，合理性应该更大一些。

那么，在名声大噪的十二子遭到严厉批判之后，有谁能够扛起思想界的大旗，并在那个纷乱的时代给人们指出正确的思想方向呢？荀子既然敢于批判，也肯定敢于肯定和遵从。

到了荀子时代，结束混乱、天下一统，已经摆上了各国的政治日程，也为有远见的知识分子所肯定。所以，荀子心目中的圣人，即能够为天下人指明政治方向的人，首先要能够“总方略，齐言行，壹统类”，让天下人方向一致，言行一致，生存一致，这才是“至顺”之道。这样的圣人，引领时代潮流，不仅能使上述六家思想退出历史舞台，而且也会成为各国诸侯选贤任能的不二之选。

不过，可惜的是，仅仅是有思想的圣人，极有可能是在野人士，因为思想与现实总是有矛盾的。荀子得出这样的结论，固然有历史事实，如他所说，“是圣人之不得势者也，仲尼、子弓是也”，但很大程度上也与荀子个人的经历有关。仕途上的荀子最高做到楚国兰陵令，虽然达到了“盛名皇乎诸侯”，但却远未能达到让诸侯“莫不愿以为臣”的高度。好在荀子并没有为此而沮丧，而是积极地肯定像大舜、大禹之类的古代明君正是“圣人之得势者”，他们的功绩是，“一天下，成万物，长养人民，兼利天下，通达之属，莫不从服。六说者立息，十二子者迁化。”这样一来，当今时代的志士仁人们，就知道应该做些什么了：

上则法舜、禹之制，下则法仲尼、子弓之义，以务息十二子之说。

如是，则天下之害除，仁人之事毕，圣王之迹著矣。[12]

得势则效法大禹、大舜，不得势则效法孔子、子夏[13]，首要任务是消除各种有害思想的影响，这是仁人的根本任务。身为那个时代有使命感的知识分子，端正一个时代的思想是最根本的治国之道。荀子考察过当时所有的诸侯国，并与多数诸侯国的当政者甚至君主都有过面对面的交流。通过这样的考察和交流，他深刻认识到，不管是弱国强国，乱国治国，都在治国之道上有问题，所以他才说，只有完成了端正治国之道的仁人之事，才能充分显示出圣人治天下的事实。

除了像在《非十二子》中的集中批判，《荀子》书中的其他地方也有对当时学术流派的其他视角的批判。比如说，对于墨子的墨学思想，对于老子的道家思想、慎到的法家思想、宋钘的黄老思想，荀子也从这些哲学思想不利于治世的角度加以批判，其中的老子思想，并不见于《非十二子》[14]。

万物为道一偏，一物为万物一偏，愚者为一物一偏。

而自以为知道，无智也。

慎子有见于后，无见于先；

老子有见于屈，无见于伸；

墨子有见于齐，无见于畸；

宋子有见于少，无见于多。

有后而无先，则群众无门；

有屈而无伸，则贵贱不分；

有齐而无畸，则政令不施；

有少而无多，则群众不化。[15]

荀子认为，与大道相比，万物的存在原理只是其中一部分；与万物的存在之理相比，某个具体事物、某些具体问题的道理也只是一部分；与某个具体问题的道理相比，愚昧之人的观点也只能算是一部分。这是荀子整体的哲学观念，或者是对于物之理，或者对于大道的整体看法。所要表达的是，以人的智力和认识能力而言，要想认识大道全体，基本无法实现。人要越过对一物的认识，然后达到对万物的认识，最后才能达到对大道的认识。很显然，这是人的智力不可能实现的事情，所以，荀子明确指出，那些自以为“知道”的人，自以为了解和把握了大道的人，其实都是些“无智”之人，没有头脑的人，缺乏常识的人。

荀子的如此观点，主要是针对当时的一些哲学家或思想家而言的，他们声称掌握了大道，然后以他们事实上的“一偏”之见去说服当政者，愚弄普通知识分子，甚至去欺哄民众。这都是不可取的，是危险的。所以，荀子才说，慎到的思想，只看到了谦退于后的长处，没有认识到占先的长处，那么，作为统治者，如果只是谦退，不思进取，被统治者就不知道往哪里去，国家也会失去发展的方向。老子的思想，只是强调委屈而得全的好处，不去肯定伸展进取的好处，那么，社会各阶层就会没有贵贱的区分，人们也就失去进取的动力。墨子则是只认为取齐趋同有益处，不认为存在差别也有益处，这样一来，政令就无法施行，奖罚就无法分开。至于宋钘，只认识到人们欲望少的一面，没有认识到人们欲望多的时候，这样一来，就不能以足够的物质利益吸引普通人的从善建功。

很显然，荀子评价哲学的标准，并不是这些哲学思想在学理上如何如何，而是它们如何与社会现实不相协调，甚至相违背、相冲突。乍听之下，荀子的这种观点明显带有苛求的性质，似乎哲学就是哲学，为什么一定要与现实性挂上钩？荀子这样做岂不是多事？但事实上，这些哲学家并不是现代意义上做学问的哲学家，而是在那个时代有着现实政治追求的哲学家。上列四位哲学家，慎到、老子、墨子、宋钘，都有从政追求，甚至有过从政的经历，这样说来，荀子批判他们的思想缺乏现实性，就是非常中肯的了。

从纯学术的角度来看，荀子以“蔽于一隅”为出发点，对墨子、宋钘、慎到、申不害和庄子的思想又进行了批判。

> 墨子蔽于用而不知文，
> 宋子蔽于欲而不知得，
> 慎子蔽于法而不知贤，
> 申子蔽于势而不知智，
> 惠子蔽于辞而不知实，
> 庄子蔽于天而不知人。

> 故由用谓之道，尽利矣；
> 由欲谓之道，尽慊（qiè）矣；
> 由法谓之道，尽数矣；
> 由势谓之道，尽便矣；
> 由辞谓之道，尽论矣；
> 由天谓之道，尽因矣。
> 此数具者，皆道之一隅也。

在荀子看来，墨学追求极端的功用或实用，反对一切与生产生活没有直接关系的精神享受，完全以获得实际利益为目的，是被实用所遮蔽，而不了解礼仪之文的作用。宋钘认为人并没有多少欲望，从而并不主张用适当的欲望调动人们的积极性，荀子认为这是宋子被他本人欲望较少的事实所遮蔽，以一人之见代替所有人的愿望，从而低估了实际所得对人们的激励作用。慎到信奉法治的作用，反对任用贤人，甚至认为大臣根据其德行而施政是对法治的损害，荀子认为这是只看到了法治的确定性，从而鼓励人们只要想办法敷衍法律即可，从而忽视了贤德的全面性和道德修养的作用。至于申不害，是战国前期在韩国做过相国的法家人物，推崇君主势位的作用和效率，而荀子则批判其忽视了人的智慧的灵活性。惠施是战国中期有名的名家人物，善于论辩，荀子批判他的思想过度注重逻辑推论，而不太顾及实际事物的复杂性。最后是著名的后期道家人物庄子，崇拜自然之理，主张因凭自然之理就是王道，反对人为的改造，所以荀子批判其不注重活生生的人生现实。

那么，什么才是"不蔽"呢？在荀子看来，就是孔子的思想境界。荀子说："孔子仁智且不蔽，故学乱术，足以为先王者也。一家得周道，举而用之，不蔽于成积也。故德与周公齐，名与三王并，此不蔽之福也。"[16]这说的是，孔子既有仁者的道德高度，也具有智者的思想灵活性，所以，他学到的治国之术，足以与先王之道相提并论。很显然，这样的评价是相当崇高的。孔子以一家之言而实现了周详大道，一旦能够有机会指导社会实际，肯定不会受制于某一方面的不足。所以，孔子的修养可以与周公等量齐观，其名声可以与尧、舜、禹等三王并列。孔子所有的这些成就，都是因为他的思想和为人有"不蔽"的优长之处。所谓"不蔽"就是不因为强调某一方面而忽视了相反的另一方面，不会因为一时之用而忽视了长久之用，如此等等。

综上所述，根据孔子以来所谓百家思潮流行的实际，荀子进行了一个全面的梳理，在肯定各家学术之长的同时，重点批判了他们学术之短。这些学术流派的代表人物是：它嚣、魏牟、陈仲子、史鳅、墨翟、宋钘、慎到、田骈、邓析、惠施、孟子、子思、老子、申不害、庄子等人，至少有十五位之多，并且代表了百家争鸣中几乎所有的思想派别。后世很多学者都曾批判荀子的缺乏气度，即对于孔子和子夏之外的所有思想学派都提出了尖锐的批评，但却没有注意到，荀子能够如此去做，其前提是对于这些思想学派的重视与学习研究，甚至其中有些学派的思想观点，正是有赖于荀子的批判才得以更多地被保存下来。从这个角度来看，能够研究他人的思想并提出明确的批判意见，才可以说是对于他人的尊重，而荀子的这种精神，在同时代的其他思想家那里是不多见的。

事实上，在先秦时期这个思想家灿若群星的时代，像荀子这样能够对百家思想都有深入研究和批判的思想家并没有第二位。对此，有人以为这就是《史记》所构想的荀子在齐国稷下“三为祭酒”的结果。但是，我们已经注意到，上述荀子所批判的十五位思想家之中，真正属于司马迁所认定的所谓“稷下学者”只有宋钘和田骈二位，其他思想家，从春秋中期的邓析、墨子和老子，到战国末期的惠施和庄子，都不在所谓“稷下学宫”之中。这其中，最受荀子重视的，更不是他有可能在齐国面对面的人物，而是稍晚于孔子的墨子及其思想。

对墨家的批判

在先秦百家争鸣的时代，儒、墨之争，即儒家和墨家在思想领域的争鸣，是思想和社会领域的一件大事。这既是百家争鸣的重要内容，也有力地促进了全社会的思想发展和进步，并对中华文明的进程产生过积极的推动作用。

这场有着深刻思想内涵的儒、墨之争，出现在战国前期，兴盛于战国中期，在战国末期的荀子时代，依然有墨家思想的影响，所以荀子也不遗余力地对墨家思想进行了批判。

墨家出自儒家，但其具体出处和过程却不甚为后人所知。因为从墨家的创始人墨子（翟）开始，就对儒家进行明确的思想攻击，包括对孔子本人的批评和诋毁。更重要的是，墨家思想只针对儒家思想进行批判，并没有提及儒家之外的其他思想派别。同时，因为墨家出自儒家，他们对儒家的批判，不仅全面而犀利，而且影响巨大。这样一来，儒家主要人物，特别是孟子和荀子，不得不把对墨家思想的批判和反击作为一项重要的任务来做。孟子和荀子之间虽有思想上的差异，但他们有一个共同之点，就是在对天下各家思想都予以批判的同时，以专门的力量，包括在他们的书中有专门的章节，对墨家思想予以严厉的全方位的抨击。

在荀子看来，墨子之学是天下的"公患"，即全天下普遍的思想混乱的出现有墨学的责任。荀子说："天下之公患，乱伤之也。胡不尝试相与求乱之者谁也？我以墨子之'非乐'也，则使天下乱；墨子之'节用'也，则使天下贫。非将堕之也，说不免焉。"[17]在荀子看来，全社会普遍存在的思想方面的问题，是各种思想混乱表达的结果。造成这样的思想混乱的种种因素中，墨子思想是一个重要方面。在荀子的言语表达中，似乎墨学是唯一的因素，但是，综观《荀子》全书，荀子其实是认为，造成这种思想混乱的思想派别是很多的，比如他所批判的"十二子"，所以，荀子在此只是叙述上的方便，才将墨学说成唯一的罪魁祸首。

荀子进而认为，墨子主张的"非乐"，即禁止一切与物质生产无关的娱乐或享受，是天下思想混乱的原因。同时，荀子也认为，墨子主张的"节用"，却去除一切与物质生产直接无关的费用，则是使天下陷于物质匮乏的原因。对此，荀子解释说，这样批判墨学，并不是他的有意诋毁，而是事实如此。所以，荀子表示，他不得不进行一番详细的解说。

荀子对墨学的具体批判，首先从经济方面入手。

墨家是代表以小手工业者为主体的社会下层劳动者的利益的，所以，在他们看来，社会下层的贫困生活是由社会物质总量的不足和社会上层的穷奢极欲造成的，所以，他们一方面以"非乐"的主张反对社会上层的奢侈生活，另一方面以“节用”的想法试图相对增加社会物质财富。对此，荀子提出了明确的反对意见。

对于天下物质财富的生产，荀子认为，只要认真组织生产，生产者足够勤劳，物质财富不足的状况就不会出现，墨子所担心的财富总量不足的问题就是墨子本人的过度忧虑了。具体说来，荀子认为，天下有足够的土地，能够生长出足够的五谷、水果、蔬菜和飞禽走兽，这其中只需要人们“善治之”[18]，遵循这些物产的生长规律、付出必需的辛劳，就能得到足够的收获。

事实上，人类发展的历史已经证明，除了某些不可控制的严重自然灾害的偶尔来临，在正常情况下，所有的物质匮乏，都产生于人祸，而不是天灾。特别是那种较长时期的物质短缺，更是人为的结果。所以，荀子总结说：“夫天地之生万物也，固有余足以食人矣。麻葛、茧丝、鸟兽之羽毛齿革也，固有余足以衣人矣。夫有余不足，非天下之公患也，特墨子之私忧过计也。”[19]荀子提出了一个朴素的公理，即天地既然创生万物，就会有足够的衣食让他们生存下去。这样的公理虽然难以证明，但却表达出一种积极的生命观和生活态度。所以，荀子首先从经济上证明墨子思想的偏颇所在，最后的落脚却在于揭示墨子在思想观念方面的偏执和固陋。

物质生产和分配是社会生活的基础，生产的多寡和分配的合理与否，不仅会影响人们的生活质量，还会影响人们的思想观念，进而影响社会的思想走向。所以，荀子在批判了墨子的保守和偏狭的经济观念之后，进而批判了墨子的经济观对治国之道的消极影响。

荀子指出，根据墨子诸如“非乐”和“节用”的主张去治理天下也好，治理一国也罢，首先会出现社会物质供给不足的问题，从而是人们的正常物质欲求得不到应有的满足，在这种情况下，统治者或社会管理者将不能提供以足够的物质手段对人们的劳动或功绩进行奖赏，这样的社会必是缺乏活力，陷入死水一潭的境地，完全谈不上发展和进步。进而言之，根据墨子的同样主张，如果以创造尽量多的社会财富的名义要求社会的管理阶层与普通劳动者一样地去从事生产活动，那么，社会管理者的职能和职责将无法贯彻和实施，这样的社会将陷于无政府状态，最终会彻底破坏社会生产活动，这显然与墨学最终的设想背道而驰。

当然，我们应该注意到，荀子反对墨子式的禁欲主义和苦行精神，并不是主张无限扩展人们的不合理欲望，更不是助长社会上层的穷奢极欲。从荀子的理性精神出发，不过是对于社会财富的存在和生产持有一种乐观主义的精神。人们只要合理管理、有序生产、勤勉劳作，一定会生产出足够多的财富；只要以王道主导社会发展方向，以必要的法制约束社会成员的行为，以合理的方式分配社会财富，完全没有必要走上墨子式的“非乐”“节用”之途。

在荀子看来，推行儒术，以儒家思想治理社会和国家，将是一个物质财富和精神财富双丰富的结局，人们既有物质生活上的保障，也会有与之相称的精神生活的享受，是一个和谐有序、可持续发展的社会。如果推行墨家思想，天下人越是追求节俭，越是缺乏财富，相互争斗也会愈演愈烈，既不能保证必要的物质生活，更不能得到高尚的精神生活。儒家是物质和精神两得，墨家是两亡。

这就是说，保证了必要的物质生活，自然就会得到适宜的精神生活；如果片面节制物质生活，不仅物质生活得不到保障，精神追求也无望实现。其实，儒家在保证人们物质生活的过程中，是有精神追求在其中的，这就是儒家的礼。儒家之礼既约束人们物质生产过程，也约束人们的精神享受过程。相反，墨家反对一切精神生活的享受，一味追求满足人们的物质生活，到头来却是“两丧”，两方面都无法成功实现。为了物质而物质，不管是节俭的，还是奢华的，都是无法实现的。

儒家一直以来非常重视对墨家的批判，甚至孟子和荀子这样的大儒都以专门的思虑应对墨学的影响力，确实值得深入思考其中的缘由。这其中，最重要的原因莫过于墨家并不是像儒家一样的入世者，甚至并不是像其他各家各派一样的求仕者。墨家代表社会下层或至多是中下层的物质利益，势必要站在当权者的对立面。代表普通劳动者的物质利益，就最能打动和号召数量庞大的社会成员，形成广泛的影响力。同时，这也就要求墨者并不寻求入仕做官，而是去做站在当政者对立面的社会批判者。这样的特点，就在本质上与儒家表现出了不同。所以，儒家思想与墨学之外其他各家各派的分歧，只是对于同一问题的不同看法，而在维护现存秩序，进而去成为当政者的一员的问题上，却都是相同的。墨家则不然。墨家虽然不主张武装夺权，但对于现实的政治秩序，不能说全盘否定，也至少是批评多于赞扬、否定重于肯定。可以说，在墨家的天下里，不会有儒家的地位，反之亦然。这样一来，儒家视墨家如洪水猛禽，也就可以理解了。

注释：

①《荀子·非相》。

②《荀子·非相》。

③关于子弓，在本书第一章有详细叙说。

④《荀子·非相》。

⑤《荀子·非相》。

⑥《荀子·非相》。

⑦详见后文的论说。

⑧详见《孟子·滕文公下》“匡章曰陈仲子岂不诚廉士哉”章。

⑨如果称之为实用主义者则容易引起歧义，因为当代的实用主义者的含义更为复杂一些。

⑩以上均见《荀子·非十二子》。

⑪郝懿行《荀子补注》（道光四年甲申二月）。见王先谦《荀子集解》，中华书局，1988 年版，第 15 页。

⑫以上均见《荀子·非十二子》。

⑬本书作者认为此“子弓”应该是孔子弟子子夏，有关考辨可见本书第一章及其他相关章节。

⑭由此可见，所谓《非十二子》并不一定是一篇独立的文章，而只是刘向在编辑《荀子》书时的个人推断。同时，荀子批判天下学术的议论和观点，有可能是集中撰写所成，也有可能是在论及不同的主题时散见于各处的。

⑮《荀子·天论》。

⑯以上均见《荀子·解蔽》。

⑰《荀子·富国》。

⑱《荀子·富国》。

⑲《荀子·富国》。

第八章　人心人情人性，性恶之论

人有人性，人有人情
人性有欲，『顺是』成恶
节制欲求，矫正人性
圣人制礼，化导美善
孟子道『性善』，荀子道『性恶』
性恶之论，影响后世

人性论既是荀子思想的重要内容，也是荀子思想的重要基础和必要前提，理当进行耐心细致的分析和全面深入的理解。

人情、人的欲望或欲求，是人生的重要支点。总体上来说，人生的快乐与苦难，社会的安定与动乱，都与人的欲求有着直接的关联。所以，如何看待人的欲求，是每个哲学家必须回答的问题，也是每种政治理论必须探究的问题。荀子从人性的角度去理解这个问题，其答案虽然不必为所有人接受，但却成为古代思想史上绕不开的重大话题。荀子的性恶之论，既是原创的思想，更是理性的思想，其对于中国思想史的贡献，使用任何伟大的言语去形容都是可以接受的。

荀子主张性恶，认为人性中充斥着各种自私自利的欲望，这些欲望是生来就有的，与后天无关。这可以被理解为人的生命力所在，也是人的根本意志所在。早有学者指出，荀子“顾以嫉浊世之政，而有《性恶》一篇”[①]，是因为对现实中的罪恶过度敏感，才提出了性恶之说。确实，现实中的荀子，被时代的混乱、人性的泯灭所震撼，不得不从人性深处寻找原因。受此激发，荀子认识到，不以人性为恶则不足以惊醒时人，更不足以为他的注重礼法之治的思想提供必要的学理基础。

不论怎么说，一方面是人性之恶需要约束和改造，另一方面则是圣人制作了礼义规矩，而把这二者有效结合起来的唯一手段，就是学习。从这个角度来看，荀子主张“性恶”，其真实动机之一也是在主张和强调人们必须进行学习和道德修养，或者说是为人和人类的学习寻求到了一个不可否定的基础和不可回避的理由。为了抑制和消除人间之恶，短期的方法是法律的强制手段，而长期的办法则是学习大道和修养身心。很显然，荀子的人性论或性恶论，同样是儒家和法家思想的有机结合。

人有人性，人有人情

荀子论说人性，是从宇宙万物的本质说起的，这与他的哲学家的身份和注重理性的思想品质是一致的。荀子认为，万物都存在于同一个空间，只是形状或外在的状态有所不同罢了。当然，所谓同一个空间，并不是说还有另外的空间。对于人来说，万物的存在并没有特别的目的，但却可以被人所利用，这是“数”，也就是必然性，是任何人都不能改变的客观现实。人们的相处方式是“伦”，即类别。人与人是有区别的，但从整体上看，人也是必须“并处”的，即结合成群体或社会而生存。生存在人类社会中的人们，有共同的追求和欲望，但如何实现这些追求和欲望的方式方法却有所不同，并且人们的智力也有所不同。这些相同和不同，都是人性的组成部分，即是人生来所具有的，不是后天形成的。

进而言之，荀子认为：“皆有可也，智愚同；所可异也，智愚分。势同而智异，行私而无祸，纵欲而不穷，则民心奋而不可悦也。”[②]不论是智者，还是愚者，在追求欲望方面是相同的，不同的是追求什么样的欲望。更糟糕的是，在情势相同的情况下，因为智力有异，如果追逐私利也不会惹祸，放纵欲望也不会有尽头，那么，人心就会奋争，要求也就永远不会满足。这就是说，人有共同的欲望，也就有共同的人性。并且，人有共同的人性，是自然而然的结果。

荀子从两个角度定义了人性。

首先，人性是人之所以成为人的原因或原则、原理；其次，人之所以成为人的原理与外界发生感应，自然生成为人，这也是人性。其实，荀子的这两种说明本质上是同一个意思。在荀子看来，所谓人性，就是人之本性，是人之所以成为人的根本的规定性，这种规定性不受外界事物包括其他人的任何干预，是自然而然地发挥作用。用现在的话来说，人性就是人的天然性，其中既有人的生物性，也有社会性，总之，人性就是人在没有形成自主意识之前，人自身难以掌握和控制的所有因素对人的综合影响的结果。

荀子对人性的如此认识，决定着他对与人性相关的其他所有概念的理解。

与人性关系最为密切的概念是人情，或单称情。

荀子说，人性必然要表现出来，或者说，人性是一定要与人身之外的世界相接触的，包括自然界和人类社会，而接触的结果，就会产生对于人和事的爱好或厌恶，以及表现出自身的喜怒哀乐等等情绪，这就是情或人情。换句话说，人与外界相接触的结果，就是人性表现为人情。很显然，人性本身是看不到的。我们能看到的，是人性的种种表现，即荀子所称的人情。

在荀子看来，人性和人情有欲望是正常的，甚至人性和人情有无限多的欲望也是正常的。

为了全面阐述这一思想，荀子也批评了当时流行的一些相反的思想，并不断强调自己的“五綦（极、最）”主张。

名辩家宋钘认为，人情的本质是追求尽量少的欲望，某些人从自己欲望很多的感觉出发，认为人情是多欲的，这其实是个错误，是一种错觉。

对于这样的观点，荀子的回应是从实际生活讲起的。他说，人的五官或五体，都是要本能地追求美好、追求享乐，比如眼睛要看最美好的景色，耳朵要听最美妙的乐声，嘴巴要吃最美味的食物，鼻子要闻最好闻的味道，身体则要追求最安逸的享受。荀子反问，这五“最”，难道是人情不想得到的东西吗？如果承认人情的“五最”（事实上这并不是承认不承认的问题），那么，宋钘的主张便是不能成立的了，也同样是人们不能接受的了。

其实，当时类似宋钘的主张之所以还有相当大的市场，是人们对混乱的社会现实的一种反动。很多人把社会动荡归因于人们有着太多的欲望，所以才主张人情寡欲应该是正解。但荀子从理性主义出发，认为解决问题应该从正视问题开始，而不应该从回避问题甚至篡改问题开始。

荀子进一步的回应是，古代有头脑者的认识也与宋钘的观点不同。古人认为人情是追求更多的欲望，而不是相反，所以，古来的圣王也一直以来都是用财富行赏，用刑杀和罚没财产作为惩罚。荀子甚至很具体地认为，最上等的贤人应该以天下作为其俸禄，次一等的贤人应该以一国作为其俸禄，再下一等的贤人也要以土地和封邑作为其俸禄，而那些奉公守法的普通人则至少要保证他们的温饱。

由此来看，根据宋钘的观点，岂不是先王是用人们不想要的东西作为奖赏，而用人们想得到的东西为作刑罚吗？很显然，这样一来，肯定会造成人们价值观的紊乱，进而是社会秩序的混乱。假使赞成宋钘观点的人是从批判社会秩序混乱的目的出发，结果却会使社会更加混乱，所以，荀子时不时地以宋钘的观点为其人性观的反面教材，也不是没有道理的。

如上所述，荀子把人情的自然追求总结为“五綦”，就是五种至极的美好，即“目欲綦（qí）色，耳欲綦声，口欲綦味，鼻欲綦臭，心欲綦逸。”荀子认为，五官的这五种追求是自然产生的，是“人情之所必不免”的，对于“五綦”给人带来的快乐，“人苟不狂惑戆陋者，其谁能睹是而不乐也哉！”只要是正常的人，谁在得到“五綦”时都是会感到快乐的。由人情中获得天然快乐的合理性，进一步扩展到社会领域，同样也有每个正常人都想获得的快乐，比如“贵为天子，富有天下”，即使是圣王，也想保持这样的地位，以便管理所有的人，而不被任何人所管理。甚至是帝王们豪华的物质生活，以及所能实现的功绩和得到的名声，也是下自普通人、上至王者的共同愿望。[③]

但是，在现实生活中，并不是所有的人都能实现上述的愿望，甚至有些愿望只有个别人才能实现。那么，在这种情况下，就存在着必须根据某种规则去获得上述利益、实现上述愿望的问题，也就是对“人情”加以节制的问题。

人性有欲，“顺是”成恶

世称荀子主张“性恶论”，即认为人性为恶，其最经典的表述是：“人之性恶，其善者伪也。”[④]人的本性是恶的，人的善良表现是人为改造的结果。“伪”是“亻（人）”和“为”的组合，荀子从会意的角度解释这个字，认为是“人为”的意思，[⑤]传统的解释是“矫”，即矫正的意思。

我们先来探讨荀子为什么说人性为恶，以及他所说的“恶”究竟是什么意思。

在荀子看来，人性的问题是一个现实问题，人性的恶或善或其他关于人性本质的定义，是来自于人的现实表现，而不是来自概念或理论的推导。所以，荀子从对现实生活的观察出发，指出人生来就好利、有嫉恶、有耳目之欲，这些都不是学来的，也不是受自然和社会环境的影响而生发的，因此才能说是人的本性，本有之性。

很显然，荀子对人性内涵的定义是相当复杂的。

首先，荀子所列举的三项人性的内涵并不完全是生物之性或动物之性，因此，他所说“生而”如何如何，也并不是指人一出生就具有的本能性的习性。所有的生物或动物都有生存的本能，生下来之后都要吃食，都要保护生命，都喜欢适合自己的环境。但是，根据荀子的以上描述，人不仅要吃要住，要维持生命的存在，还有“好利”，喜欢拥有物质利益，甚至拥有超过日常需要的利益、财富，即贪婪、贪财。人不仅要保护自己的生命存在，还要“嫉恶”，对于自己感到厌恶的东西，也要施以打击。人不仅喜欢适合自己的环境，还要“有欲”，要去享受，甚至享受成瘾。不用说，人的这些更进一步的要求，是生物或动物所没有的，或者至少是没有全部具有的，而对于人来说，这些要求看上去又是自然而然就形成的，并不需要刻意地去学习。由此看来，人的本性应该是不同于其他生物的本性的。

其次，人性之恶的内涵还不仅仅表现在上述生来就有的欲求中，而且必须有“顺是”的过程才能最后完整形成其“恶”的本性。所谓“顺是”，就是顺着上述生来就有的欲求，不加以任何的节制或矫正，任其不断发展，甚至无以复加。具体说来，如果对“好利”不加约束，由于社会财富有限，就必然产生人与人之间的争夺，直到使辞让的表现消亡；如果对“嫉恶”不加约束，人们就会残害他人，直到使忠信的表现消亡；如果对“有欲”不加约束，人们就会滋生淫乱，直到礼义文理的表现消亡。总之，如果顺从人性的要求和人情的表现，必然导致无休止的争夺，直到“犯分乱理”，归于暴力。所谓“犯分乱理”，就是不顾及人的社会职分，不在意礼义大理，使人类生活在无限的暴力之中。

看起来，荀子关于人性为恶的结论是由两部分组成，一是人性，二是人性向恶。人性由“好利、嫉恶、有欲”三者组成，确切地讲，在这个阶段，人性尚未成恶，至少不是全部的恶，不是恶的整体，类似于孟子“性善论”中的“四端”之“端”，[6]可以说是性恶之“端”，也就是苗头、开始、起始、生长点的意思。由此可见，荀子的以“性恶论”挑战孟子的“性善论”，是在深入研究“性善论”的基础上进行的，并且有可能是受到了孟子“性善论”思维逻辑的影响。由“性恶”之“端”而“顺是”发展，就最终形成标准的恶的表现，即“争夺、残贼、淫乱”。

这样看来，人并不是生下来就是作恶之人，而不过具有成为恶人的基质而已，类似于有些思想家认为的，这样的基质也许只是人的生命力或生命能量的必要组成部分。这种人性中的恶的苗头或倾向，近似于人的自私自利之念。任何个体的生物，都有这种与生俱来的自我生长、自我保护的意识、冲动或本能，所不同的是，人在这方面表现得更为强烈，更有目的性。因此，人的这种“恶之端”之所以会出现“顺是”的情形，也同样是人的本性的自然发展，也就是说，并不需要什么样的引导和要求，“恶之端”会自然而然地“顺是”而为，发展出真正的恶行。

对于这种天然基质及其自然发展，荀子并没有表现出厌恶、排斥，因为他所真正不能接受的是“顺是”之后的结果。所以，荀子“性恶论”的真正价值，并不是因为人生来具有作恶的基质和倾向而厌弃人类，而是如何防止和制止“顺是”的情形的出现，进而实现对人性的矫正或改造。

在荀子那里，人性为恶已成定论，那么，人情又是如何的呢？

荀子设想了尧帝与舜帝之间的一场对话，因为这是上古传说中前后相接的两位帝王，所以才有对话的可能。尧帝问于舜帝说，：“人情何如？”你认为人情究竟如何？顺着荀子的思路，这里的“何如”之问，应该是就人情的本质，即人情是善还是恶而发出的。所以，舜帝的回答就是，人情是非常不美的，这是不用问就能明白的事情。“不美”就是恶。那么，人情之恶表现在什么地方呢？荀子借用舜帝之口要表达的是，现实中的人们，有了妻子和孩子之后就减少了对于双亲的孝敬，欲望得到满足就减轻了对于朋友的诚信，官做得足够大了就减损了对于君主的忠心。对于人情淡薄的如此描述，当然不会让人们对人情的本质抱有信心，更不会认为人情是善。

节制欲求，矫正人性

不过，荀子从来都是本质上的乐观主义者。尽管人情有上述的不美表现，荀子还是认为贤者的表现始终与此相反。这是因为，贤者能够约束和节制人性和人情。

荀子认为，凡是想把社会治理好，并因此而想去除人们的欲求，而不主张对人们的欲求加以引导的话，最终也会受困于有欲求的人或欲求本身。同理，凡是想把社会治理好，并因此而想让人们减少欲求或等待人们减少欲求，却拿不出节制欲求的办法，最终也会受困于人们不断增长的欲求。有欲与无欲虽然不同，但却是人性中本有的东西；多欲少欲也不相同，但却是人情的必然。这两个方面，与社会的治与乱都没有直接的关系。当然，总会有一些欲求是难以达到的，这是必然的，是客观条件所决定的，在这种情况下，求取欲望的人就会选择自己能接受的欲求，而这样的选择，显然是由人的心志所决定的。

在人的所有欲求中，最大的莫过于生命和长寿，而人最厌恶的则莫过于死亡。但是，有些放弃生命去赴死的人，并不是他们不想活着而一定要去死，而是不可以生而可以死，就是说，对他们来讲，死去是正当的，活着是不正当的。所以说，对某些东西有着强烈的欲求，但却没有去行动，那是心志加以阻止了。也就是说，人心所产生的欲求，如果是合理的，这种欲求再多，也不会妨害到社会的治理。相反，如果是不合理的欲求，即使再少，也会造成社会的混乱。所以，社会是治是乱，并不在于人们有没有欲求，而是这种欲求是不是合理。

在对人的欲求的认识态度上，荀子从人性和人情的实际出发，最后上升到社会治乱的认识高度，反映出一位有良知的思想家的道德自觉。

在荀子看来，社会实现大治是所有人的愿望，为此，就必须对个人的欲望有所节制，而事实上人的欲求也是可以节制和能够节制的。

人性是天然造就的，人情是人性的本质表现，而欲求则是对人情的回答或呼应。人有欲求的时候，心志认为可以去求得，这是人情的必然表现。在这个过程中，心志认为欲求可行，并加以引导，这就是人的智慧所在。

所以说，即使设置种种限制，人的欲求也是不可能彻底去除的，因为欲求是人性之中的东西，是人就会有欲求，即使是天子，已经拥有天下了，还是有着不可穷尽的欲求。

在这种情况下，正确的做法是，虽然人的欲求是不可能完全实现的，但却可以无限地接近；虽然人的欲求是不可能彻底消除的，但有头脑的人却可以进行节制。那么，无限接近也好，有所节制也罢，依据的是什么呢？荀子认为是大道。大道是调节欲求的最好标准和手段。

事实上，人的所有行动都是要有权衡的，都是要有准则的，而大道则是古往今来最正确、最准确的权衡标准。离开大道而自己进行随心所欲的选择，结果是祸是福，就很难说了。

总地来说，人有欲求是正当的，而节制人的欲求也是必须的。节制欲求的最佳途径和方法就是遵从大道。在荀子这里，大道就是以儒家思想为核心的思想学说。

为什么要节制欲求，目的之一是人心不为外物所役使，进而让人心役使外物。而要实现人心役使外物，用现代语词来说，就是要获得人的解放。人心要有自己一贯的主张，既不为外物的现象所蒙蔽，更不要让物质利益牵着鼻子走。

荀子的视角是“深观其隐而难察者”，即透过复杂的现象，把握事物的本质。荀子认为，一个正常的人，如果是思想上轻视理义而却看重外在事物，或者是只看重外在事物而不反观内心、行为已经远离理义而没有感觉到外物所带来的危险、外物已经带来危险却还不感觉惊恐，在正常情况下是不能接受的。不接受这四种情况，是荀子所认为的正常的行为方式和标准。

荀子接着指出，一旦背离了上述四项原则，人的心中就会产生忧虑甚至恐惧之情，那么，口中含着美味也吃不出味道如何，耳中听着音乐也听不出声音如何，眼中看着好衣服也看不出样式如何，身体躺在舒适的床上也没有啥感觉。换句话说，在这种情况下，越是享受着外物之美好，越是受到外物之利的侵害。那么，让这种情况持续下去，我们追求外物的目的，究竟是想养生呢？还是想长寿呢？显然，这样做下去，不仅不能养生和长寿，反而是本打算满足自己的欲求却放纵了情欲，本打算养性却危及身体，本打算获得快乐却伤害了心志，本打算求取名声却扰乱了行为。到了这个时候，荀子形象地给出结论说，即使是能够成为诸侯，也与盗贼没有区别；即使是乘坐着豪华车乘，也与赤足而行没有区别。一句话，就是自己的内心已经被外物所控制、所役使了。

反过来讲，如果心意平和、情绪欢愉的时候，即使景色平平也能养目，声音普通也能养耳，粗茶淡饭也能养口，粗布衣鞋也能养体，茅屋旧室也能养形。也就是说，如果心态好了，普通事物也能给人带来快乐，普通人也能得到不一般的名声。这样一来，一个人就能为天下人做更多事情，而没有心思去为自己寻欢作乐。这样的境界，荀子称之为看重自己，让人心役使外物。

确实，心与物，人的内心世界与外在世界之间，究竟应该是一个什么样的关系，一直是困扰人们的一个重大问题，当然也是思想家们着力思考的一个问题。特别是在一个社会正在发生着剧烈变化的时代，这种内与外的冲突更为激烈。泛泛来说，正如荀子所言，任何人都不希望自己被外物所役使，不希望自己没有主见地过着被动的生活。不过，这个问题也许并不是这么简单。荀子如此主张的前提，当是人们应该有主见，而且要有正确的主见。那些利欲熏心之辈，怕是也有主见的，并且是毫不动摇的，而这样的主见，这样的心役外物，事实上是非常可怕的。

很显然，人性和人情都是不可以放任自流的。着眼于人性和人情被放纵的恶果，它们不仅需要被节制，还需要被矫正。

所以说，荀子认为人性为恶，显然这并不是目的，而只是手段。

荀子的人性论，其实是要在证明人性为恶的同时，还要去矫正人性、改造人性，最终建成一个仁道盛行的社会。

矫正人性的途径是师法之化、礼义之导，也就是以教育、教化和引导的方式，用圣人之礼法、儒家的礼义，约束人性之欲，不让生来就有的人性之欲毫无节制地顺着它们的自然欲求往前走，而且是要沿着师法和礼义向前行，即“合于文理”。“文”是文饰，对人来说就是礼义；“理”就是天理，即儒家思想。只有沿着这样的道理前行，才能回归到圣王治下的仁政社会。

荀子的上述思路，就是一方面证明了“人之性恶”，另一方面证明了“善者伪也”。特别是“善者伪”，就是说，要想使人类走向善良，使人类社会回归仁政，必须施以人为之道，也就是师法和礼义。

人之性恶，要通过外在的手段，使人的行为端正而善良。犹如对于天生弯曲的木头和钝铁，要想使弯曲的木头变直，使钝铁有刃，就必须施加外力，用相应的工具把木头矫正，通过磨砺的手段使钝铁有刃。对于人性之恶来说，这些外在的手段，就是正当的社会要求，荀子称之为师法、礼义。“今人之性恶，必将待师法然后正，得礼义然后治。……今之人，化师法、积文学、道礼义者为君子，纵性情、安恣睢、而违礼义者为小人。用此观之，然则人之性恶明矣，其善者，伪也。”[8]君子与小人的区别，从人性的角度看去，就在于能否“化性起伪”，变化人的本性，兴起人为的从善之道。能够化于师法，能够积累修养之功，能够遵循礼义，这就是君子；放纵人性和人情，安心于无法无度，违背礼义的要求，这就是小人。荀子认为，从这个角度看去，同样证明了人性本为恶，善良来自于人为的后天改造和修养。

人性如何，是人自身无能为力的，但是，人性又是可以起化，可以改造的。人之情，也不是人自身有意造作的，但却是可以改变的。在日常行为中，在社会习俗的影响下，人性会慢慢发生变化；人集中精力去学习，不三心二意，就会不断积累，改变人之情。习俗可以改变人的意志、思想，久居某种环境中，也可以改变人的本质。重要的是，专心于学习，就能与神明相通达，与天地相齐一。这是荀子在强调向老师学习的时候，从人性、人情的角度表达的思想，这与他的人性论是一致的。

不用说，人情也好，人的喜怒哀乐的表现也罢，必然不能全部释放，即使部分释放，也必然不能全部得到满足，这时候就需要考虑，考虑哪些人情是合理的、适宜的，哪些是能够得到满足的。这个选择的过程，荀子称之为“虑”，即思虑，这个思虑之中，应该有节制的成分在。

在作了必要的思虑或节制之后，人情就要付诸实施，即把自己的喜怒哀乐表现出来，落实在行动之中，这样的结果，荀子称之为“伪”，即“人为”，人的实际行动。荀子更为详细的解释是，思虑不断积聚，直至自己认为合理、适宜，然后付诸行动，最后得以完成，这就是“伪”。

那么，人性与人为的关系如何呢?

人性相当于是原始质朴的材料，而人为则是对质朴材料的加工装饰。换句话说，如果没有人性，人为的行动便没有了对象；如果没有人为的做法，人性就不能表现出善良和美好。这并不是说人性需要美好，而是说，人为使人性变得美好。所以，荀子才说，人性与人为相结合，才能成就圣人之名，才能完成天下最伟大的功绩。这也就是说，正是因为圣人的努力，人性与人为才能实现完美的结合。

对于这个人性与人为相结合的过程，荀子分析了它的根源。那就是，天地滋生万物，包括人；万物各不相同，各有各的特性，当时的人们把这种不同分成阴和阳两大类，这些不同的特性相接触、相碰撞，就产生了各种各样的变化；当这样的变化发生以后，圣人以人为的力量和作用，对人性的要求进行调和与调整，最后实现了天下大治。这也就是说，自然界生成了万物和人类，但并不能自动调和人与万物的关系，而只有圣人，才能胜任这个工作。

荀子思想的伟大之处，在于他既能够深刻认识现实，又能够顺势而利用现实，最终达到为现实有效服务的目的。所以，在人性的问题上，尽管荀子力主人性为恶，但是，利用人性之恶、改造人性之恶，正是人类进步的必经之途。荀子所说的人性之恶，并不是说人类因此就陷入无底深渊。相反，正是因为人类顺着其恶前行时遭遇到了种种困难，甚至有可能濒于灭亡，才能使人类真正认识到善的重要，并因此而弃恶从善。

圣人制礼，化导美善

荀子既然主张人性为恶，那也就是说，每个人都是带着生来只有的恶的性情来到这个世界上的。所以，荀子性恶论遭受到的最大质疑，就是人世间善的来源和善的产生的问题。对此问题，荀子并不是没有充分的自觉。他以疑问者的口气设问：“人之性恶，则礼义恶生?”如果说人性为恶，那么，礼义廉耻等美德又是从何而来的呢?

(一) 圣人制礼

在荀子看来，美德或善良的产生有两个原因，一是有圣人创制，二是恶极而生善。前者是人的原因，后者是理的原因。

关于圣人创制礼义，荀子说：“凡礼义者，是生于圣人之伪，非故生于人之性也。”礼义美德，产生于圣人的人为之功，而不是产生于人性之中，也就是说，不是人性中固有的事物。“圣人积思虑、习伪故，以生礼义而起法度。”圣人经过不断的理性思考和道德实践，创生了礼义道德和行为法度。

荀子认为，人性或人的自然赋有的特性是，眼睛喜欢观看外表美好的事物，耳朵喜欢欣赏好听的音乐，口中喜欢咀嚼美食，内心喜欢得利，身体喜欢安逸享乐。这些特性，是人与事物相遇时的自然表现，不必通过学习，也不用别人指点，是自然生发的。荀子所说的“伪”，是人为的表现，是指那些不是自然生成，而是需要学习和实践才能得到和出现的表现。很显然，人性和人为是截然不同的，前者是自然生成的，后者是经过学习才能得到的。

这样一来，圣人的职责或使命就是所谓的“化性起伪”，即化改人的天然之恶，兴起后天的人为之善。所谓人为之善，就是制作礼义法度，对人性之恶加以约束和改化。很显然，圣人确实与普通人具有共同的人性，但圣人与普通人不同的却是能够起“伪”，去创制礼义法度，去约束人性。

荀子举例说，喜欢得利是人的本性。假如有这么一个人，他有足够多的财产，并且能够分出来给别人，那么，如果完全依据人的本性来分配，因为人人都有好利之心，即使兄弟之间也会出现肆意抢夺的情况。但是，如果依据圣人制作的礼义法度进行分配，那么，即使是素不相识的人之间也会出现礼让的情形。

另一方面，关于美德或善良的产生，荀子也做过理论上或学理上的分析和推演。

所谓学理方面的原因，荀子认为，正是因为人性本恶，人们才会去追求善良或美善。从常识的角度来看，荀子说，人们都愿意获得自己本来没有的东西，比如少浅的时候希望厚实，丑恶的时候希望美好，狭窄的时候希望广大，贫穷的时候希望富有，卑贱的时候希望高贵。总之，对于自己没有拥有的东西，必定会努力去得到。反过来说，如果足够的富有，就不会老想着发财；如果已经很高贵了，就不会老想着扩大势力。也就是说，已经拥有的东西，就不会急于再获得了。

根据以上分析，当人性中的恶已经足够的时候，人们就必然去求取善，也就是说，因为人性中一直缺乏礼义，人们即使必须通过艰苦的学习，也一定要获得礼义。

荀子认为，至少在他生活的那个时代，人们没有可以学习和效法的大道，思想偏邪，不走正道；人们也没有礼义可讲，行为悖乱，无法治理。这种情形，在古代也曾有过。那时，有圣王出现，他们认为人性为恶，并由此而导致人们思想偏邪、行为悖乱。为了改变这种状况，使社会得以治理，圣王就制定了礼法和法度，目的是矫正和修饰人性和人情，使其走上正道。因为人性和人情是自然发生的，所以，圣王矫正的手段也主要是对人性和人情加以引导，而并不是堵塞和消灭。最终目的当然是使社会得以治理，使人们的思想和行为合于大道的要求。

为什么圣人能胜任这个工作?

人性既然是相同的，为什么人与人还会出现明显的甚至非常巨大的差别呢?比如君子与小人，历来被认为是处在做人的两个极端上。对于明显的差异，从荀子人性论的角度看去，应该做怎样的理解和解释呢?

荀子明确承认，要论组成人的身体材质、人性、人所具有的感知能力、人所具有的基本能力，君子与小人是完全一样的，即从这四个方面来看，是分别不出君子和小人的。换句话说，君子和小人都有同样结构和组成部分的身体，都有本恶的人性，都有感知外界的能力，都有生存的基本能力，如言语和行动的能力，甚至从社会生活的角度来看，君子和小人都喜欢荣耀，厌恶耻辱，都喜欢利益厌恶祸害。那么，为什么这两类人之间还能区别开来呢?

在荀子看来，君子与小人在先天材质、天然本能、基本欲望上都是一样的，而把这二者区别开来的，是如何运用和使用这些天生的本性和能力，以及如何实现那些共同具有的欲望的途径上。荀子不无同情地说，小人也是打心眼儿里想拥有与君子一样的先天才性，而事实上，小人本来就有与君子一样的先天才性，只不过他们没有认识到而已。因为君子言行得当，所以成为君子；小人言行失当，所以成为小人。而小人不能反躬自问，不去自我检讨，反而把与君子的差距完全归之于先天原因，这就大错特错了。荀子强调，如果仔细观察和了解小人的先天才性，完全可以和君子一样地做人做事，甚至在很多方面还胜过君子。所以说，小人与君子的差距，并不是先天才性决定的，而是他们的后天言行限制了他们，使他们与君子截然有别了。

人情的本质是什么呢？或者说人的最真实的欲望是什么呢？在荀子看来，就是想吃好的、穿好的，就是想有车有马之后，还想有财富的积蓄，并且是永不知足。但是，荀子也明确指出，在现实中，也确实有这样的人，他们蓄养了所有家禽，却还不舍得喝酒吃肉；家里有余财余粮，也不敢穿着太好；更有甚者，即使有了大量财富，也不敢有车有马。这是为什么呢？并不是他们没有人的欲望，而是因为有长远考虑，就怕以后出现接济不上的那一天，这才节约用度，不断蓄积。荀子强调，这样有长远考虑的人，难道不是很善良的人吗？与这种人相比，那些无所顾忌，只知道挥霍无度，甚至不免因此而冻饿至死的人，就是真正的苟且偷生、没有头脑的人啦！

我们不得不承认，荀子的观察能力是不同寻常的，他非常善于用事实作为自己相关论点的基石。但是，我们想得到的是最根本的答案。也就是说，世上为什么有欲望无尽、不能瞻前顾后的人？为什么也有能够节制欲望、具有先见之明的人？

这就是说，尽管人有欲望是正常的，人情自私是正常的，但正常的并不见得就是合理的。正常是说人的欲望是自然而然，是人的本性中的东西，而合理则是人们对欲望要加以调节和节制。前者是自然的人，后者是社会的人。那么，这种社会的人又是从哪里来的呢？

荀子用很多的笔墨为我们描绘这种社会人的所作所为，即他们的作用与他们对社会的奉献。荀子说，为了肉体的生存，还有人作长远考虑，那么，为了精神的长存，为了体现人的真正的生存价值，所谓先王之道，即仁义之理，具体说来就是那些儒家经典所表现的思想，就更应该值得人们珍视了。因为仁义之理是对天下、对万民的最长远的考虑，更为重要的是，只有"慎熟修为"的君子，才能提出仁义之理。这就是说，只有那种道德修养到家的君子，才能够提出先王之道、仁义之理。

上升到社会的层次，荀子进一步认为，做天子，拥有天下，这同样是人们自然而然的欲求，但是，实际情况告诉我们，不可能人人都做天子。在这种情况下，为了避免不必要的纷争，为了社会的安定，先王就给社会制定了礼制，力求做到合理区分贵贱、长幼、智愚、能与不能，让人人都能做他们应该做的事情，得到他们应该得到的报偿，荀子把这样的原则称为"群居和一"之道，即社会和谐之道。换个角度，荀子又说，当仁人在上为君的时候，农夫尽力把田地耕种好，商人赚取更多的财富，百工完全发挥才技，官员则以"仁厚智能"为准则尽职尽责，这样的社会才是"至平"社会，即最公平的社会。到了这个时候，即使有人把全天下都当作自己的俸禄，人们也不会觉得太多；即使有人以最低贱的工作为生，人们也不会觉得太少，因为这都是根据公平原则形成的结果。

荀子对此的最后总结，是引用了当时人们常说的一句话："儳(chán)而齐，枉而顺，不同而一。"⑨意思是，参差不齐才是真正的整齐，弯弯曲曲才是真正的顺达，不完全相同才是真正的一致。这种充满辩证思维的观点，荀子认为才是真正的"人伦"，即人群应该有等级、类别和区分。极端的平均主义是有害的，也是不现实的。只有根据实际情况，根据合理的原则把人们区分开来，才是一个健康的社会所应该有的状况。

这就说明，即使从社会的角度去看，尽管个人的欲望是相同的，是自然而然的，但社会现实却并不能满足所有人的没有穷尽的欲望，所以必须对人的欲望加以节制和调整，而这样的责任就落在先代圣王的头上，落在了圣人的头上。

人之所以能够成为人，在荀子看来，主要是因为人有理性，即荀子所说的“辨”，辨别事物轻重，辨别事理是非。人的理性主要体现在两个方面，一是与动物相比，二是与人性相较。人与动物都是有生命的生物，但人与动物，特别是某些动物比如猩猩的区分，并不只是因为人以两足直立行走，以及人的身体上没有那么多的毛发，而是因为人有理性。比如说，动物中的禽兽也存在父子关系，但却没有父子之亲情；也有雌雄之别，但却没有男女之间的礼仪之分。这说的是，人具有的理性，使人脱离开了人性中的先天的生物本能。另一方面，人的生物性中还有一些与生俱来的欲求，比如饥饿的时候需要吃食，寒冷的时候需要温暖，劳累的时候需要休息，以及趋利避害等等，这些人人都有，人人相同，即便是大禹和夏桀这样的圣王与暴君之间也没有这方面的区分。但是，理性的人并不会无节制地不讲时间地点条件地去追求这些欲求，他们会做出区分，会制定出礼制，会听从圣王的教诲。这就是说，趋利避害是人性本有的东西，也是任何人都生来具有的，但是，这并不是人之所以为人的内容。人之所以为人，是要既承认和保留这些东西，又能够超越这些东西。

荀子最后的总结是，君主以此方针治国、治天下，天下各处无不公平合理，天下之事无不办理妥当。这是永世的规则，是天下礼法的关键所在。

这也就是说，人性和人情会使人趋向于恶，特别是“顺是”而行、不加节制的时候。但是，人又是有理性的，而其他生物，包括看上去与人最接近的动物都是没有理性的。一般来说，人的理性会使人认识到，如果不对人性和人情加以节制，就会出现个人之恶行、社会之恶行，但是，或许是由于生活环境或生长环境的不同，有人会产生这种认识，有人则不会产生这种认识，或者只能产生一些相关的模糊认识；再进一步说，有了这种认识还不够，还必须有所行动，才能矫正人性、修饰人情。由此看来，圣王人与圣人，是有这种认识，并能付诸行动的人，而圣人以下的人，则在不同程度上有所认识，有所行动，到了最低层，则是既没有认识，又不会行动的人。最低层的人，是人类社会的恶之源；圣王和圣人，则是人类社会的善之源。

（二）为什么是圣人制礼

荀子的性恶之说可谓不同凡响，但同时也招来了各方面的质疑。事实上，如果主张人性为善，也会遇到一样的困局。这就是既然人性是一样的，为什么现实生活中的人及其表现又会那样的截然有别。荀子的解释是，是他们后天的所作所为完全不同。那么，问题又来了，为什么同样是人，他们却会有着不同的后天作为呢？

在天然习性方面，人与人是相同的。荀子举例说，人们都会在饥饿的时候想吃，寒冷的时候想穿，劳累的时候想休息，都是喜好利益、厌恶祸害，五官的感觉和欲望基本相同。这些感觉是人生来就具有的，是不用学习、不用别人去教会的，圣明君子如大禹，暴虐小人如夏桀，在这方面也是相同的。

因为后天行为和环境的不同，有人成了尧帝、舜帝，有人变成夏桀和盗跖，有人去做了工匠，有人去做了农民或商人，这又是自然发生的事情，并没有背后的其他力量去左右。但是，做了尧帝、舜帝就会享受安荣，变成夏桀、盗跖就处于危辱之中；做了尧帝、舜帝就会快乐而闲佚，做了工匠、农民和商人就会经常处在劳累和烦恼之中。既然如此，却有大多数人做了尧、舜以外的人，而只有极少数人做了尧、舜一样的人，这是为什么呢？

荀子的答案是：“陋也。”[10]

那么，荀子所说的“陋”是什么意思呢？

荀子首先肯定，尧、舜并不是生来就是那样的君子，而是有过复杂的人生经历，不断增强道德修养，然后才有最后的成就。这是因为，人性本恶，本来就是小人，如果又生活在乱世，个人生活环境也很差，又不能有好的老师用高尚的思想加以教育，那就只能在人性的基础上更加小人了。

所以，荀子承认，要想成就君子，非“得势”不可，即生存在有利的成长环境中。荀子进一步解释说，这种“势”一定是那种能够磨炼人生的历程。如果人的一生无忧无虑、吃喝不愁，又遇不到合适的老师，怎么能知晓礼义辞让之类的道德修养呢？到头来也只能把心思都用在口腹之欲上，做个普通人而已了。

由此看来，荀子的观点就是，人性如果不加任何约束和修养，就会自然而然地走向小人，即使未必是那种为害他人、为害天下的小人，也会是无所作为的普通人。如果想避免走向这样的结局，那就只能寄希望于成长环境的作用了。从个人的角度来看，一定要有历练人的环境和经历，一定要遇到合格的教师，让人学习到圣人的礼义，才有机会成长为君子。这样一来，人要想成为君子，至少从逻辑上讲，只能求之于环境的作用。

换个角度来说，个人的成长，可以说是偶然因素作用的结果，因为当人处在幼小的成长阶段时，无论是智力上，还是能力上，都不可能做出适当而必要的环境选择，更谈不上改变环境。但是，绝大多数人的个体是在某种人伦的环境中成长的，具体的家庭和社会环境，特别是家庭，是可以为个体生命做出选择的。从这个意义上讲，个体的人的成长过程并非纯属偶然，而是还有极大程度的必然性在其间发生作用。可惜的是，荀子并没有进行这样的区分，而是统论人的成长受制于外在环境，这就会让人感觉，某个人成为君子或小人，完全是偶然因素造成的。

荀子进一步的解释是，如果有这么一个人，一直吃着粗茶淡饭，就会以为人能吃到的这就是最好的了。突然有一天看到了美食大餐，第一反应会是说：“这是什么奇怪的东西！”等他吃了之后才意识到，原来还有更好的食物，结果很自然，如果让他做选择，肯定是要吃美食大餐了。那么，在荀子看来，先王的仁义之道与暴君的行径何止是美食大餐与粗茶淡饭之间的区别，而人们却纷纷远离仁义，这究竟是为什么呢？答案还是："陋也。"

在荀子看来，"陋也者，天下之公患也，人之大殃大害也。"那么，这个天下共有之祸患，人间之最为灾害的"陋"究竟是什么呢？

仁者关怀天下，有使命感，喜欢把有益的东西告诉别人，喜欢给人家讲述做人的道理，指示人生的正确途径，荀子称之为"好告示人"。告示之后，还要不断重复，教导人们去遵循，所追求的是，让蔽塞者通顺，让狭隘者宽闲，让愚钝者智慧。在《修身》篇，荀子说："多见曰闲（僩），少见曰陋。"可见"陋"的反义词就是"闲（僩）"，"闲(僩)"是宽大、宽广之义，表示人的思想开阔、有见识，那么，荀子所说的"陋"，就是思想狭隘、缺乏见识的意思。这就是说，在荀子看来，当人面临尧、舜之道和桀、跖之道的选择时，正是思想意识或认识水平的"陋"与"闲"发挥了决定性的作用。

但是，是什么决定了人的"陋"与"闲"呢？

这个问题，不仅让我们感到了困惑，荀子也感受到了极大的压力。

荀子给出的解释是，只有仁者的告示才可以让人去"陋"就"闲"，免除狭隘的思想，以宽闲待人，然后才能接受仁人之道，化解人性之恶，成就君子的业绩。也许有人会提出疑问，历史事实所呈现的是，在圣王的时代，天下就能得到大治；而在暴君的时代，天下就会大乱。这样看来，难道不是说人性的实情就是，既可以这样，也可以那样，即随着环境发生改变。荀子用反证法说道，如果仁人之道、仁人的告示丝毫不起作用，那么，圣王在位有什么益处？暴君在位又有什么害处呢？

总之，说来说去，要改变人性之恶，还得求助于环境，甚至唯一的决定因素就是外在环境。这与孔子所说的"性相近，习相远"[11]是一脉相承的。

但是，孔子弟子子贡说过，“夫子之言性与天道，不可得而闻也。”[12]孔子不言人性，很可能就是同样遇到了瓶颈问题，即：既然说社会环境，即孔子所说的“习”使人不同，或者用荀子的说法，环境可以改变人性，那么，那个好的环境，那种仁人之道、圣王之世，又是如何降临到某个人的头上的呢？或者说为什么降临到某甲的头上，而没有降临某乙的头上呢？这是真正的难题，古往今来还没有哪位思想家能够让人信服地解决这个难题。

要回答好这个问题，如果过多的偏向人的主观性，则只能是哲学家们主观认定，无法一步一步地加以求证，其最终的说服力就要大打折扣；如果偏向于客观性，则圣人的出现更多地只能求诸偶然，这同样会影响人性观的说服力，无论是主张性善，还是性恶，以及其他游移在善与恶之间的人性观。那么，是否能够找到一个不偏不倚的答案呢？我们只能说，哲学家们还一直在努力着。

孟子道“性善”，荀子道“性恶”

讨论中国古代思想史的人性之论，当然不能避开儒学史上关于人性善恶的那场公案。

孟子言“性善”，荀子言“性恶”，这是儒学史最大的思想公案之一。对此，后儒往往把关注点集中在这两种人性观的优劣高低上，其实，这种不同思想观点的存在本身，才是儒家思想对中国思想史，甚至对于中国社会发展的真正贡献所在。从孔子开始，到孟子，最后是荀子，他们对人性的讨论，正是先秦时代人文觉醒的集中表现。立足于人自身，反思人性如何，人是什么，也是儒家思想大放异彩的重要原因之一。

孟子先于荀子，二人并未谋面，所以，我们只能在《荀子》中看到荀子对孟子思想的批判。不过，荀子批判当时任何一家的思想时，都能做到比较全面地引述被批判者的思想。具体到孟子的性善之说，因为在《孟子》中也有详细的阐述，我们可以看到，荀子对孟子原有观点的引述，还是相当客观的。

荀子从各个角度批判了孟子的性善论。

从对待学习，或者说为什么要学习圣贤之道、礼义道德的角度来看，孟子认为，人们之所以去学习，当然是指学习仁义道德，是因为人性是善良的，或者说人心生来就是向善的。

荀子不同意孟子的如此主张。之所以不同意，并不是说荀子反对人心向善，更不是反对人们追求善良，而是认为孟子的观点不符合实际，说服性不强，不利于人们真正地向善，不能有效地引导人们去学习圣贤之道。所以，荀子才说，孟子的如此观点，并不是对人性的正确认知，原因是没有弄清楚人性与人为的区分。

荀子认为，人性是天然造就的，不是依靠学习和实践才得来的。而礼义道德，即人们应该学习的对象和内容，是圣人创造出来的。人们学习了圣人创制的礼义，才具备了生活的才能，才能做成事情。这就是人性和人为的区分。

根据性善论，孟子认为，人们学习圣贤之道，是由人性决定的，也就是先天具备的能力，是与生俱来的；而荀子则认为人们学习礼义是人为的结果，一则礼是圣人所创制，并不是对任何人都是与生俱来的，再则只是在圣人创制之后，其他人才为了矫正人性之恶而去学习，甚至是被圣人引导着去学习。由此看来，孟子的性善论就是错误的了。

不过，如果我们站在孟子、荀子之外的角度去品评他们的人性论，就会发现他们有很大的共同之处，即都是为了证明人是一定要去学习圣贤之道的。这其实是儒家思想的基础，从而证明孟子和荀子都是忠实的儒家思想的信仰者。只是站在他们各自的角度来看，为了更能使人们坚定学习圣贤之道的决心和信仰，他们才各执己见。

接着，从约束人性的角度出发，荀子对孟子的性善论提出了又一轮质疑。

荀子认为，一般所谓的善，无非就是“正理平治”，正直、讲理、平和、修治，总之都是正面的、褒义的、积极的意义。所谓恶，无非就是“偏险悖乱”，偏邪、险诈、悖理、妄乱，显然是负面的、贬义的、消极的意义。

既然善与恶的意义是如此明显，那么，如果像孟子一样认为人性为善，为什么人世间还需要圣王的治理，为什么还需要用圣王制作的礼义来约束人们呢？这也就是我们已经提出过的问题：既然人性为善，恶从何来！

根据荀子的此番论证，只是因为人性为恶，人们才组成社会，建立国家，制定礼义法度，甚至使用刑罚来约束人们，使人们去恶向善。荀子还提出反论说，假如没有国君的管理，没有礼义法度的约束，没有刑律的惩罚，我们可以坐观人与人的相处，完全可以想见，那必定会出现恃强凌弱、天下大乱的形势。

所以说，任何的思想学说，都应该能够在现实中加以验证，否则就是不能成立的。在荀子看来，孟子的“人之性善”说，实质上就是抛弃了圣王之道、礼义教化。荀子举例说，工匠使用的檃栝和墨斗之类的工具，目的是要把弯曲的木料矫正。圣王制作的礼义，目的就是要把人性之恶转变为善，进而表现出善良之行。

总之，荀子在此想证明的是，孟子的性善论是自相矛盾的，进而对社会治理是有害无益的。不过，由此我们也可以看出，孟子性善和荀子性恶，尽管都是以造福人类为宗旨，但其功用确实有所不同。孟子是相对纯粹和保守的儒生，他所主张的性善之说，与整体儒家的社会作用相同，是力图在一个相对较长的时间内，从根本上造就一个品质良好的社会。而荀子是具有创造性的儒生，针对他的所见所闻、所思所想，其思想更倾向于借鉴法家的某些主张，更有效地解决当下社会所面临的急难险重的问题。所以，性善或性恶，似乎不宜以高下论之，而是应该以因地制宜、因时制宜论之。

如前所述，性善论的最大问题是，既然人性为善，那么，恶是如何产生的？同样，性恶论也面临着这样的问题。既然人性为恶，善又是从何而来的？

孟子认为，现实中的人们虽然有种种恶的表现，但他们的本性还是善良的。也就是说，他们的恶的表现只不过是丧失了善良的本性而已。

对此观点，荀子认为是完全错误的。

荀子尖锐指出，既然认为现实中的人生下来就远离甚至丧失了他们的朴素的先天资质，这只能证明人生下来就是恶的，人性也就是恶的了。

所谓人性本善之说，就是说人生来不会脱离其朴素的先天资质，从生下来时就直接表现其善良和美好，不会远离朴质而向恶。也就是说，人性为善，就相当于是眼睛生来就能看到事物、耳朵生来就能听到声音一样。

然而，放眼现实，现实中人性的表现却是，饥饿时只想吃饱，寒冷时只想保暖，劳累时只想休息。这些表现，才是真正的人性和人情的流露。在荀子看来，这丝毫没有人性为善的影子。

现实之中，人的善良表现是，见到好吃的却不敢先吃，这并不是人性使然，而是打算让给什么人先吃；劳累的时候也不敢要求休息，这也并不是人情使然，而且必然代替什么人这么干。就是说，儿子让父亲先吃、代替父亲劳作，弟弟让兄长先吃、代替兄长劳作，这都是与人性和人情相悖而行的。

这些与人性和人情相悖而行的行为，就是孝子的表现，就是礼义修饰的结果，而孝道也好，礼义也罢，并不是与生俱来的，而是圣人创制的。所以，如果顺着人性和人情的要求做下去，肯定不会有对父亲、兄长的辞让；同理，如果辞让了，那就会跟性情相悖了。

所以，荀子的结论还是，人性是恶的，那些善良的行为是人为的结果。

荀子对孟子性善论的质疑确实是看到了问题的要害，即：既然人性为善，为什么现实中会有那么多的恶行和恶人？这只能证明人性非善。但是，在我们看来，性善论遭遇如此困局，并不能解脱性恶论的困局，即：

既然人性为恶，所有的人都是怀着恶性来到世人，那么，人世间的善良又怎么会出现?

当荀子提出性恶论的时候，孟子的性善论早已享誉天下，至少在儒家内部，在人性的问题上，孟子的性善论是占据主导地位的。所以，对于荀子的性恶论，肯定会有不少人提出疑问。不管这样的疑问是出于什么动机，总之，把性善论与性恶论作比较是必然的。而对于荀子来说，驳倒了性善论，就等于是确立了性恶论。

有性善论者向荀子提出了问题。

提问者首先确认，礼义之道是积累或积聚了人的努力的结果，对于这一点，荀子也是认可的。但是，提问者接着提出，正因为礼义是人性中的东西，换句话说，正因为人性为善，圣人才能创制出礼义。我们知道，荀子也认为礼义乃圣人所创制。这样一来，性善论者与性恶论的根本不同点，就在于是不是认为以礼义为代表的人类之善是人性本有的。

荀子的回答很明确：人性中并没有礼义，人性并不是善的。

为什么呢?荀子举例说，陶工制作陶器、工匠制作木器，都是积累人工的结果，那么，能说陶器和木器就是陶工和木匠的本性吗?显然不能。

荀子认为，圣人制作礼义，相当于是陶工制作陶器。既然陶器不能被看作是陶工的本性，那么，礼义就不应该是人的本性，人的本性也不会是善的。

人们之所以看重帝尧、大禹之类的君子，是因为他们能够化性起伪，创制礼义。而人们之所以瞧不起暴桀、盗跖之类的小人，是因为他们顺从和放纵其本性，胡作非为，贪利争夺。这就是说，人性本恶，善良是来自于人为的结果。

不过，荀子的上述反驳和论证，至少有两方面的问题。一是圣人创制礼义，与陶工制作陶器是两类不同性质的事情。前者制造的是精神产物，后者制作的是物质产品。二是君子与小人固然不同，即使我们承认这种不同与人性有关，也还是没有看到其背后的原因，也就是说，荀子依然没有回答为什么人性相同的君子和小人，在行为的选择上会截然相反。

荀子以假设的问题为开端，讨论了何以才会有圣人的出现，这也是人性论者必须回答的难题。这个假设的问题是，“‘途之人可以为禹’，曷谓也?”[13]

所谓“途之人”，字面意思是指在大路行走的人，在当时就是指没有车子代步的普通人，甚至是普通的下层劳动者。

在孟子时代，有“人皆可以为尧、舜”[14]的说法，孟子基于人性为善，自然同意这种说法，并且认为，那些没有成为尧、舜式的圣人的人，并不是他们做不到，而是他们不想去做。

在荀子时代，“途之人可以为禹”，与“人皆可以为尧、舜”是相同的说法，而荀子的观察和分析，与孟子的相比，显得更为详博，并且结论也有所不同。

荀子首先强调，大禹之所以成为大禹，之所以成为人们效法的榜样，是因为他“仁义法正”，即思想遵循仁义，行为守法端正。既然如此，荀子进一步指出，即使是普通人，也有接受“仁义法正”的才质和机会，所以都有可能成为大禹式的圣人。理由是，现实中的普通人，都能够明了和接受父子之义、君臣之节。只要能给普通人提供学习的机会，让他们专心致志地学习，假以时日，不断地积累，就肯定会达到与神明相通、与天地相参的境界，也就是圣人的境界。

由此看来，“圣人者，人之所积而致也”，所谓圣人，就是普通人在学习中不断积累的结果。也就是说，圣人产生自普通人之中，产生自普通人不断学习、不断积累的过程中。那么，接下来的问题就是，“圣可积而致，然而皆不可积，何也?”既然是圣人都是普通人不断学习和积累的结果，那么，为什么有的人成了圣人，有的人就没有成为圣人呢?对此，荀子回答是：“可以而不可使也。”所谓“可以”，是说每个人都有成为圣人的客观条件，从道理上讲都能成为圣人；所以“不可使”，是说由于主观努力的不同，有的人就注定不可能成为圣人。

荀子更为详尽的解说是，从道理上讲，小人是可以通过不断的修养而成为君子的，但他们却不愿意成为君子，因而也不去做这方面的努力，结果就是，小人不可能成为君子；同样，君子如果松懈自己，放弃不断的修养，就会成为小人，但他们却不愿意成为小人，因而也不会放松自己，结果就是，君子不可能成为小人。这就是说，从理论上讲，君子与小人之间并没有不可逾越的鸿沟，但实际上君子与小人是不可能互易其位的，这也是“可以而不可使”的关系。

以普通人与圣人的关系来说，如果说普通人可以成为大禹，那是肯定的；但如果说普通人能够成为大禹，那就是不一定的事情了。当然了，尽管某个普通人此刻并不能成为大禹，却并不妨碍他经过努力可以成为大禹。这就好比是，从道理上讲，每个人依靠双脚都可能走遍天下，但在现实中却并没有人能够做到这一点。再比如说，工匠、农夫和商人，三者之间从道理上讲都可以掌握相互的技能，但着眼于现实，他们却都是各做各的，并没有相互替代。

以上事实说明，在道理上可以成立的事情，未必就能成为现实。不过，没有成为现实的事情，也并不能证明在道理上就不可以成立。这种可以和不可以与能够和不能够之间的区别是明显的，也是明显不可以混同的。可以做成的事情并不就是能够做到的事情，不能够做到的事情也并不是就是不可以做成的事情。

荀子在他的时代并不是最有名的名辩家，但他的思想却遵循着严格的逻辑思维，所以，他的理性主义精神对于中国传统理性思维的塑造发挥了承先启后的作用。说其承先，是说荀子继承了孔子的经世致用思想，强调一切思想观点都要经得起现实的考验；说其启后，是说荀子的理性主义精神体现在对于每一个问题的丝丝入扣式的推理和求证上。为了证明圣人存在，以及与之相关的为什么不是每个人都能成为圣人的问题，荀子充分发挥了他的思辨才能，从“可以”与“不肯”的角度入手，强调了人的主观意愿的决定性作用。

放眼现实，当我们去努力观察君子与小人的表现时，确实能够看到主观意愿的关键作用。不过，如果我们再进一步思考，为什么君子与小人会有不同的主观意愿时，荀子的回答显然不能满足我们的好奇心。

性恶之论，影响后世

在人类思想史上，难得有两种非常明确和系统的观点表现得如此针锋相对，并且能够影响一代又一代的思想家不得不在其间选边站队，这就是孟子的性善论和荀子的性恶论。

人们对于人性的极度关注，从根本上讲是由于人们的现实表现实在是过度地千差万别。不同的人，不同的时代，在不同的具体生活环境下，甚至是在不同的瞬间经历，都能看出种种高低悬殊的表现。甚至同一个人，也会在不同的时候表现出绝殊的善恶。对此，人们固然承认环境的重要作用，但人自身的因素也不能不正视。而在人自身的因素中，人性的问题可能更具有一般性，更具有说服力。这样一来，人性的问题就不能不成为古代思想上的一个常说常新的论题。

事实上，在孔子之后，孔门弟子中就有专门关注人性问题的思想家。东汉著名学者王充云：

> 周人世硕，以为“人性有善有恶，举人之善性，养而致之，则善长；恶性，养而致之，则恶长”。如此，则情性各有阴阳，故世子作《养性书》一篇。宓子贱、漆雕开、公孙尼子之徒，亦论情性，与世子相出入，皆言性有善有恶。⑮

这其中涉及了四位先贤，他们都是孔门后学，生活在孔子与孟子时代之间，可以说是儒家人性论的过渡性人物。其中，密（宓）子贱和漆雕开是没有异议的孔子直传弟子，世硕和公孙尼子一般认为是孔子的再传弟子。在人性论上，他们有共同的主张，即认为人性中既有恶的因素，也有善的因素；修养善性，就能成为善人，修养恶性，则会成为恶人。这种观点，乍看上去是解决了善与恶的来源问题，但从学理上讲，等于什么也没有说，有取巧偷说的嫌疑，也不足以回答和解决现实中的善恶问题。所以，虽然他们出自孔门，是孟子和荀子的前辈学人，但他们的主张显然无法满足像孟子和荀子这样的思想大师的要求。所以，在孟、荀大谈性善或性恶的时候，甚至都没有提及这些前辈人物。

《孟子》书中有《告子》上下两篇，详细记载了孟子与同时代另一位著名思想家告子在人性问题上的争论，告子在中国思想史上也占有重要地位。告子主张人性无所谓善与恶，犹如白纸一张，全在于后天的习染。这似乎与孔子所说的“性相近，习相远”比较接近。但孔子言说人性，并没有从善与恶的角度立意，所以，告子论人性，既无法超越孔子，也未能说服孟子。

王充的《本性篇》详细记载和评点了东汉之前关于人性论的种种观点，除了上述先秦时代的人性之辩外，对汉代以来的种种观点的说明也是条分缕析，可谓思想史上第一位系统论述人性论历史的思想家，其思想贡献自不待言。

根据王充的评说，在西汉时期，最早论述人性问题的，是西汉早期的思想家陆贾。王充引用陆贾的观点是，“天地生人也，以礼义之性。人能察已所以受命则顺，顺之谓道”[16]。这就是说，人性本善，并且每个人都有能力认识到这种礼义之善，也有能力遵循礼义而行。所以，人与人的区别只在于能否认识到这种善，以及能否做出善行。根据王充的分析，所谓性善之人，就是那种并不需要对礼义加以特别认识就能够从善的人。而性恶之人也不是对礼义没有认识的人，而是明知礼义，却大肆践踏的人，正好比是恶人未必不知道何为善良一样。很显然，陆贾的人性之说，也是想解决善和恶的来源问题，并且强烈地意识到了性善与恶行的冲突。但是，也许是王充的评介太过简单，陆贾的人性观并没有得到后世学者的普遍认可。

汉武帝时期的大儒董仲舒对人性也有论说。董仲舒主张人性、人情两分。性属阳气，生善；情属阴气，生恶。这基本上还是上述世子人性论的翻版，没有根本性的创见，也难以获得全面的认可。王充还提到了西汉著名学者扬雄的人性说。扬雄的主张是“人性善恶混”，“人之性也，善恶混。修其善，则为善人；修其恶，则为恶人”[17]。人性中有善有恶，关键在于人去修养什么。那么，为什么有人去修善，有人去修恶呢？从荀子的人性论中我们已经认识到，这才是问题的关系。

王充还介绍了西汉中期大学问家刘向的人性观。为避免善恶之争，刘向只提出了人性为阴、人情为阳的观点，认为人性是不可见的，而人情则是人性与外物接触之后的产物。这基本上也是荀子的观点。

王充本人主张“人性有善有恶”，这与扬雄的观点看似相同，实则迥异。扬雄是说，在一个人身上，就混存有善和恶。王充则是说，在人的群体中，有的人是善性，有的人是恶性，就如同人的才智有高下之别一样。

王充利用孔子讨论人的才智时的说法，即“中人以上，可以语上也；中人以下，不可以语上也”[18]，认为孟子的性善论只能针对中等才智以上的人，荀子的性恶论只能言说中等才智以下的人，扬雄的善恶相混之只能去论说中等才智之人。所以，王充的结论就是，这些观点，作为教育的基础理论还可以，而并不见得是恰当的关于人性的论述。[19]

看起来，从孔子到王充，在七百多年的时间里，关于人性问题的讨论在思想界并没有取得一致的意见，孟子和荀子关于人性善和人性恶的两面大旗，也始终在高高地飘扬着。平心而论，这与荀子思想对汉代的巨大影响有着直接的关系。直到唐代，随着理学思潮的逐渐开始，人性的问题再次受到重视，荀子的性恶论也才受到理学思潮的普遍反对。这其中，唐朝后期著名思想家韩愈的观点尤其具有代表性。

韩愈著有《原性》一篇，认为“性也者，与生俱生也。情也者，接于物而生也”，这显然是荀子的观点，说明韩愈对荀子的人性论是很重视、很了解的。在韩愈看来，人性有“三品”，三个层次或品位，即上、中、下。上品为善，下品为恶，中品可能导向上善，也可能导向下恶。这又近乎扬雄和王充的观点。与人性相对应，人情也有“三品”。人性的内容就是仁、义、礼、智、信，“三品”就是对于这五项内容的不同程度的认同。人情的内容是喜、怒、哀、惧、爱、恶、欲，“三品”就是对于这七项内容的不同程度的把握。显而易见，韩愈力图综合各家之论，弥合在人性问题上的不同主张。但是，他的如此复杂的综合把问题弄得更为复杂，反而不及荀子那样的主张更加鲜明和有力。只是随着儒家内部理学思潮的不断流行，性善之说与理学思想相表里，逐渐成为人性说的主流，荀子的性恶之论才受到理学家们的持续攻击，而对其应该进行的认真了解和思考也就变得越来越少了。

在宋、明时代，荀子的性恶论受到宋明理学家主流的持续批判。清代著名学者钱大昕认为：

> 盖自仲尼既没，儒家以孟、荀为最醇，太史公叙列诸子，独以孟、荀标目，韩退之于荀氏虽有“大醇小疵”之讥，然其云“吐辞为经”、“尤入圣域”，则与孟氏并称，无异词也。宋儒所訾议者，惟《性恶》一篇。
>
> 孟言性善，欲人之尽性而乐于善；荀言性恶，欲人之化性而勉于善。立言虽殊，其教人以善则一也。宋儒言性，虽主孟氏，然必分义理与气质而二之，则已兼取孟、荀二义。至于教人以变化气质为先，实暗用荀子“化性”之说。然则《荀子书》讵可以

"小疵"訾之哉？[20]

在钱氏看来，儒家思想自孔子创立之后，以孟子和荀子的思想最为醇厚，即最为接近孔子儒学或儒学的根本。比如说，司马迁在《史记》中叙述儒家人物时，只有《孟子荀卿列传》。至于韩愈，一方面认为荀子的儒家思想是"大醇小疵"，即大体上是儒家思想，只有细小的方面与传统儒家相出入，这其中的批评之意很是明显，但另一方面也认为荀子的思想表达堪为经典，与孟子一样，都是儒家思想史上的杰出人物。到了宋代，宋儒所难以接受的，也只是荀子所著《性恶》篇中的性恶之论。

说到性善、性恶，钱氏认为，孟子主张人性为善，无非是想让人们发挥其善性，乐于为善；荀子主张人性为恶，无非是想让人们化解其恶性，勤勉于行善。可以说，此二子的说法虽然不同，但目的是一致的，即教人如何向善。宋代儒生，即所谓的理学家们，他们虽然力主孟子的性善之说，但最终还得对于恶的来源有个交代。于是，他们不得不把人性划分成义理之性和气质之性，认为前者是善的来源，后者是恶的来源，这明显是兼容并取了孟子和荀子的相关思想。钱氏进而指出，至于宋儒所说的教人变化气质，实际上就是采纳了荀子"化性起伪"的观点。由此看来，《荀子》一书中表现的儒家思想，怎么能说是在细小的地方与儒家主流思想有所出入呢？

荀子思想，特别是他的性恶之论，正是因为其大胆放言，直指人性中最明显的弱点，所以才让人难以从根本上完全接受，也才在思想史上掀起了巨大的波澜。到了清代，随着宋明理学受到越来越多的反思和批判，一批有影响力的学者在考定《荀子》文字的同时，深入思索荀子思想的真实含义，才逐渐使人们对于荀子思想的理解归于理性。

孟子言性善，盖勉人以为善而为此言；荀子言性恶，盖疾人之为恶而为此言。要之，绳以孔子相近之说，则皆为偏至之论。谓性恶，则无上智也；谓性善，则无下愚也。韩子亦疑于其义，而为三品之说，上品、下品盖即不移之旨，而中品则视习为转移，固胜于二子之言性者矣。然孟子偏于善，则据其上游；荀子偏于恶，则趋乎下风，由愤时疾俗之过甚，不觉其言之也偏。然尚论古人，当以孔子为权衡，过与不及，师、商均不失为大贤也。[21]

清代学者谢墉的上述观点，对于全面理解荀子的人性之论，也具有深刻的启发意义。在他看来，孟子之所以主张性善，目的是勉励人们为善；而荀子之所以主张性恶，目的是疾愤人们为恶。不用说，如果以孔子的“性相近，习相远”为标准，性恶与性善之论都是极端主张。如果认为人性为恶，上善者则无从谈起；主张性善，则下恶之人没有了来处。谢墉也认为，正是为善、恶的来源所困，韩愈才提出性三品说，以为上等之善人和下等之恶人无法改变，而只有中等之人才可以随着环境而发生改变。这种折中之论，比孟子和荀子的观点更具有解释性。

总地来说，孟子的性善之说更容易获得人们的认可，而荀子的性恶之说则难以得到广泛支持。荀子之所以力主性恶之论，是由于他对于自己的时代疾愤过度，甚至没有感觉到自己的性恶之论太过偏激。谢墉由此联想到，评价古人的思想，应当以孔子的观点为标准。孔子曾经说过，弟子子张思想比较偏激，弟子子夏则比较保守，他们虽然被孔子评价是“过”和“不及”，但终不失为孔门之大贤。这就是说，尽管孟子和荀子的人性论都有所偏激，但此二子都不失为儒家思想的大师级人物。

更有清代另一位大学问家郝懿行认为：

至于性恶、性善，非有异趣。性虽善，不能废教；性即恶，必假人为。孟、荀之旨，本无不合，惟其持论，各执一偏。准以圣言，“性相近”即兼善恶而言，“习相远”乃从学染而分。后儒不知此义，妄相毁诋。[22]

不论是主张性善，还是主张性恶，郝氏认为并没有不同的取向和目的。这是因为，即使人性为善，也不能因此而废除对人的教化；即使人性为恶，那就更要依靠人为的方法加以匡正。所以，孟子思想和荀子思想的主旨都是一样的，只是其论证方法有所不同，甚至各执一端而已。郝氏也指出，如果以孔子的人性论为标准，所谓“性相近”，说的是人性既有善、也有恶；所谓“习相远”，是说通过后天的学习和习染，人们才会表现出善与恶的不同。这也就是说，先秦以来，儒生们并没有认真地从这个角度去思考人性问题以及孟子和荀子的观点，到头来只落得个妄自相互诋毁，都不能彼此理解和接受相互的观点。

其实，在清儒以上观点的基础上，还可以提出更进一步的思考，即为了解决人世间善与恶的来源，有没有必要在人性问题上做文章？甚至可以说，有没有必要提出所谓的人性问题？即使真的有人性和人情的问题，有没有必要确定人性为善或为恶？通过学习和思考荀子的人性之论，我们完全有必要提出类似的进一步的思考和问题。

注释：

①谢墉《荀子笺释序》。见王先谦《荀子集解》，中华书局，1988年版，第13页。

②以上均见《荀子·富国》。

③详见《荀子·王霸》。

④《荀子·性恶》。

⑤《荀子笺释》钱大昕跋：《书》“伪”与“为”通，荀子所云“人之性恶，其善者伪也”，此“伪”字即“作为”之为，非“诈伪”之

“伪”。故又申其义云“不可学，不可事而在人者谓之性；可学而能，可事而成之在人者谓之伪”。《尧典》“平秩南讹”，《史记》作“南为”，《汉书·王莽传》作“南伪”，此“伪”即“为”之证也。〇郝懿行《荀子补注》：“为”与“伪”古字通，其云“人之性恶，其善者伪也”，“伪”即“为”耳。〇以上均见王先谦《荀子集解》，中华书局，1988年版，第15–16页。

⑥《孟子·公孙丑上》。

⑦详见《荀子·性恶》。

⑧详见《荀子·性恶》。

⑨以上均见《荀子·荣辱》。

⑩《荀子·荣辱》。

⑪《论语·阳货第十七》。

⑫《论语·公冶长第五》。

⑬《荀子·性恶》。

⑭《孟子·告子下》。

⑮《论衡·本性篇》。

⑯《论衡·本性篇》。

⑰扬雄《法言·修身》。

⑱《论语·雍也第六》。

⑲《论衡·本性篇》。

⑳《荀子笺释》钱大昕跋。见王先谦《荀子集解》，中华书局，1988年版，第15页。

㉑谢墉《荀子笺释序》。见王先谦《荀子集解》，中华书局，1988年版，第13–14页。

㉒郝懿行《荀子补注》。见王先谦《荀子集解》，中华书局，1988年版，第15–16页。

第九章　天人之分，人有群分

天行有常，天人有分
组成社会的人群有分有等

中国古代所谓天人关系，荀子称之为“天人之分”，并不完全等同于现代所谓人与自然的关系。一般来说，就天人关系而言，古人心目中的“天”，既包括大自然，也包括人之外的万事万物，以及人们所感受到的外界的一切力量，特别是某种相对神秘的力量。而古人心目中的“人”，既指人的身体或肉体，也指人的思想，特别是人的主观愿意和近似直觉的感受。

但是，古代中国天人关系的基础，是人的生存状况与大自然的关系，这是人类在每一时刻、每一时代、每一地域、每一场合都会遇到的问题。只是由于越往古代、越往上古，人类越是更容易也更强烈地感受到自然对人的影响而已。

中国古代哲人很早就开始思考“天人之分”，只是不同的哲人，其思考的程度不同、角度不同，当然结论也有所不同。到了荀子时代，由于现实的政治和社会因素对人的影响越来越深入，人们对天人关系的思考就变得越来越理性了。而在荀子思想中，这样的思考达到了一种前所未有的成熟性和系统性，因而具有一种划时代的意义。

对于人类来讲，无非就是外界与自身两大部分。所以，对于人自身发展的思考和探究，也是荀子天人观的必要组成部分，当然更是荀子思想体系中的有机组成部分。

天行有常，天人有分

根据自己的亲身经历，加上哲学的思考，荀子清醒地认识到，所谓天道并不直接与人们的生存和发展状况相关联，大自然有它自己清晰的与人事活动无关的规律或轨迹。同样，无论人们的日常生活，还是国家和社会的存亡，也都有自身的规律，长远来看也不与外物相衔接。人事活动，至少在荀子的时代，并不能够影响自然现象。所以，那些不检讨自身，一味地把自身的不幸遭遇归咎于上天的人们，就成为荀子批判的对象。

（一）天行有常

大自然的基本规律是什么呢？荀子有一段最著名的论述，甚至可以说是宣言：

> 天行有常，不为尧存，不为桀亡。
>
> 应之以治则吉，应之以乱则凶。
>
> 强本而节用，则天不能贫；养备而动时，则天不能病；循道而不忒，则天不能祸。
>
> 故水旱不能使之饥，寒暑不能使之疾，妖怪不能使之凶。
>
> 本荒而用侈，则天不能使之富；养略而动逆，则天不能使之全；背道而妄行，则天不能使之吉。

故水旱未至而饥，寒暑未薄而疾，妖怪未至而凶。

受时与治世同，而殃祸与治世异。不可以怨天，其道然也。

故明于天人之分，则可谓至人矣。[1]

上天的运行有自己的规律，这些规律不会因为唐尧的英明而存在，也不会因为夏桀的暴虐而不存在。至于人们通常所说的吉凶祸福都是天定的，人力无能为力，荀子对此并不赞成。他认为，人们如果付出足够的正确努力，就能得到吉福；如果胡乱作为，就只能遭遇凶祸。

具体说来，比如一个国家，如果不断加强农业这个根本，并且节俭日用，大自然就不会吝啬，就不会让人们陷于贫困；进行必要的精神和物资储备，在适当的时节举行各种社会活动，上天就不会让人们遇到麻烦；遵循大自然的规律，不胡作非为，人们就不会遭遇祸患。总之，从长远来看，水旱之灾并不能使人陷于饥饿，天气冷热并不能让人患染疾病，那些千奇百怪的事情也不能让人遭遇凶险。

与此相反，如果荒废农业、日用奢侈，上天也无法让人富有；不作储备、行动不合理，上天也无法保全任何人；背离规律、妄乱行事，上天就不能让人们获得吉祥。这样一来，甚至在没有水旱之灾的正常年份也会遭遇饥饿，天气并没有冷暖变化也会染病，没有那么奇怪的突发事情也会面对凶险。

这充分说明，人们如果能够遵循规律、勤勉做事，就会一切顺利，否则就会遭遇祸殃。人类和社会的一切遭遇，长远来看，并没有理由埋怨上天，而是客观的规律在起作用。

所以，明白上天与人类的区分，就可以说是“至人”了。

以上观点，是荀子论说天人关系的总纲，他称之为“天人之分”，即天与人的分界所在，什么是天能起作用的地方，什么是人发挥作用的地方。总之，天有天的运行方式，人有人的生存方式。即使天道会影响到人道，那也不是天道有意作为，更不是上天的刻意安排。在这样的前提之下，人只要认识天道，并遵循天道行事，就会获得理想的正常生活。所谓“至人”，就是思想认识达到顶点的人，而在荀子看来，最高明的思想认识，就是明白“天人之分”。

天人之分，就是天有天的规律，自然界有自然界的运行规则，而人有人的生活方式。人固然要遵循天道，但天道的形成却并没有任何主观意愿，更不会是为了方便人或克制人而存在。所以，人间的事务，政治的得失，不应该去寻找上天的原因或借口，而应该从人自身找问题。

基于此种理念，荀子才进一步强调说，人世间政治上的得与失、社会的治与乱，与大天、四季、土地这些人之外的事物有关系吗？显然没有。荀子的根据是，日月星辰的运行，庄稼在四季的生长和收获，人们与土地的关系，在大禹的时代和夏桀的时代完全是一样的，是一样地表现和发生作用的，但人世间在大禹的时代是大治之世，在夏桀的时代是大乱之世。这就说明，上天和天道并不能直接决定人世的治乱，人世的治乱就在于人本身、社会本身。

荀子举例说，流星坠落、树木鸣叫，人们看到、听到之后会感到害怕，实际上这并没有什么。那都是自然现象，只是人们不常见到而已。限于知识和科技的发展程度，对于此类反常现象荀子虽然不能给出具体解释，但他从天道的角度加以理解，认为对于此类事情感到奇怪是正常的，如果因此而感到害怕就不对了。从常理的角度来看，日食月食、风雨不调、怪星偶现，这是什么时代都曾有、都会有的事情，但是，在君主英明、政治平和的时代，这些事情再多，也不会影响社会和人们的生活；可是，在君主昏暗、政治险恶的时代，即使这样的事情无一出现，也无助于改变人们的困苦处境。荀子的这种推理方式，事实上是很有说服力的。即使是在科技发达的现代社会，还是有许多人们无法解释的自然现象，对此，根据常理或常识就能够理解，完全没有必要做出片面的神秘解释。

根据荀子的天人之论，他认为，在人们能够看到的事物中，自然之中的怪事怪物并不可怕，而最可怕是“人妖”[②]，即人制作的妖孽之事。

荀子把“人妖”归为三类。

第一类是经济方面，如不重视农业生产，粮价飞涨，人民饿死于道路。

第二类是政治方面，如法令不明确，政策不合时宜，官员不安于本职。

第三类是社会方面，如社会不崇尚礼义，家内家外没有区别，男女淫乱无度，父子之间没有信任，上级与下级相互乖离，致使外寇入侵等灾祸一并来到。

荀子主张，如果因为人力达不到，致使发生像牛马相生、六畜作妖之类的不常见之事，这确实让人感觉奇怪，但并不值得害怕。万物之中发生的怪事，传统的经书根本不去提及，那是因为，没有实际用途的辩论，不影响正常生活的所谓明察，在正常情况下是没有必要去理会的。但是，君臣有义、父子有亲、夫妇有别等这些关乎国家大治、社会安定的人伦根本，却是需要时时关注、日日不能舍弃的。

荀子以上所述，是人们对于自然现象，特别是可怪之事物的总的态度，但着眼于现实，作为理性主义大师的荀子，也有许多合乎情理的思考和思想。对于那些无法解释的自然现象，荀子在整体上否定其与人间事务有直接关联的同时，也承认它们会对人们的思想有一定程度的冲击。对于这种思想冲击，不能简单地加以否定，更不能完全禁止，而是要加以引导，并尽可能地发挥它们的积极作用。

比如说雩祭之礼，有着悠久的历史，是著名的祈雨仪式。有人问荀子：雩祭之后就下了雨，这是为什么？荀子不乏机智地回答：这没有什么，好比是不举行雩祭也会下雨一样。事实上，并不是每一次下雨都是通过雩祭祈来的，这就说明，雩祭与下不下雨并没有必然联系。就如同发生了日食和月食之后人们总要想方法补救一样，有了大事会用卜筮作决定一样，其实并不是认为从中能得到什么，而只是一种文饰的手段。文饰什么呢？日月食之后的补救措施，是想让人们从惊恐中尽快恢复过来，并不是想证明日月食真的影响到什么具体的事情；用卜筮决疑，对外只是想动员人们赞成此事，对内是想让自己有个心理安慰，其实，应该如何做事，人们心里是有数的。

所以，荀子一针见血地指出，对于这类做法，君子明白那只是起到文饰的作用，而老百姓则会认为是神灵在起作用。真正的吉凶，并不在于神灵如何发挥作用，而是如何对待神灵。君子明理，知道所谓神灵只是神道设教，国家举行各种祭祀活动，目的只是要团结民众、鼓舞士气、引导教化，一句话，那是一种宣传和教育手段，并不是认为真的有神灵在事情的背后发挥作用。在远古时代，统治者或许故意不让民众知道实情，但随着社会文明的进步，应该让越来越多的人明白这个“文饰”的本质。作为思想家，荀子认为他就有这样的责任。

（二）天有其时

所谓“天行有常”，从大自然自身的表现来看，荀子又称之为“天职”③，就是上天的职分。

什么是“天职”呢？荀子的描述是，不用人去做就能完成的事情，没有人的要求就能得到东西。这显然是指上天作用的结果，即自然现象和自然规律。比如四季更替、昼夜出没，比如风雨雷电、山川万物。所以，“天职”就是与人无关的、自然产生的一切现象，包括外在事物。所以荀子才进一步说，自然现象不管有多么宏大、复杂和精深，都是人无法干预和改变的，这种不干预和不改变，就是不与天争职，不要妄图去做上天应该做的事情。

从当时人们的习惯思维来说，在天、地、人三者的关系中，上天有四季等自然现象，大地存在着各种事物，包括能被人利用的资源，而人所拥有的，就是付出自己应有的努力。这三者配合得当，即“能参”，人们以及人类社会就能获得正常的生存和发展。放弃这样的配合，甚至妄图把自己的意愿强加给天地，那就太愚蠢了。在这里，荀子所说的“能参”之“参”，就是天、地、人“叁（三）方”组成的一个整体。不过，如果从天人关系的角度来看，“参”之中的天和地，都应该在荀子所说的“天”的范围之内。

天的运行既然有其常规，并且与人和人事有职分之别，那么，人类要想在天底下生存和发展，就需要“知天”，了解天到底是怎么一回事。为此，荀子详细解释说，斗转星移，太阳和月亮轮流出现，四季更迭，寒来暑往，风雨雷电，这些自然现象按理说都有自己发生的规律，只是人们对这类规律并不完全明白，而只能看到结果。对于这样的结果，荀子称之为“神”，义取神秘莫测，当时的人常用来形容那种难以解释但却能够感觉和观察到的神秘而强大的力量。荀子也强调“唯圣人不求知天”，认为作为人类，完全接受这种现象的存在即可，没有必要去穷究其为什么。这种态度，与当时自然科学的发展水平有关，即那时的自然科学既无法探究这类为什么，同时，在人们的普通感觉中，自然科学在当时的发展水平也难以有效影响人们的社会生活。所以，与其花大力气研究那些“无用”的事情，不如更多地关注人类社会的现实问题。

在这种“神”的作用之下，荀子对于“天”的各种功能和表现作了概括：

天功　天的作用方式，就是人们只看到了天所作用的结果，而不了解其过程。

天情　在天职和天功的作用下，产生了人的形体。不用说，人的形体是如何长成的，也是人所不能了解的。人对自身的了解是，有了形体，就有了精神，并表现在喜好、厌恶、喜怒、哀乐等情绪和情感之中。所以，所谓天情，就是天生的或自然形成的人的情感。

天官　天然形成的人的器官，如耳、目、鼻、口和四肢等五官，这些器官都有各自的功能，并且不可以相互替代。

天君 当时的古人认为，心脏居于身体的中央，具有思维功能，能够接收五官获得的感觉，并加以判断，进而做出反应，对五官加以左右，所以称为天君。“君”具有管理的意思。

天养 自然事物对人的生命的滋养，是说能够滋养人类生命的东西，如水和食物，它们与人并不是同类的事物，但却能够养育人。

天政 顺应天的要求，按照合理的方式滋养人类，就能得福，反之就会取祸。这主要是指恰当地获得和享用水和食物等“天养”的方式。

以上六项是荀子论述“天人关系”的主要内容，处理天人关系，就是遵循这六项的要求。所以，荀子强调，一旦天君昏暗（思想混乱），天官紊乱（五官作用不明、相互替代），放弃天养（不吃正常食物），违逆天政（生活奢侈等），违背天情（喜怒无常等），这就等于是丧失了正常的天功的作用，必然会引发“大凶”。相反，圣人完全按照天功的要求行事，知道什么是应该做的，什么是不应该做的，那么，天地万物就会顺应圣人的要求。具体说来，就是行为适当，养育适当，生命不伤，荀子称之为“知天”④，对上天达到了真正的理解和遵循。

（三）制天命而用之

在荀子那里，知天的目的在于用天。不过，荀子所说的知天，与现代科学意义上的了解和利用大自然明显有所不同。荀子的知天，在于了解自然事物和自然现象的现状，并承认这种现状是人不可以改变的，也是不必要改变的。荀子所谓用天，就是适应自然事物和自然现象的本来状态，从而相应地做出人的选择，制定人的做法，让人的做法最大可能地利用自然本有的状态，从而收到理想的效果。从大的方面来讲，现代自然科学也应该是这样的态度，但由于技术的进步，现代科学可以在更深的层次上，在更高的高度上了解自然，从而在更高的水平上顺应自然。当然，现代自然科学发展所造成的对大自然的破坏，当是另一个问题。总之，相对而言，荀子的态度更为消极一些。这主要是与他那个时代对自然的认知水平和理解水平有关，甚至可以说是由农耕社会的根本性质所决定的。

荀子首先公布他的哲学理念。他认为，真正的大巧之人在于有所不为，而真正的大智之人在于有所不虑。这是一种高超的辩证思维，无论是巧还是智，都是相对而言，绝对的巧和智是不存在的。

着眼于现实，对于那些人力所不能左右的事物，头脑清醒的智巧之人是不会去思考它们是为什么，更不去思考如何去改变它们，而只想着如何顺应和利用而已。对于天象，只要做到能够预见就可以了；对于地物，能够知道适宜于栽种什么就可以了；对于四季，遵循它们的规则就可以了；对于阴阳，跟上它们的节奏就可以了。当政者委派专人观察自然现象，而自己守护好人道就可以了。

荀子说，与其成天思索着如何崇拜上天，不如积蓄万物，加以裁制和利用；与其赞颂上天，不如去想着如何利用自然规律；与其等待季节的到来，不如提前做好准备；与其一味积累物资，不如利用自然的功能制造更多的东西；与其思考如何得到东西，不如管理好已有的东西而不要失去；与其希望大自然生成某些东西，还不如认真对待已经生成的东西。所以说，如果撇开人自身的能力和努力，却去思考上天如何如何，就等于是抛弃了万物本有的情状。换句话说，人只要动员好自己的力量，去充分利用上天的已经生成的东西，利用人们已经掌握的规律，并去尽力做事，就已经够了。那种等待上天赐予一切，或者强求上天迎合人的愿望，都是不切实际的空想，注定一无所获。

很显然，荀子所说的“用天”，就是主张人要充分利用自然规律，充分利用大自然和外界已有的一切，既不必探究那么多为什么，更不要寻求改变自然之事。这在当时的农耕文明社会中是一种非常切合实际的主张，并且也主导了此后两千年中国农业文明的自然观念和社会观念。

孔子说过，“天何言哉？四时行焉，百物生焉。”意思是说，人无法干预自然及其规律，所以最好是去努力做好自己的事情。荀子继承了孔子的这一思想，但又在孔子思想的基础上提出了“知天”和“用天”的思想，可以说，在当时的社会条件下，荀子的主张更为合理，更为实用。

组成社会的人群有分有等

人类是群体生物，是生活在由个体组成的社会中的特殊生物。在当今时代，每个人类个体生活在社会中，似乎是自然而然的事情。但是，在人类之初，社会是如何产生的？维系社会的规则是如何出现的？在人类社会产生过程中所发生的一切，对于生活在后来社会中的人还有什么样的影响？这些都是千百年来人们从未间断过思考的问题。特别是对于思想家来说，这更是一个绝大的问题。对于这个问题不能提供明确的答案，通常来讲，他们的思想就是没有基础的，就是无法立足的。

荀子的思想也不例外。

通常认为儒家思想是最入世的，最关注现实社会的。在先秦儒家思想的发展进程中，事实上，孔子、孟子和荀子，既是哲学家，也是中国历史上最早的社会学家。他们身处华夏文明的成长和繁荣时期，能够自觉地从社会的角度观察人类的生存状况，并提出了相关的思想，是中华民族走向文化自觉的关键一步。他们最早认识到，人类的生存有赖于组成社会；人类社会的发展和进步有赖于自觉的社会分工。如果说人类组成群体或社会多多少少还有一些自然选择的话，那么人类社会中社会分工的出现，就完全是人类的自觉选择了。

（一）“人能群”：人类社会的形成

荀子认为，人类以群居的方式生存，进而组成社会，是符合人的本性的。他说，万物都存在于同一个空间，只是每个事物的外在形态有所不同。人也是如此，内在性质相同，外在形态有异。尽管人与人是有区别的，但从根本上讲却并不排斥，而是需要共同相处，即结合成群体或社会而生存。由此看来，人类的群居生活，是人生来所具有的特性，不是后天形成的。也就是说，人类为了生存，先天地、本能地群居而处。

进而言之，荀子认为，同样地缘之于先天原因，人们不论是智者，还是愚者，在追求欲望方面是相同的，不同的是追求什么样的欲望。假如在情势相同的情况下，即使智力不同的各种人，追逐私利也不会惹祸，放纵欲望也不会有尽头，那么，人心就不会奋争，最终是谁的要求也不会满足。在这种情况下，智者就不能发挥其才能，也不能建立功业，不能把自己与愚者区别开来。如果智者不能跟普通人相区别，社会就无法形成等级，君臣之道就无从谈起。

那么，荀子为什么要强调君臣之道呢？这是因为："无君以制臣，无上以制下，天下害生纵欲。欲恶同物，欲多而物寡，寡则必争矣。"[5]君臣之道是一种特殊的等级关系，其核心是"制"，即管制、克制、制约。君主不能管制臣下，上级不能管制下级，社会之中就没有了规矩和规则，各种弊害随之就会出现，各种人等也会纵欲无度。当然，如果社会的资源无限，能够满足人们的所有欲望，自然也不会有冲突、争斗和弊害，但事实上却是，人们的欲望基本相同，并且主要集中在有限的一些方面，而现实中的利益根本无法满足所有人的要求，形成欲望不断增多、利益不断减少的局面，到了这个时候，为了满足自己的欲望，人与人之间的争抢、争斗就势所难免了。有了冲突甚至争斗之时，却还没有规则，没有君臣之道，人类就不会踏上文明之途。

在荀子的社会思想中，"分"和"群"是两个关键概念。荀子说："离居不相待则穷，群而无分则争。穷者患也，争者祸也。救患除祸，则莫若明分使群矣。"[6]总体上讲，任何一个人类个体离开群体是无法生存的，即“不相待则穷”。“相待”就是互相扶持，“穷”是没有出路，无法存活。既然个体无法单独存活，就得群居而生。不过，群居并非杂凑，而是要讲究“分”。这个“分”的本义并不复杂，就是分别、分开之义。但是，在荀子的使用中，这个概念是比较复杂的。“分”与“份”可以通用。从群体来看，“分”是群体的规则和分层；从个体来看，“分”则是个人的地位和责任。所以荀子才说，在群体之中，“无分则争”。群体没有规则，个人不明身份，自然就会产生无穷无尽的矛盾，发生争斗就在所难免了。人们不能不群居，群居而产生争斗，这是人类面临的两大难题。所以，荀子才说，要解决这两个难题，就是要“明分使群”，组成群体，并在群体中辨明个人的身份和地位。

因为“分”是如此重要，荀子明确主张，国家应该制定法律，禁止人们“拾遗”，即把捡到的无主之物据为己有。制定如此法律的目的，是不让人们习惯于获得自己不应该得到的东西。在荀子看来，作如此的禁止，并不是全在于“拾遗”之物本身，而是关乎天下之治。坚持有“分义”，全天下也能治理好；抛弃“分义”的话，即使是一个家庭中只有一妻一妾，也会混乱不堪。所以，所谓人有其分的思想并不是无目的地限制人们做什么，而是要求人们应该去做什么，所以荀子才在“分”字之后再加上“义”字，强调人有其分是大义的要求。⑦

我们在此分析和理解荀子的“明分使群”的思想，是在“明分使群”已经广为人知的情形下进行的。这很容易使人联想到，在这种思想没有产生之前，或者客观情势需要这种思想来指导人们的所思所行的时候，这种思想是如何产生的呢？对此，荀子也有很明确的主张。荀子使用的是反证法，即在没有“明分使群”的情况下，人们是处在一种什么样的状态之下呢？

在一个群体之中，如果是强者胁迫弱者，智者威吓愚者，在下的民众违背在上者的命令，年轻人欺凌老者，那么，老者和弱者就会有丧失生活资养的忧虑，壮年之人则会挑起纷争之祸。在这种情况下，人们都会厌恶和远离吃苦劳累的事情，都去追逐功利，就都会失去适当的社会地位。换句话说，就是人人都把做事视为祸患，都去争功取利，结果就造成了社会的混乱。这也好比是，男女要想实现和合之好，形成正当的夫妻关系，就要依据一切的嫁娶之礼来进行。如果不依照这样的礼仪，男女之合就会出现问题。或者说，视礼法为无物，只想争得自己喜欢的美色，相关的祸患就会出现了。

为了强调人类组成社会的重要性和必要性，荀子从不同的角度，用不同的方法，多层次地加以论述。荀子说：

> 水火有气而无生，草木有生而无知，禽兽有知而无义。人有气、有生、有知，亦且有义，故最为天下贵也。
>
> 力不若牛，走不若马，而牛马为用，何也？曰：人能群，彼不能群也。
>
> 人何以能群？曰：分。
>
> 分何以能行？曰：义。
>
> 故义以分则和，和则一，一则多力，多力则强，强则胜物，故宫室可得而居也。
>
> 故序四时，裁万物，兼利天下，无它故焉，得之分义也。
>
> 故人生不能无群，群而无分则争，争则乱，乱则离，离则弱，弱则不能胜物。故宫室不可得而居也，不可少顷舍礼义之谓也。⑧

这是荀子非常著名的一段话，对于人类社会的产生、社会分工的基础，提出了非常明确的主张。而在孔子和孟子那里，只是强调了社会分工的存在及其必要性，并没有探究其来源。

荀子认为，在世间万千事物中，水和火之类的事物能活动、有气息，但没有生命；草木有生命，但没有知觉和意识；禽兽有知觉和意识，但没有理性，不能分辨是非对错。与所有这些事物不同，人既有气息，也有生命和知觉，并且还有理性，所以是天下最可宝贵的。

显然，人的最可宝贵之处，是他的理性判断能力。那么，这种人类所特有的理性判断能力宝贵在什么地方呢？即荀子所说的“义”的价值是什么呢？

荀子继续举例说，同样的是生物，论力气，人不如牛；论奔跑，人不如马。可是，牛和马却被人所驱使，这又是为什么呢？在荀子看来，就是人能够自觉地组成群体，牛马却做不到这一点，其他不及牛马的事物，如上述草木水火就更不用说了。在这里，荀子所说的“群”，大致相当于我们现在所说的人类社会。也就是说，人的理性能够使人认识到集体的力量、社会的力量。

说到为什么只有人才能组成社会，荀子认为，这是因为人能够为自己定位，即“分”。“分”与“份”有相通的意义，在荀子的政治思想中，专指人的社会地位，以及与社会地位相关的职责、职分。那么，人类又是怎么想起为每个阶层、每个个体确定其社会地位呢？荀子认为是人能“义”。义者，宜也，即每一个处在特定地位的人应该做什么、不应该做什么。至于“义”是怎么产生，下文还会有说明。

总之，人之所以能够组成社会，并高贵于其他万事万物，可以从正反两个方面加以理解。

从正面来看，根据理性而区分合适的社会地位，人类社会就能和睦，和睦就能团结如一，团结如一则会产生源源不断的力量，最终使社会的合力增强，胜过其他事物，只有这样，人类社会才能得以生存和发展。而生存和发展的具体表现，就是生产生活合于四季等自然规律，万物都能够恰当地为人所用，天下之人都能够获得应当得到的利益。

从反面来看，首先，人如果不能结合成社会，就无法生存下去；即使组成了社会，如果没有恰当的社会地位和社会分工，相互之间就会纷争不断；一个纷争不断的社会，必定是一个混乱的社会；社会混乱的结果，就是人们相互之间离心离德；一个离心离德的社会，肯定是一个羸弱的社会；一个羸弱的社会，是谈不上胜过其他事物，谈不上万物为我所用的。因此，人类社会是一刻也不能离开礼义的，也就是不能离开根据理性所制定的社会规则的。

事实上，由理性而产生规则，是个由抽象到具体的过程，其间是需要一个本质飞跃的。人类最初的群聚而处，与其他群居动物一样，只是为了生存，这样的选择基本上是源之于生存的本能，并不需要特殊的社会原因。群居之后，也许像许多其他群居动物一样，人们会根据个体体力的不同，自然形成一些规则。但是。这样的规则只能保证有限群体的存在，且因为产生于生存的本能，所以一经形成，是不可能发生改变的，更不会产生不断的改进和提高。在这种前提下，加之群居生物必然会有纷争和混乱，就使得这样的群体难以不断壮大，遑论控制其他生物和生物群。但是，独有人类超越了本能的规则，以人类逐渐产生的理性为基础，以劳动技能的不断提高为基础，走上了一条由“义”到“分”的社会进步的大道。

根据以上分析，不依照“分”行事，各种纷争和祸患就会蜂拥而出，人们最初想依据群居而生活就会成为泡影。为解决这个关乎人类生存的最重要的难题，荀子认为，就有“智者为之分也”[9]，那些大智慧的人就挺身而出，提出了“分”的观念，并让人们依据“分”来行事。换句话说，基于理性的社会礼义规则是怎么产生的呢？荀子看来，这个问题很简单，那就是由君子根据现实需要制定出来的。

（二）“君子理天地”：君子制作礼义

看起来，人类的现实需要至少有两种情形，一种是基于生物本能的需求，一种是基于人类理性的需求。生物本能的需求自然生发，不需要特别的人或人群去制作，也不会轻易发生改变；人类的理性需求不会自然生发，而是需要有人制作或制定，更需要不断改进。所以，这样的“义”是怎么产生的？就成为荀子关注的重要问题。

荀子认为，从哲学和逻辑上讲，“以类行杂，以一行万。始则终，终则始，若环之无端也，舍是而天下以衰矣”[10]。用类别统摄杂乱，用整体统摄部分，这是荀子关于社会管理思想的哲学基础。反过来讲，没有部分，就不会有整体；没有各个方面最初的无限多的杂乱，也不会形成最终的分门别类。这正好比是开始和终结一样，事物总是要有起初和完结。但是，具体到社会的发展，这样的生成和了结并不是一个个简单的、个别的事件，而是一个首尾相衔的过程，既有始有终，又无始无终，荀子形象地把它称为“环”。认识到这个“环”的存在，是人类理性的显现，然而，这种理性能力以及由此理性能力而认识到社会需要管理的过程，却并不是每个人都能达到的。简单来说，只有君子之人才有这方面的能力，并能完成这项使命。

天地是生命的开始，礼义是治国的开始，君子则是礼义的开始。荀子在此所说的“始”，是开端、基础和根本的意思。没有礼义就不可能治理好国家和社会，这是人们的共识。但是，礼义这种客观需要是如何产生的，则容易使人们陷于争议之中。在荀子看来，君子之人就是礼义的创制者。君子通过观察、学习、思考，在有了相当的积累之后，为社会制定了礼义规则。这就相当于是“天地生君子，君子理天地”，君子来自于人类社会，又反过来去治理社会，在这个意义上，君子可以与天地并立为三。在与人相关的事物中，君子就是统领。在人与人的社会关系上，君子就相当于民众的父母。

君子所制定的礼义是什么呢？荀子坚持儒家的基本主张，认为礼义的根本是人伦之德，即君臣关系、父子关系、兄弟关系和夫妇关系。此“四伦”是人类社会得以存续的基础，既是社会存在的必然，也是社会发展的必需，所以称之为“与天地同理，与万世同久”。在“四伦”确定之后，人际关系的其他方面才能走上轨道，直到社会分工的定型化，即农、士、工、商的分层。值得注意的是，秦汉之后的中国社会以士、农、工、商的顺序描述社会阶层，而荀子的表达则是“农”在“士”之前，强调农业是基础，文化建设是在经济发展的基础上形成的，这在逻辑上讲是相当合乎理性的，说明荀子一开始就认识到了中国农业社会的本质所在。

为人类制定礼义的君子，荀子也称为先王和圣王，这是从历史发展的角度而提出的名号。因为在上古时代，特别是在人类之初，正如我们在上文所言，君子的道德修养和君子的政治权威是合而为一的。特别是圣王之“圣”，孔子称之为“博施于民而能济众”[11]，实质上是把王者的道德水准提高到了最高位置，但是，并不是每个仅有政治权威的王者都有权力和能力制定礼义的，因为仅有政权威力的人并不一定是圣王。正是在此意义上，荀子才说：“圣王之用也，上察于天，下措于地，塞满天地之间，加施万物之上。微而明，短而长，狭而广，神明博大以至约。故曰：一与一是为人者，为之圣人。”[12]圣王的作为充满了人类社会，看上去很微小，但却明察秋毫；看上去很短促，实际上很长远；看上去很狭窄，实际上很广大。只有最博大的事物，看上去才会很简约。

那么，君子、圣人、圣王制定礼义的动机或原因是什么呢？在荀子看来，还是来源于现实的需要和促动。

荀子反对“分均”“势齐”和“众齐”，也就是反对后天的平均主义。平均主义听上去很有气势，很有号召力，但在现实中是难以实现的，特别在荀子时代，生产力不很发达，交通困难，社会公共资料相当有限，即所谓“物不能赡”，不可能毫无分别地平均满足全社会的需求，更不可能平均满足所有个人的所有欲望，这是“有分有势”的经济基础。从哲学上讲，“维齐非齐”[13]，强求的表面整齐划一并不是真正的齐整，因为真正的齐整是一种动态的平均，而只有动态的平衡才能产生力量、保持活力。

长期来看，平均主义式的“大锅饭”并不能释放群体中应有的活力。至于荀子所依据的“天地上下有差”的观念，则是一种相互作用的自然哲学，虽然缺乏思辨性，但在当时还是有着相当的说服力的。至于“两贵不能相事，两贱不能相使”，则是反对平均主义的社会基础。一个社会，既不能都是由发号施令者组成，也不能都是由一线劳动者组成，二者的合理比例的组合，才是合理而有生机的。

根据上述分析，荀子明确提出，如果所有人地位一样、要求一样，必然会因为部分人得不到自己的需求而产生争执。有争执就会有混乱，混乱无度则会让社会走上穷途末路。君子之人比普通人更早更深刻地认识到这样的结局，并对此结局忧心忡忡，这才去制定礼义，根据一定的规则将社会分层，让每个人都能合理归属于某个层级，形成有效的社会分工，达到安定社会、共同发展的目的。当然，这样的规则和划分，并不是随意的，也不是随机的。

我们已经注意到，荀子把社会的形成和社会规则的制定归功于君子，与他把制定规则约束人性之恶的功劳归之于圣人，是出于同样的思路。这就告诉我们，在社会发展进步的进程中，荀子更看重个人的作用，当然是那些有特殊德行、特殊才能和特殊贡献的个人。这与荀子时代注重个人、关注个性解放的风尚相一致，也与荀子理性主义的思想品格相一致。

（三）“贵贱有等”：人群有等级

传统儒家非常崇信人群中的等级亲疏的区分，认为这是保持社会活力和人的上进心的必要保证。在孔子儒学之前，这样的等级已经存在，甚至可以说是自有人类社会以来就已出现，那么，儒家强调这一点又有什么特殊意义呢？意义就在于，这样的等级是先天的，还是后天的？是不可改变的，还是可以改变的？

在先秦时代，家天下的观念深入人心，前世或前辈的功业是可以为后人带来福祉的，这就是西周之前占据绝对统治地位的政治上的世袭制，当然还有相应的经济利益。但是，随着春秋以来经济社会的空前发展，世袭制逐渐成为社会发展的掣肘。以孔子为首的儒家集群对此最为敏感，因为世袭制对于像孔子这样的有德有才却没有直接的家族背景的人最不公平，所以他们才不断寻求改变这种保守的政治制度的良方。孔子本人基本上采取的是折中方案，一方面承认“故旧”之人的利益所在，[14]另一方面强调这些享受前世利益的人也必须具备起码的道德修养。[15]同时，孔子也大声疾呼给予那些没有丝毫前世福荫的人以必要的政治待遇。[16]就是说，着眼于现实，孔子既承认先天的社会等级，也倡导后天的社会等级，并且在这个过程中给予人的后天努力以更高的评价和定位。

到了荀子时代，旧的世袭制已经彻底崩溃。虽然家天下的观念仍旧被认可，但从天子、诸侯以下，上自卿相大夫，下至平民百姓，都能够根据自己的才能和业绩去得到其社会地位和等级。荀子无疑是把握住了这样的社会变化的节奏，并全面提出了“贵贱有等”的社会主张。

在荀子的关于社会等级的思想中，“尚贤使能”[17]是基础和前提，甚至即使是天子和诸侯，也必须是有修养和有才能的。同时，贵贱有等级，亲疏有分别，长幼有秩序，使得社会等级的观念，由先天条件升至后天要求，荀子认为，这是先代圣王制定的社会秩序。荀子这么说，当然有理想化的倾向，是为了现实需要而假想的情形。

具体说来，如果能够做到尚贤使能，主上就会有尊荣，臣下也会很安分；做到贵贱有等级，政治就会通行无阻；如果亲近者和疏远者有分别，祖上的恩惠就能够顺利得到颁赐，不会出现悖乱；如果长幼有序，事业就能快捷成功，有所休止。其中，亲疏有分可以保证家族内部，特别是统治集团内部的安定；长幼有序则可以保证人们在适合自己的年龄层次去做事，到适度的年龄做适度的事情，就容易取得成功，不到年龄者则可以有充分的时间去打基础、做准备。

荀子的关于社会等级的思想是相当周全的，所以他才接着说，所谓仁者，就是以坚持社会等级为仁慈；所谓义者，就是以社会等级为适度；所谓节操和忠诚，也是以社会等级来表现其为何而死、因何而惇厚顺达。可以说，关于贵贱有等的思想，是儒家思想面对社会现实最完备的方案，甚至就直接是圣人所能达到的境界。

直到今天，恐怕还是关于社会平等的思想更有号召力，而主张社会等级的思想一直以来总有让人羞于公开主张的倾向。在荀子时代，中国社会适逢文明荟萃，大多数思想家都生活在社会中游，一般也不公开主张后天的社会等级观念，这样一来，荀子的社会等级思想就更显得孤独。但是，这样的孤独，在今天看来却是非常不同凡响。事实上，荀子的“人有等分”的社会等级思想，是既承认人的先天不同，更关注人的后天努力，特别是后天的道德修养。这样的思想理念是先秦儒家思想在社会领域的最成功的发展。孔子和孟子的思想更多的是向社会上层争取权力，特别是参政的权力，而到了荀子时代，这方面的权力已经不成其为问题，而真正影响学者们发挥其政治影响力的，一是旧时代的不劳而获的无德无能者，二是混迹于从政阶层中的缺乏修养的末流学者，所以，荀子才大声疾呼，提醒当政应当尚贤使能，重视贵贱亲疏，造就一个积极向上的有分有级的社会。因此，荀子的思想观念不仅充满了理性精神，也充满了现实针对性和有效性。由这样的思想主导秦汉以后中国政治的发展，是必要的，也是必然的。

(四) “明分”：社会分工的必要性

在自觉主张社会分工的问题上，先秦儒家功不可没。早在孔子那里，已经并不认为把人类简单地分为统治者和被统治者就是大功告成，而是认为，要想使社会有活力，有发展和进步的前景，必须有更合理和细致的社会分工，以使人人有事做，有适合于自己的事情做，并从做事之中获得应得的利益。

人与人的区分，除了先天的生理因素之外，从社会的角度来看，并没有与生俱来的高低贵贱之别。而人们在社会意义上的不同，完全是来自后天的因素。也就是说，因为后天生长环境和个人努力程度的不同，人与人有了区分，然后根据这样的区分，决定一个人应该去做什么。

通过后天去做什么的过程，人与人之间的区分也是有变化的。所以，当孔子说“君子谋道不谋食”[18]，以及孟子说“劳心者治人，劳力者治于人；治于人者食人，治人者食于人”[19]的时候，只是强调了社会的分层和分工，并不是说某些人生来就是什么样的，更不是说这样的分层和分工是不能改变的。

荀子继承了儒家群体的上述主张，并以他的理性精神加以进一步的分析和论述，使先秦儒家关于社会分工的思想更为系统化，更为合理化，也更易于在现实中操作执行。

那么，人群的社会分工或层级区分的关键是什么呢？荀子认为是人君，即君主。

这其中传达出两方面的主要意蕴。一是强调人君的作用，这与上文所说君子制礼的观念是一致的，二是强调人的等级区分是符合仁的要求的。在荀子时代，天下的无序状态达到了极致，非常需要强权的介入。在国家层面，秦国的以武力统一天下做得有声有色。在社会层面，特别是在知识分子的追求中，则更企盼“天下之本”的作用。荀子所谓的“美天下、安天下、贵天下”，就是想从社会层级的构建方面，在人们的观念中，树立起人君的权威，由人君以下，社会各阶层各安其事，从而达到“仁”的境界。所谓“分割而等异”[20]，就是社会分层分级的意思。仁是一种和谐的境界，但这种和谐不是均等，而是有序的差等。

先王“明仁之义，通仁之顺”，为的是建立一个合理有序的等级社会。社会均等的思想听起来很诱人，但千百年的人类实践下来，证明那只可能是一种理想境界，在荀子时代，有理性的思想家们更不会去追求这样的理想世界。着眼于现实，他们更希望有一个讲求仁德的君主管理人类社会。

对于讲求仁义的君主，人们对他的要求是统一天下、掌握治理万变之理，截断万物之理，养护万民，让全天下合理得利。为此，人们才允许这样的君主衣重色、食重味、制重财，并听从他的管理。这不是单纯地让他过上优渥的生活，而是对他有着重大而明确的要求，让他担负巨大的责任。要让他的知虑足以治理天下，让他的仁厚之德足安定社会，其道德表现足以化育百姓。总地来说就是，对于这样的君主，一个社会"得之则治，失之则乱"[21]。

归结起来，对君主、仁人的要求，是他们的智力和德行。百姓之所以供养他们，甚至为了保护他们不惜出生入死，也是想依赖他们的智力和德行。也就是说，君主、仁人的价值，在于他们的以智治国和以德治国。他们的治国之道和他们的道德修养，是社会最可宝贵的财富。

注释：

①《荀子·天论》。

②《荀子·天论》。

③《荀子·天论》。

④以上均见《荀子·天论》。

⑤《荀子·富国》。

⑥《荀子·富国》。

⑦详见《荀子·大略》。

⑧《荀子·王制》。

⑨《荀子·富国》。

⑩《荀子·王制》。

⑪《论语·雍也第六》。

⑫《荀子·王制》。

⑬《尚书·吕刑》。

⑭《论语·泰伯第八》：子曰：“君子笃于亲，则民兴于仁；故旧不遗，则民不偷。”

⑮《论语·颜渊第十二》：季康子问政于孔子。孔子对曰：“政者，正也。子帅以正，孰敢不正。”

⑯《论语·雍也第六》：子曰：“雍也可使南面。”

⑰《荀子·君子》。

⑱《论语·卫灵公十五》。

⑲《孟子·公孙丑下》。

⑳以上均见《荀子·富国》。

㉑《荀子·富国》。

第十章 游历各国，游仕、游学的生涯

在赵国，与赵孝成王议论兵家之道

在秦国，与秦昭王和范雎讨论儒家和法家思想

游历天下各国，遍观各国政治，寻求从政机会，是春秋战国时代逐渐形成的士阶层或知识分子阶层的一大特色。这一特色，既是由当时的社会状况，也是由这一阶层的生存方式决定的。值得强调的是，春秋战国时期士阶层的政治游历或游仕的生存方式，是从孔子那里开始的。孔子的周游列国，虽然有无奈的成分在其中，但孔子儒学的积极入仕，对于天下政治的堕落表现出不屈不挠的“匍匐以救之”的精神，是传统儒家游仕天下的核心。到了战国时代，由于士人阶层已经形成规模，游仕之中又加了游学的成分。游士们争相登上各国诸侯的朝堂，一方面向当政者陈述自己的政治主张，另一方面还要相互竞争，以证明自己的学问和思想能够胜过别人。想像一下，那真是个充满生机和活力的时代！

不用说，荀子就是这一游仕阶层中的一员，而且身处战国末期，游仕的规模和竞争性也达到了最后的高潮。或许正是这样的形势和压力，才促

成了荀子思想的广度和深度。根据各方面史料的汇集，荀子虽然五十岁之后才离开家乡，但他却游遍了诸侯七雄之国。在游仕这些国家的日子里，荀子不仅与到访的其他学者多有交流和交锋，而且还会见了各国的当政者，有时甚至是一国之主，同时，荀子也很注重观察社会、思考民生，所有这一切，都成为他的思想学说的重要内容。

在荀子游历的各国之中，除了我们在前文已经了解过的齐国，在楚国、赵国和秦国的活动中得到史料的支持也比较翔实。不过，就如同孔子的周游列国一样，确实地说，我们只知道荀子到访过这些国家，但是，究竟到访的确切时间是哪年哪月，我们则无法确知。与此相关的难题是，何时离开某国到达某国，也是无法确定。一直以来，许多研究者在此类问题上花费了太多的精力，也有很多值得敬佩的研究成果，但终究无法彻底解决这方面的问题。所以，我们与其在绘制荀子游仕和游学的路线图上争论不休，还不如把更多精力放在荀子行程的一些关节点和重大问题上。

荀子五十岁时离开家乡赵国，到达齐国，主要活动区域在齐国都城临淄。不管荀子是不是长期待在稷下讲学或论学，也不管他是不是做过所谓“稷下学宫”的领袖人物，但最终还是离开了齐国。离开齐国的原因，《史记·孟子荀卿列传》认为是“齐人或谗荀卿”，有人向齐襄王或齐王建进荀子的谗言，显然还形成一定的效果，这迫使荀子不得不离开齐国。

在赵国，与赵孝成王议论兵家之道

根据《史记》相关记载，荀子做楚国的兰陵令是在公元前 255 年，并且此后一直没有离开过楚国，据此我们推断，荀子离开齐国之后，最有可能的去处是中原的其他国家，如韩、赵、魏等国。根据《荀子·议兵》的记载，在赵国，荀子与临武君在赵孝成王面前有过一场对话。赵孝成王于公元前 265—前 245 年在位，所以，虽然无法确定荀子到达赵国的具体时间，但应该是在公元前 265 年至公元前 255 年的十年之内。此时的荀子已经名满天下，与一国之君见面并不是件难事。但是，这一时期的荀子至少已经年过六十，其思想的明确性和坚定性也是不言而喻的，肯定不会轻易地与其他思想相妥协，也不会随便屈服于当政者的主张，所以，尽管与赵孝成王有过面对面的深入交谈，但无论是从谈话的内容和进程来看，还是从最后在赵国游仕的结局来看，荀子都不可能在赵国久居，更不可能从政。

荀子与赵国君臣对话的主题以军事为主，可以说反映的是荀子思想中有关兵家思想的内容。既然他们的谈话内容是“议兵”，即议论养兵用兵之事，我们就得从那个时代的兵家思想说起了。

先秦时代的最后二百多年，史称“战国”时期。这一名称的直接来源，当然是缘于《战国策》一书。史家历来认为此书记载了这一时期的历史，其实这本书只是纵横家们杜撰的一些故事，甚至是他们的白日梦，确切来讲只是文学史上最早的小说体作品，并不具有严肃的史书性质。但无论如何，战国时代之称谓，与此书有直接关联。而间接关联，或者真正的关联，应该是因为这个时代是一个列国征战、战争至上的时代，战争不仅关乎胜负，更关乎存亡，个人、家族、社会、国家的存亡，都与不断的战争直接相关。既然战争是如此之多，如此之重要，有关战争的思想就会应运而生。而有关战争的思想，就是先秦时代的兵家思想。

先秦时期百家争鸣中的兵家思想成熟于战国中后期，但其源头肯定相当深远。自有人类出现，就有了战争的发生，当然也就有了相关的军事观念、军事思想，但是，专门的军事思想和专业的军事思想人才，应该是出现在春秋中期所谓“霸主”专政的时代，并最终形成“兵家”的思想洪流。

不过，兵家思想并没有如同儒家一样前后接续的思想传统，但这并不表示这一派思想就没有自己明确的发展历程。主要受战争和战斗形式的影响，兵家思想经历了由注重国家战争向注重战略战术的思想重点的转移。在春秋中期之前，战争的形式是传统的整兵对阵式的，战略战术并不是取胜的重要因素。春秋中期之后，从晋献公的“假虞灭虢”，到晋文公时代的晋、楚“城濮之战”，以诡诈用兵的观念开始出现，并且从小范围的计谋，一直发展到全局性的战略考虑，如战国前期的“围魏救赵”之类。所以，早期的兵家思想，更多的是强调国家的实力，以及民心向背对于战斗士气的影响，比如《吴子》中记载的吴起的军事思想和《孙膑兵法》中记载的孙膑的军事思想。到战国中后期，随着赵武灵王“胡服骑射”军事改革的成功实行，军队的快速作战和突然袭击成为可能，于是，在《尉缭子》中，我们看到了兵家思想从以国为战到以战为战的兼顾，直到《孙子兵法》中对战略战术的全盘论述。而上述兵家思想的存在和转变，在荀子与赵国临武君的对话中，就有着生动而全面的体现。

《荀子·议兵》直接交代了这场对话的背景，“临武君与孙卿子议兵于赵孝成王前”。[①]这个时候已经到了战国晚期，距离赵国被秦所灭也不过是20多年的时间，由此可见当时赵国军事形势的严峻，所以，“议兵”自然是赵国的当务之急。事实上，著名的“长平之战”，赵国的主要军队被秦军所歼，就发生在赵孝成王在位期间。荀子本是赵国人，但他的出生地在晋地南部，而他所面见的赵孝成王，应该是在赵国当时的都城邯郸，太行山之东，所以，荀子访问赵国邯郸，并不是寻访故地，而是寻求从政的机会，同时考察天下的政治形势。

至于临武君这个人物，在《荀子》中只此一见，究竟是个什么人物，只能凭他在与荀子的对话中来判定。《战国策》中倒是有一位“临武君”，说他是楚国的一个将领，但我们说过，《战国策》并不是严肃的历史著作，而是纵横家人物杜撰的故事集，故事的作者们总是随意把当时的人物，或者他们记忆中的人物拉进他们的故事中来，而并不在意他们的真实身份。在《荀子》记载的这场对话中，这位临武君显然是赵孝成王的亲近之臣，且对赵国的情况也很熟悉。事实上，一个楚国将领与荀子一起在赵孝成王面前辩论，这样的事情是相当不合情理的。所以，我们还是不必节外生枝，就根据眼前这场著名对话的内容，把临武君认定为当时赵国的一位将领为好。

（一）王者之兵与霸者之兵的大势

因为赵国的军事形势近乎岌岌可危，所以，赵孝成王的谈话重点并没有放在荀子所擅长的治国之道上，而是放在了荀子相对并不擅长的军事方面，即如赵孝成王所言："请问兵要。"赵王在此提到的"兵要"，就是兵法之要，也可以理解为治兵之要。"要"是要诀、枢要、关键之处的意思。根据接下来荀子和临武君的论辩内容，以及赵孝成王的表态来看，赵王在此想从荀子与临武君的这场论辩中得到的答案应该是偏重于短期的兵家制胜之道，即如何尽快扭转赵国面临的非常不利的军事局面，而并不是儒家所推崇的以王道为基础的国家整体的军事发展方针。

因为临武君是赵国的大臣，又是负责军事的官员，所以在论辩的第一回合中，他抢先发表观点。在临武君看来，用兵的要术，即指挥作战的关键，是抓住天时地利的机会，根据敌方的情况，采取后发而先至的策略，直至占据主动，取得胜利。

荀子的观点针锋相对。他认为，在敌我双方的开战中，决定胜负的根本是"壹民"，即能否有效地动员起全国上下的力量，能否让全国上下团结一心，共同对敌。这就好比是，弓箭调试不准，即使最擅长射箭的羿也无法射中细小的目标；拉车的马匹不能步调一致，最擅长驾车的造父也无法到达远处；全国上下不团结，不能听从号令，即使是汤王和武王也无法取得胜利。所以，荀子的结论是，善于团结民众、号令一致的人，才是善于用兵之人。一句话，用兵的关键，就在于善于团结和调动民众。

荀子所说，是典型的传统儒家的主张。而且，最重要的是，荀子所说的用兵，并不是指两军阵前的用兵，而是说国家如何培养和动员兵力的问题。当年，卫灵公曾经向孔子"问阵"，孔子的回答是："俎豆之事，则尝闻之矣；军旅之事，未之学也。”[2]与荀子此次在赵国遇到的情况相仿，孔子的回答也是，作为国家的管理者，特别是一国的首脑，协调全国的力量发展军事力量更为关键和根本，而不是去琢磨具体的战略战术。孔子也曾说：“以不教民战，是谓弃之。”“善人教民七年，亦可以即戎矣。”[3]所谓教民，就是“壹民”，通过教化民众，不仅要让他们团结一致、听从号令，还要让他们知道为谁而战、如何作战，否则，把他们送上战场，就等于是抛弃了他们，让他们白白送死。为避免这种悲剧的发生，孔子甚至提出了要经过七年教育的民众，才可以上战场。

当然，要想让赵孝成王和临武君这样的人物弄清楚这一点，也并不是一件容易的事。

由于临武君并没有马上弄清楚荀子“兵道”的内涵，所以还是坚持自己的思路。他说，行兵打仗，最重要的是利用好有利的形势，并以变化和诡诈的方法加以推行。也就是说，善于用兵的人，要让对方无从判断我方的行踪，无从下手对付我方。他还举例说，当年孙膑和吴起用兵之时，天下无敌，没听说过他们还需要民众的支持。

平心而论，如果仅仅从两军对垒的角度看，临武君所言并没有问题，但真正的问题是，他之所说与荀子的主张并不在一个层次上。所以，荀子不得不进一步解释说，我所说的是有王者之志的仁人之兵，你所说的是诸侯之事的攻夺变诈之兵。荀子所说的仁人之兵，是说不仅要战场上取胜，还要在道义上胜人，并以此称王于天下，绝不是满足于做一个霸者。仁人之兵是不可以使用诈道的，因为一旦诈道得势，就会破坏一国的政治生态和社会风俗，君臣之间、君民之间都会相诈相欺。以诈道胜诈道，那只是侥幸而已。长远来看，以诈道对仁道，就如同以卵击石，绝无取胜的可能。为什么呢？因为在仁人为君的国度里，百将一心，三军同力，君臣上下就如同儿子事奉父亲、弟弟事奉兄长一样，如同手臂要自然而然地保护胸腹一样，不论敌方采取什么办法，都将受到一样的回击，遭到同样的失败。

不过，在那样一个战争频仍的年代，对于荀子所倡导的仁人之兵，如果不能站在足够的历史和思想的高度，确实是无法接受的，事实上，即使是荀子身边的弟子们，也曾就这个问题，与荀子展开讨论。比如说，他的学生陈嚣就发出疑问说：“先生议兵，常以仁义为本。仁者爱人，义者循理，然则又何以兵为？凡所为有兵者，为争夺也。”[④]意思是说，先生您讨论兵道之时，经常把仁义视为兵道的根本。但是，仁者要表现出爱人，义者要表现出遵循理义，这完全是与出兵打仗背道而驰的呀！陈嚣还表明了自己更深一层的观点，那就是，凡是用兵的，目的无非就是争夺利益嘛，这与仁义更风马牛不相及呀！

不用说，陈嚣的意见是很有代表性的，荀子不能不加以重视。尽管荀子批评这位弟子说“非汝所知也”，明确指出弟子的观点是错误的，但他还是要郑重申明自己的主张。

荀子承认仁者爱人，但正是因为爱人，才会厌恶那些害人的事、害人的人，才会兴兵加以干涉和扫除；同样，正是因为义者遵循理义行事，所以才厌恶那么扰乱秩序的人和事。正因如此，荀子才得出结论说，兴兵打仗，其根本目的并不是争夺利益，而是禁止暴虐、去除祸害。这样的兵，就是仁人之兵。如果上升到兵道的高度，那就是，在仁人之兵存在的地方会有一种神奇的力量，所经过的地方、所做的事情会出现让人感觉不到的积极变化，就如同天下的及时之雨，凡是降落的地方，没有人不会感到喜悦。

说到仁者之兵，荀子总是以先圣先王为例来加以证明。上古之时，尧帝讨伐驩兜，舜帝讨伐有苗氏，大禹王则是讨伐共工氏，以至汤王讨伐夏王，周文王讨伐有崇氏，周武王讨伐商纣王，这些都不是为了个人或氏族的利益，而是“皆以仁义之兵行于天下”，结果就是，“近者亲其善，远方慕其义。兵不血刃，远迩来服，德盛于此，施及四极。”[⑤]就因为圣王兴的是仁义之兵，所以，近处之人因为其和善而感觉亲近，远方之人则因为其仁义而仰慕，以至于虽有军队，却无须使用暴力就能让远近之人心悦诚服，让圣王的德义播及四面八方。总之，仁者之兵、王者之师，是通过仁义道德之行让人心服，而不是使用暴力让人表面上服从。

荀子的另一位弟子李斯也问到同样的问题，但其力度更为犀利。李斯在荀子门下学成之后，毅然选择了奔赴秦国求取功名，并且最终也做到了秦国的宰相。李斯赴秦，既是荀子政治学说的肯定，也是对荀子某些观点的否定。李斯与老师荀子的对话，对中国古代的政治走向影响深远。其发生的时间，有可能是荀门之中，也有可能在荀子游历秦国的时候。

李斯的观点开门见山，这种风格显然是继承了荀子的学风。

李斯说："秦四世有胜，兵强海内，威行诸侯，非以仁义为之也，以便从事而已。"这是说，秦国自秦孝公推行"商君之法"以来已经有四代之君，一代胜似一代，兵力强大，各国诸侯难以有效抵御，其中的原因，在李斯看来，并不是持守仁义，而是"便从事"的结果。李斯所谓"便从事"，就是指从现实利益出发，需要什么样的手段和方法，就使用什么样的手段和方法，而并不以任何原则，特别是用仁义之道加以约束。在这些所谓"便从事"的手段和方法中，从大处讲，如范睢提出的"远交近攻"，从小了说，也不乏秦国惯用的收买、离间、间谍、暗杀等等，至于完全以不择手段的纯暴力手段获取利益，更是秦国的不二选择，比如长平之战中对俘虏的大量坑杀之类。可以说，在儒家看来，秦国的强大，每一步都伴随着不合仁义的血腥。

对于李斯的观点，荀子如同对待陈嚣一样，首先明确地批评道："非汝所知也。"即你们看到的事情，都是表面现象，都是肤浅的。为什么这么说呢？在荀子看来，"汝所谓便者，不便之便也。吾所谓仁义者，大便之便也"。李斯所说的"便从事"之"便"，是以他人的不方便，成就自己的方便。而荀子所主张的仁义，是"大便之便"，即以天下之人的方便，成就自己的方便。"彼仁义者，所以修政者也。政修，则民亲其上，乐其君，而轻为之死。"以仁义为政治原则，民众才会从心底里亲近统治者，甚至可以为君而死。正是在此意义上，荀子认为，对于一个国家的军力来说，有没有将帅是次要的，国家的发展方向才是主要的。

针对李斯所举秦国“四世有胜”的例证，荀子则有着完全相反的解释。荀子认为，秦国四世有胜的结果，并没有让天下之人诚服，而是使秦国自己经常处在恐惧之中，唯恐天下诸侯合力对付他。由此看来，秦国看似强大的军队，只能说是“末世之兵”，就要走向灭亡的军队，因为这样的军队没有“本统”，即没有符合仁义的思想支撑。荀子的这个断言具有预言的性质。不过，在当时的形势下，秦军节节胜利，似乎很难说荀子的预言能够应验。但是，从李斯入秦，到秦王朝灭亡，也不过是短短的二三十年，秦军的由盛转衰，真可谓是其盛也速，其衰也忽，这不是“末世之兵”又是什么呢？

荀子也举例说，回望历史，当年商汤王灭夏之后，把夏桀王放逐于鸣条山；周武王讨伐商纣王时，在甲子那天一举击败纣王的大军。乍看上去，好像事情就发生在鸣条山一地和甲子一时，但荀子却指出，这都是“前行素修”的结果，即是在一个相当长的时期不断积累的结果。夏桀王和商纣王不断积累其非仁义之行，商汤王和周武王则不断积累其仁义之行，成就其仁义之兵，然后才在某一地点、某一时刻，产生那样的结局。这就是说，秦国的“四世有胜”积累的并不是仁义之行，所以，其结局决不会如李斯所设想的那样美好。说到此，荀子非常严厉地训斥自己的这位弟子说：“今汝不求之于本而索之于末，此世之所以乱也。”⑥现在的你，看问题不求根本，而是根据枝节末梢来下结论，这正是当今时代人们的思想混乱不堪的主要原因。

在与赵孝成王和临武君的对话中，为了进一步说服对方，荀子同样描述了仁人之兵或王者之兵的状况和效用。荀子说，如果仁人治理的是十里方圆的国家，那么百里之内的情况他都会掌握；如果治理的是百里之国，那么千里之内的情况都会掌握；以此类推，如果治理着千里之国，那么四海之内的情况就尽在掌握之中了。也就是说，仁人治理下的任何地方，都会使民众团结一心，自觉性很高，并且以理性的精神注意着国家内外发生的一切事情。具体到仁人之兵，则是无论集合起来作战，还是作战之后解散，都是很规矩、很有秩序的。就好比是那柄著名的镆铘长剑，无物不断，无坚不摧。又如同坚固的磐石，其形状如何并不重要，重要的是什么样的力量都对其无可奈何。

与仁人治理下的国家相对，那些以强暴手段治理国家的君主们，有谁会与他们同行呢？他们最终必须依靠的，无疑也是本国的民众。但是，即使是暴国之民，也是喜欢在仁人的治理下生活。面对他们的强暴之君，则是视若仇敌。从人之常情来说，即使是像古代夏桀那样的暴君、像盗跖一样的强人，也不会为他们所厌恶的人出力，也不会贼害他们所喜欢的人。也正好比强求人家的儿女去贼害他们的父母一样，那些儿女们必然要把实情告诉自己的父母，即使是使用诡诈之道，也无法得逞啊。总之，仁人治国，国家只会日益昌明，直至迫使诸侯们不得不表明其对待仁人和王者的立场。具体说来，抢先顺从王者的就会平安无事，后来表示顺从的就会处在危险之中，抗衡的就会被削弱，出来反对的就会走向灭亡。

话到这里，荀子描述的只是王者之兵与霸者之兵的不同状况，以及这种不同在现实中形成的不同的结局。那么，王者之兵与霸者之兵的具体情况，以及形成这种不同的具体做法、实际机制又是什么呢？

（二）王者之兵与霸者之兵的不同机制

作为现实政治中的人物，不论是一国之主的赵孝成王，还是主管军事的临武君，当然更迫切的是想知道如何才能造就荀子所描述的势不可挡的王者之兵，所以他们在肯定了荀子所描述的王者之兵的大势之后，齐声问道："请问王者之兵设何道、何行而可？"用什么指导方针、什么具体办法和机制，才能训练出王者之兵、打造王者之军呢？这样的问题，正是荀子上述循循诱导的目的，当然也是荀子最擅长的主张了。

荀子说，在王者看来，治理一国，军事将领的安排及其作用并不是根本问题。为什么这么说呢？荀子站得更高，要从国家强弱、安危、存亡的角度来认识治兵、治军的问题。那么，一个国家如何才能强、安、存，如何才能避免弱、危、亡呢？荀子列举了一些很具体的内容。我们用图表来加以说明，可能直观性更强一些。

国治、国强的因素	国乱、国弱的原因	备注
君贤	君不能	强弱之本
隆礼、贵义	简礼、贱义	强弱之本
隆礼效功、重禄贵节	上功贱节	强弱之凡
上足仰、下可用	上不可仰、下不可用	此以下：强弱之常
好士	不好士	
爱民	不爱民	
政令信	政令不信	
民齐	民不齐	
赏重	赏轻	
刑威	刑侮	
械用兵革攻完便利者	械用兵革窳楛不便利	
重用兵	轻用兵	
权出一	权出二	

这个图表，一目了然，可能只有某些条目需要略作解释。如“贵节”，是说看重节操。“上足仰”，是说在上位者的典范作用足以让在下者仰目。“政令信”，是说国家的政策和法令有信用，不会朝令夕改。“民齐”，是说民众团结一心。“械用兵革”一项，是说武器是否便利足用。“重用兵”和“轻用兵”，是说用兵慎重和用兵轻率。“权出一”，是指君主政令畅通；“权出二”，是指重臣的意见与君主等同，甚至胜过君主，政令出自两个渠道，致使国家治理失去方向。

图表所示，似乎并不是都与兵事有关，甚至并没有涉及具体的战略动员和战术准备。其实，我们已经分析过，荀子的兵家思想，是传统的国家战争的思想。荀子并不是反对国家有足够的武备，更不是反对战争，而是强调战争必须是建立在国家整体推进、整体强大的基础上，而不是为了战争而战争、为了取得局部的战斗胜利而打仗。

为了进一步阐明这个思想，荀子列举若干反面的例证。

荀子说，齐国在治兵上推崇所谓“技击”，这既是一种战斗方式，也是一种管理制度。具体来说，这就是一种近战搏击之术，要在取敌人的首级。根据这一制度，不论战斗的胜败如何，只要能够得到敌人的首级，就会予以奖赏。所以，这种制度实行的结果，就是齐国士兵只擅长个人战斗，如同雇佣兵一样，只计较个人的奖赏所得，缺乏整体取胜的观念，致使其军队的战斗力不断下降，荀子称其为“亡国之兵”。

与齐国的治兵之道不同，魏国采用的是“武卒”制。根据这一制度，魏国对入伍的士兵有着相当严格的要求，特别是对于士兵个人身体条件的规定，更是高标准。具体说来，要求士兵穿三层甲胄，挎带强弩和五十支箭，扛着戈，带着剑，以及三天的干粮，每天行军百里。能达到这些条件的士兵，国家给予优厚的待遇，即免除税赋、提供住宅等等。这些要求和待遇，肯定能够提高军队的战斗力，但麻烦的是，一旦士兵的年龄偏高、体力下降，甚至无法参加战斗的时候，这些待遇也不能去除，唯恐影响到部队的士气。所以，长此以往，国家的税收就很受影响，经济负担也相当之大，所以，荀子批评这种制度是“危国之兵”，对国家形成了重大的危害。

再看当时的军事强国秦国，其做法与齐、魏不同。秦国自然条件差，民生艰苦。秦国统治者就利用这一点，明确赏罚，吸引人们为改善生活状况而参加战斗，因为对军功的奖赏最高，不仅是物质奖励，还有社会地位上的奖掖。所以，荀子说，秦国自秦孝公以来，惠王、武王、昭王等四代君主都能保持军事强国的地位，并不是侥幸，而是其推行这样的军事制度的必然结果。

根据以上分析，荀子认为，齐国的“技击”之兵敌不过魏国的“武卒”，魏国的士兵又打不过秦国的锐利之师，而秦国的军队则无法与齐桓公、晋文公当年有节制的霸主之师相提并论，而齐、晋之师更不是汤王、武王仁义之军的对手。这是为什么呢？“兼是数国者，皆干赏蹈利之兵也，佣徒鬻卖之道也，未有贵上、安制、綦节之理也。”仔细分析齐、魏、秦等军事强国，都是以物质利益的奖赏作为治军的主要手段，这纯粹是国家与个人之间的利益交换关系，与贵上、安制、綦节等礼义教化毫无关系，所以，这样的强兵注定只能是暂时的。荀子所肯定的霸主之师的“节制”，就是对个人物质利益的节制。不是取消，而是合理的节制和安排。荀子认为，“招延募选，隆势诈，尚功利，是渐之也；礼义教化，是齐之也”，⑦就是说，使用强制性的功利手段治兵，只会带来一时的变化，而用礼义教化治兵，却能改变人的思想，让士兵从心底里与国家利益取得一致，而只有这样的军队，才能战无不胜，才能成为王者之兵。

如果士兵在思想上与国家达到“大齐”，即通过道德教化达到高度一致，这样的军队就能制服全天下。即使“小齐”，也能够让邻国感受到威胁。至于像齐、魏、秦这样的利用一定的强制手段，特别是以功利为诱惑而建立起来的兵力，则其取胜并没有必然性，胜与不胜，全靠当时的偶然因素。这样一来，这些国家只能一代强、一代弱，甚至一代存、一代亡，只能是相互压制、相互争斗而已。荀子认为这种兵力是“盗兵”，像强盗一样的乌合之众，是君子所不齿去做的事情。这其中，引人注目的是荀子把秦国的在当时的强大兵力也归入“盗兵”之列，从而在这个问题上表明了基本的儒家立场。

在荀子时代前后，一般历史记载中都有一些善于用兵的大将，比如齐襄王时代的田单，楚威王时代的庄跻，秦孝公时代的商鞅，以及燕国的缪虮。这些大将尽管都有过为本国建功立业的辉煌，但在荀子看来，他们都是依靠一些战术在两军阵前获胜，而并没有从根本上帮助君主改变一国的军事形势，也就是说，他们并没有达到“和齐”的标准，也只能算是“盗兵”的首领而已。如果一定说哪些人还能让荀子有所肯定，那就是齐桓公、晋文公、楚庄王、吴王阖闾、越王勾践等春秋“五霸”之主，他们的军队可以称作为“和齐之兵”，但是，也只是“可谓入其域矣，然而未有本统也，故可以霸而不可以王”。[8]他们只能说是达到“和齐”的领域，但由于没有仁义之兵的思想根基，所以也只能是成为霸主，不能成为王者。

那么，什么是王者之兵呢？

（三）王者之兵的具体要求

荀子思想中的有关兵家的内容，中心思想是希望一个国家能够达到王者之兵的高度。所以，在与赵孝成王和临武君的对话中，荀子始终把确定一国的军事指导思想放在首位。当然，荀子是思想家、教育家，他有从政的经历，但并没有直接负责过一国或一地的军事领域，这或许也是他坚持从国家整体的角度探讨军事问题的原因之一。但是，作为现实政治中的领导者，赵孝成王和临武君在承认荀子所教兵家之道的合理性的同时，还是想让荀子讲述一些更为具体的军事思想或军事策略，所以，在双方对话的后半段，二人一致要求荀子，能否讲一讲“为将”的问题，即如何做一个称职的军事将领。

将领的重要性，对于一个国家的军事力量来说，当然是举足轻重的。荀子虽然没有从军或指挥作战的经历，但是，以他的阅历和博识，以他的理性和深邃，还是提出了以“六术、五权、三至”为核心的“为将”思想。

（一）六术

制号政令，欲严以威；庆赏刑罚，欲必以信；处舍收藏，欲周以固；徙举进退，欲安以重，欲疾以速；窥敌观变，欲潜以深，欲伍以参；遇敌决战，必道吾所明，无道吾所疑。

（二）五权

无欲将而恶废，无急胜而忘败，无威内而轻外，无见其利而不顾其害，凡虑事欲熟而用财欲泰。

（三）三至

所以不受命于主有三：可杀而不可使处不完，可杀而不可使击不胜，可杀而不可使欺百姓。⑨

在提出“六术、五权、三至”的具体方针之前，荀子先申明了作为将领的总体治军和作战原则，即“智莫大乎弃疑，行莫大乎无过，事莫大乎无悔。事至无悔而止矣，成不可必也”。作为将领，最大的智慧就是要能够放弃有疑问的战机，不做有疑虑的决定；其行动，当然是军事行动，一定要做到不过度，适可而止；处理事务，一旦做了，就不必后悔，因为军事上的成功要受到诸多因素的影响，所以身为将领，做了自己该做的决定之后，能否成功，只能等待。这就相当于是说，只要直道而行，就不必强求一定要出现理想的结果。这种思路，与荀子理性主义的哲学是一致的。

“六术”虽然称为“术”，但与战国中后期兵家之“术”还是有区别的。其中最明显的区别，就是并不涉及两军阵前的战斗之术，更没有当时非常流行的所谓“诈术”。荀子认为，作为将军，其发号施令一定要严整而有威严，不能随随便便，不讲原则；其奖赏和惩罚，则要有信用，要把相关规定制定在先，不能因人而不同；至于安营扎寨、军需储备，则需要周全而坚固，不能出现安全问题；部队的行军，不论是进是退，既要稳重，又要快速；对敌情的侦察和了解，一定要深入其内部，派出各路间谍，把各方面的情报加以汇总和比较，最后做出决定；遇到决战时刻，一定要在明白所有情况的条件下做出决断，但凡有疑问之处，则不可以轻率决定。

至于“五权”，是指需要进行权衡处理的五种情形，即要权衡整体情况，不可偏于一隅。那就是，不要根据个人的好恶做出取舍的决定，不要急于取胜而忽视有可能出现的失败，不要只顾身边的情况而忽视外界的情形，不要只见利而不见害，考虑事情要成熟，舍财奖赏要大度。

最后是“三至”，在三种情况下，可以不听从君主的命令，即所谓“将在外，君命有所不受”。什么情况呢？荀子说，宁可冒着被君主杀头的危险，也要做到三件事，一是不可以中断正在完成的战事，二是不可以去攻击不可能战胜的对手，三是不可以欺负百姓。这是在说，如果是战事正在进行之中，并且眼看就要取胜，就不必因为君主的命令而停止；如果明知对手不可战胜，就不必因为君主有令而发动进攻；如果君主下令的战事会伤害百姓的利益，就不必执行。

显然，荀子心目中的将军是有原则有修养的将军，不是那种只讲胜负不讲道义的将军，这是与传统兵家在指导思想上的根本区别。很显然，这样的将军是比较书生气的，但却是荀子思想的自然结果。所以，荀子才说，将军一旦受命于君主而指挥三军作战，军队有自己的规则，军中官员遵守秩序，各种事务都在自己的位置上，君主的欣赏不能让他欢喜，敌人的行为也不能让他发怒，这样的将军应该被称作“至臣”，即最高层次的、无以复加的大臣。这样的大臣，必在事先就要考虑事情的进退成败，并且不断强调一个“敬”字，谨慎对待每个环节，始终如一地敬畏一切，这种行事之道可以称作是“大吉”，最大的吉祥。

传统儒家重视“敬”，这是一种发自内心的真诚的敬重、敬畏。荀子把这一修身美德加在将军身上，强调完成军事任务，同样需要以“敬”对待。如果不能“敬”，反而“慢”，以怠慢待之，那就任何事情都无法成功了。所谓敬畏胜过怠慢就吉祥，怠慢胜过敬畏则灭亡。理性战胜贪欲就要遵从，反之则会陷于凶恶之境。战斗之时要如同守持，适可而止；行军如同战斗，动作快捷；有功视同侥幸，不必自喜。

作为将军，还要做到“五无旷”，即五方面不能有丝毫的缺失。那就是，谋事要敬，做事要敬，对下吏要敬，对众人要敬，对敌手要敬。对方方面面都要认真对待，保证事事做到位，所谓“慎行此六术、五权、三至，而处之以恭敬无旷，夫是之谓天下之将，则通于神明矣。”[10]谨慎奉行上述的“六术、五权、三至”，并保持恭敬无失的态度，就能做到“天下之将”，即天下所有将领中的将领，那就可以说是与神明相通，无往而不利，无战而不胜了。

荀子对将军的定义和要求，显然是超越了普通战斗中的胜负统帅，可以说是首先在精神上和思想上达到了统领天下的要求。这样的将领是赵孝成王一类的君主所想像不到的，也是临武君之流的将领所做不到的。所以，对于荀子的宏论，赵孝成王只能称“善”叫好，并且进一步请教“王者之军制”如何，即王者之兵的军制是什么。

此所谓“军制”，就是治军的一些基本规定和规则。荀子的回答是，在军队之中，各个人都必须尽自己的职责。比如说，将军的职责是擂鼓指挥，哪怕是死，也要死在鼓前，而驾车者就得死在马前，军官和武士同样要死守自己的岗位。全部官兵，听到鼓声就要前进，听到击打金属之声就要撤退。对于全军的要求是，听从命令为最高要求，建功是次级要求。换句话说，一定要在听令与建功之间做选择的话，听令要放在首位。听令不撤退，与听令不前进，罪责是一样的，并不是说一味的前进就是好事。另外，荀子主张在两军对垒时，不杀死老弱之兵，行军过程中不践踏庄稼，主动退却示弱的不去追击，对抗不止的不能放过，投降来的不能算作是擒获的俘虏。王者之师的目的是诛杀不义，所以，不是诛杀老百姓，而是诛杀那些扰害百姓的人。当然，如果百姓有庇护贼人的，也应该视同贼人。总地来说，不作抵抗的就让其生，对抗的就让其死，主动投降的就要放过。

很显然，以上军制，一则比较具体，二则也并没有多少创新之处，只是一些最基本的要求，甚至是常识性的要求。在交代了这些普通要求之后，荀子自然要上升到王者之师的高度。

在荀子看来，当年的周武王兴兵灭商，就是王者之师，所以，对于那些表示臣服的殷商之民，周武王善待他们，把他们像周人一样看待，还把他们的首领微子分封在宋国。这样一来，在周王近处，享受到王者善待的人们当然要讴歌周王的仁慈，而居住在远处的人们则会不辞劳苦地赶来，接受王者的统治。不论国家远近，王者之师都要让他们享受到安乐。结果就是，四海之内的人们如同一家人一样地生活，但凡是通情达理之人，都诚心诚意地接受周王的统治。所以，周武王之师，虽然看上去是要使用武力，实际上是让人们心服，这才是“人师”，仁者之师。

那么，如何描述仁者之师、王者之师呢？荀子的观点是，有诛杀而无战斗。诛杀是根据正义发动的战争，战斗则是为利而战，甚至为战而战。正因战争的性质如此，所以，王者之师是要以正义让对方俯首，而并不是用武力强迫对方。对方如果城池守得严密，说明其内部很团结，这样一来，要进行强攻就失去了正义性。相对，如果敌方上下一心，王者之师会感到高兴，因为上下一心就意味着老百姓过着正常的生活。当然，即使是非强攻不可，王者之师既不会屠城，也不会潜伏着大军，无休止地战斗下去。王者之师的目的，是解百姓于倒悬，而不是逞强。一旦什么地方的老百姓不能接受他们的统治者，王者之师才会到达。

《荀子》中记载的这场著名的对话以临武君称“善”而结束，至于赵孝成王和临武君能否真心赞成荀子的观点，后人不得而知，只是在那个时代，要想按照荀子“王者之师”的思想改造和建设一国之军，确实是个困难事情，赵国亦然。以此来看，荀子的兵家思想未免理想化的程度太高，但是，我们从中看到的却是思想家的执着，以及人格的高尚。他不会因为当政者一时做不到就降低甚至改变自己的原则，更不会为了讨好当政者而改变自己的初衷和思想本质。不会的，荀子就是荀子！

在秦国，与秦昭王和范雎讨论儒家和法家思想

荀子游历秦国，是其一生中的重大事件。荀子游历过当时的所有国

家，即所谓的“战国七雄”，但游历秦国的收获最大。我们虽然无法确定荀子游历秦国的具体时间，但从情理上分析，特别是从荀子思想的发展过程来看，很可能是荀子除楚国之外游历的最后一个国家。离开秦国，荀子就到了楚国，在兰陵以寿而终。

荀子思想深受此次秦国之游的影响。这一方面是因为此时的秦国，其发展道路不仅不同于山东六国，而且远胜于山东六国，另一方面则是荀子亲眼见识了法家思想在现实中的作用，这促使他不仅要深入思考法家思想的里里外外，而且要与他自己已经形成的儒家世界观进行更现实、更深入的比较。可以说，对秦国的实地访问，对秦国政治的亲身体验，特别是与秦国君臣的深入交谈，使荀子认定，儒家和法家思想并不一定是完全敌对的思想，事实上，从入世治国的角度来看，这两种看似对立的思想是可以融合起来，共同造就一个安定发展的社会的。

在秦国，荀子会见了相国范睢。范睢本是三晋人氏，因为在魏国受到排挤，不得不逃往秦国[11]。因为受封于秦国应地，亦称应侯。据《史记·范睢列传》，范睢受封应侯、任秦国之相在秦昭王四十一年（公元前 266 年），至秦昭王四十八年（公元前 259 年）辞相国之位。荀子访秦，应该在这个区间之内。至于荀子访秦与范睢是否有关，史籍并无明确说法。

荀子与秦昭王（秦昭襄王）的对话内容，本书第一章“论儒”时已有叙说，二人的这场著名对话，当然也是发生在此次访秦期间。不过，无论是荀子与秦昭王的对话，还是与相国范睢的谈话，表面上客客气气，并且《荀子》书中记载的也是他们认真听取了荀子意见，但最终的结果还是各行其道。原因很显然，就是孔子所说的，“道不同，不相为谋”[12]。

荀子与范睢会见时，范睢问荀子：“入秦何见？”在秦国都见到了什么？这个问话虽然看上去很简单，但内涵应该是非常丰富的。首先，此所谓“见”肯定不止于眼目所见，而且包括了观感。其次，既然包括观感，当然就有质疑甚至为难荀子思想的意思，因为范睢肯定了解荀子儒家思想的主要取向。有鉴于此，荀子的答复也是柔中带刚。

荀子说，秦国地势险要，关塞坚固，比如函谷关的易守难攻，就是天然的便利条件。这是荀子刚进入秦国时的直观感觉，但跟范雎说这些，也有一些压制的味道，即告诉秦国人，他们在军事上的占优，一定程度上与天然形势有关，这让秦国人的后天优越感会多少有些消减。

进入秦国之后，映入荀子眼帘的是广袤肥沃的渭南大平原，农业条件非常优越，物产丰富，这是经济发展的基础。秦国四出征战，非有足够的军需补给不可，除了夺取他国之产，秦国自己的生产所得是基础。秦国人常以其农业丰产为傲，但荀子也是强调了自然条件的不可忽视的作用，当然也有打压秦人的意味。

说了自然条件之后，荀子话锋一转，开始谈到了人文。他说，在秦国境内看到的民风民俗是，老百姓非常质朴，他们喜欢的声乐很正统、不浪漫污烂，他们的服装很正规，没有奇装异服，对官吏也很敬畏、守规矩。荀子认为这是很有古风的民众。

谈了老百姓，接着就是各级官员和官吏。荀子说，在地方官府中，各级官吏都很正派，对待公事很尽职尽责，工作态度也非常好，大有古代官吏的风范。进入秦国国都咸阳之后，荀子很注意观察其士大夫，即国家机关人员和高层官吏的表现，当然荀子与这个阶层的人也有所往还。让荀子非常感慨的是，秦国的士大夫们离开自己家之后，就是去单位上班，下班之后径直回家，不到外面办私事，也没有相互间的聚会交际，更谈不上结党营私，都是一门心思地处理公家之事。荀子认为，这也很有古代士大夫的作风。至于在朝廷之上，这些官员每天都会处理完所有应该处理的事务，而且很有规矩，显得一点儿也不紧张、不忙乱，犹如古代那种令人仰慕的朝廷一样。这应该是说，荀子有机会参观其朝廷的议事办事过程，当然极有可能是像范雎这样的高官的有意安排，以便让荀子见识一下秦国政治的格调。

对于秦国社会、秦国政治的优长之处，荀子是充分肯定的。比如他称

“古”之如何如何，显然是真诚的赞美之辞，并且最后总结说，秦国自秦孝公以来的四代君主在与山东六国的对垒中不断取得胜利，并非侥幸，而是必然。荀子的如此总结，是一位理性思想家的真实表达。

并且，荀子还有更深一层的评析，称像秦国这样的治道，看似不经意，但却治理有方；看似很简约，其实很详备；不劳烦百姓，却大有成功；这是治国的最高境界了。

不过，荀子也深深地认识到，上述秦国政治、秦国社会的优长表现，只是立足表面现象和限于某一特定历史时期的成就，从更深沉的意义上讲，秦国无疑是令人忧虑甚至让人感觉害怕的。为什么这么说呢？荀子的答案是，如果以仁者之政、王者之功名为标准来衡量，这时候的秦国、这个样子的秦国，差得还远着呢！至于其中的原因，荀子明确地指出，是秦国专崇法家，而排斥儒家，没有儒家思想发挥作用的空间。

荀子的总结是，完全尊崇儒家思想，就可以实现王政；选择性地尊崇儒家思想，可以称霸，达到强政；如果完全排斥甚至反对儒家思想，就只能灭亡。荀子最后的断言是，这种认识，是此时的秦国上下所缺乏的。[13]

应该说，就别国而言，秦国的政治受到当时思想家最多的重视，荀子也不例外。因为各国国势衰微，只有秦国国势不断上升。这不仅表现在军事上，而且表现在国内政治上。形成如此局势的原因是什么？荀子在思考之余，也亲自去到秦国，作了实地考察，并与秦国君主和丞相都有过面对面的交流。事实上，就对荀子政治思想的影响而论，秦国政治的影响力也远大于其他各国政治。那么，我们必须认真了解和思考荀子对于秦国政治的评说，以及根据秦国政治而得出的诸多政治思考和政治思想的阐发。

荀子思考秦国政治的结论是，“力术止，义术行”，即强力之术、强权政治是行不通的，而仁义之术、礼义政治是行得通的。为什么这么说呢？荀子的解释依然是起点宏阔，并充满了说服力。

荀子说，要论威强之力，即以武力打击他国的能力而言，秦国与当年商汤王和周武王的力量差不多；而要论已经占领的地域之广大，秦国也与当年的舜帝和禹王不相上下。显然，这两方面的长项，都是一国的外在指标。然而，让荀子忧虑的是，尽管秦国外在指标很高，甚至高过了古代的圣王，但是，秦国却并没有得到真正的安宁，而是经常处在深深的忧虑之中，即唯恐山东六国联合起来进攻自己。那么，应该如何化解这种忧虑呢？荀子给出的答案是，"节威反文"[14]，节制威强之外力，返归礼义之内力。

荀子提出的"节威反文"，就是上面提到了"力术止，义术行"。一句话，即：任用仁厚、诚信、德全的君子治理天下！其具体步骤是，让这样的君子参与国政，端正是非，治理曲直，处理秦国国都咸阳的政治，也就是全面掌握秦国的政治。顺从者加以任用，不顺从者加以处理。这样一来，以秦国现在的实力，即使不向各国发兵，也能够政令通行于天下。针对秦国的对外政策，荀子认为，与其不断扩张其领土，不如加强各国对秦国的信任更重要，因为在秦国对外扩张的过程中，很重要的一个手段就是轻诺寡信。

由此看来，荀子之所以奔赴秦国，除了考察秦国政治之外，也可能有过在秦国从政，以便扭转秦国的政治方向，甚至利用秦国的力量统一天下、实现王者之政的个人想法。但是，通过与秦昭王和范雎的交谈，荀子马上意识到这只能是他个人一厢情愿的美好愿望。所以，应该是在与秦国君臣二人交谈之后，荀子就毅然离开了这个让他充满思想纠结的国家。

荀子不是帝王将相，甚至不算是严格意义上的政治家，但他以自己的学识和理性思考，洞察人性，明白事理，在秦国走向最顶峰的时代，就预见到了秦国政治的结局。在荀子离开这个世界不久，秦国就统一了天下。但是，不可一世的秦王朝，存在了也不过 17 年，这与范雎、李斯等秦国政治家预期的秦国政治的远景相止何差千万里！所以，在秦朝灭亡之后，中国古代政治不得不走上荀子所设计的蓝图，特别是西汉的政治制度，正是走的荀子思想的路子。当然，所谓荀子思想的路子，也不是说完全遵循荀子的理想政治模式，而是指接受了儒、法共存的治世之道。荀子主张的儒法共存、礼法兼济的思想影响，在唐王朝达到高潮。而随着时间的推移，随着宋代理学对荀学的不断排斥，礼法在治理国家、管理社会中的比重逐渐降低，中国古代政治也走上了愈发明显的下坡路。可以这么说，两宋以来荀子思想影响逐渐淡化的过程，也是古代社会走向衰败的过程。毫无疑问，这个过程是相当值得后人深思的。

注释：

①《韩诗外传》卷三转载了《荀子》所记述的这场著名对话，只是相当简略。

②《论语·卫灵公十五》。

③《论语·子路十三》。

④以上均见《荀子·议兵》。

⑤《荀子·议兵》。

⑥以上均见《荀子·议兵》。

⑦以上均见《荀子·议兵》。

⑧以上均见《荀子·议兵》。

⑨《荀子·议兵》。

⑩《荀子·议兵》。

⑪详见《史记·范雎蔡泽列传》。

⑫《论语·卫灵公十五》。

⑬详见《荀子·强国》。

⑭《荀子·强国》。

第十一章 国家之论，王霸之政（一）

国家政治与政治形态

人治与法治

法治与赏罚

所谓人类文明，就是肇始于对文化的认同，或者说是文化的自觉。而在诸种文化自觉中，政治文化应该是在第一位的。此所谓政治文化，就是人类意识到对自己的管理，以及对自己的管理需要一定之规。在这一方面，华夏文明是相对早熟的。诚如荀子已经认识到的，我们的先贤，从远古时代开始就认识到“群”的必要性，并由群体性的社会演进到国家。

到荀子时代，中国的政治文明已经渗透到社会生活的每一个角落。在当时农耕社会的经济基础上，政治生活高于一切。对于非体力劳动者而言，政治生活也是他们唯一的追求。所谓的诸子百家，说到底都是为了参与政治文明而出现的。百家争鸣中所有主张，都是围绕着国家政治生活展开的。更为重要的是，如果说荀子时代之前的中国政治发展方向还不甚明朗的话，那么，到了战国末期的荀子时代，天下归于一统的结局已经不可避免。所不同的是，这样一个即将到来的一统究竟应该是一种什么样的形态。

国家政治与政治形态

在上述时代背景下，荀子的政治思想也呈现出两方面的特色，一是对国家政治的肯定和重视，以及对于一统天下的展望和设想。同时，在具体的政治实践方面，荀子先分析了种种国家形态。当然，值得强调的是，我们在此所说的国家，是荀子时代特有的国家形态，与现代意义的国家有着一些明显的区别，其中最重要的区别，一是这些国家有着基本的文化认同和价值取向，二是有着一统天下的共同愿望。也就是说，这些国家是从不同地域出发的同一类人，他们都在奔向同一个目标，而相互间所争所斗的，不过是谁先到达目的地而已。

（一）国家政治的本质

对于国家政治本身，荀子有着自己的系统认知。当然，在荀子之前，先秦时代的思想家基本上都有这方面的观点，但尤以荀子的认知最为系统。

国家是什么呢？在荀子看来，国家是天下最可以利用的事物，相应地，一国之主就是天下最可利用的位势了。换句话说，拥有一个国家，是人世间最大的资源。如果能够以大道管理一个国家，就会得到最大的安定与最大的荣耀，也会把世上所有的美好积聚起来。相反地，如果不能够以大道领导一个国家，那就会遭遇到最大的危险与最大的累赘，有这个国家还不如压根儿就没有这个国家。甚至在一些极端情况下，身为君主，就是想做个普通老百姓都没有机会了。春秋战国时代，有稽可查的极端政治事件中，身为君主，其下场真是还不如一个普通老百姓。春秋首位霸主齐桓公，死后无人收尸，尸体腐烂后的蛆虫爬出了房间；武功盖世的赵武灵王，却是得到了被困饿死的结局。至于因为君主的无道而使国家和百姓遭殃的事件，更是数不胜数。所以，荀子不得不强调，君主虽然可以占据天下最有利的势位，但这样的势位并不能自动导致国泰民安。要想实现国泰民安，君主自己也能安然处位，必须遵循大道。

中国古代往往以“重器”或“大器”来形容国家的重要性。器者，物也。国家是天下最大的器物，也就是说，国家是人类生存最重要的保障。荀子则说，国家是天下的大器，是重大的责任所在，一定要放置在一个合适的位置上，一定要为国家选择最佳的治理之道，否则就会有危险，就会无路可走，最终走向灭亡。荀子所说的把国家放在合适的位置上，并不是指得到分封的土地就万无一失了，而是说必须选择正确的治国之道，选择胜任的治国之人。荀子把国家形态分为三类，即王者之国、霸者之国、亡国者之国。如果以王者之法治国，用王者之才治国，国家就会称王。霸者、亡国者亦然。

国家之所以是大器和重任，是因为必须“积持之”[①]，也就是说，荀子清醒地认识到，治理国家需要持久用力，不断更新求变。由于种种原因，国家也会出现问题，甚至破败，但这并不是本质性的改变，只要认识到问题，下决心改正，就会保持千岁之国。荀子反问道，尽管时间不能永恒，人生也不能长生不死，为什么还会有千岁之国的存在呢？荀子的回答是，那是因为有千岁之法和千岁之信士的存在。王道就是千岁之法，能信守千岁之法的人士就是千岁之信士。所以，一个国家，交给能够积持礼义的君子去治理，就会成为王者之国；交给端正诚信之士治理，就是霸者之国；交给喜欢阴谋诡计的人治国，就会成为灭亡之国。

在当时农耕社会的大背景下，人们普遍推崇人自身的能力和决定性作用。因为在农业生产活动中，一分耕耘一分收获，是人们的普遍信仰。同时，农业社会规模较小，对法治的要求也不迫切，所以，对于人治的作用和效率，人们同样也有着普遍的信仰。法律和刑罚虽然能够震慑和约束人们的行为，但在一个宗法社会里，人们更相信人心与榜样的作用。同时，法律体系并不成熟，法律条文总是需要人去执行，所以，人们还是倾向于把社会管理寄托在人治上面。在上述荀子的国家观中，荀子已经明确表达了对人治的最终寄托。一个社会走向哪里、怎么走，最终的决定权在人的手中，当然更多的时候是在君主和当政者的手中。

荀子说，一个国家，想让它往大里走，它就会往大里去；想让它往小里去，它就会往小里走。荀子认为，走到最大处就是王者之国，走到最小处就是灭亡之国，在大与小之间摇摆不定，就是霸者之国，或者是存续之国。

要达到王者之国，荀子认为最关键的因素是先义而后利。特别是在用人方面，不分亲疏、不分贵贱，一律求之以真才实学。

与王者之国相反，灭亡之国采取的治国之策是先利而后义。不分是非，不别曲直，只要是君主的亲近之人就能得到提拔和重用。

那些仅能维持生存的国家，则在上述两种情形中徘徊，一治一乱。

荀子强调，“义”与“利”的先后位置足以决定一个国家前途和命运。那么，如何区分义和利，其中的核心是“礼”。所以，荀子接着就指出了“礼”在国家政治中的核心地位。

一个国家，如果不能遵循礼的要求，就不能端正自己，就不能走在正道上。坚持礼的结果，是让人不能诬妄，即不能言行失去标准，避免各行其是。荀子比喻说，礼对于一国的作用，就相当于用秤来决定轻重，木匠用绳墨决定曲直、用规矩决定方圆一样。所以，礼就是一国的规矩。当然，荀子所说的规矩，是有特定内容的规矩，即“先义而后利”。

如同动物在自然界有它们合适的居处，人的合适居处就是国家，并且是一个不能失政的国家。国家不仅是指一块土地，更重要的是土地上的人民；进而言之，有土地、有人民还不能说是国家，还必须是政治有道、君子治之。所以，在荀子的思想中，国家的基本要素是土地、人民、道法，而君子既是道法的制作者，又是道法的推行者。一个国家中，有道法固然重要，不可或缺，不过，荀子认为，国家有好的法律并不能保证不出现乱局，而从古到今，如果一个国家由君子进行治理，则肯定不会出现混乱。

荀子的这种明显理想化的结论，一方面来自于当时的政治现实，一方面则是深受农耕社会性质的影响。在当时各国，从现象上看，社会动乱主要是来自于从政者个人的政治野心和贪婪，这些人物对自身的缺乏约束，是有目共睹的事实。另一方面，在农耕社会中，人们的生存领域相对有限，成规模的人员流动更是少见，所以，在某个相对固定的社会区域，只要社会管理者达到了一定的道德水准，就能够有效地直接约束和影响所有社会成员，并且从效率上讲，在这样的社会环境下，人治也比法治的作用更为明显。所以，荀子以人治为主，崇信君子之人的作用，而把法律的作用放在从属地位，也就是自然而然的事情了。当然，还有一个重要的原因，就是当时的社会发展并不能提供全方面的法治体系，更不能从制度上消除君主专制的根本弊端。

（二）政治形态的分析：“三政”“三具”或“五等”之国

在荀子时代，国家的治乱存亡是各国的当务之急，这也就要求所有的政治思想家必须首先回答治与乱、存与亡的问题。所以，荀子所认定的国家形态，就是王政、霸政和亡国之政这三种基本类型。当然，在不同场合的表述中，荀子也有其他的说法，但这三类是最基本的类型。那些其他说法，有可能是荀子思想发展过程中的变化和微调，也可能是不同上下文中的方便表达。比如，荀子又把他那个时代的政治类型分作三类，荀子称作“三具”，三种具体表现，即王者之政、霸者之政和强者之政，我们可以称之为“三政”。所谓“强者”之政并不是真正的强者，而是逞强者，与“亡者”的意义是一样的。当然，这样的政治类型并不涉及根本的政治制度，而是在相同政治制度下的政治运作方式，并因此而产生的不同的政治效果。

荀子认为，“三政”的本质区别是：王政的重点在夺人，可以包括人心、人才，其结果是让诸侯臣服，一统天下；霸政的重点夺国，即争夺盟国，与其他诸侯国结盟为友；强政的特点是夺地，抢夺土地，这必然与其他国家产生矛盾，树立敌人，结果就是把自己置于危险的境地。

在此，荀子强调了立国精神的重要性。他认为，以义立国，就可以成王；以信立国，就可以称霸；而以权谋立国，则只能灭亡。这其中，王者与霸者的区别更为重要。义与信，看上去都是积极的精神，但实际上义的重点在内容，而信的重点在形式。义者必信，信者未必义。这就是区别。

当然，荀子在此强调的是一国之主对上述三种精神的选择，是仁者对上述三种精神的明了。这就是说，那些追求王者之国的君主，完全是以礼义治国，哪怕是在得天下的过程中做一件不义之事、杀一个无罪之人，都是不能接受的，都是不能称之为仁义之君、仁义之主的。做事要委派义士，治国要使用义法，率领群臣要根据义志。这样一来，举国上下都以义为先，就会使国家建立在稳固的基础之上，进而安定国家，安定天下。

那么，真正的王者是什么样子的呢？荀子的定义是，王者之道与霸者不同，与强者更不同。王者的政治作为，一言以蔽之，就是以仁、义、威对待天下。以仁对待天下，天下之人就会与王者亲近；以义对待天下，天下之人就会尊崇王者；以威对待天下，天下之人就不会与王者为敌。换句话说，仁者以理服人，以义待人，以威临人。这三者加起来，就是让天下人心服口服，就不会通过战争，不会用武力的手段强迫人们就范了。

当然，王者既不是空穴来风，也不会是一蹴而就。根据荀子的思路，大抵是由强者发展为霸者，由霸者发展为王者。说到底，王者是最高理想，但也是以实力为基础的。有了强大的实力，才能布仁、布义、布威。只是王者与强者和霸者的最大不同是，在任何一个阶段，王者都有自己的目标，都把以德服人、以惠待人作为最崇高的目标，这样才能由强而霸，由霸而王。所谓“知此三具者，欲王而王，欲霸而霸，欲强而强矣”②。“三具”就是强者、霸者和王者必须具备的条件。“三具”之中，王者之具无疑是最高境界。

平心而论，建立王者的事业是极其艰难的。在《荀子》一书中，荀子能够指证的王者，都是王朝的建立者，并且主要集中在商、周二代。着眼于现实，以及荀子所能了解的史实，伯（霸）者的事业可能更具有现实可行性，尽管这并不是荀子思想所要达成的终极目标。

显然，比较而言，因为王者之业是遥远的理想境界，所以，荀子对霸者和亡者的描述更为详细。

先说霸者，即霸主之业。论德行，霸者没有达到最高处；论大义，霸者也没有达到最高要求。客观地说，霸者只能说是大体上达到了治理天下的基本要求。具体说来，霸者的思想核心是守信用，特别是在刑罚和奖赏方面，做臣下的都知道霸主是能够说到做到的。根据历史记载，凡霸者已经确定的政令，以及与他的约定，不论对其自身是利是害，都能够不折不扣地履行。这样一来，霸主之国就能实现军强国安，让敌对之国深深敬畏；由于相当守信，霸主也很让同盟之国信服。荀子所认为的“五霸”，即齐桓公、晋文公、楚庄王、吴王阖闾、越王勾践，即使处在偏僻之地，如吴、越二国，也能够威震天下。荀子反复强调，这“五霸”之国，论其政治和法治建设的水平并不算最高，论其治国之理念也难以达到让人心服，但是，他们很注重符合实际的治国方略，知晓如何利用和节省民力，很认真地积蓄国力，抓紧建设军备，举国上下都对君主表现出了足够的信任，这才使其他诸侯国无法与之抗衡。霸主达到了这个境界，荀子称之为“信立而霸”[③]。

对于霸政，荀子还有一种描述。霸政的具体做法是，对内发展生产，蓄积所得，重视人才，赏罚严格。对外维护正义，灭亡的国家要恢复，弱小的国家要保护，这显然是没有兼并他国之心，所以被各国所亲近。即使是敌对之国，也要以友好之道相处。不兼并弱小者，不敌视竞争对手，各国诸侯就喜欢前来结交。所以，在天下还没有出现王者的时候，霸者就会成为“常胜”之国，在天下政治上占据上风。这种政治模式，显然是对曾经有过的霸主政治的描述。荀子久居齐国，对齐国政治有相当的了解。回顾齐国历史，荀子说道："闵王毁于五国，桓公劫于鲁庄，无它故焉，非其道而虑之以王也。"④战国后期，齐闵王灭亡燕国不成，反被燕国大将乐毅联系赵、楚、魏、秦四国，大破齐国，齐闵王本人不得不仓皇出逃。再往前追溯，春秋中期，当年的天下霸主齐桓公，在柯之盟上，曾经被鲁国大夫曹刿所劫持，不得不接受鲁国提出的条件。在荀子看来，之所以会发生这种情况，就是因为当时的齐国并没有走上王道，却想通过计谋来实现一统天下的梦想。

霸者没有王者的道德高度和对善的追求，但却掌握了很好生存原则和发展法则。荀子对此的解释是，当其他国家穷兵黩武的时候，霸者则养精蓄锐，等待恰当的机会。当其他国家奢靡消费、大量浪费粮食的时候，霸者会努力组织生产，并有必要的储备。当其他国家把战斗之士用在个人寻仇、为在位者报私仇的时候，霸者则让他们积极备战，并在朝廷中加以重用。这样一来，其他国家一天天地在消耗其国力，霸者则是在不断地积蓄其力量。直到其他国家不堪重负，走到了下坡路上的时候，霸者乘机出手，一举称霸。

很显然，在荀子的时代，遑论王者之政遥不可及，就是霸者之政也只是存在于过往的历史记载中。不过，相较而言，达到霸政应该是更为现实一些，所以，尽管荀子从政治伦理上并不能彻底认可霸政，但在现实政治的有效性方面，荀子还是明确地承认了霸政的积极作用。也就是说，霸政尽管低于王政，却是王政的准备阶段，而且更具有现实性和可操作性。这样一来，王政与霸政就不会成为相互对立的政治形式。怀抱王政的理想，追求霸政的现实，也就最终成为荀子政治思想的结论。这一结论，就是两汉以来中国古代政治的大方向和总模式。

在了解了王者和霸者之后，我们再来看荀子所认为的强国或亡国。

总体上讲，亡国之君的做派是，举国皆以功利为务，而对于大义和信用则概不关注。对内是欺诈民众，只求君主的私利；对外是欺诈盟国，企图获得更大的利益。不是说好好经营自己已有的东西，发展自己的长项，而是老惦记着别国的东西。这样一来，在上者欺诈在下者，在下者自然也会欺诈在上者，结果就是上下相欺，国家分崩离析，最终只有灭亡一条路可走了。

荀子之所以用大量的笔墨分析强国之政，是因为这种政治方向是战国时代各国追求的首要政治目标，并且其效能也被强大的秦国所证实。荀子是亲身到秦国作过考察的，所以，对于强国之政，荀子也有着理性的认识的。从哲学上讲，世上并没有绝对好或绝对不好的事情，强国之政也是如此。如上所述，一旦利用自己的强力去不加限制地夺取土地，强国就会走向危险的境地。

但是，荀子也认识到，强者有道。只要能够把握住强者之道，强国也未必一定会处于危险的边缘。在荀子看来，强者之道的核心是“不务强”，即不逞强、不去无限度地使用强力，具体说来，就是听从王者之命，保全自己的实力，逐渐凝聚德行，这样一来，其他诸侯国就无法削弱其力量。结果会是，在没有王者和霸主的时代，强国也会经常取得局部战争的胜利。

荀子如此强调强者之道，显然是力图对秦国的强大做出解释。在荀子时代，天下既没有王者，也没有霸主，有的只是强大的秦国。如何面对和解释秦国的崛起，荀子认为秦国保持的是全力和凝德之道。秦国确实想做王者，但这个王者只是外表上的统一天下，并没有遵循荀子所定义的王道。尽管如此，秦国还是在企图向王者的方向行走。在这个过程当中，秦国的内部管理很有规矩，既能倾其全力约束自己，又能始终不变地对付六国。这样一来，秦国的“常胜”就是必然的了。

当然，作为那个时代最有眼光的思想家，当他站到更高远的位置上时，荀子并不会把有道之强者作为终极的政治追求。强国只是局部的“常胜”，有条件的“常胜”，并不具备一统天下的必然，所以，即使是有道的强者之政，也必须再上一个台阶，走向霸政。

如上所述，荀子在大的趋势上是把自古以来的政治模式表述为王政或仁政、霸政或强政、危政或亡政。在不同的上下文中，或者在荀子政治思想发展的不同时期，这三个层次或三种模式会稍有不同，但大的趋势或走向不会有本质上的变化。

荀子之所以有政治模式上的“三”论，既有政治现实的原因，也有类似“三段论”本身的合理性，还有古人对数字“三”及其哲学的崇信。

到了荀子时代，中国古代政治发展确实经历了至少三种模式。第一种是早期大一统的分封制，这种制度至少兴起于夏朝，到西周时代臻致完善。第二种是诸侯力政的形态，主要表现在周天子的失势，而有力量的一国或几国诸侯左右天下政治的局面，这个时期的一个主要特征是，诸侯间相互消灭、更加集权的一统天下的要求还没有出现，也就是说，周天子虽然成为傀儡，但还没有诸侯有取代其地位的意愿。从时间上讲，第二种模式主要存在于春秋时期。第三种模式则出现在战国中期以后，周天子已经名存实亡，各诸侯国之间的争斗已经到了你死我活的程度，各国的兼并和统一已经成为天下政治的最终归宿。这种政治发展的历程，是荀子“三政”思想的历史和政治基础。当然，荀子把第一种模式总结为王政或仁政，的确有理想化的倾向，但他对霸政和衰政的分析，在当时却有着毋庸置疑的现实意义，并且深刻影响了现实政治的走向。不过，荀子对王政理想的详细描述，对于秦汉以后儒家政治理想的塑造也起到了骨干作用。

荀子“三”论思想也有其伦理基础和哲学基础。事物发展的“三段论”并不是西方思想的专利，而是人类思维的共同特点。《孟子》关于“天时、地利、人和”[5]的思想，以及由此衍化而来的天、地、人“三才”的观念，还有《老子》“一生二，二生三，三生万物”[6]的思想，都是先秦时代以“三”论事论理的思想来源，并由此升华为对数字“三”及其倍数的哲学崇信。在荀子时代，由于阴信家思想和黄老思想的兴盛，这种观念可谓愈演愈烈，成为时代的哲学风尚，这使得荀子思想也不得不受其影响。

人治与法治

在治理国家和社会方面，究竟是选择人治，还是选择法治，自古以来就是个重要问题。当然，对于人治与法治的理解，各家各派，各个时代，各种人等，都有着非常不同的观点。在荀子时代，这个问题相当突出。人治是各国的传统做法，而法治是秦国的治国思想。按说，各国按照自己的情况选择人治或法治，本不足为奇，但现实却是，法治之下的秦国国势强劲，人治之下的山东六国日益疲惫。在这样的现实之下，许多思想家陷入了两难，特别是儒家学者。儒家的人治思想确实能够自圆其说，但严酷的现实却给儒家思想提出各种难以回答的问题。在这种形势下，我们来分析荀子关于人治与法治的思想，就非常有意义了。

（一）人治与识人用人

儒家思想的一个根本点，就是对人和人的能动性充满了自信。孔子认为人是能够随着环境而改变的，孟子认为人性本善，甚至人皆可以为尧舜。荀子虽然主张人性本恶，但认为通过教化和学习，人也是能够被改变的。另一方面，在当时农耕社会的条件下，社会成员的流动性有限，社会发展程度也相对简单，在任何一个社会管理的层级上，社会管理者都能够掌握所有具体情况，所以，只要有一个胜任的、称职的官员在，特别是主管官员在，就能够治理好这个层级。在这个时候，法律条文也是必需的，但法律条文本身比较死板，远不如一个有修养、善职守的官员来得有效率、有灵活性、有人情味儿。结果就是，尽管荀子承认法治的作用，但在根本点上，他还是更加崇信人治的作用。

当然，荀子所主张的人治，并不是专制独裁，更不是为所欲为。因为他所说的人治，是那种具备了足够的道德修养的君主所施行的社会管理。在荀子的时代，其实并不少见从专制独裁走向腐败灭亡的政治人物，但在荀子看来，那并不是人治的理念有问题，而是那些人的道德修养没有达标。在他所读的圣贤之书中，在传说中的古往今来有成就的君主那里，在他自己的道德信念和政治表现中，人治的长处无所不在，这就使得像荀子这样的充满理想主义和社会正义的知识分子很难割舍对人治的钟爱。

在荀子看来，天下只会有昏乱的君主，而不会有混乱的国家，也就是说，只有君主才能从根本上决定一个国家的混乱或有序。这对于以农耕文明为基础的中国古代社会来说，确实是说到了根本之处。正是在此意义上，荀子接着又说，世上只会有治理国家的贤能之人，而不会有自动治理国家的法律。这意思是说，法律是人制定和执行的，法律本身是被动的和僵化的，再好的法律，也需要有人去理解、执行、修正。这正如孔子所说，“人能弘道，非道弘人”⑦。孔子此语，确实有它的道理，并且正是他那个时代的真理。

但是，从现代政治学的角度来说，这样的主张只具有一半的真实性。确实，法律需要人的制定和执行，在这个意义上来说，人比法重要，甚至人可以替代法的作用。但是，社会的某个群体一旦选定这样的一个人，就不仅要赋予他治国的权力，同时还必须对这样的权力加以约束。这是中国传统政治最致命的缺陷。当然，在荀子的时代，现实政治的发展还不足以让思想家们想到这一点，因为那还是家天下的时代。国家和社会是君主的私有财产。人们的善良想法是，既然是君主的私有财产，君主自然会去珍惜，所以没有必要对他们加以任何限制。事实上，不仅是主张德治和人治的儒家，即使是主要法治的法家，在当时也跳不出这样的观念限制。这是时代使然，不是某个人或某种思想的问题。我们这样分析，当然也并不是苛求古人。

在上述时代和思想背景下，荀子才举例说，夏朝有名的暴君桀制定了相当多的法律，但他本人却半途而亡，并没有顺利完成他的统治。同样，夏朝奉行大禹制定的法律，但夏朝最终也被商朝取代。这就说明，法令(法、类) 并不能自行解决社会发展中遇到的问题。在荀子看来，国家存亡、社会发展的关键因素是“得其人”，即有英明的君主在位。这是因为，如上所述，法律来源于人。人是法律之源，法律是治国的开端。具体说来，如果治国有了合适的人，法律虽然简约，也能够顾及一切方面。如果治国选人不当，即使法律再健全，那么法律在实施过程中就会出现偏差，不是先后顺序失当，就是难以应对各种突发之事、法律没有涉及的事变，最终使国家陷于混乱。因此，治国之人，应该明白法律的本质，而不必醉心于不断地修正法律条文。法律条文再复杂，涉及面再广，没有合适的人去执行，也是枉然。

荀子的如此思想，就法律与人的关系而言，确实是个重要的问题，也有一定的事实依据。但其最大的不足之处是，因为君主是不能受法律约束的，所以，荀子和其他思想家的思想重点，就没有放在如何用法律约束权力拥有者和执行者的问题上。这样一来，因为权大于法，法律当然就显得力不从心，甚至是相对渺小了。也就是说，如果法律的地位低于权力，特别是最高权力，或者说君主的地位和权力始终能够超越国家法律的时候，荀子的上述理论才能够成立。这样一来，国家能否得到治理，就完全寄希望于君主一人身上。所以，荀子政治思想的重点，就只能放在人治上面。至于人治可能导致的种种问题，全不在其考虑的范围之内。换句话说，只要君主英明，就会任用贤人。各个官僚阶层均由贤人掌控，人治可能出现的种种问题当然不必去考虑。

根据荀子的观点，在治国的问题上，英明的君主是急于得到人才，昏庸的君主则是急于加强个人的势力，包括加强权力、获得财富。很显然，以人才为主的君主，本人不必太劳累于具体事务，国家就能得到很好的治理，功绩很大，名声很美，做到最好时的可以称王，最不济了也可以称霸。而那些不重视人才的君主，整日劳累奔波，国家却混乱不堪，无功无名，政权也会陷于危亡之中。所以，荀子的结论就是，真正的君主，只会在用人上操心，而不会去亲自处理具体事务。君主用人，特别是用对了宰相，控制好了宰相，完全不必亲自去处理具体政务。这就是荀子人治思想的实质。显然，英明君主所施行的人治，并不是专制和独裁，而是用对人、用好人。至于如何用好人、用对人，当然并没有制度上的保证，而只有君主个人能力和修养上的保证。这样一来，从现代政治学的角度来看，这样的用人是没有任何保障的，其弊害也是无穷无尽。

在荀子时代，既然君主专制的政治制度是无可怀疑的，那么，人治就成为政治的核心，而人治的核心，自然也就是如何用人和识人了。在识人和用人方面，荀子思想在继承传统儒家注重道德修身的思想之外，也吸取了法家在相关方面的一些主张，甚至是一些“术”的内容，即识人用人的具体方法。当然，传统儒家的修身之道也讲究方式方法，但其与法家之术还是有所不同，主要是指导思想的不同。传统儒家主张正面教育和倡导，而新兴法家则主张预防和惩戒。这其中潜在的思想观念，还是传统儒家倾向于人性之善，而法家倾向于人性之恶。

在识人用人方面，各个阶层、各种场合都存在这方面的问题，泛言之，是一般性的处人之道，荀子以“君子之道”冠之。但是，由于荀子思想的重点所在，他还是把这方面的问题更多地投放到了政治领域，特别是一国之主在识人用人方面的主张和方法上。毕竟，君主的识人用人之道，对于政治发展、社会生活、个人命运等方面的影响，更胜于其他方面。

荀子认为，识人用人之术，一般而言，主要表现在“横听、显幽、重明、退奸、进良之术”。

荀子说，出于小集团、小圈子，甚至个人私利的赞誉之辞，君子不会接受和听从；那些出于恶意的、置人于死地的过度毁伤他人之语，君子不会采用；刻意贬低和阻挡他人的人，君子不会接近；用财货打通关节的请求，君子不会允许。这是“重明”和“显幽”的内容。

荀子接着总结说，那些缺乏根据、道听途说的言语、说法、事情、谋划、赞誉、诉告，传播者无法加以控制，到处横流，这是君子应该谨慎对待的。这是“横听”的内容。

最后，当有人私下前来述说某些事情，君子在听到之后要明确地公开表态，是对是错，是赏是罚，要有清楚的表示。这样一来，那些奸邪的言语、说法、事情、谋划、赞誉、诉告等等，就不会再来尝试了，而那些忠实厚道的言语、说法、事情、谋划、赞誉、诉告等等，就会明白通达地表现出来，方便采纳。这是“退奸”和“进良”的内容。

显然，荀子所谓“衡听、显幽、重明、退奸、进良之术”，就是要求在上者的公开、公正和公平。谋求私利是人的本性，而在专制政治之下，这种本性容易无限度地表现，所以，对此加以遏制甚至予以消除，显然荀子是抓住了问题的要害。但是，受现实条件和人们的认知程度的限制，荀子所提供的应对之道显然更倾向于当事者主观性的途径，即完全依靠君子之人的个人道德自觉。当然，一旦所有上位者都是荀子式的君子，无疑是达到了一种最高尚的政治形态，但无论是当时的现实，还是后来的历史都证明了，这是一种理想化的、不现实的主张。

当然，对于现实中发生的识人用事的现状，荀子还是有着清醒的认识的。荀子五十岁之后开始游历天下，并且在楚国为官多年，经历了政治上的起伏沉浮，所以，他的认识和感慨是相当锐利的。他说：“人主之患，不在乎不言用贤，而在乎不诚必用贤。夫言用贤者，口也；却贤者，行也。口行相反，而欲贤者之至，不肖者之退也，不亦难乎！”[8]对于那些合理的处世之道、修养之道，在口头上反对的人怕是不多，而真正能做到的也是不多。在识人用人、选贤任能的问题上，君主们通常也没有异议，而问题的症结，是他们说得到、做不到，荀子称之为“口行相反”。这样的君主，因为做不到用贤、退不肖，他们的结局也就只能是悲惨的一条路了。

那个时代的所谓识人用人，当然是政治领域里的事情，具体来说，就是君主如何任用大臣，上级如何选择下级。在传统儒家看来，政治上的识人用人，应该首先选择人的品行，把被识被用之人的道德品质放在最重要的位置上加以考虑和考察。

在荀子看来，那些生活在当今时代，却对古代的圣王之道心存敬畏的人士，通常是不会为非作歹的，即使其中个别人也许会行为不端，但绝大多数人肯定是行为端正的，因为他们的内心之中是有原则的，至少也是有底线的。所以，作为君主，当他取用大臣的时候，首先要看他们的志向，也就是他们的道德追求是什么，然后再提出具体要求。这些具体要求有三方面的内容，一是内心贪婪的人不要取用，二是行为不守规矩的人不要取用，三是言语妄诞、缺乏信用的人不要取用。这就好比是，弓箭调试合格之后才能去要求它有没有劲道，马匹被驯服之后才能去要求它是不是良马。同样，那些有志于从政的士人，只有在确认他们的道德品质没有问题之后，才会考察他们是不是有才能。一个士人，如果品质很差，却很有才能，那就好比是凶恶的豹狼，是不可以接近他的。

所以，在识人用人方面，主动权显然是掌握在君主和在上位者手中，而对在上位者的严格要求，是传统儒家政治传统的核心所在。儒家之所以崇尚人治，其重要的思想支点之一，就是对于以上示下的模范带头作用的信仰。荀子思想中同样有这样的观点，坚信只要在上者的示范作用做到位，在下者就会随之跟进。

荀子做过基层官吏，并且有机会周游天下，观察各地风土人情，交往各国政要，对于人世间的种种事物和现象，有过亲历亲炙，当然也有深入的思考。就各种治国制度和人的主观能动性的关系而言，荀子更相信后者的主导作用。他举例说，人们发明和制作了各种保证公平的手段，比如契约和度量衡器，但是，这些外在的工具的公正性，与君主的模范作用相比，是不足为道的。荀子说，如果君主喜欢权谋，臣下就会乘机使用欺诈的手段；如果君主喜欢曲护他喜欢的人，臣下就会乘机使用偏私的手段；如果君主喜欢颠倒是非，臣下就会乘机使用不公平的手段；如果君主喜欢财货，臣下就会乘机盘剥百姓。

荀子由此得出结论，那些器用手段再公平，也是治国的流，而不是源。这就是说，只有治国者公平为政，那些器具才能发挥它们公平的作用。而一旦君臣上下都曲意求私，那些器具并不会自动制止，更不会单独发挥它们的公平作用。在此意义上，才要说君子是治国之本源。在上位的君主养护好治国之源，端正治国的理念，约束自身的行为，官吏才会守护好治国那些手段，从而造福于国家和社会。

在荀子看来，君主推崇礼义，尚贤使能，没有贪利之心，臣下就会表现出足够的辞让，尽力表现忠信，谨守做臣子的本分。当各级官员的模范作用影响到普通百姓的时候，即使没有那些度量衡器具，也会出现公平诚信的行为，以至于不用奖赏百姓也会劝勉，不用惩罚百姓也会服从，官吏不用劳顿也能完成公务，法令不必太多也能使社会风气变好。结果就是，老百姓无不顺从在上者的法度、遵从在上者的意愿，努力完成在上者的安排，上下安乐，社会和谐。这种社会发展程度，荀子称之为“至平”，最高层次的安定祥和。

（二）法治与人治的关系

荀子把王政置于霸政之上，或者更为欣赏王政，也是古代政治发展史的必然。在荀子时代，权力集于君主一身，且君主是世袭之制，在这样的政治环境下，很难想像法治能够高明或周全到什么程度。出于对君主制的信仰，思想家们更倾向于寻找法律制度的不足之处。这种思想，在荀子这里甚至表现在一些从政的细节之中。在上文，我们了解荀子关于“听政之大分”的思想，也就是处理政事的根本原则，在此，我们要了解荀子关于“听政”的一些细节。

作为在上者，或者主事者，在处理政事的时候，如果过度严厉，并且不喜欢听取下属的意见，下属就会畏惧怕事，不尽其心。这样一来，大事小事都会难以完成。相反，如果和颜悦色，喜欢听取各种意见，并且不加区分地接受，就会有各种各样的意见纷至沓来，甚至奸邪之说也会出现。这样一来，政事就会变得非常复杂难解，形成新的困难和麻烦。

荀子所说的这种情况，在具体处理政事的过程中确实是存在的，不过，荀子之所以如此强调这种情况，重点在于说明，不管法度有多严密，在具体执行过程中，执法者个人的好恶、性格、修养等因素，必然会影响政事的处理结果。或者说，法律再严密，也不可能穷尽所有的可能，所以，执法者必须要有一定的灵活性。

在处理政事的过程中，如果完全按照法律的规定行事，不进行全面的考虑，那么，遇到法律没有规定的事情，势必就无法完成。同理，如果只按照职责做事，凡事不能通融，那么，遇到职责规定之外的事情，也是无法进行。所以，按照荀子的看法，只有依法行事的同时再加上全面考虑，遵守职责的同时再加上通融权变，才不会遗漏什么。而如此周全的做法，也只有君子才做得到。这就是说，要用“公平”和“中和”去弥补职责不及和法律遗漏之处。法律规定了的，按照法律去做；法律没有规定的，就需要君子的灵活处理，具体说来，就是根据同类事情的处理办法去处理。在这个灵活处理的过程中，要有“经”，即君子的基本原则，并以此避免“偏党”，即避免偏私和私利的作怪。对于上述路径，荀子概括为：“有良法而乱者，有之矣；有君子而乱者，自古及今，未尝闻也。”[9]即使有良好的法律，也会出现难以处理的混乱情况；但是，如果是君子主政，什么情况下也不会出现混乱状况。

荀子的这种思想，如果用他自己的原则来说，可以说是“持之有故，言之成理”[10]。如前所述，在当时的君主专制政体之下，以及当时的社会发展程度的背景下，与世界其他文明相比，古代中国的法治进程虽然已经很是超前，但其系统性、全面性、成熟性、科学性，与近现代人类社会对法律和法治的认识水平相比，应该说还是相当稚嫩的。在这种情况下，希望完全用法律去治理当时的社会，也应该是相当理想化的。所以，荀子把良好社会的希望寄托给儒家式的君子，显然是顺理成章的事情。但是，其中存在的诸多问题，也是我们不得不加以考虑的。

我们当然不能把近现代社会的法治观念强加给荀子，也不能因为荀子的法治思想没有达到近现代社会的法治水平而去无端地批评他。我们只是想从荀子的思想中分析出一些道理，即荀子为什么会那样去想？与更为合理的法治精神相比，荀子法治思想的不足之处是什么？这样分析的目的，不是责备荀子，而是提高我们对法治的认识水平。

不用说，即使是在今天，法律也不能解决所有问题，法治社会也不能预测到所有可能出现的社会现象。对于这些缺憾，只能以新的更合理的立法和执法去弥补，而不能因此就用人治去填补。另外，荀子所说的君子之人，是达到极高水平的儒家修养的君子，而这样的君子不可能凭空产生，而只能来自于现实。但是，如果现实就是一个人治盛行的社会，这样的君子是很难产生的，更不用说要完善一个社会，可能是需要大批这样的君子。所以，从逻辑上讲，荀子的这种出自善良愿望的想法基本上是行不通的。这不是说在现代社会行不通，就是在古代社会，在荀子的时代，也是行不通。所以，荀子的这一主张，不是被弃之不用，就是被专制制度所利用。特别是在专制制度下，把人的因素放在首位，最终还是一个人治的社会，法律的作用、法治的精神只能被人治的现实所利用。从这一方面来看，荀子的思想基础无疑还是儒家的，而过度相信人的作用，特别是君子、圣人的作用，无疑是传统儒家最致命的缺憾。

总地来说，在人治与法治的关系上，荀子从根本上讲是推崇人治的，但是，他也并不否认法治的效力。根据荀子的政治理论，一个理想的国度，当然是人治大行，直到王政的普遍推行，实现圣人之世、仁人之治。

然而，着眼于现实，荀子当然明白圣人之世不可能一下子到来。那么，要从现在做起，从现实起步，就得重视法治的作用。荀子认为，“君子治治，非治乱也”[11]，意思是说，以君子的礼义之道治国，只能在治世发挥作用，而在乱世，还须使用法治的赏罚之道。所以说，在荀子的国家观之下，其政治主张既有高远的理想，也有现实的选择，只有人治和法治相结合，才能最终达于圣人之世。荀子的如此主张，与他在学理上所认定的儒家思想和法家思想在治国之道上相互兼容的理念是一致的。

法治与赏罚

法治的问题，或者是依法治国的问题，在中国古代一直是一个重要且敏感的话题。既是一个政治话题，也是一个学术和思想话题。

特别是在先秦时代，中国的法治思想经历一个重要的变革时期，为此后几千年中国社会的发展奠定了政治思想基础。

在上古时代，社会结构比较简单，并不需要复杂的法治管理，更不需要向全社会公开法律制度。生活在城市中的只有社会上层的贵族和下层的平民，生活在乡野中的则是出苦力的农夫。在这种社会结构中，只要社会上层能够约束自己，下层平民和农夫便能正常生活。在现实的社会中，占据统治地位的贵族阶层，其力量足以直接管束其他阶层。这个时候，社会更需要的是礼治而不是法治，而礼治的特点是，虽然也有条条框框，但却有相当程度的灵活性，并且缺乏强制性，其基础是守礼者的道德自觉，或者是贵族个人、家族和集团之间的各种力量的相互制衡。

从东周时代开始，上述社会结构发生了变化，其根本原因是社会生产力的提高，社会总体财富的增多，以及随之而来的人口的增加和社会阶层的日益多样化和复杂化。在这种社会背景下，社会上层即使照样能够约束自身，其力量也已经不可能直接触及其他所有社会阶层，也没有能力直接去解决各个阶层的各种具体而复杂的利益冲突。

这其中的原因，一是贵族阶层本身的堕落，导致其正面的影响力下降，同时也使这个阶层的人数和力量不断消减；二是随着社会阶层的增加，特别是以知识阶层为代表的社会中层力量的出现，使得知识和文明在更广大的人群中散布，各阶层要求在社会发展中发挥更大作用、取得更大利益的要求越来越强烈；三是社会财富在增加的同时，社会关系更加复杂，社会矛盾更加多样化，对抗性也更加强烈。

面对这种复杂局面，统治者依靠自己的影响力，特别是道德影响力去管理社会显然已经力不从心，更不用说在世袭制的特权面前，他们的道德自觉也是与日俱减。所以，如果想要安定社会，保证他们的权力和利益得以继续，必须使用更有效的手段对社会进行管理。这个有效的手段，就是逐渐形成的法律条文和法治精神。

法律是一种契约，但有成文法与不成文法的区别。这种契约精神古已有之。但在初民时代和上古时代，这样约束人的行为的契约有若干特点。一是非文字性的，多以口头的，以及社会成员相互默契的方式存在着，所以在很大程度还是要靠人们的自觉。二是非公开性的，即契约的内容并不告知全社会，甚至社会里的某些人与这类契约无关。三是随意性和主观性的，即一旦出现了有违契约的人和事，社会管理者是采用人为裁定的方式，接受裁定的一方并不能预知结果如何。

儒家思想在东周中期由孔子创发，与这种特殊的社会背景息息相关。知识分子也好，思想家也罢，如果关怀现实，参与现实，改革现实，在那个时代，都是要回答如何更有效更合理的管理社会的问题。孔子出生前的半个世纪，晋国制定“范宣子之法”，这是一部成文法，但并没有向全社会公开。孔子年轻时，郑国子产“铸刑鼎”（时在公元前 536 年，孔子 19 岁），正式将郑国的成文法公诸社会。尽管郑国是小国，但这个事件已经引起了全天下的普遍关注。公元前 513 年，晋国也把当年的“范宣子之法”铸于“刑鼎”，向全社会发布。此时，孔子42岁，思想已经成熟，对这种做法提出了严厉批评，认为这是一种社会倒退的行为。

孔子之所以这么说，并不能简单地归结为孔子的思想是保守的，而是孔子关注的重点与其他人有所不同。孔子并不反对法律，也不反对依据法律所行使的赏罚，而是强调了当政者应该把治理社会的重点放在自己的模范行为和道德行为上。如果全社会一以法律为准绳，老百姓就可以无视官员的行为，官员也可以随心所欲，不在乎社会舆论和自身形象的问题了。即使是官员自身，也会根据法律行事，甚至以不犯法为行为底线。如果到了这步境地，就会出现道德崩溃，社会风气败坏的恶果，而这种恶果是法治所无能为力的，也是孔子儒学最为担忧的。

事实上，就是在当今的法治社会里，法律也不可能约束人们的所有行为，更不用说社会还要时时出现新的问题、新的矛盾。如果说法律之外的其他约束手段都可有可无，这个社会也是不健全的。更不用说，孔子时代的法律，事实上对于社会最上层并没有很明确很严格的规定，更多的是指向社会中下层的刑事犯罪，目的是使社会治安得到治理，并没有对社会制度、等级秩序、高层特权等更能影响社会进程的方面加以规定，这才使得孔子忧心忡忡地说：“道（导）之以政，齐之以刑，民免而无耻；道（导）之以德，齐之以礼，有耻且格。”⑫

在孔子看来，如果治国的主导思想是以政令法律为主，一以刑律作为行为标准，人们就只求免于受罚，但却不会在内心里建立起羞耻之心。但是，如果以道德为主，人们不但会有羞耻之心，还会自觉约束自己的行为。这样的思想，虽然深受“周礼”精神的影响，但却并不能说是对于旧时代的回归。以德治国是人类社会的最高政治境界。它并不保守，而是超越了所有时代。事实上，与其说它具有保守性，不如说它具有理想性。

孔子的这一思想，是儒家坚持以德治国、以德修身的思想基础。到战国中期，有感于世风日下，孟子大力倡导“仁者无敌”⑬，努力践行“大丈夫”[14]精神，就是对孔子道德观的继承和发扬。到战国末期的荀子时代，虽然秦国凭借依法治国的手段使国力强盛、横行天下，证明了在那个时代法治确实能够起到立竿见影的作用，但是，放眼人类社会的长远发展，荀子还是认定儒家传统的德治精神终究还是要发挥根本性的作用。

不过，荀子在坚持儒家德治为本的同时，与孔子和孟子相比，还是从根本上改变了儒家对法治有意无意地加以轻视的不足之处。所以，在荀子的思想中，以他的理性精神为基础，对依法治国予以了足够的重视。正是在此意义上，一直以来，人们认为荀子是由儒入法式的思想家。但是，当我们静下心来去认识荀子的法治思想时，所谓“由儒入法”的说法是比较片面和轻率的。所以，我们必须更加全面地认识荀子的法治思想。

荀子的法治思想，与其他方面的思想一样，主要记载在《荀子》这部书中。但我们也知道，这部书是经过西汉学者刘向整理的。刘向的整理虽然功不可没，但其粗糙之处也是难免。刘向把荀子言论的零散记载归拢起来，加以分篇，有高明之处，也有不甚合理之处。如同其他所有思想观点一样，荀子关于法治的思想，其实也是有变化有发展的，但在现存《荀子》中并没有这样明确的体现。这样一来，我们在了解和思考荀子的法治思想时，不得不多注意这些方面的问题。

（一）犯罪的起源、公平的立法

人为什么要犯法犯罪？回答这样的问题，涉及法律的起源、法治精神的成立、法律的走向和执行等一系列相关问题。

荀子批判了一种世俗的说法，即认为上古时候人们都是薄葬，所以没有人去盗掘坟墓。而在混乱的当今时代，因为出现了厚葬，这才引发了盗墓的犯罪行为。荀子在分析批判这种错误观点的同时，对于为何出现犯罪行为，也作了精彩的分析。

荀子认为，凡是盗窃行为，都是因为盗窃者的贪取无度，并不是因为生活不能自给。所以，圣王在世，一定要使百姓生活富足，但却不能过度拥有。在这种社会状况之下，不仅不会有盗贼，而且农夫和商贾都能礼让财货，从而导致社会风气良好，男女自律，道不拾遗。荀子引用孔子的话说，天下有道的时候，盗贼最先改变其行为。这就是说，盗贼不窃不抢，是社会安定的最突出的表征。在这个时候，即使墓葬中满是财宝，人们也不会去盗掘，因为求利的动机并不强烈，而犯罪带来的羞愧之感更为强烈。

然而，在混乱的当今时代，在上者的发号施令，在下者的行为做事，都没有法度可言；有头脑的人没有机会发表意见，有能力人的没有机会施展才能，贤良者没有机会被任用。这样一来，等于是天时、地利、人和尽失，该做的事情做不成，致使物质财富匮乏，各种祸乱纷至沓来。社会上层发愁不够日用，社会下层则忍饥挨饿。结果就是，统治者都跟夏桀王和商纣王一样暴虐，盗贼则肆意抢夺，危及社会，行为连禽兽都不如，盗掘坟墓就更不在话下了。这样一来，即使是薄葬到裸身埋葬，也会有盗墓贼光顾，更不用说多少有些装敛了。

所以，荀子的结论是，那些认为盗掘坟墓是由于厚葬的说法，简直就是奸邪之人的胡言乱语，是欺骗愚者的大奸之人的表现。这其中可能还有一个背景，就是传统的儒家主张厚葬，所以，反对儒家的人以此为口实，对儒家提出批评。而荀子的观点站得更为高远，即从犯罪根源的角度加以认识。他告诉人们，要想制止犯罪，最根本之处是建设一个和谐社会，而要建设一个和谐社会，必须保证经济发展，同时注重道德教化。荀子的观点中还隐含着一个结论，即法律并不能根除犯罪，而只是在通过惩罚的手段在一定程度上遏制犯罪。

尽管从学理上讲，法律并不能根除犯罪，但着眼于现实，荀子还是非常理性地承认法律的有效性。既然如此，当然需要严肃地对待法律，必须公平立法。

在荀子看来，法律规定不可能穷尽社会的所有方面和所有事务，所以他主张，在有法律依据的事情上要按照法律行事，而在法律未及或不及之处，则“以类举”，即依照同类或近似的判例或案例来执行。法律是本，依法而行是末；判例是左，相似之事例是右。也就是说，世上的各种事情，看上去各不相同，但却遵循着相同的规则，并因此而相互依存。根据这样的原理，赏罚之事完全可以分类完成，各种规定必须顺应民心才可以推行。

荀子在与一位名叫公孙子的人对话时，公孙子讲了一个历史故事。故事说的是，当年楚国令尹子发率军攻打蔡国，大获全胜，并俘获了蔡国的君主。蔡国是楚国的相邻小国，春秋中期以来饱受楚国蹂躏，直到最终被楚国灭亡。这个故事应该就发生在这一时期。

子发归国述职之后，楚王要奖赏他，但他却推辞说，此次之所以能够取胜蔡国，主要是由于楚王命令的威严、众将官的威力、所有士卒的威猛。所以，奖赏我一个人，让我接受众人的功劳，这是不应该的，我不能接受。

子发的这种表现，乍听上去形象很高大。公孙子之所以给荀子讲这样的故事，估计也是因此而向儒家思想发难，因为儒者讲究谦退。但事实上真正的儒者并不做无原则的谦退。孔子在世时，就曾批评子路，不应该推辞应该接受的奖赏。所以，对儒家思想有着真切理解的荀子，当然也不会被公孙子的故事难倒。

荀子首先明确自己的观点，即在这个事件中，子发完成君主的命令很到位，但推辞君主赏赐的行为却很固陋。为什么这么说呢？荀子认为，王者在位，推行尚贤使能的政策，奖赏有功者，惩罚有罪者，并不是针对某一个人制定的，而是针对全体人的，是统一所有人，让所有人都遵循一致的原则。善待善良者，厌恶丑恶者，这是治国的根本原则。在古代，英明的君主在位时，如果国家的大事已经完成，有关的大臣们也立下了功劳，那么，君主在享受大事的完成之余，也一定会奖赏群臣的功劳，然后也要给士大夫晋爵，其他官吏增加薪俸，普通人则要有物质奖赏。这样做的目的是要劝勉做好事的人，打压不做好事的人，以达到上下一心、三军同力，使所有的事业都能成功，所有的人都有机会建功立业。

可是，这个名叫子发的楚国人却高唱反调。他违反先王之道，扰乱楚国的法规，隳毁有功之臣，让应该受赏的人感觉羞耻，让参与建功的亲属得不到物质奖励，让他的后人得不到荣耀。这样的人，只是为了自己一人得到廉洁之名，却让其他人遭受损失，难道不是太过分了吗？

荀子在此所述，是真正的法的精神，即秉持公平和正义。在荀子看来，法的本质是“一人”，统一众人，即让所有的人遵循同样的原则行事。国家制定的法律、法规，是要把所有人的行为统一到同一个规矩之下，任何破坏这种规矩的人，都是法所不能允许的。而对这种规矩的破坏，不只包括一般意义上的恶行，也应该包括过度的善行。善与恶，都必须限制在合理合法的范围之内，过度的善，经常会导致恶的产生。荀子的这种思想，应该是非常现代的。如前所述，尽管其他儒家思想家也有这方面的观点，但在荀子这里却有着相当深入的分析和论述，这是非常可贵的思想财富。

子发的“廉”的表现，荀子认定是“私廉”，即表现自私之心的廉洁。与荀子关于“职、分”的思想相联系，可以认为，一个守法之人，应该按照自己的职责和地位去生活。他们的所得所享，既不能逾越自己的合法所得，也不应该低于自己的合法所得，否则就会让人认为他们有其他自私的想法，更会破坏社会的整体规则，迷惑人们对于究竟什么是善恶、做善事究竟有没有价值的正常判断。正是在此意义上，荀子才批评子发如此行为的“固陋”，即顽固和鄙陋，既落后，又缺乏见识。

与此相关的问题，是犯罪和惩治的关系，即犯罪的轻重与惩罚的轻重的关系。这个问题在荀子时代争论得最为激烈。大体上讲，一些肤浅的儒生主张重罪轻罚，期望以此涵养社会风气，达到治世。一些比较激进的法家人物主张轻罪重罚，以期尽快刹住犯罪之风，使社会秩序快速安稳，使国家集中力量富国强兵。针对这两种极端主张，荀子提出了自己的见解。

荀子的切入点是一些世俗学者的观点，这些学者认为："治古无肉刑，而有象刑。治古如是。"意思是说，在古代的治世，如有犯罪行为，并不如法律所规定的，一定要在人的身体上施加某种刑罚，毁伤人的身体，而只是象征性地表示一下。比如说鼻刑，并不是割掉鼻子，而只是在面部用墨色画出某种记号而已。

荀子从一般性的犯罪理论讲起，明确反对这种说法。

如果是真正的古代的大治之世，人们一般是不会触犯刑律的，不仅是肉刑，就是象刑也不必使用。如果一定要说那时的人们也会犯法，然后去减轻对犯法者的刑罚，就等于是说，杀人的人不必被判死罪，伤害人的人也不用遭受刑罚。特别是，犯了最重的罪，却只受到最轻的惩罚，那么，普通人就不会知道什么是罪恶，结果只会给社会造成极大的混乱。

荀子强调说，刑罚或法律的根本，是禁止暴力、厌恶罪恶，并且通过惩罚而对人们发出警告，以防患于未然。如果说杀人可以不偿命，伤人可以不受刑，那就相当于告诉人们，要给暴力犯罪者以恩惠，给贼害他人者以宽免，这显然不是厌恶罪恶的表现。

通过以上对一般性的犯罪理论的分析，荀子断言，所谓象征性惩罚的主张，并不是产生在古代的治世，而是出现在混乱的当今之世。在古代治世，凡是爵位、官位、职务、赏罚等措施，都是与相应的行为相配合，有什么样的作为，就会有什么样的报偿。哪怕是有一个错位，都会成为社会混乱的发端。如果德行与爵位不相称，能力与官职不相配，有功者得不到相应的奖赏，有罪者没有受到相应的惩罚，那将是最大的不祥之事。回顾历史，荀子指出，周武王讨伐商朝，诛杀纣王，把纣王的首级挂在大旗上示众，就表示要惩治暴乱、诛杀凶悍，这才最后达到了大治。荀子认为，杀人偿命，伤人受刑，这是古往今来所有王者的选择，至于从何开始，那是谁也说不上来的。总之，刑律与犯罪事实相称，就是治世；不相称，就是乱世。换句话说，治世的惩治罪犯，该重就要重；乱世的惩治罪犯，该重的往往偏轻。

很显然，荀子的上述法律思想，与他的理性主义思想家的特色是一致的。片面的轻罪治国，与片面的重罪治国，都是荀子不赞成的。孔子说："听讼，吾犹人也。必也使无讼乎！"[15]孔子在鲁国做过专管司法的司寇一职，目睹人们在诉讼过程中不计一切的相互攻击，感觉这是对社会风气和道德风尚的莫大破坏，所以才说，在处理诉讼案件的时候，他能够深切体会诉讼双方的无奈和伤害。对此，孔子的结论是，当政者应该下大功夫治理社会，减少各种社会矛盾的发生，达到"无讼"，人们不必诉讼，不必在法堂上不讲廉耻地相互攻击，就能够正常生活，那将是人类的福音。孔子"无讼"的观点，并不是要取消法律的惩罚，而是希望通过道德教化，把犯罪减少到最低，这显然与重罪轻罚的主张完全不同。但是，那些别有用心或心智不足的陋儒之类，很容易歪曲孔子的观点，认为孔子不主张惩罚罪犯，这正是对孔子思想莫大的误读。至于法家人物如商鞅、韩非子等，认为轻罪重惩能够从源头上治理犯罪的发生，则又是过于简单的想法，同样是缺乏智慧和理性的表现。

（二）公正执法，合理赏罚

法律一旦制定出来，并且要在治理国家和社会中发挥作用，就必须做到公正执法，赏罚得当。

在具体的执法过程中，荀子强调，刑罚与罪行适当，即所谓量刑准确，法律才会有威严，否则法律就会被人们瞧不起，当然也不可能被严肃对待，更谈不上严格守法。同样地，作为赏庆的爵禄官职，如果与贤者的德行和才能相当，才会被人们看重，否则就会被人们鄙视。在任何一个治世，量刑都不会高于犯罪事实，爵禄也不会超过官员的贤德。在这方面，最典型的例证就是，父亲犯罪不会累及儿子，兄长犯罪也不会累及弟弟。奖赏和惩罚都能够恰如其分，人们对法律心悦诚服，做善事会起到劝勉他人的作用，做恶事则能够起到让人吸取教训的作用。这样一来，刑罚尽管很少使用，法律的威严却遍及天下，各项政策规定很透明，教化的作用更是如神明一样影响深远。

在正面阐述了执法公正之后，荀子又从反面加以强化。他说，混乱之世的情形完全不同。量刑随意，爵禄之赏并不依据贤德。更为恶劣的是所谓“以族论罪，以世举贤”，即如果有一个人犯罪，他的父族、母族、妻族之人，即使如大舜一样有德行，也都会受到牵连，比如秦国商鞅制定的“保甲之制”；另一方面，如果有先祖是贤德而有地位之人，他的子孙都会沾光，即使他们如同桀王和纣王那样暴虐无行，也会世世享受尊荣。完全可以想像，这样治理国家，必定是一个混乱无序的国度。

荀子时代的法律主要是指刑法，当时称为法、刑罚，所以，所谓执法，也主要是体现在赏罚之上。但是，在荀子的法治思想中，与他的霸道与王道并重、法治与德治并行的思想相一致，强调了赏和罚的同等重要性。

荀子认为，如果奖赏不能合理执行，贤能之人就不会得到进用；如果惩罚不能恰当执行，不肖之徒就不会被黜退。这样一来，有能力和没有能力的人都不会待在适合于自己的官位上。更严重的结果就是，万物都难以处在合适的位置上，任何事物的变化都难以得到合适的回应，以至于天时、地利、人和都会失调，天下之人都会不满现状，如同在烈火上受煎熬一般。

由此看来，施政者一旦不能依照法律严格执政，不仅会影响个体从政者的政治前途，以及一国一地一时的政治清明，还会使这种消极和负面的影响播撒到社会和人间的各个方面、各个角落，也就是说会影响到所有的人和事。

不过，在当时的政治制度之下，人治的思维和方式依然占据主导地位，并且任何的法律法规也不可能顾及所有赏和罚的具体情况，这就会导致赏、罚的尺度不容易掌握，不容易恰如其分地加以落实。对于这种令人沮丧的情形，荀子的主张是，从赏与罚的本意来说，奖赏不应该过度，不应该超越本来的规定，刑罚也不应该泛滥无际，不应该伤及无辜。这是因为，奖赏过度有可能让小人获利，刑罚泛滥则会让君子受害。但是，着眼于现实，赏和罚都存在着过度过量的问题，荀子的态度是“宁僭无滥”，宁可奖赏过度，也不要刑罚泛滥。这样做的理由是，与其因为刑罚泛滥而伤及善良，还不如奖赏过度而惠及不守规矩之人。这是典型的儒家的政治伦理或立法精神，而在这方面，法家的主张正好相反。后世有所谓“宁可错杀一千，也不放过一人”与“宁可放过一千，也不错杀一人”的严重对立，前者体现的是法家的思想取向，而后者则是儒家的治世原则。其实，在现实之中，赏与罚能做到恰到好处的时候或时代是少有的，但多数的情形是“不幸而过”，不得不面对赏罚不中的情况，而正是这种严峻的现实，才能真正区分出各家各派的思想取向。荀子如此坚持儒家的主张，其伦理前提就是，伤害善良对社会的危害远远大于奖赏不良。其实，这种观念固然很宽容，但是，在很多时代，实际情况却并不像荀子想像得那么简单和直接。

那么，如何能够合理而顺利地施行赏和罚，如何使赏、罚失当的状况得以扭转，并最大限度地造福于社会呢？循着儒家以德治国、以上示下的原则，荀子提出一些具有创新意义的主张。

荀子以先王和圣人为说，认为最高统治者只有高度注重自己的物质生活和日常享受的高水平，才能统一人民的思想，才能约束人民的行为；只有表现出对法治的敬畏，才能让人民守法，实现社会安定。具体说来，君主要有必要的手段，满足自己的耳目之娱、口舌之味，让他治下的人民知道君主也需要满足自己的物质生活享受，这样一来，君主的奖赏手段才能吸引人民。这其中的道理是，要让人们都知道，必要的生活享受是合理的。君主是人，普通人也是人。人们的基本欲望，君主也喜欢；君主的享受，人们也能得到。而普通人要想得到与君主同样的享受，就必须思想向善，行为端正。同时，君主还要增加劳动力人口，让官职齐备，使赏罚严明、刑罚严格，目的是要让自己看重法治的作用。这样一来，让老百姓都知道君主对法治也有敬畏之心，知道遵纪守法的必要性，从而使刑罚能够发挥其应有的作用。

一旦赏、罚得行，贤能之人就可以得到进用，不肖之徒就可以被黜退，能力不同的人就都可以得到适当的官位。在这种合理而清明的政治状况之下，社会方方面面的发展无不顺畅，社会物质资料的生产自然不在话下。荀子相当夸张地描述说，社会财富如泉水一样源源不断，如同大山一样堆积无边，甚至因为没有足够的地方收藏，只有付之一炬。显然，到了这种地步，人们还有必要担心没有足够的财货满足人们的生活需求吗?

荀子的如此信心满满的思路，有两项前提或基础。

一是针对墨家思想而提出的主张。墨家主张“非乐”和“节用”，这是代表社会下层提出的主张，因为墨家认为社会财物在总体上是有限的，在他们时代又是不足的，所以要求节俭，要求去除与生产活动无关的消费，以使社会下层能够获得必要的生活资料。针对这种思路，荀子乐观地认为，只要方向正确，方法得当，人类社会是能够生产出必要的生活资料的，同时也是能够公平合理地分配给社会各阶层的。并且，在这个过程中，起关键作用的是最高统治者，在当时主要是一国之主。只要他们能够以身作则，严守赏罚之规，上述生产活动和分配过程就能合理到位，社会就能和谐向上。这样的思想，既反驳了墨家狭隘、悲观的主张，又补充了传统儒家相对轻视物质利益和法治的不足之处。

二是对于君主的要求。从荀子的整体主张来看，他所说的应该得到各方面满足的君主，是指那种称职的君主。也就是说，并不是所有的君主都有资格获得全方位的满足，更不是说让君主满足的目的是让他们恣意挥霍。相反，只有称职的君主，或者是英明的君主，才有资格让社会满足其所有的个人欲望。所以，荀子强调满足君主欲望的目的，是着眼于全社会的合理需要，着眼于社会发展而提出的，并不是为了满足君主的个人需求而提出的。

（三）教化与法治

荀子虽然充分认识到了法治对于治理国家和社会的重要性、不可或缺性，但从根本上讲，他并没有也不能放弃儒家教化的根本作用。这个思想，反映在如下的主张里。

在荀子这里，法治又称为罚或诛。荀子首先明确教化与法治的关系。他认为，不进行必要的教化，完全依靠刑罚去治理人民，就会使法律变得过度繁杂。如孔子所言，法律条文太多的结果，是使人们苟且免于刑罚，但内心里却树立不起对于正义和良知的崇敬，导致社会风气正不压邪。同样，如果只是进行教化，不重视惩罚的作用，那么，作奸犯科的人不能受到有效的惩治，就会导致社会的混乱。看起来，荀子的相关主张是，从逻辑上讲，应该是教化在先，法治紧随；而在实际操作层面，教化和法治应该同受重视、同时进行，如影随形，不可偏废。

有罚必有赏，这是荀子所主张的法治与教化齐头并进的一种必然引申。如果只惩罚奸民，无视勤恳善良、表现良好之人，那么，人们的积极向上的自觉性就会受到挫伤，进而影响到社会风气。同样重要的是，赏罚虽然重要，但更重要的是赏罚要得当。不仅要避免赏罚倒置，还要把握好赏罚的尺度，即轻罪不能重罚，反之亦然；小功也不能大赏，反之亦然。如果不能把握好这些，百姓就会产生奸心，就会寻求捷径，寻求邪门歪道。这样一来，善恶的标准不一，同样会波及社会风气和社会安定。

在进行了上述基本定位之后，荀子还是回到了传统儒家的基本立场，即强调教化的根本性、长久性和深刻性。他从“先王”起讲，列举礼义的一统作用，忠信和慈爱，尚贤使能的必要性，最后才提出了赏罚的重要作用。这就是我们已经提到过的教化与赏罚的逻辑关系。至于接着说到的

"时其事，轻其任，以调齐之，兼覆之，养长之"[16]显然都是儒家的柔化手段。时其事，是说适时使用民力；轻其任，是强调对民力的量力而用；调齐、兼覆、养长，都是对待百姓的关怀意向。这样一来，根据儒家思想的推导，社会上的奸邪之事就不会兴作，盗贼也不会出现，因为人们从内心深处化善劝勉，道德之心澎湃，刑罚自然就退居其次了。

总之，荀子在此强调的逻辑顺序，依然是儒法结合，儒家主导。儒家之道易于流行的时候，社会基础就会很牢固，政令也才能保持其一致性和通达性，所发挥的作用自然有条有理，一目了然。

当然，到了最后，荀子并没有忘记在任何场合都会强调在上位者的表率作用。事实上，强调在上位者的表率作用，是传统儒家基本的政治主张。由此我们不难看到，荀子的法治思想，以及他对赏罚之作用的重视，乍看上去是借用了法家的主张，但仔细分析之下，就会看到其中被荀子注入的儒家思想的灵魂。所以，总括起来说，荀子虽然比孔子和孟子等其他儒家大师更为看重法治的作用，但他所谓的法治，是在儒家思想主导下的法治。具体说来，以儒家思想为指导，以法家思想为实施，是荀子法治思想的特色，当然也是荀子思想的创造性所在。可以说，在荀子之前，思想家们都认为儒、法思想如水火不能相容，而荀子则以其深入的洞察和成熟的思考，使儒家和法家思想相融合，形成独特的、具有时代前瞻性的政治思想。特别是在难度最大的法治思想建设方面，荀子更是高瞻远瞩，既坚持了儒家的德治思想，又肯定了法家的法治措施，使中国古代政治发展获得了新精神、找到了新方向，并在汉代以后的政治实践中实现了巨大成功。

注释：

①《荀子·王霸》。

②《荀子·王制》。

③《荀子·王霸》。

④以上均见《荀子·王制》。

⑤《孟子·公孙丑下》。

⑥《老子·四十二章》。

⑦《论语·卫灵公十五》。

⑧以上均见《荀子·致士》。

⑨以上均见《荀子·王制》。

⑩《荀子·非十二子》。

⑪《荀子·不苟》。

⑫《论语·为政第二》。

⑬《孟子·梁惠王上》。

⑭《孟子·滕文公下》。

⑮《论语·颜渊十二》。

⑯《荀子·富国》。

第十二章 国家之论，王霸之政（二）

王政，王道
霸道，霸政

荀子生活在战国末期，中国上古以来的政治发展，特别是周朝的政治过程已经基本结束，有条件在政治上有所总结。春秋战国时代的百家争鸣，说到底还是各家各派都想使自己的思想学说左右现实的政治运作。在这个过程中，有得势的，如法家、纵横家、兵家等；也有不得势的，如儒家、墨家、名家等。荀子的思想发展时期处在百家争鸣之末，正介乎得势与不得势之间。所谓得势，是指荀子思想中的那些具有强烈的现实针对性的内容；而所谓不得势，则是荀子思想中的理想主义成份。这种思想上的双重性，集中体现在他关于霸道和王道思想的论述中。

先秦时期的王道和霸道思想，有着非常复杂的政治内容和演变过程。“王”在字面上指周王，即周天子；“霸”即是“伯”，“伯”的本义是首长、首领，而所谓春秋五霸（伯）就是各国诸侯的首领。西周时代，周王的权威通行天下，“周礼”是天下人普遍遵循的政治原则。东周以来，周王权威扫地，成为霸主的傀儡，霸主依靠军事实力，成为天下政治的主导者。所以，所谓王道和霸道，逐渐脱离了它们的字面意义，分别专指以仁义道德和强力手段主宰天下。王道与霸道思想的提出和比较，是战国以来的事情。当时的人们总结了以往的政治经验，认为天下政治非王即霸，王道与霸道不可调和。在先秦儒家内部，孔子本人没有王道和霸道的说法。孔子在倡导恢复以周天子为首的天下政治秩序的同时，对齐桓公称霸的历史功绩也有所肯定。从总体上讲，孔子还是肯定王道的，霸道充其量也是对王道的补充而已。可是，到了孟子那里，却独遵王道，力排霸道。

在荀子的内心深处，确实认为仁义道德具有更强大和持久的力量，所以，在终极意义上，荀子依然是王道论者。这既是儒家学者内在的良知，也是反省历史、思考现实的结果。从历史上看，齐桓公和晋文公的霸业虽然轰轰烈烈，卓有成效，但终究还是人亡政息，昙花一现。至于现实中的秦国，战场上的胜利充满了血腥，比如在与赵国的长平之战中，用坑杀降兵的做法削弱敌国的士气，[①]这必然激起更大的仇恨，难以让人口服心服。这就说明，要想实现天下的统一并要长久保持下去，必须以王道为根本。

不过，荀子的成长经历和思想历程既不同于孔子，也不同于孟子。孔、孟生活在鲁国，受传统周礼的影响很深，理想主义倾向严重，所以都强调王道的唯一性，主张以王道一统天下。荀子生长在三晋地区，深受三晋法家思想和战争文化的影响。中年之后，荀子又在齐、楚、秦这样的军事大国之间游历，特别是秦国的对外争胜和国内的井然有序，都使荀子深深感受到了霸道的现实有效性。所以，荀子不仅没有从根本上反对霸道，而且还关注霸道之术，比如研究兵法战策，形成了自己的一套战略战术思想，这与孔子所表明的“未学军旅之事”[②]的态度形成了鲜明对照。

更深一步来讲，荀子在肯定了霸道的现实有效性的同时，也提出了对霸道的修正和制约。荀子主张发展经济，以国力的全面提升作为实行霸道的基础。荀子还强调守信在推行霸道过程中的重要作用，对本国的人民讲究信用，可以最有效地调动各方面力量；对他国之人讲究信用，以便牢固控制天下局势。

总而言之，王政是荀子心目中最高的政治标准和政治理想，霸政又是荀子不得不肯定的有效的现实政治，而荀子最终的选择，则是王政与霸政的结合和平衡，而在指导思想上，则是儒家思想与法家思想的结合。儒家主导政治方向，法家应对现实政治；儒家道德高于一切，法家赏罚行之有效。

王政，王道

所谓“王政”就是“王者之政”，“王道”就是圣王之道，用一句话来说，就是孔子以来儒家集群逐渐形成的理想的政治模式和政权原则。不过，在荀子之前，孔子、孟子等大儒对王道和王政的阐述多集中在政治领域和道德层面，其他方面虽有提及，但并没有深入论述。只有在荀子这里，王道和王政才最终成为一个全面的政治理念和政治过程，特别是荀子王政思想对于经济的重视，对于普通人利益的重视，使儒家的王政思想具有更加明确的现实性。

（一）王政之经济基础，“裕民经济”

在荀子的王政之中，经济问题得到了多方面的关注，并被视为王政的重要基础之一。荀子思想的这一特色，与他的整体思想是一致的。之所以说这是荀子思想的特色，是说在先秦儒学中，没有其他思想家能像荀子这样，不仅重视一国的经济问题，而且把经济发展与社会发展的关系在学理上做出了方方面面的探讨。而从荀子的整体思想看来，他能够理性地对待一切问题，总是能够结合社会现实提出他的政治或思想文化方面的主张。

孔子并不否认经济和民生问题的重要性，但他基本不认为这是儒家学者应该特别关注的事情，因为他们的职责不在于此，因为国家自有专门负责经济问题的人员。孔子也不排斥经济利益，虽然他认为过度注重利益会有碍于良好社会风气的养成，但如果君子能尽其责，在社会的道德建设方面取得预期效果，社会风气不会有太多问题，经济建设也自然会走上轨道。这其中不管有多少理想的成分，孔子终究是没有否定经济问题在治国理政方面的作用。

相对来讲，孟子对“利”的反感甚至排斥更为强烈和明显一些。孟子的思路是沿着孔子的思想下来的，但由于道德问题在他的时代更为突出，使孟子对经济问题，特别是对个人的经济利益的诉求更为敏感。他虽然有“有恒产者有恒心”[③]的论断，但这个论断更多的是针对普通民众而言的，而他心目中的君子或大丈夫是要超越类似的利益诉求的。但纵观现实，正是社会中上层人物的物质欲求才是决定社会稳定与否的最重要的因素。所以，在这个问题上，孟子基本上是文不对题的，他的“义利之辨”也更容易成为社会中上层贪婪之徒的口头文章。

荀子主张人性为恶，是说人们总是把个人利益摆在首位，并且多半时候是自然而然的，下意识的。即使是有修养的社会中上层人物，绝大多数也无法超越私利。所以，与其漠视其存在，还不如直面这样的现实，同时想办法加以疏导，更重要的是加以限制。理性地来看，荀子的主张更有现实合理性。但是，在政治专制的时代，这种思想的危险性却是胜过孔子和孟子的主张。在个人权力无限膨胀的情况下，荀子的主张更容易滑向助纣为虐的境地。

王者富民，王者生民

整体的早期儒家确实注意到了经济问题对于国家和社会的重要作用，甚至是基础性的作用。只是他们同时也意识到了经济利益的负面作用更是巨大，所以宁肯把他们思想的重点首先放在道德教化上，也就有意无意地尽量避免谈及经济问题。但是，在这方面，荀子确实是个例外。他的理性主义精神让他有勇气面对现实。从其思想大方向上讲，荀子甚至可以说是明确了经济利益的基础性作用，因为他以经济利益为基础，划分出了各种类型的君主、各种类型的政治模式。

对君主的分类：

聚敛之君　如卫国的成侯和嗣公，只是想方设法从民众手中聚敛财富，而并不在意民心的向背，荀子认为这种君主迟早是要亡国灭身的。

取民之政　如郑国著名政治家子产，注意发展生产，保障人民生活，很得民心，但却没有在政治方向上多做文章，荀子认为也只能做到使民心安定，社会不出现大的动荡，国家也能保证平安无大事。确实，在子产当政的年代，郑国是小国，本来夹在晋、楚两个争霸的大国之间，日子并不好过，但由于郑国能够很好地安定国内形势，民心归拢，也有一定的经济能力进贡大国，子产本人也有足够的智慧，使得子产治理下的郑国保持了三十多年的安定状态。这一结果的基础是子产注重经济，保障民生，以至于当他去世之时，孔子称他是“古之遗爱”，一个对百姓有爱心的政治家。但是，由于子产未能进行政治改革，所以，在他离世后，郑国很快就陷入了往日的紧张和混乱之中。这是为什么呢？荀子认为是缺乏对政治方向的调整，没有进行政治改革。

为政之政　如春秋中期齐国的管仲，在政治上进行大刀阔斧的改革，直到辅佐齐桓公称霸天下，但在荀子看来，管仲的政治改革力度有限，方向也不明确，并没有走上儒家礼治道路，所以，齐国也只是在齐桓公的时代成为强国，而当管仲和齐桓公相继去世后，齐国就一蹶不振了。

修礼之政　也就是王者之政，可惜在荀子的时代，还没有出现这样的政治，当然也就不能列举出这样的政治人物。

再从经济建设的角度去看，荀子认为，王者是让老百姓富裕，霸者是保证士卒的经济收入，那些勉强生存的国家则是富了当权者，而走向灭亡的国家则是富了君主一人。

荀子强调，“观国之强弱贫富有征验”[4]，即一个国家到底是走向贫困还是走向富裕，从一些现象当中是能够看出来的。

致使国贫民困的原因当然有很多，但荀子在其列举中，君主的作用是第一位的。其中，君主的好大喜功、贪财贪利是首要原因。其他则是政府机构过于庞大，吃政府财政的官员太多，再其次则是从事工商业的人数太多，减少了农业劳动力，最后则是政府的税赋没有一定之规，随意收取。所谓从事工商业活动的人员太多，是就当时的农业社会而言的。

在说到一国之主对于国家经济发展和人民生活的首要作用时，荀子强调了一个非常重要的传统儒家的主张。这一主张，源之于孔子弟子有子与鲁哀公的一场著名的对话。

> 哀公问于有若曰：“年饥，用不足，如之何？”
> 有若对曰：“盍彻乎？”
> 曰：“二，吾犹不足，如之何其彻也？”
> 对曰：“百姓足，君孰与不足？百姓不足，君孰与足？”[5]

这一年，鲁国农业收成不好，鲁哀公的税收大减，日常用度都有了问题，所以请教有子有没有什么好的办法。有子是孔子前期弟子，素以见识卓越闻名。对于哀公之问，有子很平静地反问道：“为什么不采用十取其一的税制呢？”所谓“彻”是一种传统税制，即农民把收成的十分之一交给土地的主人，在此就是鲁哀公。鲁哀公听后当然大吃一惊：“我现在用的是十取其二的税制，都不够日用，为什么你反倒让我十取其一呢？”也就是说，十取其一不就更捉襟见肘了吗？

这时候，有子才明确地说出了他真正想说的话，真正想表达的思想。有子说：“如果百姓都富足了，君主怎能会不富足？如果百姓不能富足，君主怎么能够富足呢？”这一思想，乍听上去有些书生气，其实是道出了一个根本的治国理政之道。

鲁哀公的看法，是基于一年一时的情况；有子的主张，则是治事当国的长久之策。鲁哀公认为，他的日常不足，是因为自然灾害影响了税收；但在有子看来，正是鲁哀公多少年来一直收税太重，百姓收入太少，才缺乏劳动的积极性，才没有足够的积累，才没有能力抵御任何的自然灾害。可惜的是，有子的相关思想，在《论语》中仅此一见，所以，荀子才在适当的时候，对这一“有百姓足，才有君主足”的思想加以充实。

荀子说，在下者贫困，在上者也会贫困；在下者富足，在上者就会富足。所谓小河有源，大河才会有流。由此看来，能够生长庄稼的田野，才是天下财富的源泉；百姓劳动积极性高，把必要的劳力投入到田地之中，国家的收入才会有保障；而国家的仓库，那只是庄稼丰收的结果。所以，英明的君主，有远见的君主，必定是要想方设法地激励百姓的劳动积极性，开源节流，增加劳动者的收入。当劳动者收入有余之时，在上者自然就不会发愁收入的问题了。结果就是，在下者与在上者都富足，相互不用算计得失，到了这个时候，治国的大计就到了极致之处了。

荀子的这一思想，既不是单纯的经济考虑，也不是完全的政治考虑，而是政治思想与经济思想的有机结合。这个道理并不难懂，但只有高瞻远瞩的政治家才能付诸实施。所以，荀子又进一步就这个问题做出严厉的告诫。他说，一个国家，田野荒芜而国库充实，百姓家中空虚无物而君主仓库爆满，可以称作为“蹶国”，即已经开始跌蹶倾覆的国家。为什么这么说呢？是因为这样的国家犹如根基被损害的树木，好比源头已经枯竭的泉水，虽然看上去叶子还很茂盛，下游也还有流水，而其主人却浑然不知根本处发生了什么，这样的国家，灭亡就在眼前了。对于这样的国家及其君主，荀子是真的为他们着急，因为荀子本人就亲自接触过他们，观察过他们的国家，所以荀子才深切地说，以全国之人，都不能养活君主一个人，这样的君主真可以说是世上最贫困的人，也是极端愚昧的人主了。这些君主的本意是求富求利，结果却是丧国危身。这可不是危言耸听。荀子说，在他的时代之前，曾经存在过的诸侯国有千千万万，但现在却只剩下十几个。这没有其他更复杂的原因。原因就是共同的一个，即没有把百姓的利益作为立国的基础去对待。讲到此，荀子不无感慨地说："君人者，亦可以觉矣！"[6]那些做人君的，应该可以觉醒了吧！

在中国古代政治中，老百姓是处于一个相当尴尬和矛盾的地位的。传统儒家充分肯定了普通百姓在社会和国家中的基础作用，所谓"能载舟，亦能覆舟"者也。如果得不到老百姓拥护，"天听自我民听，天视自我民视"，一个政权或王朝是不可能安定，不可能长期存在的。这基本上是历代统治者的共识。但是，在具体的政治运行中，在具体的政治实践中，在具体的治国理政中，如何落实上述理念，或者是通过什么样的途径让百姓发挥作用，以及如何让民意影响、作用甚至主导一国政治的走向，却是个相当复杂的问题。

要理解中国古代百姓的作用和地位，事实上必须以那个农耕时代的基本状况为讨论的基本点或出发点。即使是更为亲民的传统儒家思想，也只是立足于倾听民意、为民服务这一点上，归结为一处，就是尽量满足百姓的需求。在百姓的需要中，衣食住行等基本的物质需要当然是基础性的，但是，这就是百姓需要的全部吗？就说这是必不可少的需要吧，那么，其中的度怎么掌握？他们得到这些需求的途径和方法如何？儒家的基本思路，还是把百姓放在一个较为被动的位置上的，即英明的君主、称职的官员一定会为百姓考虑好这些，并积极地提供给他们。在农业社会里，作为主体的农民只是经营着自己的土地，居处分散，民智不高，不可能让他们尽情地表达自己的愿望。城市里的平民，也是各为自己打算，也不会发表他们共同的主张，不能集中表达他们的利益诉求。至于政治上的要求，在儒家看来，历来的圣王先哲已经规划好的蓝图，不仅是百姓，就是官员，也不能去随意改变。

这样一来，在中国古代，百姓的地位和作用只能通过他们对政府提供给他们的服务的满意与否来表达。他们没有主动的选择，也不必要有主动的选择、不应该有主动的选择。更为重要的是，无论是在政府听取和满足民意的过程中，还是在民意反过来表达他们的满意不满意的过程中，传统中国的政治思想中都不太注意途径和方法，更谈不上将这类途径和方法加以制度化，并强调其操作性。这方面的不足，就为相关方面的冲突埋下了祸根。

以上述思想为基础，我们才能更好地理解荀子的有关思想。比如说，在对待百姓的总的政治态度上，荀子的主张是，那些治理国家的人，当然主要是君主，能够顺畅地使用民力的就会富有，能够让百姓为其舍身者才会真正强大，能够得到百姓称誉的才是真正的荣耀。来自百姓自觉自愿的这三项全部得到了，就能拥有天下，一项也得不到的只能失去天下。前者称为王者，后者称为亡者。根据荀子的主张，君主必须得到百姓在经济、政治和文化上的支持，并且是百姓自觉的支持，一个国家才会存在，才会发展壮大。

以政裕民，生民有道

在荀子礼、法治国的政治思想中，礼在终极意义上讲是居于主导地位的。但是，荀子讲礼法之治意义上的礼，并没有轻率地认为礼是自然而然的、无须证明的先验之物，而是源之于经济利益的。这样一来，荀子不仅把礼和法统一了起来，而且就把礼的产生和发挥作用置于一个合理而坚实的基础之上了。既然经济利益是礼的产生和发挥作用的基础，那么，注重社会的经济发展和人们的经济利益也就成为必然之事，至少在逻辑上讲就是社会的首要问题了。

荀子认为，礼是一种规定，也是一种标准。表面上看，礼要达到区分贵贱、长幼、贫富的目的，但这种后天的区分是有一定之规的。那就是，有其德才能有其位，有其位才能有其禄，有其禄才能有其用。这里提到的用，应该是物质生活方面的享用。所以，礼并不是无原则的条文，也不是什么人想像出来的规则，而是与德相适应的经济法则、生活法则。

与传统儒家的理念相一致，荀子也认为对社会管理层应该用礼乐加以节制，对普通劳动者则以法规加以制约。那么，这样的礼乐制度是如何产生的呢？制定它们的必要性在哪里呢？荀子指出，从上到下，先根据土地的大小设立诸侯国；在诸侯国之内，要根据耕地的多少、肥瘠和分布情况来决定人口的多少；对于具体的劳动者，则根据其能力的大小决定他耕种多少土地。这样一来，就把国家的政治制度与经济基础相联系，并取得了一致性。

在政治理念和经济理念取得一致之后，荀子就具体讲述了他的经济措施。他认为，只有让劳动者的能力与他们所从事的工作相适应，才能保证完成他们应该做的事情，不管是农耕之事，还是百工之事。劳动者顺利地完成了他们应当做的事情，这样的事情才能产生足够的经济效益，因而也才能保证劳动者的衣食所需，进而还能有一定的盈余。荀子把这个合理的过程称为“称数”，即与客观需求相一致。

既然是客观需求，荀子就自然推导出，上自天子，下至庶民，人们所从事的工作不管是体量的大小，还是重要性的轻重，都应该遵循“称数”的规则。一个社会，以“称数”为准则，那么，无论是社会的管理者，还是劳动者，就都不会有侥幸之心，也不会有侥幸之事，更不会有侥幸之行。这就是说，作为社会基础的经济行为一旦走上了合理之途，政治的合理性、道德的有效性自然就不在话下了。

经济的合理性是如此重要，这使得荀子不得不作出如下总结。

在荀子时代，国家经济的主体是农业经济，中国社会也是一个成熟的农业社会，所以，发展经济的核心内容是保证农业经济的正常进行，而且，历史经验已经证明，农业经济更是保证专制政治正常运作的基本条件。所以，在荀子看来，经济政策，以至于国家政治，是“裕民”的关键所在。这就是，减轻农业赋税，消除农产品流通过程中的征税环节，减少商贾之人的投机营利，最低限度地征发劳役，更不要因为劳役而影响了农时。很显然，这些政策都是保证和促进农业生产的措施，包括减少商贾的数量，也是由于商人在流通过程中过度谋利会增加农民的负担、减少农业的有效产出。落实好上述政策，就能有效地保护农业的健康发展，从而增加农业产量，达到“国富”的目的。

其实，一国之政治和经济，其最终目的应该是相一致的。荀子坚持“以政裕民”，强调政治的作用之一就是提高民众的物质生活水平。荀子的这一主张，在传统儒家的思想中是不明确的。在与荀子思想紧密相关的法家思想中，这一思想虽然很明确，但其动机和最终目的又严重脱离了荀子最初的设想。荀子思想站在儒家和法家之间，本意是要弥补双方思想的不足之处，但其合理的真意却未能得到当时任何一国的真正理解和贯彻，这不能说不是一个绝大的历史遗憾。

荀子“以政裕民”思想的另一个重要方面，是突出君主个人的示范作用，并且这种示范作用，是那个时代的其他思想家不敢想像，也不可能提出的。

荀子说，身为人民之主，一定要喜欢美饰自己、追求富厚生活，以此来统一民心，让人们满足自己的物质欲求。君主过着优渥的物质生活，耳、目、口都得到了最大的满足，就会使人民知道，追求物质享受是合理的。这样一来，人们就会在守法的前提下，去努力劳作，以求得到最大的物质利益。在个人物质利益得到满足的同时，社会财富也会不断增加，以至于因为没有足够的地方收藏物产，不得不烧掉。荀子用这种夸张的说法是要告诉人们，统治者不可以用限制人们物质消费的方法统一思想和安定社会，而是要用必要的物欲去刺激人们的行为，让人们明白物欲是可以通过必要的劳作而得到满足的，这就在客观上为社会经济的发展找到一个合理的根据或发展动力。

荀子是在讲到刑罚的作用时提出这一主张的，但同时也揭示出一个道理，即发展经济必须选择积极倡导的途径，而不能片面采取节制的手段。君主要通过自己的消费方式作出示范，告诉百姓物质享受是合理的，是必需的。这样一来，人们就会为了实现自己合理的物质欲求而努力，当然其前提是遵纪守法。站在更高视野来看，君臣上下都在一定的规矩之内勤奋劳作，就会创造源源不断的甚至大大超出人们所需要的社会财富，而完全没有必要担心资源不足有、财富不够用。也就是说，要想发展经济，让全社会在丰裕的物质环境下生活，君主必须采取必要的政治方式。在这里，荀子不过是从一个角度出发来阐述这一主张的。其真正的价值在于，只要政治合理，完全可以使经济发展走上良性循环的轨道。甚至可以说，没有合理的政治，经济的长久发展是不可能实现的。

荀子是理性的乐观主义者，体现在他的“以政裕民”思想中的，就是“天下何患乎不足”。也就是说，天下的财富足够支撑天下之人的生存，关键是我们有没有使用合理的手段就获取。

正如上文所言，荀子“以政裕民”的一个重要内容，就是君主的率先垂范作用。根据传统儒家的主张，孝悌之道的自然提升，就是忠君。荀子认为，君的本义，就是组织和领导民众。组织和领导得到位了，万事万物都得到了自己应该的位置，家禽家畜都能够正常生长，人民自然就会各顺其命，生生不息。所以，只要有足够的时间加以饲养，牲畜就会长成；只要按时劳作，庄稼就会丰收。更重要的是，只要国家管理得当，百姓就会心齐，贤能之人就会顺从出力。这三个方面事实上是相互关联的，是一个国家政治方向正确的表征。

在一个有秩序的社会里，人们的生产生活都是有规矩可循的。治理国家和社会的大方向确定之后，荀子还提出了具体的生民之道。这样的要求，不论是经过实际检验的，还是荀子自己的思考所得，都是颇为符合生产生活实际的，并且与我们现代人的认知水平是一致的。比如说，砍伐树木要遵循树木的生长规律，幼小和没有长成的树木不要砍伐，即使它们是有经济价值的。至于养鱼捕鱼，同样要遵循鱼类的生长规律，特别是在鱼类的孕育期内，一定要禁捕，目的是保证鱼类的生长期，以便获得更多的收成。至于春耕、夏耘、秋收、冬藏等农业生产的基本要求，荀子更是不敢忘记，而是提醒人们，只有不失四季之时，才会五谷丰登，收获有余。最后，荀子强调，这些要求的目的，是要保证“百姓有余用”和“百姓有余材”，经济目的非常醒目。

在确定了基本方向，并提供了基本方法之后，荀子为人们展示了美好的经济前景，最后归结到了“大神”的社会。

荀子以自己渊博的知识，为人们展示了当时中原地区北、南、东、西四个方向所在地区的独特物产。当然，荀子的深意并不是告诉人们这些具体的事物，而是昭示人们，只要去努力，天下当有收获不尽的物产。

更为重要的是，人们之所以能够获得如此丰富的物产，并不都是亲自获取，而是还必须通过物品交换的渠道去得到。打鱼的人能够获得树木，砍山的人能够吃上鱼虾，农夫能够用上各类工具，工匠和商人能够吃到粮食，都是商品交换的结果。这样看来，天下间一切有用之物，只要获取的方法正确，获得的渠道得当，就都能够为人所用。上自贤良有地位者，下至普通百姓，都能从收获财物的过程中得到乐趣，并享用劳动成果。荀子把这个过程、这种境界称之为“大神”⑦。

所谓“大神”，就是最大的神用。这是荀子对劳动的赞美，也是对人类的信心。这里的“神”并不是指任何一种神灵，而是指那种人类集体的智慧和力量所创造的神奇。之所以说是最大的神用，强调的这种神奇不是个别人通过个别行为能够在短暂的时间内所创造，而是人类群体所发出的一种最深沉、最无形的力量。

节用裕民，以利导民

在荀子王政的经济建设方面，“节用裕民”又是一个重要的方面。

荀子首先指出："足国之道，节用裕民，而善藏其余。"[8]要想使国家富足，拥有雄厚的经济基础，必须节用裕民，并且在实现了节用裕民之后，国家的经济收入才会有富余。荀子顺便强调指出，要妥善地积藏好富余下来的资财。

对于节用，荀子在此没有多着笔墨，也没有具体描述，只提到了"节用以礼""以礼节用之"。根据先秦儒家的一贯主张，"节用"的主体，通常是指在位者。比如孔子就有"节用而爱人"[9]的主张，要求在位者节约开支，节省民力。

荀子"节用裕民"思想的重点在"裕民"，并且有着比较全面和系统的主张。所谓"裕民"，就是让民众富裕，有富裕的收入，过上富裕的生活。

节用和裕民，都要根据一定之规来进行。因为节用是针对在上者，所以要依礼而行；裕民针对在下者，所以要依照政令行事。

荀子深刻地认识到，"裕民"的实质不是单单地让民众得到实惠，而更重要的是让国家有多余的收入，这样一来，社会便进入了一种良性的循环。国家政策对头，把民众的利益放在前面，民众的收入就会增加，民众收入增加的结果，必然是国家税收有保障，甚至会有多余的收入。国家的利益有了保障，就会更加坚定既定政策，从而进一步地解放生产力，民众的生产积极性也会更加提高，结果就会使国家的经济进程步入良性发展轨道。

为什么会是这样的呢？荀子解释说，一旦实现了"裕民"，民众就会富有；民众富有了，就会把更多的人力物力投入到田地之中，使田地更方便耕种，更有可能实现高产，获得百倍于投入的产出。由此可见，荀子"裕民"思想中的民众，就是粮食的生产者农户或农民，而在荀子时代，这些人，或者是至少这些人中的大部分，是拥有自己的土地的，所以才会在土地中进行投入。

收入的问题解决了，在上者依据一定之规收取税赋，在下者则加以理性的节用，结果就是，富余下的粮食或其他财物就会堆积如山，荀子更为形象地说，即使是不时地进行焚烧，这些东西也会多得无处堆放收藏。

更为重要的是，如果在上者实现“节用裕民”政策，还会得到“仁义圣良”的好名声，更不用说富厚如丘山一般的实际收入了。所以，“节用裕民”才会成为王政之经济政策的不二选择。

那么，不实行“节用裕民”的政策会有什么结果呢？这样的描述更是荀子所擅长的。他说，不采取“节用裕民”之道，民众就会贫困，贫困之民的田地，当然不会得到必要的投入，长此以往，耕地日益贫瘠，收成日益减少。到了这般田地，即使在位者喜欢侵夺民力民财，也无从下手，难有收获。更重要的是，如果因此而采取无礼节用的做法，即不加选择、不顾利害地要求民众节用，就必然会得到贪图利益、强迫民众的恶名，更不用说事实上就根本不会得到实际的收获了。

着眼于现实，既然利是基础，是每个人都离不开的，是当政者回避不了的，那么，与其避而不谈，还不如直面加以讨论，更不如合理地加以利用。特别是对于当政者来说，充分重视和利用实际利益的作用，只有好处，没有坏处。

荀子分了若干层次讲述他的以利导民的原则。

在普通层次上，当政者如果要想从民众身上得利，可取的办法是让民众也从中获利，而不应该不让他们有所得。此所谓从民众身上获利，既包括税赋之类的直接从民众的劳作中获利，也应该包括社会的安定，即民众奉公守法，当政者安享国运。为此，荀子主张，当政者必须让民众也从这个过程中得利，即至少要保证他们的温饱和心情舒畅。这也就是荀子接下来解释的，与其以不爱民众的心态去役用民众，不如怀着慈爱之心去役用他们，因为只有这样才能真正地建功立业。

在高层次上，荀子的主张也是非常明确的。当政者与其让民众得利之后再利用他们，还不如让民众得利之后，根本不要从民众身上获利，这样的利益才是当政者最应该得到的利益。同样，以慈爱之心役用民众，还不如既有慈爱之心，又不去役用民众所获建的功业更为宏大。其实，一个国家要保证其正常运转，不取利于民，不役用民众，显然是不可能的。所以，当荀子倡导“利而不利”的时候，主要是强调当政者对待民众的指导思想以及尽可能低额度的取民用民政策。这应该说是受到了《老子》政治观念的影响，不主张当政者的过度作为。

从获利的角度出发，荀子还是把当政者分为三个档次，这与荀子对于天下政治的层次划分也是一致的。

那些最高层次的，是能够以王道一统天下的统治者，荀子在此称之为“取天下者”，他们对待民众的态度是“利而不利，爱而不用”，只为民众谋利，不从民众身上获利，以爱临民，从不过度役使百姓。

中等层次的统治者，荀子称之为“保社稷者”，即维持自己的国家不被灭亡。他们对待民众是“利而后利之，爱而后用之”，就是上述普通层次上的当政者。

下等层次的统治者，是“危国家者”，让国家处在危亡之中的当政者，因为他们对待百姓是“不利而利之，不爱而用之”[10]，不为百姓谋利，反而一味地从百姓身上取利，对百姓不仅没有慈爱之心，反而无度地役用百姓。

很显然，在荀子思想中，治国临民的重要基础之一就是经济利益。如果解决了民众的经济利益，如果当政者如同对待自己的利益一样对待民众的利益，就能使国家走向兴盛。这样的观点，在其他儒家大师的思想中是不明确的，甚至是难以推导出来的。正是有着这样理性的思维，荀子的思想才能在务实的汉唐时代受到人们的普遍重视，产生了广泛的社会影响。

当然，在主张富民让民众生活富足的同时，荀子也没有忘记他的政治思想家的使命，即以儒家的道德思想教化民众，以期造就一个理想的社会。

> 不富，无以养民情；不教，无以理民性。
>
> 故家五亩宅，百亩田，务其业而勿夺其时，所以富之也。

立大学，设庠序，修六礼，明七教，所以导之也。[11]

根据荀子的人性之论，性是人的本质，情是性的表现。对于民众来说，荀子在此提出，其思想本质需要通过道德教化加以调理，而其实际表现则需要通过提高他们的物质生活水平而加以调养。如果只有道德说教，而缺乏提高其生活水平的办法，就无法从根本上改变人性之恶、节制人情之放纵；当然，如果只强调物质生活，不进行教化，也无法实现民性、民情的改变和提高。从逻辑上讲，富民与教民应该同时进行，二者同等重要；但从实际操作层面讲，荀子还是主张富民放在前，这从他的文字表述中就能看得出来。

因为必须富民在先，荀子主张，普通人家应该有五亩大的宅院、百亩大的耕地，还必须保证其劳动时间，当政者不能用太多的劳役影响农时，这才是富民的正确路径。做到了这一点，才能设立各种层次的学校，用礼乐教化导引人们由富走向善。值得强调的是，荀子的真意并不是说富了之后再去教化，而是说必须在民众的基本生活得到保障后，教化才能发挥其真正的作用。

荀子关于“五亩、百亩”以及“大学、庠序”的观点，在《孟子》书中被孟子多次提及，看起来并不是荀子的创见。但是，与孟子不同的是，荀子是在多方位地强调民众经济利益的大背景下讨论富民与教民的问题，这就显得比孟子的观点更加实在。

总之，要想治理好一个国家，不论是理想中的王政，还是现实中的霸政，必须注重发展经济，提高民众的生活水平，这其实是法家的基本主张。但是，法家人物，比如荀子的弟子韩非子，认为只要解决了民众的物质生活问题，并不需要刻意进行道德教化。在儒家的思想传统中，孔子早就提出了所谓“先富后教”[12]的思想。不过，孔子以及随后的儒家人物所主张的“先富后教”，是将富作为教的手段和过程，教才是最崇高的目的。

而荀子的高明之处是把富也作为不可或缺的目的。也就是说，其他儒家大师们有意无意地认为只有教才是天经地义的，而荀子则认为，既富且教才是合理的现实选择。

（二）王政的政治现实——“王者之事”

在荀子看来，王政就是“天德”，符合上天之德的政治，当然是最合理的政治。对于王者之政，荀子有着非常具体的描述。他认为，在王政之下，首先是贤能之人不必论资排辈就得到合理的举用，无能之辈不必看他们的出身就能被废黜，首恶元凶不必教化而直接被诛杀，普通民众通过教育而不必使用法令的制裁就能被转化。这说的是整体的政治局面。

再具体一些，荀子指出，在没有实现王政之前，当然只能论资排辈，但在王政之后，即使是王公贵戚的后人、士大夫的子孙，如果不能奉行礼义，也要让他们归于平民行列；即使是平民的子孙，如果能够努力学习，端正行为，奉行礼义，也要让他们走上卿大夫的高位。由此看来，在荀子认定的合理的政治制度之下，能否正确用人，显然是第一位的。荀子的这一主张，既是坚持了孔子以来儒家强调的“用贤才”思想，也是洞彻到了专制政治的核心，也就是如何用人、用什么人的问题。

解决了用人的问题，荀子才总结说，所有的奸邪的思想和行为，所有不守礼义的民众，先行教育，等待他们的转变，然后就用赏罚加以约束，对那些安分守己、尽职尽责的人则予以保留，不能安分守己、尽职尽责的人则予以剔除。这是在说，在吏治完成之后，就要去教育和约束普通民众，要求他们安于职分，以造就一个安定的社会。

当然，也会有一些细小的问题需要处理。这些问题看上去不太重要，其实也会影响大局。比如荀子提到的“五疾”之人，即社会的残障人员，他们生活不能自理，需要政府加以收养。在这些人之中，有一技之长还要安排他们工作，而那些目无法纪的，同样要给予坚决的制裁，直到“死无赦”[13]。

就这样，王者之政就有了一个整体的框架。对待社会上层，即社会的管理层，要解决用人的问题；对待社会中层，即具体做事，或创造社会财富、完成具体事务的人，则以教育和赏罚并重的方式加以对待；对待社会下层，在抚恤的大方针之下，也不能让他们无法无天。王政之下的社会，有合格的管理者，有称职的劳动者，有安分的孤弱者，和谐有度，就是一个理想的社会。

这其中，有一个方面必须注意。那就是荀子所主张的，社会上层和中层是社会必有的，但其中的人员却不是与生俱来的，当然也就不是固化的。人们确实有天生克服不了的短处，如“五疾”之人，但那些没有天生严重残疾的人，只要努力学习，不断上进，就可以达到社会上层。荀子的这个思想对古代社会影响至深。虽然君主专制一直没有办法克服，用人方面的唯贤是举也不是什么时候都能贯彻得很理想，但有这样的观念合理合法地存在，社会结构和社会风气就不会长期陷入停滞和倒退之中。

在另外的场合，荀子对王政的描述，是从自然界的一般规律，转移到人世间的一般法则，最后推演到王者之事，这也是那个时代的思想家经常使用的论证方式。

荀子说，连自然界的植物和动物，都愿意生长在条件合适的地方，那么，上到君子之人，下到普通百姓，当然也愿意生活在令人满意的社会环境和政治环境之中。具体说来，百姓追求的是法治和公平，君子追求的是礼义详备。这也就是说，在王者的国度里，个人是要以礼修身，国家是要以义为基础的政治清明，人人欢欣鼓舞，法令通行无阻，这样一来，礼的作用无所不在，王者的名声也会高贵而响亮。

王政的政治大局确定之后，便进入具体操作之中。荀子先指出了“听政之大分”，即处理政事的根本原则。

在王政之下，处理政事的根本原则是，对待善人以礼，对待不善之人以刑，目的是要把贤人和不肖之人区分开来，以实现是是是，非是非，是非不相混淆。人们明白什么是贤人，什么是不肖之徒，英杰就会登上政治舞台，政治就会清明，王政就能实现和保持；是非不乱，国家就能达到大治。这就是“令行禁止，王者之事毕”[14]的境界。很显然，所谓王政，就是最高层次的法治社会。王政与霸政的区别，不是用不用法，而是如何用法。王者是在任用贤人的基础上用法，霸者则并不讲究贤人与否，一依法律定是非。这样一来，王政显柔，霸政显刚；王政长远，霸政短暂。

对于王政的方方面面组成，荀子也有具体的设想和描述，即“王者之人。饬动以礼义，听断以类，明振毫末，举措应变而不穷。”首先是确定王者之人。王者是儒家政治理想的典范，注重用人之道，任用贤才，是王者之政的首要任务。那么，王者需要的是什么样的辅佐之才呢？荀子认为，这种人才，行为要符合礼义的规范，处理政事要知类，也就是分清楚是什么样的事情，然后才能做到不差毫末，什么时候也不缺少恰当的举措。这样的做法，荀子称之为“有原”，即有本有原，有条有理。

解决了用人的问题，再看选择什么样的制度。对此，荀子总的意见是“复古”。所谓复古就是效法古代的政治成就。具体说来，政治之道学习到夏、商、周三代，再往前去，就是渺远的传说时代了，流荡不定，难以确认。至于法律制度，则主要遵循后王了。那么，这后王是指什么人呢？最近的后王，应该是周文王和周武王，或者再加上周公旦。因为从此之后，荀子并没有提到什么真正的王者，并强调说，只有遵循后王，走的才是正道。在这样的正道上，王者的衣服、宫室都有规定的材质、样式等，所差使的人员也有规定的数目，使用的各种器具也都有详细规定。各种场合使用的音乐都是雅乐，有关的色彩装饰、日常器用等，都必须符合古来的定制或习惯。看起来，所谓复古，主要的要求接续传统，不能截断与文化传统的联系。

荀子还突出强调了王者之伦，也是王政的政治伦常、政治伦理，其核心就是赏罚的原则。儒家的传统思想主张善恶分明，但总是把教育和赏善放在首位，虽然不反对罚恶，但并不把罚恶放在与赏善同等重要的地位上。然而，在这个问题上，极端的法家主张与儒家正好相反，甚至更倾向于罚恶，更认可罚恶的作用。在这个问题上，荀子的观点应该说是儒、法中和，因为他主张赏、罚并重。在政治伦理上，荀子的观点近乎理想化。他主张有德者就能显贵、有能者就能做官、有功者就能得到奖赏、有罪者就会受到惩罚。换一种说法，就是朝堂之上没有侥幸做官的，社会里也没有侥幸生存的。再进一步，同样是贤能之人，也能根据其才能得到相应等级的官位；同样是作恶之人，对他们的惩罚也不会过度。当然，最终的结果就是，即使是在家族范围内做的善事，也会得赏于朝堂，即日常的善行也能得到政治上的赏赐；即使是在暗地里作恶，也会受到公开的惩罚。荀子把赏善罚恶抬高到如此地步，致使顺着他的思路走下去的法家思想家，特别是出自他门下的韩非子和李斯，才会把这一思想发展致极，并严格使用在具体的施政之中，使法家的政治伦理显得刚性十足。韩非子和李斯们的做法当然与荀子的初衷大有区别，但在实际政治的操作中，往往罚恶更方便使用，对社会的影响也更直接、更强力，所以，尽管荀子把赏善与罚恶并重，但赏善的做法更容易被当权者忽视，至多也只能在某种政治场合做个样子。这样一来，反倒显得儒家的政治伦理有些不着边际，甚至很虚伪，儒家的王者之政当然就容易成为幻想之境了。

荀子还讲到了“王者之法”。此“法”并不是法律之法，而是“师法”之法，荀子的说法是“人师”，给别人做榜样，让人们效法。为了养育万民，让人们的物质生活有保障，王者要做到“等赋、正事、裁万物”，也就是兵赋要有不同的等级，做事必须遵循正道，利用万物要有规矩。王者之法的内容当然很多，荀子择要而述，其条目也是传统儒家的经济和社会原则。农业税是十取其一，即农民的收成有十分之一要交税；对待商业则是“几而不征”，就是只对市场进行管理，不征收税费；对于山林湖泊等有经济收入的地方，虽然不收税，但要限制进入的季节和时间，以利于山林和湖泊中生物的生长。在此基础上，贫瘠的土地还要减税，远近不同地方的贡赋也有差别，要促进各地不同的物产的流通，让四面八方的人都感觉是生活在一个大家庭里，都能各尽其能，各尽其力，让王者治下的人，即使是住在偏远地方，也能过得很快乐。[15]

我们注意到，在荀子的“王者之法”中，重点是经济原则，强调了王者之民并不是生活在纯粹的道德原则之下，而是必须在必要的和优渥的物质条件下生活，这个方面，如前所述，是孔子、孟子的思想中相对薄弱的一面。这就说明，当荀子考察各国状况时，特别是考察秦国的发展进程时，注意到生产和生活对一个社会、一个国家的重要性。在韩非子的思想中，特别强调奖励耕、战之士，其中的“耕”，就是农业生产，也包括人民生活。农业生产有进步，人民生活有保障，是“战”的根本保证。秦国士兵的战斗力超强，根本原因是秦国士兵不仅纪律严明，而且体格好，兵器好，而这些都有赖于高水平的农业生产和有保障的物质生活。在山东六国都在力保上层社会享受的同时，秦国却非常在意所谓“耕战之士”的生活。这样一来，最终的胜负其实早就有结果了。荀子虽然没有看到秦国一统天下的最终结果，但在现实的考察和理性的思考之下，他清楚地认识到了“王者之法”的核心是经济，这在那个时代是非常可贵的思想。

（三）在上者与在下者的关系

在中国古代的国家政治中，所谓在上者与在下者的关系，既包括君臣关系，也包括君民关系。孔子说：“君使臣以礼，臣事君以忠。”[16]这是传统儒家君臣关系的总纲。孟子说：“民为贵，社稷次之，君为轻。”这是传统儒家君民关系的最高原则。那么，荀子关于上下关系的纲领性思想是什么呢？

总括一句话，荀子对于君臣关系的定位是——“主道知人，臣道知事”。君主只管知人用人，大臣只管完成事务。此所谓“知”是一个含义广大的字，既有知晓、知用之义，又有掌控、办理之义，如后来“知州”“知县”等官职中所使用的“知”字一般。举例来说，荀子认为“舜之治天下，不以事诏而万物成”[17]，舜帝治理天下的方针是，不必事事都明白、事事都亲自处理，万事万物就都能顺成成功。这既是君臣分工的原则，也是君臣关系的主要原则。

荀子所主张的如此原则，有两个方面值得现代人思考。一个方面是，这一原则与人治或法治社会无关，是任何社会形态和政治制度下的主要领导者与执行者都必须坚持的原则。另外一个方面是，荀子所说君臣关系，也可以推及一般意义上的上下级关系。所以，思考和研究荀子所概括和发展的传统儒家的君臣关系，既有历史意义，也有现实意义。

至于君民关系，荀子说，大“天”生养人们，并不是让人们为君主服务。人们树立君主，则是让君主为民众服务。同理，自古以来分地建国，也并不是让诸侯更为尊贵，而是为了方便民众的生存和生活；确定各种官职和不同的爵位等级，也不是为了让各级官员彰显其高贵，而是为了让他们更好地为国家、社会和民众服务。荀子在此所言“天”，是强调人类的出现和君主的确定是一个自然而然的过程，并不是什么人或什么力量为了某种自私的目的造成的，更不是说人类和君主的出现是人类之外的某种神秘之物发挥作用的结果，最为重要的是，不是君主造民，也不是君主自立为君。如果说人类和君主的出现一定要有什么目的的话，那就是如荀子“职分”思想所陈述的一样，是民众为了自己生活得更好，才树立君主作为大家的领导者，以便确定社会发展的方向，汇聚集体的力量。这就是“以为民”[18]的真义所在。

在《荀子》所载一则佚话中，鲁哀公对孔子说：“寡人生于深宫之中，长于妇人之手，未尝知危也。”哀公自觉到成长经历简单，所以很想知道，作为君主，其真正的危难是什么。孔子的回答很是简明。孔子说：

"君者，舟也；庶人者，水也。水则载舟，水则覆舟。君以此思危，则危将焉而不至矣！"[19]君主为舟，民众为水，水能让舟船行驶，也能让舟船倾覆。这种说法是一个古老的格言，意思是说，如果君主善待百姓，社会就会安定，天下就会太平；如果君主不能善待百姓，则会天下动荡，最终让君主失去君位。孔子认为，这应该是对于君主最大的危难或威胁，但是，这个危难不是不可破解的。一旦君主认识到了这种危难，从而奋起有为，以儒家的主张善待百姓，"覆舟"的危难便不会到来。

这样的故事或对话，并不见得就是真实发生的事情，更有可能是代表了荀子的观点。在荀子看来，只要君主凡事"以为民"，则百姓之水就会载舟而行，不会使舟船倾覆。这样的观点，是上述孔子和孟子关于君臣关系、君民关系的著名论述的深化和发展。其中的关键，不仅是强调了君主的"天之责"是来自不可改变的天道对君主的客观要求，而且提出君主应该主动尽责在先，才可以要求百姓的拥戴。也就是说，不能先要求百姓顺从君主，然后再请求君主施恩于百姓。这个主动与被动的关系是法家思想所缺乏的，也是荀子在肯定法家社会管理的某些思想时，竭力要求法家必须接受的调节和折中。

荀子上下关系论的进一步推演或具体化，就是君主或国家对百姓的教化与百姓遵纪守法的关系问题。关于这个问题，荀子讲述了一个故事。

当年，孔子五十岁之后，曾经在鲁国为官五年，官至司寇，即负责司法的官员。据说，有父子二人到孔子跟前打官司，孔子没问曲直，就把二人拘押起来。三个月过去了，孔子也不审理这个案子，直到父亲提出请求，要中止这场诉讼，孔子才把二人释放。但是，事情并没有到此为止，因为主政的季孙，即季氏家族的首领得知此事之后很不高兴，认为孔子并没有尽职尽责，更没有依法办事。按照季孙的观点，既然孔子主张以孝治国，那么，杀掉这个与父亲打官司的儿子，岂不正是提倡孝道的最佳选择吗？

孔子在听到季孙的意见之后，马上发出了慨叹。这是为什么呢？因为在孔子看来，本来是因为在上位者的失职所造成的社会问题，却用惩罚在下者来补救，这种做法是正确的吗？

如同我们一再说明的，像这样的长篇大论的故事，更有可能是荀子借孔子之口讲述荀子的观点，那么，荀子所谓在上者的失职是指什么呢？

在位者没有把教化民众放在政治的首位，却片面强调严格处理诉讼案件，严厉惩治相关犯罪者或责任人，这种滥杀无辜的做法，显然是一种政治上的失败。在荀子看来，假如军队打了败仗，不可以通过斩杀败下阵来的士兵去补救；监狱未能很好地改造罪犯，也不可以通过杀死他们来补救。这要说明的是，民众犯罪，首要责任不在民众，而在于当政者。

这话怎么说呢？荀子解释说，法令很不严谨，诛杀却很严厉，这显然是在上者贼害民众；人们生产的东西很有限，在上者的征敛很没有规矩、没有穷尽，这显然是在上者施行暴政；没有把对民众的教化放在首位，却要求民众做事成功，否则就加以责罚，这显然是在虐待民众。所以，荀子的结论是，只有去除了这三项偏差和失误，然后才可以谈如何刑罚民众的事情，这样的上下关系叫作“先教”，在上者的典范作用在先，对民众的教化在后。

荀子进一步论述道，对于先代圣王陈述的和行之有效的大道，也就是荀子所铺陈的儒家的治国之道，在上位者应该无条件地服从，也就是孟子所说的“心悦而诚服”。但是，着眼于现实，荀子也看到了绝大多数在上位者做不到这一点，所以他说，如果不能无条件地服从先王之道，降一级的，也要任用贤人去治理国家吧？如果连任用贤人都做不到，至少也要把无能之辈革职除职吧？即使能做到最后一点，并坚持三年或更多一些时间，社会风气也会大为改观，民众当然也会遵纪守法了。到了这个时候，如果还有犯法的民众，才可以对他们使用刑罚，因为这样一来，民众才会打心眼儿里认罪服法。

从荀子的这番论述中我们应该认识到，荀子是理性主义者，也是现实主义者。对于社会治理，他既有当前的现实考虑，也有崇高的理想追求。一个当政者，如果想治理好一个国家，至少要从去除无能之官做起，然后再任用贤人补齐官位，最终达到遵从先王的大道。

可是，令人遗憾的是，荀子看到的现实状况却是，所有的国家，都是教化混乱，法令苛繁，被迷惑得不知所措的民众一旦坠入犯罪的深渊，国家机器马上施以严酷惩治，结果当然就是，刑罚越是繁多，犯罪行为越是无法制止。

荀子举例说，为什么空车上不去三尺高的陡崖，而重车却能上得了高山？为什么成年人上不去几十尺高的墙壁，而小孩子却能登上几百尺高的大山？荀子的答案是“陵迟之故”，即陡崖和墙壁从始到终都是角度一致的，而高山却是有缓坡的，是可以一点一滴地缓慢推进的，这个缓慢的过程，就是“陵迟”。用这个比喻来看社会治理，如果所有的管理手段都是一致的，一样的严格，一样的有序，民众从始到终都无机可乘，就不会出现如当时各国所呈现的广泛性的犯罪浪潮。相反，如果教化不能到位，法令不够严格，社会风气就会在不知不觉中变坏，犯罪行为也会逐渐由少到多、由轻到重，直到无法遏制，这个渐变的过程，就是荀子所说的政治和社会的“陵迟”。

很显然，荀子所主张的上下关系，就是在上者先作典范，在下者随后跟进。不用说，此所谓先和后，是一种逻辑上的关系，并不能予以机械式的理解和遵循。这样的思想，是孔子、孟子相关思想的自然发展，当然是传统法家所缺乏的。在“原教旨”的法家思想看来，君主用严格的法制去治理社会、管理民众是天经地义的事情，并不存在君主率先垂范、在上者先行一步的问题，对民众有罪必罚，甚至轻罪重罚，同样是理所当然之事，完全不能把民众的犯罪归咎于在上者教化不到位和法制不严谨的问题。但是，在秦汉之后，荀子思想由于其合理性以及不断增强的影响力，致使法家依法治国的严苛性不断被化解，既肯定法家的法制手段，又强调在上者的典范作用，以及面对民众犯罪时的“哀矜而勿喜”[20]，也就逐渐成为政治层面上下关系的主旋律。

（四）王者的合法性

王者的合法性是什么？这是荀子王道理论最重要的基础。也就是说，并不是推行王者的政治纲领、实行王者的经济，就是当然的王者，而是还必须获得王者的政治合法性。

所谓王者，是合法拥有王者之位的人。王者是针对全天下而言的，只有统治了全天下，才能称作为是王者。王者的地位必须是合理合法，否则就不是王者。王者必须施行王政，即仁政。显然，王者是内外一体的。

荀子的王政理论是庞大的思想体系。在其理论的铺陈中，遇到的一个重大实际问题就是，有人认为，夏桀王和商纣王，都是拥有天下的王者，而商汤王和周武王是篡夺王位的人。针对这种观点，荀子进行了全面论述，这对于理解荀子的王政，是非常生动的一个说明和论证。

首先，荀子非常明确地反对上述说法，认为这种说法是完全错误的。这是因为，如果认为桀王和纣王曾经占据王位，这种说法是可以成立的。但是，认为此二王是通过亲身努力而获得王位，并且天下就在他们的统治之下的，这样的说法就不对了。荀子回顾历史说，在古代，天子有千名官员，诸侯有百名官员。天子任命千官，政令通行于华夏诸国，这样才能称作王。如果只能任命百官，政令只能在一国之内行使，即使这样的国家不安定，但也不至于灭亡，这只能称作君。显然，王与君是有重大区别的。王是统领君的，这也说明荀子所说的王是以分封制为政治基础的，与秦汉之后的天子是有区别的。

那些真正的王者，荀子在此称之为圣王，他们的子孙后代有条件继承王位，拥有天下，但是，如果这样的子孙没有王者的才能，在本国境内不能让自己的百姓满意，政令不能通畅执行，对外不能让诸侯顺服，甚至还被诸侯侵削攻伐，在这种情况下，即使他和他的国家没有灭亡，也得说他是失去天下了。

荀子进一步分析说，圣王去世后，假使合法继承者太疲弱，不足掌控天下，这就形成天下无人有效管理的情形。这时候，如果有诸侯能够明德积威，天下人就会都愿意以他为首脑。而在王位继承者的国度里，依然是暴虐奢侈，那个明德积威的诸侯，应该在不伤害无辜百姓的前提下诛除暴虐之主，就如同诛杀“独夫”一样。在诛除暴君之后，天下就能正常运转，这样的君主就是合法的王者。

荀子的上述思想并不是空穴来风。就在儒家传统内部，孔子曾经断言：“雍也可使南面。”[21]认为他的学生冉雍，因为有德有能，就有资格南面为君。到孟子时，不仅只有立，还有破，声称：“闻诛一夫纣矣，未闻弑君也。”[22]孟子所称“一夫”，就是《尚书》所称“独夫”，后世所谓孤家寡人，即失去了天下人最基本的支持。很显然，儒家关于王者的合法性的理论，只是到了荀子这里才臻致成熟。荀子不仅明确了前辈儒家学者们关于以德称王、以道义称王的基本思想，而且把这种思想系统化，并充实了所有必要的细节。

根据上述理论，汤王和武王得到天下，并不是夺取的，而是经过了修道行义、兴利除害的努力，天下人归顺而来的。同理，桀王和纣王失去王位，就是因为他们违反大禹和汤王之德，扰乱礼义，行为恶劣，致使天下人离他们而去。也就是说，不是他们失去了天下，而是天下人抛弃了他们。以此来看，天下人都去归顺的人才可以称为王，天下人都抛弃的人只能称为亡。所以，正确的说法应该是，桀王和纣王名义上是王，但并不曾拥有天下，实际上并不是合法的王者，因此汤王和武王杀掉他们，并不能说是弑杀君王。

荀子此论，有理论基础，有事实分析，有明确结论，是他关于王者理论的有机组成部分。

根据荀子的王者理论，做天子要有真资格。一位天子，是不是天子的子孙后代并不重要，重要的是要有至强的能力，有最高超的明辨能力，有最英明的团结大众的能力。这三方面的要求，就是对圣人全面要求，所以说，只有圣人才能成为王者。荀子的定义是，圣人是“备道全美”[23]者，即十全十美之人，道德修养齐备，掌控天下的能力齐备。

反观桀王、纣王之类的所谓王者，他们的思想最偏险，道德追求最昏暗，行为最混乱，亲近者疏远他们，贤能者看不起他们，一旦有大禹、汤王之类的圣人出现，就不会再有一个与桀、纣站在一起的人。再看纣王，刳杀忠臣比干，囚禁贤臣箕子，最后身死国亡，在当时是全天下都想杀死的人，到后世则是人们谈及恶人时必定提到的人。荀子认为，桀、纣之类是连妻子和孩子都不能照顾的人，怎么能担负起全天下的重任呢？而就是这样的人，还有人说他们曾经合法拥有天下，并把汤王、武王之类的圣人作为臣下使唤，这难道不是太过分的说法了吗？

很显然，荀子的王者论是非常具有革命性的。在荀子的时代，虽然世袭制受到了普遍怀疑，但在各国的实际政治中，诸侯层面的政治接续依然是父死子继。面对这样的现实，荀子并没有主张彻底废除之，而是提出了君位继承者必须具备“至强、至大、至众”等品质的前提条件。这样的主张，既是孔子“为政以德”思想的发展，也是孟子“革天之命”思想的调整和充实。

为了巩固自己的理论，荀子根据当时天下政治的特点，又强调指出，如果是一个诸侯之国，是可以被夺去、被窃取的，但全天下却不可能这样易换其主。这是为什么呢？一国规模太小、影响太小，可以被小人拥有，可以用小道获得，可以用小力维持。天下则是巨大的存在，是最大的政治资源，除非圣人是不能真正拥有的。荀子如此强调这一点，应该是与当时的人们渴望天下统一，尽快结束混乱之世的诉求有着直接的联系。

当时颇有一些人认为，秦国统一天下的行为是历史倒退，是多元文化的毁灭。然而，如果是生活在那个时代的人，日复一日地生活在无尽的战争、动荡和混乱之中，那么，他们渴望统一的心情，无疑是完全可以理解的。只是在荀子的设想中，应该由王者实现这种统一，而反观无情的现实，这样的王者却是难以产生的。

霸道，霸政

荀子政治学说的一个重要内容，是阐述并严格区分王政和霸政。这个话题，其实在荀子时代是每种思想、每个思想家必须论及并明确申明立场的问题。荀子思想出于儒家，以儒家思想为核心的王政应该是他的原初选择。但是，身处那个只有领先武力才能结束混乱的时代，加之他有着游历各国的经历，对于霸政的时效性，特别是秦国霸政的效能，荀子有过亲身的体会，所以，对于霸政，荀子并没有像其他儒士那样彻底否定，而是作了有条件的肯定，强调了必须有的政治提升。荀子虽然没有明说，但其整体的政治思想所传达出来的信息，应该是说，王政是最终理想，霸政是现实选择，并且有可能上升为王政。

这样一来，传统所说的荀子政治思想的“杂王、霸之道”在历史上就有了许许多多的理解和评价，也值得我们去认真加以探讨。

（一）管仲的功绩，孔子眼中的春秋霸主

先秦时代的“霸”，也称“伯”，二字通假，都是“第一”“为首”和“首领”的意思。历史习知的有所谓春秋五霸，依时代顺序，一般认为是齐桓公、晋文公、秦穆公、楚庄王和吴王阖闾，当然也有其他的观点，比如加入宋襄公和越王勾践，去掉上述五霸中的某几位。荀子认为“齐桓、晋文、楚庄、吴阖闾、越勾（gōu）践”[24]是春秋五霸，但这些都与我们在

这里讨论荀子的王、霸之政的思想没有直接关联。

所谓霸主或伯主，并不是说这些人很霸道，而是说他们是那个时代的诸侯首领，带领各国诸侯做一些周天子做不到或不能做的事情。其实，在霸主的时代，周天子早已经失去了西周时代，特别是西周前期作为天下共主的权威，各国诸侯实际上已经不听从周天子的号令，而是各拿各的主意了。之所以出现这种局面，与周朝廷的失政有关，也与各国实力变化，特别是某些国家实力的不断提高有关，但是，因为还没有哪一个诸侯国的实力大到一统天下的程度，所以，周天子名义上作为天下共主的地位并没有什么人能够取代。在这种形势下，那些实力相对较强的诸侯国，便以周天子的名义号令天下，所谓"挟天子以令诸侯"，虽然主观上讲是这些诸侯国好胜逞强，发展自身实力，但客观上也起到安定天下，促进华夏文明进程的作用。

要讨论先秦时代的霸政，当然要从齐桓公开始，因为齐桓公是第一位公认的霸主。对于齐桓公的霸业，孔子有一段著名的总结。那是孔子在与弟子们讨论齐桓公之相、著名政治家管仲的历史功过时说的一段话。孔子说：

> 桓公九合诸侯，不以兵车，管仲之力也。
>
> 管仲相桓公，霸诸侯，一匡天下，民到于今受其赐。[25]

根据孔子的观点，齐桓公的霸业主要是"合诸侯"或"霸诸侯"，就是把诸侯们集合起来做事情，历史上称作"尊王、攘夷"，即团结诸侯共尊周天子，以及消除中原周边民族的侵扰，从而保持华夏文明的发展进程，这就是孔子所说的"一匡天下"，"匡"就是纠正和护卫的意思。在这个过程中，孔子认为齐桓公并没有完全依靠兵力，而是主要依靠管仲的谋划，使用了政治影响力和外交手段。由于这期间战争较少，和平较多，并且华夏文化得以发展，孔子才说民众也从中受益。

然而，对于受到孔子明确肯定的齐桓公的霸业，荀子却发出了不同的声音。荀子说："仲尼之门，五尺之竖子，言羞称乎五伯。是何也？曰：然，彼诚可羞称也。"孔门之中，即使是年轻的求学者，或者说学力未达的学习者，都羞于说道春秋五霸之事。原因很简单，就是五霸确实不值得称道。

为了全面理解荀子的观点，我们还是以齐桓公为例。

上述孔子肯定管仲业绩的话，是在回答弟子们对管仲业绩的怀疑时所说的。这样看来，孔子弟子中确实有对管仲提出异议的，而且这些弟子还不是荀子所说的"五尺竖子"，而是在孔门中有成就的弟子，如子路、子贡等人。由此看来，因质疑管仲而对齐桓公的霸业提出异议，应该是正常的想法，因为管仲是齐桓公霸业的主导者和主要完成者。有了管仲，齐桓公的霸业才得以推行；管仲死后，齐桓公不仅霸业完结，他本人也陷入困境，死于非命！

当然，深入思考这个问题，还是有一些不同之处需要指出。

第一，子路和子贡等孔门弟子所怀疑的是管仲的人品，这集中表现在，当齐桓公（未得位时称公子小白）与其兄公子纠争位时，管仲本是辅佐公子纠的，但在齐桓公杀死公子纠之后，管仲不仅未能从死，反而追随齐桓公。这种行为，从孔子儒学的视角去看，显然不是典型的忠臣。尽管公子纠之死与管仲无直接关系，但做大臣的转投旧主之对手，严格说来并不符合孔子道德主张。对此，孔子的解释是，对历史人物特别是政治家的评价，应该把重点放在他的社会和历史贡献方面。也就是说，如果一个人对人类社会的发展有所贡献，就不必过分追究其个人生活细节，即使这样的细节关乎做人、关乎道德。

很显然，孔子对管仲业绩的肯定，也可以理解为对齐桓公霸业的肯定。事实上，《论语》中的孔子并不是没有提及春秋霸主，他曾说："晋文公谲（jué）而不正，齐桓公正而不谲。"[26]这也只是评价了晋文公和齐桓公不同的政治作风，所谓晋文公更喜欢诡诈之术，如此而已，而并没有对霸道或霸业提出明确的批评。这样一来，荀子对“五伯（霸）”的批评，并且以“羞称”的言辞表明自己的态度，就更值得我们关注了。

（二）齐桓公的霸业，春秋时代的霸政

在表示“羞称五伯”之后，荀子也是以齐桓公为例，对霸政提出批评。这不仅是因为齐桓公是五霸中的第一位，也是因为齐桓公霸业的结局很糟糕。管仲死后，齐桓公的政局马上失控；齐桓公悲惨死去之后，齐国的霸业马上结束。这一切，都为荀子批评霸政提供了绝好的例证。

荀子说：“齐桓，五伯之盛者也。”就五位或多位霸主在世时的盛况而言，确实无人能比齐桓公。不过，荀子如此断言的目的，并不是要称颂齐桓公，而是要为批评齐桓公的盛名之下、其实难符作铺垫。所以，荀子话锋一转，很不客气地指出，为了争国，齐桓公杀死了兄长；在家族之内，有七个姑、姐、妹没有出嫁；个人生活十分奢靡，国家税收的一半都不足以让他挥霍；对其他国家，身为霸主，却欺诈和袭击一些小国，直到兼并了三十五个国家。这足以说明，齐桓公“事行也若是其险污、淫汰也”，行为如此险恶、污浊、过分，“曷足称乎大君子之门哉”[27]，有什么资格被称作大君子呢？

根据常识，齐桓公的如此行为不仅不能被称作君子，甚至其生死存亡都会出问题，那么，他为什么又能称霸天下，直到其死去呢？这可能是当荀子严厉批评齐桓公的时候，荀子周围的人，甚至是荀子弟子们会提出的问题。对此，荀子的回答也是很明确，即基本上继承了孔子的观点，认为齐桓公之所以在世时没有灭亡，主要是任用了管仲，甚至认为齐桓公任用管仲乃是“天下之大节”“天下之大智”，即抓住了最根本的问题。那么，为什么任用管仲乃“天下之大节、大智”，并且能够保证齐桓公在位且称霸呢？

荀子充分以事实说话，用真实发生的事件证明齐桓公在任用管仲方面的大节操、大智慧。（一）在齐桓公与其兄长公子纠争位的血腥冲突中，管仲曾经箭射齐桓公，差一点得手，但齐桓公并不计较这些，并且称管仲为“仲父”，给管仲以父亲式的敬重，这对于齐桓公来说，真是最伟大的决断。（二）因为齐桓公确实敬重管仲，所以，即使对管仲以父相称，国中贵戚，包括齐桓公家族里的人，也只能顺从，不敢嫉妒。（三）当时的齐国有国氏和高氏两个最大的世家大族，齐桓公给予管仲的待遇与此二氏完全相同，其他的大臣也不敢表现出丝毫的厌恶。（四）齐桓公还把书社这个地方的三百沃田赐给了管仲，让管仲成为齐国首富，所有齐国的富人都不敢说富比管仲。

就这样，在偌大的齐国，管仲可以说是一人之下，万人之上，但所有齐国人，不论少长贵贱，都老老实实地跟随在齐桓公之后，对管仲礼数有加。这样的气势，荀子称之为是“天下之大节”，没有人能够得到如此的礼遇！

在荀子看来，“诸侯有一节如是，则莫之能亡也。桓公兼此数节者而尽有之，夫又何可亡也？其霸也，宜哉！非幸也，数也”。上述齐桓公礼遇管仲有四个方面，荀子认为，任何一个诸侯，只要能做到其中的一个方面，就可以保证不亡其身。齐桓公把这四个方面都做到了，又怎么能够败亡呢？所以，荀子的结论是，齐桓公的称霸，并不是靠运气，而是必然的。

尽管齐桓公称霸是历史的必然，却还不是荀子结束质问的时候。

荀子接下来的问题是，“然而仲尼之门，五尺之竖子，言羞称乎五伯，是何也？”这看上去是一个重复过的问题，但在这个时候提出，却更上了一个台阶。当然，荀子以孔子门下年轻人口吻发问，其实是提出了荀子所关切的问题。虽然齐桓公的霸业很成功，但并不是儒家的政治理想所在。如荀子所言，齐桓公式的霸业，“非平政教也，非致隆高也，非綦（qí）文理也，非服人之心也”，没有到达政治的根本，没有达到高尚的道德，没有符合事理的本质，没有让人心悦诚服！

那么，齐桓公的霸业，或者说管仲的政治策略是什么呢？荀子的总结主要有两个方面。第一，“向方略，审劳佚，畜积修斗，而能颠倒其敌者也”。这是说，当时的齐国，一方面制定内政外交的策略，同时注意农业生产，加强武力，目的就是要击败各种对手。第二，“诈心已甚矣！彼以让饰争，依乎仁则蹈利者也”。这是在说，齐国并没有以诚心对于各国。表面上礼让，只是装饰本质上的争斗；表面上讲求仁德，实际行为却是奔着利益而去。这一切都说明，齐桓公的霸业，既不是为本国民众谋得福祉，更不是要给天下带来真正的和平安定，用荀子的说法，齐国当时的做法就是“小人之杰也，彼固曷足称乎大君子之门哉”[28]！充其量也不过是小人之中的杰出之人，根本没有资格称作伟大的君子之人。

如前所述，对于由管仲主导下的齐桓公的霸业，孔子只是强调了它的历史进步性或历史贡献，并没有从霸政或王政的角度加以评说，因为霸政与王政的区别，在孔子时代并不是政治主题。孔子的政治思想是比较理想化的，其核心是德政，力图用道德约束政治，在此之下，并没有提出霸政或王政的区分。到了孟子时代，周王彻底失去了政治权力，甚至连傀儡或招牌的作用都已不复存在，诸侯力政，或诸侯一天下的局面已经显现。面对各国变本加厉追求的强力政治，孟子疾呼：“五霸者，三王之罪人也。”[29]强调春秋的霸政并不是历史的进步，而是历史的倒退，并以此推行他的仁政主张。

很显然，从孔子的德政，到孟子的仁政，理想化的色彩都是比较浓厚的。有鉴于此，荀子提出了他心目中王政思想，力图使儒家的政治思想更为现实一些。

（三）从霸政到王政——“隆礼”“重法”

荀子的王政思想，并不是霸政的反面，而是霸政的发展，是霸政儒学化的结晶。

王者是对霸者的超越，霸者的长处在王者身上是完全具备的。荀子说："彼王者则不然。致贤而能以救不肖，致强而能以宽弱，战必能殆之而羞与之斗，綏然成文以示之天下，而暴国安自化矣，有灾谬者然后诛之。"霸者未必不是贤者，当然也是强者，但王者却是"致贤"和"致强"之人。所谓致贤和致强，是说能够以高尚的道德情操行事的人。霸者所能达到的贤，只是能够约束自身而已。王者之贤，还能够"救不肖"，去挽救他人，纠正他人。霸者之强，是以强力让人屈服。王者之强，是在具备了以强力让人屈服的时候，不以武力出手，而是首先以文德让对方心服，如果对方不服教化，继续作恶，然后才以武力诛之。所谓"圣王之诛也，綦省矣"，圣王的诛杀，仅从数量上看，就是极其有限的。荀子的统计是，"文王诛四，武王诛二，周公卒业，至于成王则安无诛矣"。周文王只诛杀过四人，周武王则是二人。至于这几人究竟是谁，荀子没有明言，后人也有种种说法，但这都不能改变诛杀的数量。到周公旦时，只是完成周武王的未竟之业，至于周成王，则安守成业，并没有过诛杀。当然，天子的诛杀，都是针对诸侯而言的，但这也足以把王朝的政治走向昭告天下，用荀子的话来说就是，"道岂不行矣哉"[30]，大道仍然畅行无阻啊！

由此看来，行大道才是王政的根本。回顾历史，荀子说："文王载百里地，而天下一；桀、纣舍之，厚于有天下之势，而不得以匹夫老。"周文王以百里之地兴业，最后得到天下；夏桀王和商纣王曾经拥有天下，最后却未能寿终正寝。这样的结局，先秦时代的思想家都有思考，而荀子思考的结论是，一国之主，其治国理念应该是得道，而不是一味地扩充武力。所谓得道，是儒家主张的以文德治天下。当然，荀子所倡导的王者的文德，并不是反对武力，而是反对霸者的纯粹武力、漠视教化。荀子所谓"善用之"，是强调合理把握文德与武力之间的平衡。周文王、周武文"善用之"，从当初的百里之国发展到富有天下；战国时代的楚国"不善用之”，拥有广袤的土地，最终也不免被仇人秦国所奴役。

与王道与霸道的兼顾相一致，荀子更明确地提出了“隆礼重法”的思想，“隆礼”是坚持了王道的根本性，“重法”则是肯定了霸道的有效性。不过，“隆”是至高之义，“重”是重视之义。从荀子的用词中，我们应该能够看出，在指导思想上，礼的地位是高于法的。

“礼”的传统起源于西周早期的统治思想。周人灭商建国，为了证明新王朝的合法性，强调以德治国，开始了“周礼”的建设。以“礼”治国是周朝统治者的创建，但从东周以来，随着周天子的失德、失威，出现了所谓“礼崩乐坏”的局面。为了制止天下大乱，春秋以来的许多忧国忧民者发出了恢复周礼之权威的呼吁，而以孔子为首的早期儒家对此更是不遗余力。到荀子时代，天下大乱已经到了极致，似乎除了军事手段之外已经别无出路。但是，对于秦国式的强力，荀子早已认识到了它的有限性甚至危险性，所以，对于“礼”的倡导依然是荀子思想的主题。

传统对于“礼”和“法”的本质的理解是，“礼”是要防患于未然，“法”则是惩治已经发生的罪行。在荀子看来，早期儒家偏重于礼，致使奸邪之人有机可乘，容易犯上作乱，难以约束其行为。为了纠正这样的偏颇，法家一味地强调法制，又容易使人表面上规规矩矩，内心却始终潜伏着犯罪的动机，一有机会，就有可能爆发。所以，荀子提出“隆礼重法”的思想，就是想弥补传统儒、法两家的不足之处。

荀子主张“隆礼重法”，但在他的思想中，礼与法虽然可以相互补充，却并不是平起平坐的。礼既是个人行为的最高标准，也是治理国家的根本点和最高准则，而法却要根据礼的精神来制定，只有这样，才能保证国家发展的大方向不会出现偏失。不过，荀子所说的礼，既要求维护当政者的既得利益，保持上尊下卑的政治秩序，也要求社会各阶层严格奉行自己的行为准则，保证对方的应得利益的内容。所以，传统的周礼，以及孔子和孟子理想的礼制，到了荀子这里，又增加了许多新的内容。

在孔、孟的思想中，礼与法的理想关系是“德主刑辅”，强调礼是根本，法服从于礼，为礼的推行而服务。所以，在具体的论说中，他们很少正面说明和解释法的具体内容，更不会谈及具体的立法过程。荀子与孔、孟不同。在他的亲身经历中，荀子既看到法制的有效性，也意识到了法制的弊端和长久的消极作用，所以，荀子不仅强调立法的精神，也非常看重立法的过程。

荀子的政治思想虽然以礼为根本，但由于对法律的重视和全面论述，有时会使人们感觉到他的思想重点更在法而不在礼。他的两位重要弟子——韩非子和李斯，一位成为法家思想的集大成者，一位成为秦国和秦朝立法和执法的主要人物，应该说都与荀子思想的这种倾向有关。不论他当初的主旨如何，荀子对法的重视，使他在思想史上成为继孔子弟子卜子夏之后的另一位由儒入法的重要人物。更重要的是，由于荀子处在战国末期法家思想大盛的时代，他的这种作用就更为引人注目了。

如果说孔子的政治思想是“德政”，孟子的政治思想是“仁政”，那么，荀子的政治思想就完全可以用“王霸之政”来加以概括。不用说，荀子“王霸之政”的意义或价值还并不在于是对孔子、孟子政治思想的发展，而是在对秦、汉以来中国古代政治理论的塑造，对秦、汉以来中国古代政治实际运作的决定性影响。晚清革命家谭嗣同在其《仁学》一文中说：“两千年之政，秦政也，皆大盗也；两千年之学，荀学也，皆乡愿也。唯大盗利用乡愿，唯乡愿工媚于大盗，二者交相资，而罔不托之于孔。”这其中应该是对于荀子的政治思想有所不满，但道出的真理却是肯定了荀子政治思想对于秦、汉以降两千年中国政治的无与伦比的影响。仅就此而言，荀子思想的价值就可想而知了。

注释：

①《史记》记载，秦国大将白起在长平之战后坑杀赵国降兵40万，

这种说法在可信度上确实有问题。赵国当时有没有这么多士卒？拥有40万之众还需要投降？最重要的是，在冷兵器时代，活埋四十万人，而且在大山谷里，究竟有多大的可能？当代考古学家也试图解开这个谜，但在不断的考古发掘中，仅发现过一些几百人的尸骨坑，且所埋者均为有伤在身，很可能是战死的将士，而从没有发现足以证明坑杀几万人以上的大的考古现场。

②《论语·卫灵公十五》。

③《孟子·梁惠王上》：“无恒产而有恒心者，惟士为能。若民，则无恒产，因无恒心。”

④《荀子·富国》。

⑤《论语·颜渊十二》。

⑥以上均见《荀子·富国》。

⑦以上均见《荀子·王制》。

⑧《荀子·富国》。

⑨《论语·学而第一》。

⑩以上均见《荀子·富国》。

⑪《荀子·大略》。

⑫《论语·子路十三》。

⑬《荀子·王制》。

⑭以上均见《荀子·王制》。

⑮以上详见《荀子·王制》。

⑯《论语·八佾第三》。

⑰《荀子·大略》。

⑱《荀子·大略》。

⑲《荀子·哀公》。

⑳《论语·子张十九》。

㉑《论语·雍也第六》。

㉒《孟子·梁惠王下》。

㉓《荀子·正论》。

㉔《荀子·王霸》。

㉕《论语·宪问十四》。

㉖《论语·宪问十四》。

㉗以上均见《荀子·仲尼》。

㉘以上均见《荀子·仲尼》。

㉙《孟子·告子下》。

㉚以上均见《荀子·仲尼》。

第十三章　君臣关系，如何做君做臣

对君主的要求和批判　对大臣的要求和批判

在中国古代君主专制的政治体制下，君主和大臣的关系，是最重要的政治关系。整个先秦时代，这个专制体制正在形成之中，旧有的以封建制为背景的相对分权的君臣关系，到了战国中后期，正在向着高度集权的阶段进发。在这个过程中，君主和大臣，都在寻求和定位各自新的位置。

无论是从君主专制的体制来看，还是从儒家重视政治人物的道德修养的角度来看，在君臣关系中，君主无疑居于主要地位，所以，荀子把大量的笔墨放在了对君主的要求和批判之上，当然，对大臣也有各方面的要求。事实上，所谓君臣关系的问题，换个角度来看，也是如何做君主、如何做大臣的问题。

在儒家的政治理想中，君臣的关系应该是“君使臣以礼，臣事君以忠”[1]，君主根据周礼的要求对待大臣，大臣则以忠诚作为回报。这是孔子在与鲁定公的一次对话中，回答鲁定公所问“君使臣，臣事君，如之何”时的答复。这场对话看似简短，其实政治内涵相当丰富。鲁定公时，孔子在鲁国做官，官至司寇，甚至有记载说孔子“摄行相事”，代理国相的工作，而鲁君当时虽然已经不再大权在握，但尚未完全失势，所以，鲁定公与孔子进行这场对话的时候，还是代表了春秋末期君臣关系中的一个重要时期。

从这次君臣对话中可以看出，当时的君臣关系是相当紧张的，不仅鲁国如此，其他国家也一样。在鲁国，主要政治资源已经掌握在“三家”（季氏、叔氏、孟氏）手中，据称鲁君只有“国之十一”，即只有国力的十分之一。完全可以想见，在这种情势下，身为大臣的三大家族的权贵，对于鲁国君主的忠心和服从是相当有限的。但是，作为对于“周礼”的遵从，对于鲁国作为周公之后的周文化的遵循，鲁定公还是把君主放在前面，大臣放在后面，因为这是周礼文化下必须有的政治等级。

孔子的回答虽然也是君在前、臣在后，但显然已经超越了等级的重要性，而是把君主的典范作用放在首位。也就是说，只有君主以礼待臣，大臣才可能以忠事君。反过来讲，如果君主不能守礼，就很难指望大臣表忠。孔子不能这么明说，但实际的蕴意应该包含这样的内容。所以，在孔子的这个经典论断中，既有儒家的精神，即礼、忠，也有对法家的启迪，即大臣的忠君是有条件的。

对于孔子思想的上述内容，荀子是有着深刻认识的，并且结合他自己游历各国政治所得，特别是与各国君臣的交往，应该说认识是有进步的。更重要的是，荀子在楚国做官多年，虽然没有做到后世所谓庙堂之上的高官，但在与春申君的往还中，不能不实际体会到君臣关系的种种态势。

荀子是儒生，也是以儒家思想为基础的王政的倡导者，他当然认为君臣关系应该建立在双方都有着足够的道德修养的基础上的。但是，由于他也十分强调君臣以礼相处、治国不能离开法制，所以，在他的学生韩非子那里，就发展出一套全新的政治伦理，明确认为君主和大臣的道德修养是无关紧要的。特别是在为臣的一方，治国理政、事奉君主，并不需要具备什么道德修养，相反，有道德修养的大臣更危险，更易于危及自身，危及社会。

对君主的要求和批判

中国古代的思想家，在明朝黄宗羲之前，并没有人明确而系统地对于君主的家天下提出过质疑和批判，而是完全承认家族式的打江山、坐江山的合理性，并逐渐使这一观念深入人心。在那个时代思想家的心目中，要治理天下之乱，重点并不在改变政治制度，而在于约束和改造君主本人。

在荀子时代及其以前，思想家们也是把治理天下的重点放在君主个人身上，而并没有想到在国家的根本政治制度上做文章，荀子也不例外。

荀子明确指出，天子是人世间势位最重，身体最为放松，内心最为愉快的人。说其势位最重，是说天子的意志无人能够改变；说其身体最为放松，是说天子不会亲自去做具体事情；说其内心最为愉快，是说天子是至尊无上之人。这正好比诗篇中所说的，"普天之下，莫非王土；率土之滨，莫非王臣。"②天下的土地都是天子所有，天下的人民都是天子之臣。

荀子的如此政治观念是时代使然，也是当时所有思想家都认可的政治理念。在当时农耕社会的经济条件下，生产力水平较低，人治更有效率，人治社会的经济成本也最少，并且在当时来说，一个君主确实可以很快地决定一国政治的成败。所以，荀子的理性主义，也只能发挥在对于君主政治的修正上。

那么，荀子对君主的具体要求是什么呢?

(一) 君主有智，君主有利

在荀子的观念中，从总体上看，所谓取天下也好，治天下也罢，并不缺乏相应的策略，而真正缺乏的，首先是君主对这种策略的认知。这样的策略，源之于历史的教训、思想家的思考，但要让君主接受，却不是件容易的事情，而君主能否接受，则决定了一个国家的政治走向和得失。

像周文王那样，用百里之地就夺取天下，这是可以实现的事情，但其真正的难处在于君主从思想深处认识到这一点，也就是认识到它的真正的奥妙在哪里。在荀子看来，所谓夺取天下，并不是让人家把土地送过来，而是君主的道德修养足以让人家心服。如果人家能够心服于你，他们的土地还会是个问题吗？所以，即使你只有百里之地，如果能够让天下的贤士获得适当的爵位，让天下能士获得合适的官位，让天下有体力劳作的人们处于已有的好的礼法制度之下，那么，天下的资源就尽在你的掌握之中了。这样一来，百里之地也能够占尽天下的优势，忠信仁义的思想足以让天下之人服从。有势、有人，外内尽得，那么，天下之人，包括各国诸侯，就都会争先恐后地到来。

在中国古代，逐渐形成了所谓“家国一体”的观念和现实，而在荀子的政治思想中，在他对于君主的要求中，这种观念也表现得很明显，很突出。荀子很严肃地强调：“国危则无乐君，国安则无忧君。乱则国危，治则国安。”国家的危亡混乱、国家的安定，与君主的忧愁和快乐是紧紧联系在一起的。荀子如此强调的初衷，就是要把君主的个人利益大小甚至个人享乐与否跟国家的安危建立起直接的联系，以期对君主施加最大的影响和压力，使其走上治国之正道。所以他才接着说：“今君人者，急逐乐而缓治国，岂不过甚矣哉！”③有些君主，或者说那些危亡之主，把个人的享乐与国家的治理相分离，以为个人的纵欲与国家的治乱无关，或者说国家的治乱不会影响自己的享乐，以至于急于无限制地享乐，而把治国放在一边，这种行为，岂不是太过分了吗？

荀子说，即使是地域广大、经济发达的强大之国，也必须坚持不懈地走治国之道，才能保证君主身心愉悦，没有患难，然后再享受人间的各种乐事。君主的快乐之源就是他们所治理的国家，所有的快乐都建立在国家大治的基础上，而所有的忧患也是发源于国家的大乱。荀子不客气地指出，那些急于追逐享乐而把治国放在其次的君主，并不是真正知晓享乐的人。英明的君主，总是先治理好他的国家，以使种种享乐自动到来。

为了达到治国的目的，荀子可谓想到了各种办法说服君主，以至于用个人的享乐去诱导他们。但是，还是有一些昏愦之君不明白这个道理，并因此而陷于无穷无尽的忧患之中，直至身死而亡国，才不得不停止无休止地片面追逐个人的享乐。对此，荀子也是寄予了无限的同情。本来是想得到享乐，结果却陷入无限的忧患；本想得到安逸，结果却身处危险之中；本想得福，结果却是灭亡。“岂不哀哉！”

当然，荀子并不是单单地同情那些君主的个人遭遇，而是他们的个人遭遇一定会到影响到一国之人。在当时的政治结构下，君主个人的作为当然是国家治乱、百姓祸福的最关键因素。但是，当时的人们，包括像荀子这样的政治家、政治思想家在内，还不可能找到一种从制度上制约君主的途径，所以只能晓之以理、动之以情，把他们个人的利益，甚至是个人的享乐，与国家的治乱挂起钩来，以便解决君主的思想认识问题。这是不得已的办法，也是当时的人们能够想到的最有效的办法，所以荀子才大声呼喊：“呜呼！君人者，亦可以察若言矣！”④那些君主们呀，一定要认真思考我所说的啊！

荀子引用了孟子的一段佚话，说的是，当年孟子与齐宣王交往时，在最初的若干次面谈中，孟子始终不谈具体的事情，即齐国如何治国理政之事，更不谈他自己对齐宣王有什么具体要求的事情，而是大谈哲学、大谈各种思想。一些弟子们对此迷惑不解，怀疑老师是不是错过了向齐宣王说事的机会。对此疑问，孟子道出了相当具有震撼力的名言，他说：“我先攻其邪心。”⑤意思是说，我先要改变齐王的思想、转变齐王的态度。“攻”是治理之意，“邪心”则是指不正确的思想。这就是说，如果齐王的思想态度有问题，说多少事情也没有用；如果改变了齐王的思想，让齐王的思想转变到正确的道路上来，好多事情不必孟子主动去说，也能顺利进行下去。而荀子引用这个故事，说明荀子虽然不认可孟子的某些观点，比如性善论，但总体上对孟子的思想和为人还是相当了解，相当赞成，甚至是相当敬重的。当然，更重要的是，荀子力图以孟子的思想为证据，说明改变和确定君主的思想认识有多么重要。

（二）君主有责，君者能群

在前文关于荀子“分定”思想的分析中，我们已经了解到，在荀子看来，不仅社会各个阶层有其职分，而且社会中的各色人等也有其职分，包括君主。君主之职分，就是君主的职责所在。

社会管理者，君主、宰相、官员、普通公务人员，都有自己的职责，不要去追求自己职责之外的公务。只有这样，老百姓才能安分守己，使国家实现有效治理。那么，具体到君主，他们应该做的是什么呢？

君主能够管好身边的人和眼前能见到的事，抓住国家发展的大方向，其职责就算是完成了。在当时君主专制的政治体制下，君主并不需要处理具体事务，也不需要到处跑着去了解情况，更不需要去管理基层官员和职员，不需要去追究人们做事的动机和原因。君主管好身边的亲近之人，这些人不胡作非为，朝廷就会正气压倒邪气；君主任用称职的宰相，宰相就会选任称职的部门负责人，这样一级一级走下去，各级官员就不会失范；管理好了各级官员，君主当然不用操心具体的事务。正是在此基础上，荀子才批评那些企图兼听天下的君主，批评他们尽管忙到时间不够用，却把国家治理得一塌糊涂。他们的动机不错。远近、明暗、大小之事都想知道，都想处理，但实际情况却并不允许，反而是方方面面都出了问题。荀子称之为“过”，过度管理。这正如孔子所批评的“过犹不及”[6]啊！过度和不及，其错误和危害是一样的。至于不能管好身边的人，却去要求其他官员的君主，以及连暴露出来的问题都看不到，却去探求深层次问题的君主，还有那些连国家大方向都把握不住，却去干涉无穷无尽事务的君主，荀子直斥其为“悖者”，即与常理、常情相背离的人，完全没有可能治理好一个国家。

具体来说，君主的职责是在哪里呢？荀子说，英明的君主喜欢抓住要害，暗昧的君主则喜欢事无巨细都要过问。但实际情况却是，越是擅长抓住要害，越能把所有事情都管理好；而越是想过问所有事情，越是容易把事情荒废。这是因为，任何人的时间和精力都是有限的。君主不过是肉身一人，如果所有的事情都要过问，那么，所有的事情就只能都等着他来亲自处理。但事实上却是他根本不可能有那么的时间和精力顾及所有事情，所以，所有办事的人就只能等待，而不能去处理，也不敢负这个责任。就这样等来等去，最终就是什么事情也办不好，办不成。正是因为有这样的事实存在，荀子才说，所谓君主，就是任用一个宰相，坚持一个原则，明白一个方向，并以这样的思想去明白一切，掌握一切，最终让事情得以完成。所以说，君主定好规则，用对人，就等于有了一切，而不必亲自去作任何具体事情。只有这样，那些无穷无尽的具体事情才能顺利完成。

我们已经看到，根据传统儒家的观点，加之荀子的细化要求，君主要想尽其责，关键的一个环节是选任称职的宰相。所以，对于宰相，荀子也马上提出了要求。那就是，宰相分定或职责是百官之长，俗称“一人之下，万人之上”。宰相是各级官员的首长，他要了解和掌握朝廷中那些重要的具体事情，以管理和监督大臣们完成各自的本职工作。年终岁末，宰相要论功行赏，以表明对君主的效忠。当然，如果宰相不称职，君主要马上把他废黜，以保证行政系统的工作。

荀子主张君主确定国家体制的基础、抓社会发展的大方向，反对君主插手和干涉大臣的具体事务，这是做君主的大体。强调这个大体，并不是说君主就可以无所事事，也不是说君主在确定了大方向、选定了宰相之后，就可以百事不问、高枕无忧了。事实上，君主的职责和应该做的事情，应该是人世间最繁重的。特别是在君主专制的家天下时代，国家的命运更是与君主个人的身家性命息息相关，君主是没有任何理由置身国事之外的。所以，在强调了君主主导国家的大方向之后，荀子从君主职责的角度入手，进一步细化了自己的观点。

诸子百家都讲“道”，都把“道”的理念放在思想首位，都认为自己所定义的“道”是天下大道。作为政治思想家，荀子的主张也很明确，认为“道”就是君道，因为人间所有的“道”都不及君道来得更高、更具体、更有力，并且对天下的影响更为直接。荀子说“道”就是“君之所道”⑦，可以理解为君主所走的道路，当然是思想上的道路，也可以如通常所言，“道”字与“导”字通假，理解为君主所倡导的思想和行为。

当然，要理解君主倡导什么，君主走什么样的路，首先要弄清楚君主是什么？荀子在此的答案是，君主是能够组织社会、带领社会发展的人。我们知道，荀子的“群”的观念在荀子思想中占据重要地位。在荀子看来，“群”是人区别于自然界和动物界的最基本的标志，那就是人类社会。人类要在群中生活，要依靠群获得生存和发展的机会。而“群”之所以能够成立，就是因为有“君主”的存在。

那么，为什么有君主存在，群才能存在呢？因为君主有四大作用，或者说是四大擅长，荀子称之为“四统”⑧：

一是生养人们，使人们获得基本的生存和发展的环境。具体说来，就是解决人们基本的生计问题，使社会生产者各安其事，并使那些作奸犯科者受到惩罚。这样一来，人们就会亲近君主，进而服从君主。荀子重视手工业劳动者和商人的作用，并把他们与农夫并列，这种观点在后来的社会发展中并没有被社会完全接受，比较可惜。

二是管理人们，安排他们各自的工作，确定他们的社会地位，并且要求各个职位上的人们依照法度，以求得公平公正的社会环境。这样一来，人们就会在君主那里获得安全之感。

三是任用人们，根据德行和才能，使人人有事，各尽其职，在自己的岗位上做得出色，出人头地。这样做的结果，人们就会从君主那里，从君主安排的工作中获得了快乐。

四是使人们在工作之余，还能充分享受生活，获得精神满足。结果就是，人们从自己的所作所为中获得了足够的荣耀，活得很有面子。

很显然，“四统”已经包括了社会生活的各个方面，所以荀子才说，能够使“四统”全面落实的君主，天下人就会归其所有，这可以称之为“能群”；一旦“四统”名存实亡，天下人就会离开这样的君主，并且只能称之为“匹夫”，即无所作为、格调低下的普通人。

所以说，“四统”之道存在，国家就会存在；“四统”之道亡失，国家就会灭亡。

立足于人的本性，荀子以他一贯的逻辑，强调了遵循“四统”的重要作用。他说，上自天子，下至庶民百姓，都有共同的心愿，即发挥自己的才能，实现自己的志向，做事有规矩，并从工作中得到乐趣，衣食无忧，安居乐业。但是，如果去追求过度的享受，那就是多余的了。所以，一个英明君主的作用和职责，就是要求人们去除过度的追求，明辨什么是不应当得到的东西。往上了讲，通过表扬贤良之人而让人们知道什么是高贵、什么是低贱；往下了讲，通过强调长幼之序而让人们明白了什么是亲近、什么是疏远。无论是在上位的王公世家，还是在下位的普通人家，都知道守规矩、明职分才能达到天下大治，保障万世太平。具体说来，就是天子、诸侯不要有奢靡的费用，士大夫不要有过度的行为，各级官吏不要怠慢自己的工作，庶民百姓不要作奸犯科、行为怪僻，全社会的人都把行义作为普遍的行为准则。正如荀子所引用的时人之语所说，“治则衍及百姓，乱则不足以及王公”[⑨]，天下大治之时，老百姓都会受益；天下大乱之时，王公大人都不能保全。

由“四统”构成的治国大道，荀子称之为大形，即世间最大的“形体”，无边无际，没有比它再大，也就是说，没有比它更伟大的政治原则了。这个原则就是，儒家之礼与法家之法并重，使国家政治运行在永恒的轨道上；推崇贤良有才能之人，让老百姓知道什么是规矩、什么是方圆；法令公开透明，让民众不再有疑惑；奖赏勤勉、惩罚苟且，让民众不再怠惰；兼听各方意见，让天下之人尽数归来。然后，这个国家呈现出的景象就是，社会成员明白自己的职责和地位，尽心尽力完成好自己的工作，各行各业都井井有条，公道大行，私门去除，有德者被任用，无德者被制止，贪婪财利者被黜退，廉洁奉公者被启用。

在荀子时代，政治思想家们普遍注意到了在治理国家过程中的权力结构问题。人口的增加、生产工具的改进、生产能力的提高、生产关系的调整，使得社会管理日益复杂，不仅是天子、诸侯，就是各国的士大夫，都不可能亲自过问和处理自己辖内的所有社会问题，所以，对于一国之主来说，如果能够既控制权力，又能使权力有效地运作，在那个社会大转型的时代，确实是当政者的首要问题。荀子作为思想家，还有亲身从政的经历，对这方面的问题进行深入而全面的思考，是理所当然之事。而且，荀子的政治思想之所以能够影响秦王朝之后的中国传统政治，就是因为荀子的政治思想不仅有高超的理论阐述，而且与现实问题又联系紧密，两个方面不脱节，便于指导一国之政。特别是就君主的地位、作用和职责而言，荀子继承和发扬了孔子思想的基本精神，并加以系统化和具体化，其影响之深远，非当时其他思想家可以比拟。

（三）选贤任能，用人有道

在确定了治国之道之后，人的问题就是根本问题了。事实上，在先秦儒家传统的政治观念中，人的问题始终是国家和社会的根本问题。荀子所强调的君主在国家政治的首要作用，本质上也是人的问题。进而言之，对于一位英明的君主来说，人的问题，用人的问题，也是其治国之策的根本问题。

荀子说，羿和蠭门是古代有名的射手，王良和造父则是有名的驾车好手，而聪明君子则是公认的管理社会的高手。君主虽然有占据权位的优势，但是，如果没有贤能之士负责社会管理，这种优势是不可能保持的，所以，要想称王于天下，必须任用贤能之士进行合理的社会管理。普通人的人主，都知道要射远中微，就必须得找到像羿和蠭门这样技能高超的射手，要想驾车平安致远必须得有像王良、造父这样的技能高超的车把式，那么，同样的道理，要想制服像秦国和楚国这样的大国，就一定得有聪明君子，即像样的人才。荀子久居楚国，并曾考察秦国，认识到这两个大国的最大的不足之处，就是缺乏聪明君子。由此看来，要治理好一个国家，甚至称王于天下，对君主的智力的要求并不繁杂，而是相当简约，那就是用人、用人、再用人，只有这样，君主才能不必亲身劳顿，就能获得最大的功名，直到享受极致的快乐。这样的原则，英明君主视之为宝，而愚暗的君主则视为艰难不堪的畏途。

在当时家国一体的政治制度之下，国家的安危荣辱其实就是君主本人的安危荣辱。荀子深明这一点，并且当他面对君主时，经常是从君主本人的利益出发，劝谏君主遵从王道。这乍看上去关乎策略，其实也是掌握住了君主专制体制的根本。本着这样的原则，荀子经常从君主本身出发，推导出他的政治主张，特别是儒家传统的贤人政治。

君主若想国家强大、江山稳固、自身安乐，最好的途径就是关注民众；若想让民众一心，那就要搞好政治；若想使政治清明、风俗美善，最佳方式就是选择称职的官员。那样的人才肯定是有的，并且历朝历代也都出现过。他们生活在当代，但其政治志向却在于古代圣王们的治国之道。不同的是，对于古代圣王们的治国之道，当时的当政者和普通百姓都没有当回事，而只有这种贤人用心去掌握，即使为此而陷于贫困、处于不得志之中，他们也不会有丝毫的放松。所以，也只有他们才明白先王之政的得与失，知道国家为何处于安危、善恶之间。正因为他们达到了如此境界，那么，当君主重用他们的时候，就能够一统天下，让诸侯称臣；就是不很重用他们，也能够让邻国敬畏；即使不任用他们，如果让他们安安稳稳地留在国中，这个国家也不会出现大的问题。总之，一国之主，如果爱护民众，国家就会安定；如果喜欢士人，国家就会显荣。如果这两者都做不到，那就只能亡国亡身了。

荀子所主张的取人之道和用人之法，完全是根据实际情况对于被任用者进行了解，然后决定用不用、如何用，而并不是根据他们的先天条件以及与君主个人关系的远近来决定的。

荀子先举例说，如果君主想找好的射手和车把式，肯定会用贵爵重赏去招徕那些能够射微中远、一日千里的人才，甚至是那处隐居在遥远地方的人，也要想办法去找到他们，而不会去随随便便地照顾自己的子弟。这难道不是说明，君主一定是要得到真正的人才吗？可是，令人惊诧的是，当国家需要治理、民众需要管理，社会需要上下协调，以实现内部团结、坚强对外的时候；当国家需要法治，混乱的局面需要改变的时候；更重要的是，当需要称职的宰相和大臣辅佐朝政的时候，君主却放弃了寻找射手和车把式时的公正、公平的做法，反而去任用君主身边的人、无原则地谄媚君主的人。对此，荀子不仅表示这是一种过度和过分的做法，而且不无痛心地描述了种种本不应该发生的政治现象。

荀子说，凡是一国之主，没有不想要国家强大、社会安定的，但不用多久就会衰弱不堪、危机重重。他又说，上古时代，天下曾有过上万的诸侯国，现在却只剩下十几个了。之所以出现这种现象，荀子认为没有其他原因，就是因为君主在用人的问题上犯了错误。所以说，但凡是英明的君主，可以在私下里把财宝赐给自己偏爱的人，但却不会把官职和事业给他们去做。这是为什么呢？因为这样做肯定会害了他们。这是什么道理呢？荀子认为，如果君主喜欢的那些人没有真才实学，而君主却任用了他们，那就说明君主是昏愦之主；如果这些人确实无才无能，却在君主面前谎称自己能够胜任，他们就是使用了诈骗手段的臣下。这显然就会形成昏君在上、诈臣在下的局面，结果只能使国家很快地走向灭亡。国家灭亡了，君、臣都会受害，所以才说是君主害了那些他所偏爱的人。

回顾历史，荀子从爱人的角度讲述了周文王任用姜子牙的著名故事。在荀子看来，以周文王的地位和才德，他周围肯定也有不少他所喜爱的人，但他却并没有把他们中的任何一人放在一人之下、万人之上的位置上，而是把姜太公从一个普通的船夫提拔为宰相，这难道是出于偏私之心吗？显然不是。

荀子接着就以反问的形式论证道，周文王提拔姜太公，是因为姜太公是周文王的亲戚吗？事实上，周文王是姬姓，姜太公是姜姓；是因为姜太公是他的故旧之人吗？实际上，他们以前根本不认识。难道是周文王看上了姜太公的外表了吗？可那时的姜太公已经七十二岁，连牙齿都掉光了！这只能说明，“文王欲立贵道，欲白贵名，以惠天下，而不可以独也”。周文王就想树立起他所看重的大道，就想说明他所看重的名声，以便让天下人受惠，所以才不会自作主张。

在这种思想的主导下，周文王认为，“非于是子莫足以举之，故举是子而用之”。至少在当时，除了姜子牙，没有任何人能够胜任，所以才作了那样的提拔任用。“于是乎贵道果立，贵名果白，兼制天下，立七十一国，姬姓独居五十三人。周之子孙，苟不狂惑者，莫不为天下之显诸侯。如是者，能爱人也。故举天下之大道，立天下之大功，然后隐其所怜所爱，其下犹足以为天下之显诸侯。”正是因为周文王站得更高，看得更远，这才实现了他的愿望，最终夺得天下，以至于周王室的后人，只要不是天生的愚昧智障之人，都做了诸侯。

荀子认为，周文王的这种做法，才是对于子孙后代真正的爱。也就是说，爱护子孙，不是把那些他们根本把握不住的好处给他们，更不是把所有的利益都给他们，而是让他们做那些力所能及的事情，否则就等于是害了他们，害了大家。最后，荀子引用了当时人们的一种说法："唯明主为能爱其所爱，闇主则必危其所爱。"[10]只有那些英明的君主才能真正地爱护他们所爱的人，而那些昏愦的君主，只会危及他们所爱之人。

面对现实，荀子的政治思想并不追求理想主义，更没有去空想。如同那个时代的多数思想家一样，荀子承认君主的特权，同时又希望把这样的特权限制在合理的范围之内。可惜的是，在那样的时代，人们还不可能发明出可操作的制度去限制这样的特权，而只能对君主晓之以理。这也是荀子的长项，也符合他的理性主义的精神。所以，荀子在此晓之以理，既讲公义，也讲私利，并且是努力把公义和私利一致起来，这真可谓用心良苦啊！所谓君主的私利，从小处讲，无非是让自己和自己的亲近之人享受到福祉；从大处讲，则是江山稳固，甚至万代永续。但是，荀子强调，君主要想实现这样的私利，必须任用有德有能的官员，特别是宰相，而这就是公义了。

(四) 选择宰相，无为而治

既然君主的一举一动，甚至他们的个人享乐，都与国家的治乱兴衰直接关联，而治乱的根本原则又是用人，任用贤能之人，那么，君主治国的首要原则，在确定的正确的政治方向之后，荀子认为就是"择相"，即选择后世所称的丞相或宰相，居于君主之下，臣民之上，全面负责政府的日常工作。

这是为什么呢？荀子说，作为一国之主，一定不要独揽朝政。荀子主张，一个国家的强大和荣辱，就决定在是不是任用宰相，以及如何任用、任用什么样的宰相。总的原理是，君主自己有能力控制大局，也能任用有才能的宰相，这个国家就能称王。君主缺乏操控大局的能力，并因此而恐惧，于是任用有才能的宰相，这个国家就能保持强大。那些自己没有能力，又没有因此而恐惧，当然也不去任用贤能宰相，而只会任用左右亲信的君主，他的国家只能会日渐削弱，最后走向灭亡。

所以，君主如果能够适当地选择一人做宰相，就会取得天下，如果宰相选择不当，政权就会出现危亡。这是因为，如果连这个最重要的人选都不能确定，还说接下来要选择更多的人管理政治和社会，那就是根本不能成立的说法了。反过来讲，如果选择好了宰相这一个人，那么，君主本人还需要做什么事情呢？轻轻松松地就可以安定天下了。荀子举例说，商汤王任用伊尹做宰相，周文王任用姜太公，周武王任用召公，周成王任用周公旦，都是历史上的王者们最著名也最成功的案例。再往下看，即使是霸者，也有这方面的例证。荀子举的是天下公认的管仲辅佐齐桓公成就霸业的例子。荀子说，尽管齐桓公极尽享乐，天下人也不觉得怎么过分，因为他成就了“九合诸侯，一匡天下”[11]的霸业，成为五霸之首，而其成功的关键，就是对管仲的完全信任。所以说，这是君主成就功名的关键因素之一。任何一位君主，如果他还有头脑的话，就不应该轻视或放弃这一原则。

荀子在齐国时，曾经与一位齐国的宰相（相国）有过交流，讨论了如何做一个合格宰相的问题。《荀子》虽然没有给这位宰相留下姓名，但荀子对于宰相的严格要求还是让我们明确看到了荀子在这个问题上的观点。更重要的是，从荀子对他的面对面的严厉批评来看，这位宰相并不是一位出色的政治家。

在荀子看来，“处胜人之势，行胜人之道，天下莫忿，汤、武是也；处胜人之势，不以胜人之道，厚于有天下之势，索为匹夫不可得也，桀、纣是也。”一般说来，身处高位之人，无非有两个最大的优势，一是“胜人之势”，即能够克制、压制，或者说胜过他人的优势地位，特别是政治地位；二是“胜人之道”，即胜过他人的思想、途径和办法。面对这种优势地位或做法，被克制的一方肯定会有反应，即有可能接受或服气，也有可能不接受、不服气，甚至程度不同的反抗。荀子的结论是，商汤王和周武王，身处最高的胜人之势，推行合理的胜人之道，天下人都能接受。相反，暴虐的夏桀王和商纣王，虽然身处胜人之势，但却没有合理的胜人之道，所以，即使贵为天子，到后来只想做一个平民百姓都没有机会。这就说明，“得胜人之势者，其不如胜人之道远矣。”有了胜人之势，并不见得就能掌握胜人之道。更重要的是，胜人之道的重要性远胜于胜人之势。

身为宰相，一人之下，万人之上，肯定是获得了胜人之势。那么，宰相的胜人之道应该是什么呢？荀子认为，是非分明，能够辨别能人和无能之人，去除自己的私欲，坚持公道，持守通义，就是宰相的胜人之道。

面对这位齐国宰相，荀子指出，他已经上得君主的信任，下得主宰一国之政的权力，可以说是得到了充分的胜人之势。但是，荀子当面指出，这位宰相并没有尽到合格的宰相之责，因为他并没有充分发挥胜人之势，以求得胜人之道。具体说来，最重要的一点是，没有去求得仁厚、明理、通达的君子之人，并把这样的人才推荐给齐王，让他们参与国政、纠正是非。这是传统儒家政治的核心内容之一，因为，这样一来，在君子的典范作用下，君臣上下，老少贵贱，甚至普通百姓，都会循义而行，直到天下人都用义来约束自己。在这种风气的带动之下，贤能之士都愿意到齐国做官，本性好利的民众也都高兴以齐国为最佳归宿，到了这个时候，也就是齐国统一天下的时候了。令人遗憾的是，现在的相国你，却舍弃了上述正确的道路不走，仍然行进在世俗的老路上，即只求胜人之势，不求胜人之道。那么，在当时的齐国，必然是君主乱之于宫中，伪诈之臣乱之于朝堂，贪官污吏乱之于官场，老百姓则以贪图财利、肆意争夺为风俗。很显然，在这个问题上，从主持国政的宰相的角度来看，是要负最关键责任的。

荀子替这位齐国之相分析了当时齐国的形势。齐国虽然东面临海，实质上也是四面受敌。在北方是燕国，西方是魏国和其他国家，特别是秦国，南方和东南方则是楚国。荀子不无忧虑地指出，只要三国之中有一国有所图谋，其他国家就会乘机而上，所以，齐国没有任何理由高枕无忧。从历史上看，比齐国更强大、更有势的王朝，莫如夏朝和商朝。即使到了亡国之君夏桀王和商纣王的时候，这两个王朝还是有着强大的势力。首先，他们都是圣王之后，是合法的王者；他们都拥有千里之地、亿万之众。可是，为什么突然之间全天下的人都离他们而去，都去投奔商汤王和周武王了呢？荀子认为，原因很简单，就是亡国之君的所作所为，都是人们所厌恶的，而兴国之君的所作所为，都是人们所喜好的。

人们厌恶的三种东西是什么呢？无非是思想低下，自私争夺，贪图利益。人们喜好的三种事物是什么呢？无非是崇尚礼义，言行辞让，忠信从事。

荀子一针见血地指出，现在那些管理社会的当政之人，嘴上说的都是要向汤王和武王看齐，但是，他们的实际行动却与桀王和纣王毫无二致。这样一来，他们还想求得与汤王、武王一样的王者的功名，这能办得到吗？

作为有理想、有使命感的思想家，荀子明知眼前的这位宰相与其他绝大多数在位者一样，都不是实现儒家王政的合适人选，但道理讲到这里，荀子还是会照例迸发出一种豪情，不得不强调和重申其政治理想。

从大的原则来看，凡是能够得胜的人，必定是有人来给他出力的，即有得力的追随者、参与者，这就要求必须“得人”，得到得力的人。而要得人，就必须遵循大道，即礼义、辞让、忠信之德。在此大的原则之下，荀子举例说，如果已经有了四五万人的战斗力，或者有了数百里之地，并借此强大的力量获胜，看上去是人多势众之力，但荀子认为必然是崇尚信义、修治国政的结果。事实上，历史上和现实中确实不乏数万之众、数百里之国的在位者，但却由于思想污漫、行为突盗而招致失败的事例，这显然是“弃己之所安强，而争己之所以危弱也；损己之所不足，以重己之所有余”[12]，抛弃自己的长项，而去争取自己的弱项；减损自己已经不足的东西，而重复自己已经多余的事情。荀子不无可惜地指出，如此做下去，还想求得汤王、武王那样的功名，就好比是趴在地上想接触到上天、救助上吊的人却去拉拽人家的脚一样，当真是背道而驰啊！

说到这里，荀子又回到了与齐国之相讨论的主题，即做宰相的“道”，那就是，身为人臣，如果不在意自己的行为是否妥当，只求谋得私利，那就好像是驾着一辆巨大的战车，不去攻城，却用于跑路谋利一样，这是有头脑的人羞于去做的事情。不用说，人最看重的莫过于生命，最快乐的莫过于平安。而要想保护生命、保证平安，最重要的途径就是遵循礼义。所以说，一个看重生命、乐于平安的人，却弃礼义于不顾，就好比一个追求长寿的人却去刎颈自杀一样，真是最大的愚昧无知了。所以，荀子的结论是，一个合格的管理人民的当政者，必须做好两件事情，一是爱护民众，让他们安居乐业；二是喜好士人，让他们显荣有功。这两件事情连其中的一件都做不好的话，就只能让自己和国家走向灭亡了。

荀子的如此主张，应该说是深受秦国政治的影响。荀子曾经考察秦国政治，与秦国君主和宰相都有过深入的交谈。从前文我们得知，与荀子交谈的秦国宰相是三晋人氏范雎，《荀子》书中对他们二人的谈话有记载，但相信不是谈话的全部内容。这当然不是最重要的，最重要的是，荀子根据他的考察所得，对于秦国政治的有效性和先进性了解甚深。秦国日渐强大的主要原因之一，就是实行宰相制，秦王掌控大局，任用宰相处理事务，政府机构的日常工作完全由宰相负责。与此同时，山东六国还是沿用千百年来的政治模式，君主独揽大权，一个人说了算，若干大家族明争暗斗，争取在君主面前的主动权。在君主失去威权的时候，或者某一个大家族掌权，或者各个大家族轮流执政，到最后，则是某个或某几个大家族篡权，然后再继续上述模式。总之，山东六国从来不曾有效地集聚起本国的政治资源和社会力量，一边发展自身，一边向外扩张。秦国与山东六国的不同的政治模式和发展走向，不管原因如何，终于分出了强弱高低，并使得秦国式的所谓“宰相负责制”的政治模式成为此后中国社会的唯一选择，而这样的选择，与秦国的政治成功有关，与荀子的理论分析和政治总结也有着密不可分的关系。或者说，由于荀子对秦国“宰相负责制”模式的重视和分析，使得后世的政治人物和政治思想家及早地认识到这种制度的合理性和有效性，进而把它选择为一种最为理想的政府结构。

那么，对于这种政治模式，荀子更为详尽的分析是什么呢？

首先，荀子强调，治国有治国的规则，在其中，君主也有自己的职分所在。君主的职分有很多内容，但其中非常重要的一项，就是选择一个称职的宰相，由宰相率领群臣百吏去完成各项具体工作。相反，如果是一天起来从早忙到晚，亲自指挥官吏去完成具体事务，以至于影响到自己的游玩安乐，这就不是君主的职分所在了。换句话说，那些能够一统天下，名声能够与唐尧、虞舜相配的君主，都能够坚守最简约的治国之道，抓大放小，不忙于具体事务，却能建成大功。所以，所谓简约的治国之道，就是能够掌握好治国的大方向，并且不因为忙于事务性的工作而偏离了这个大方向。只有这样的君主，才能享受到人生的快乐。

在荀子看来，所谓人主，就是那种有才能任用称职官员的人，而普通人则是具有实际工作才能的人。人主任用能人，能人坚守岗位，就好比种植百亩之田的农夫，要想使其工作有成就，必须守好田地，尽好职责。不管是大到天下，还是小到一国，如果事事亲力亲为，这样的君主，即使劳苦至死，也不会有什么真正的收获。荀子形象地说，如果做君主做到这份儿上，即使是个普通人，也没有兴趣去做君主了，因为君主的苦累胜过的普通人的劳作。这样的君主，怎么能够统一天下掌控四海呢？

换一个角度，荀子又概括说，如果君主亲力亲为，像一个劳役之人一样地辛苦处理事务，这是墨子的主张。而在儒家看来，君主的首要职分是倡导道德，任用能人，让称职的宰相去处理具体事务，这才是真正的圣王之道。他引用《传》书中的话说，农夫耕田，商贾经营货物，百工勤勉做事，士大夫各尽其职，诸侯守护好分封给自己的土地，三公筹划好治政方略，到了这个程度上，天子就只能是逍遥自在了。当然，之所以能够达到这种程度，就是因为天子选择了正确的政治模式和策略。

荀子最后的总结是，君主以此方针治国、治天下，天下各处无不公平合理，天下之事无不办理妥当。这是永世的规则，是天下礼法的关键所在。

（五）以身作则，垂范天下

先秦儒家政治思想的一大特色，是对君主的严格要求，甚至是严厉要求、首要要求。孔子说："君使臣以礼，臣事君以忠。"[13]孟子说："君之视臣如手足，则臣视君如腹心；君之视臣如犬马，则臣视君如国人；君之视臣如土芥，则臣视君如寇雠。"[14]虽然说的都是君臣之间的主从关系，但其重点却是强调君主的主动示范作用。君主以礼使臣，臣才会以忠事君。君主视臣亲同手足，臣下则忠心耿耿；君主视臣如走狗，臣下则视君为普通人；君主视臣为无物，臣下则视君如仇人。君臣关系如此，治国之道亦复如是。君主以身作则的作用，是一切治国之道得以成功的保证。

在这个问题上，荀子也是继承和发扬了传统儒家的强硬精神。

荀子认为，在追求功业和享乐等方面，君主和臣民的想法是一致的，所以，荀子说，为什么有这种追求的君主和能建之士从不缺乏，而双方却很难一拍即合呢？是因为君主不能持守公道，致使臣下不能尽忠。

君臣之间的如此不能相合，荀子认为主要原因在君主一边。具体说来，君主如果排斥贤才，偏信偏举，臣下就会为争取职位而嫉妒贤才，以求迎合君主的心意。荀子描述的这种现象确实是事实，但荀子并没有去思索，或者没有彻底思考清楚君主为什么会如此行事。这种缺憾，是时代使然，不仅是荀子，那个时代的其他思想家也未能解决这个难题。所以，荀子只能万分遗憾地发出浩问：身为人主，为什么不能广纳贤才，不能在用人问题上不偏袒亲近、疏远贫贱呢？如果人主在用人上能够做到不偏不向，那么，臣下就不会过度看重职位，而是让位于贤才，安于追随贤人。这样一来，古来圣王们创造过的业绩就会复兴，人主也会美名传万世。荀子反问：世上还能有比这更美好的事情吗？可惜君主们从来都不会认真看待这样的言论啊!

荀子引用哲学前辈杨朱的名言说:“此夫过举跬步,而觉跌千里者夫!”意思是说,这就是越过一小步,就会错过千里之外的事情啊!杨朱说这话的背景,是由于他最有名的举动,即“遇衢途而哭”[15],每遇到四通八达的路口就会痛哭,因为一旦选择错误,就会走上不归之途。个人的行路如此、人生如此,人主治国也是如此。荀子虽然没有杨朱那么过敏,但还是提醒君主,能否任用贤才,就相当于人生路上的衢途。但是,纵观历史,荀子也不无悲观地意识到,对于这个道理,君主当真是“千岁而不觉”,永远难以彻底地觉醒。不过,正如上言,君主为什么不能觉醒?这是荀子时代的思想家们想不通的事情。

既然荀子不可能去怀疑当时的政治制度,不能从根本上认识到“君人者千岁而不觉”的原因,他也就只能尽其可能地去正面提醒君主们如何作为了。荀子指出,任何一个国家都有治国之法和乱国之法,有贤能之士和无能之士,有纯朴之民和凶悍之民,有美好的风俗和恶劣的风俗。通常情况下,治国之法、贤能之士、纯朴之民和美好风俗等“四上”,与乱国之法、无能之士、凶悍之民和风俗等“四下”是共存于一个国度的。这个时候,就需要英明的君主做出选择。偏于“四上”,国家就会安定;偏于“四下”,国家就会危难。选择“四上”则称王,选择“四下”则灭亡。“四上”齐备,国家就能达到不战而胜过对手,不攻而得到土地,不用武力也能让他国服从。荀子举出商汤王和周武王的正面例证,以及夏桀王和商纣王的反面例证,强调“四者齐”和“四者无”的相反结局,所谓“百王之法不同若是,所归者一也”,所有的王者,很可能具体做法不同,但“四上”齐备的大方向是一致的。

君主以身作则展示的结果是,在自己的带动下,如果朝廷很有规矩,风气纯正,各级官员都是仁人君子,那么,这样的君主就不必亲身劳累,国家也能得到大治,功业巨大,美名传天下,向上努力可以称王,即使不能称王，也可以称霸。相反，如果君主不能以身作则，用人不当，即使自己劳累终日，也只能是身败名裂，危及国家。

由此看来，身为君主，以身作则是其关键。当有人请教他如何治理国家时，荀子甚至回答说："闻修身，未尝闻为国也。"为什么呢？

君主好比仪杖，民众就是仪杖在阳光下形成的影子；君主是盛水的盘子，民众就像是盘中之水。君主的所作所为，直接影响和决定着民众的所作所为。这似乎并不是说民众就完全是被动的，而是重在强调君主的率范作用。为此，荀子再举一些更为具体的例子。据记载，楚庄王喜欢细腰的宫女，致使有的宫女过度绝食，不慎饿死。这就说明，君主是水之源，民众则是水之流，在正常情况下，水源的清浊，直接决定了水流的清浊。

在上述原则之下，荀子使用了他常用的修辞手法，层层剥茧似的进一步了论证了君民关系中君主的典范作用。

一个拥有社稷的君主，如果不能爱护民众，不能为民众谋利，反而要求民众爱戴自己，这是不可能的事情。一个不能被民众亲近和爱戴的君主，还要求民众随便听自己使唤，必要时还要为自己献身，这也是不可能的事情。一个民众不肯为他所用，不肯为他献身的君主，还想着军队强悍、城池坚固，这也是不可能的事情。这样的君主治下的国家，军队不强悍，城池不坚固，却还不想让外敌入侵，同样是不可能的事情。敌人来了，又无力抵抗，却还想着不被侵削，不被灭亡，也是不可能的事情。这样推断下来，荀子最后的结论是，已经到了这般危险的田地，还想求得安乐生活，这样的君主可以说是"狂生者"[16]，狂妄之人啊！不用说，这样的狂妄之主，不用多久，就会失去最后的光芒，走向灭亡。

荀子所倡导的最高统治者注重民众的物质生活，是一项总体性的大原则，并不是说统治者必须亲自去关注老百姓日常生活的点点滴滴。事实上，从孔子开始，就强调最高统治者必须坚持"无为而治"的原则。[17]在谈及社会分工中的君子之人的职责时，孔子同样强调了社会管理者的基本职责是掌握社会发展的大方向、制定社会发展的大政方针，而不是亲自做某项具体的工作，更不是亲自去参加生产劳动。[18]

顺着孔子的思路，荀子更具体地指出，如果有这样的君主，他们亲自关注甚至亲手操作，去解决人民的日常生活之事，得到人民一时的赞许，荀子认为这是“偷道”，即苟且一时的主张。身为君主，亲自把人们冬天吃什么、夏天吃什么的东西送到人们跟前，这样的做法，可能得到一部分奸邪懒惰之人的赞誉，但却并不是治国的长久之道。因为君主不可能把这样的事情坚持下去，同时受益的也始终是有限的人，并且多半是怠惰懒散之徒。所以荀子才说，这样的做法，既不能成事，又无法立功，是“奸治”的表现。“奸”是诈伪、取巧、邪曲之义。

统治者的另一种“奸道”表现是好大喜功，做表面文章，求取能够造成轰动效应的政绩工程。这种事情乍看上去正是民众呼声最高的事情，而且也容易在短时间内取得成功，但是，每当事情完成之时，才发现正是老百姓最痛恨的事情，因为这样的事情既耗费财力和民力，又让老百姓得不到真正的实惠。

总结以上所说，荀子说：“垂事养誉，不可；以遂功而忘民，亦不可。皆奸道也。”[19]君主专注于亲自去做细小之事、专注于完成政绩工程、面子工程，从而忽视甚至抛弃了民众的根本需求，都是奸邪的治国之道。

荀子说：“古人为之不然。”以前的走正道的统治者不是这样治国的。那么，统治者真正应该坚持的治国之道，真正应该做的事情是什么呢？

荀子总结说，古代的贤君坚持治国“三德”：忠信、调和、均平。

所谓忠信，就是忠实于民众的真正需求，并信守这样的原则。具体说来，统治者与民众的最切实的关系就是不伤民力，在使用民力的过程中，以不影响民众的正常的生产生活为原则，这样才能算是成功做事，君主与民众双双得利。与此相反的，就是上述君主式的小恩小惠。

所谓调和，就是在治国之策上不走极端。既不走好大喜功的极端，也不走无所事事的极端；既不走小恩小惠的极端，也不走滥用民力的极端。

所谓均平，就是公平。孔子说："有国有家者，不患寡而患不均，不患贫而患不安。"[20]一个国家，不要担心人口稀少和社会财富不足，而要担心是不是公平分配，担心由分配不公造成社会不安。孔子和荀子所说的"均"，并不是后起意义上的平均主义。把社会的正当资源和物质财富平均分配给社会每一个成员，这在任何社会都是不可能实现的，也很难想像孔子和荀子会有这样的主张。更为重要的是，在他们其他场合的表述中，并没有与此相一致的主张。所以，"均"就是公，"均平"就是公平。

君主能够真正做到"三德"的要求，然后再能以"三德"要求在下之人，要求臣民，并在这个过程中以刑罚作为保驾护航的手段。这样一来，上下呼应，即使当初并不想造就一个光明和通达的社会，这个光明和通达的社会也会自然到来，任何人都阻挡不了啊！

（六）奉行礼法，依法治国

从历史的角度来看，荀子政治思想的先进之处，是其在遵循孔子政治理念的同时，与时俱进，充分吸收了现实政治中行之有效的新的政治理念和举措，特别是法家的一些合理思想，使得他的政治思想不仅视野更加广阔，而且也更具合理性。具体说来，就是荀子在主张以德治国、君主以身作则的同时，明确强调礼与法共治的必要性。这显然是吸收了法家思想的合理性，更是受到他本人所亲见的社会现实的深刻影响。荀子把法家依法治国的观念融入他的政治思想之中，从而使他的政治思想从汉代开始成为历代统治者不得不认真考虑、切实履行的治国方略。从这个意义上讲，真正全面影响中国社会历史进程的，荀子是中国古代的第一人。荀子的政治思想固然有其理想性的一面，但其现实针对性来得更为强烈。他的儒法兼容、德治与法治并举，是历朝历代所谓"阴法阳儒"治国之策的最早、最全面的思想基础。

荀子的依法治国思想，与他的整体思想是一致的，特别是他的关于社会职分、社会分工的思想，更是法治社会的有机组成部分。更为重要的是，所谓礼法兼容的治国之道，是一国之主必须明了的指针。

君主在确定了治国方略，选定了合适的宰相，并能够严格约束自身之后，自然而然地就会去爱护百姓，而爱护百姓的最适当的办法，就是“制之以礼”，用礼法加以管制。这听上去似乎有些不够现代，但在当时的社会历史条件下，应该说是不二的选择。因为，“制之以礼”的前提是君主对于百姓“如保赤子”[21]，对待百姓，就好像家长养育刚出生的婴儿一样，必须百般呵护。呵护的具体措施，就是制定政令制度，让百姓都能够循理而行，即使是鳏寡孤独这样最弱势的群体，也要纳入制度的范畴，不去轻视他们。所以，荀子所强调的管制百姓的政令制度是有前提的。最大的前提，是君主必须是英明之主，必须视百姓如赤子，切实地为百姓着想，最低的前提，则是所有百姓必须服从法制的约束。这种思想，从现代政治的角度去看，似乎是把百姓置于过度被动的位置，没有给予百姓以自主选择的权利，然而，在当时的社会条件下，如果在位者果真能做到荀子的要求，那无疑就是最大的政治进步了。当然了，即令是堂而皇之的现代民主，真正能够让普通百姓做出选择的余地又能是多大的呢!

根据荀子的论断，如果君主能做到上述要求，那么，百姓就会视君主如父母，即使让他们去死，他们也会顺从君主。君臣上下，不论长幼贵贱，都视法令为最高要求，然后去努力做好自己职分之内的事情，农夫耕田，商贾贩货，百工做事，士大夫勤政，诸侯守土，三公议政，到了这个时候，天子也就只有恭敬自身，享受生活了。对于这种理想的过程和境界，荀子认为是所有王者的追求，更是礼法治国的必有过程和必然结果。

在荀子看来，世间之事，出与入、付出与获得，是非常公平的，古往今来都是如此，所以，对于礼法来说，这也是一项根本原则。礼法的具体内容，就是要涉及社会生活的所有时间和所有方面，达到衣服有定制、宫室有制度，直至各种人员的配备、丧礼祭礼等的举行，以及所有事务，都有各自的等级和规矩，万事万物，长短大小，都按照既定的规则和数量加以落实，这样一来，不管是什么样的具体事务，都由负责的官吏去处理，而不必事事请示大君子，即掌握国家大的发展方向的当政者。至于君主，更是不必过问。

另一方面，君主不遵循礼义行事，就会伤害国家，对此，荀子有明确的观点。

以下三种行为，都是“伤国”的表现。

身为一国之主，不为国家谋大利，却喜好个人的小利。

喜欢个人享受，而且还要变本加厉地攫取。

不是做自己应该做的事情，守护好自己应该守护的东西，而是老想着攫取他人的东西。

以上行为，荀子称之为“三邪”。

君主一旦“三邪”在胸，并且在处理国事之时还喜欢权谋，不循礼义正道，那么，就一定会丧失权威、名声受损，进而危害社稷，伤害国家。

所以说，贵为一国之主，一旦不尊崇本该走的正道，对于已有礼法不能做到心存敬意，而且喜欢用伪诈的手段行事，那么，就会影响到朝廷群臣也不行正道、不尊崇礼义，只喜欢邪门歪道。一旦朝廷之上形成这种作风，老百姓中间也会流行不尊崇礼义的风气，只想贪得利益，不想付出，更不想为社会和国家做贡献。在这样的社会风气之下，一个国家，即使地域广大，也不会有什么影响力；人口即使够多，也不会有强大的军队；刑罚即使很繁苛，政令也不会很通达。这是因为，国家机体内部已经受损严重，成为一个极度危险的国家。而这一切的发生，根源就在于君主是个“伤国者”[22]。

对大臣的要求和批判

在中国古代传统政治人治特色的背景下，做君做臣都不是件容易的事情。在君主集权、世卿世禄、裙带关系、权大于法等等政治规则之下，政治人物的自主性看上去无边无际，但事实上却经常是相互牵制、举步维艰。正是在如此背景下，在传统政治中才会堂而皇之出现君臣术之类的规则，以及对此类规则的无穷无尽的研究。这既是人类文明进步的过程和标志，也是人类文明的一定程度的悲哀。

荀子是大儒，又是深入研究法家思想的思想家。儒家重视从政者个人的修养和德行，法家则强调服从和约束。这样一来，在荀子的思想中，必然要出现大量的对于从政者个人品德、素质和才能的论述。从君主到大臣，《荀子》中的有关分析和论述层出不穷。当然，如同荀子对其他比较重要的，且时间跨度比较长久的论题的阐述一样，关于为臣之道、为臣之术的思考和表述，荀子思想也有不同时期、不同背景下的不同观点，需要我们在研究和学习的过程中格外留意。

(一) 大臣的分类

荀子的政治主张以严谨、周详而著称，所以，对于大臣，荀子除了有些上下文中的泛泛而言，也有非常具体和详细的分类，以便让人们全面地认识这个独特的政治群体。从总体上来看，就大臣的品德、才能和建功立业方面而言，荀子把大臣分作四大类，即“態（tè）臣，篡臣，功臣，圣臣”。

態臣

“態”字是奸邪、阴险之义。荀子对“態臣”的描述是，在国内没有能力团结民众，对外则没有能力抗拒灾难，这是因为，国内的百姓不想亲近他，其他诸侯则不愿意信任他，这就说明，这种大臣的才能和品德都有很大的问题。然而，“態臣”的最大能耐是善于获得君主的信任，因为他们反应快、口才好，善于得到君主的欢心。不过，荀子也一针见血地指出，如果君主信任这样的大臣，并委之以重任，结果只能是使国家灭亡。在荀子时代，在齐国从政的苏秦，在秦国得势的张仪，楚国的州侯，是标准的“愿臣”。张仪和苏秦是有名的纵横家人物，张仪主张连横政策，苏秦主张合纵政策，此二人曾经让东方六国不断地陷入灾难之中。荀子说他们使国家败亡，也主要是指对六国的损害。至于州侯，则是楚顷襄王身边的佞臣，顷襄王在位时，楚国国势彻底不振，与州侯的谄媚很有关系。

篡臣

荀子定义的“篡臣”，是那种有才能但没有品德的大臣，他们不能忠于君主，但却善于笼络民众，不在乎公道和大义，而是着力于结党营私，谋取私利。国家一旦被这种大臣所左右，就会陷入深深的危难之中。比如韩国的张去疾、赵国的奉阳君、齐国的孟尝君，就都是善于结成自己的利益集团，而不在乎国家利益，在那时，国家利益与君主利益基本上是齐一的。这三人之中，齐国的孟尝君最为著名，是著名的战国四公子之一。与其他著名的战国君主一样，孟尝君也是门客盈门，一般人认为他是齐国的能臣，但在荀子看来，他更多的是谋取个人利益，并不是那个时代所需要的真正的大臣。

功臣

所谓功臣，就是能够为国家建功的大臣。他们既能团结和管理国家的民众，又能解决与周边国家的矛盾和冲突，民众喜欢亲近他们，士大夫信任他们，是尊君爱民的典范。荀子所举的例证，是齐桓公时代的管仲、晋文公时代的咎犯、楚庄王时代的孙叔敖。这三位大臣，与他们的君主一道，创造了一国历史上的辉煌，建立了不朽的功业。三位霸主，与三位功臣，一直是历史上的美谈。在荀子看来，大臣做到这个程度，应该是值得肯定的。国家有这样的功臣，君主肯定会获得荣耀。

圣臣

圣臣无疑是做大臣的最高境界。与功臣相比，圣臣不仅限完成职责，还要具有创制性。在圣臣的努力之下，国家的法令和教育工作都能得到落实，遇到突发事件，也能得到很好的处置，其他的不测事件，同样能够应付裕如。所以，在圣臣的治理之下，国家能够得到其他诸侯的遵从，直至称王于天下。而荀子心目中的圣臣，就是商朝的伊尹和周朝的姜太公，他们不仅为商、周二朝的得江山立下大功，而且这两个王朝最初的立国和发展，也有赖于他们的才德。

不用说，功臣和圣臣是荀子政治思想中做大臣的典范人物，而態臣和篡臣则是理当受到批判和否定的大臣。荀子最后的总结是，“是人臣之伦也，吉凶贤不肖之极也，必谨志之，而慎自为择取焉，足以稽矣。”[23]这是告诉君主，这四类大臣，包括了最好的，也有最坏的，所以，君主对此要心中有数，以便做出最恰当的选择。欲荣欲尊，就选择功臣和圣臣；欲危欲亡，则选择篡臣和態臣。

在另外的场合，荀子又把大臣分为上中下三等，即“下臣事君以货，中臣事君以身，上臣事君以人。”[24]下等大臣用财货事奉君主，这包括为君主无原则地敛财，以及用珍奇之物讨君主的欢心；中等大臣用自己的身体事奉君主，这是指对君主尽心竭力，甚至在必要的时候为社稷献出生命；上等大臣用推荐贤德之人来事奉君主，这显然已经超出了尽己之力的范围，而是达到了着眼于天下的高度，当然最受传统儒家的肯定。

总之，同样是大臣，其政治表现却迥然有别，现实和历史对他们的评价自然也有不同。荀子如此用心地对大臣的高低作出区分和划分，应该说是受到了法家赏罚观念的影响。

（二）大臣的品质

根据传统儒家思想，身为大臣，除了必须完成的职责和一定要遵守的礼义之外，首先必须具有过硬的品质，包括个人修养和政治品质。在个人修养方面，传统儒家对于士大夫的要求基本上是一致的，而在政治品质方面，则身居不同官位，具体要求不尽相同。反过来讲，具有什么样的政治品质，也是做到什么程度的大臣的必要条件。在这方面，由于荀子的政治思想相对更为全面，因此荀子提出的要求也更多，更详尽。

荀子把大臣的政治品质，从正反两方面加以分析和比较。

简单说过，大臣正面的政治品质表现在顺和忠，反面的政治品质表现为谄和篡。而这两方面截然不同的品质，并不表现在是不是顺从君主，而是表现在是不是实质上有利于君主。至于那些既在表面上不尊重君主，又在实际上对国家造成损害的大臣，他们不过是只顾个人利益的“国贼”而已。

荀子指出了两种政治表现方面的缺点或者说是恶习，即“昧”和“妒”[25]。昧，是损害公家的利益，满足私欲；妒，是明知贤良之人却不作推荐，不推荐给当政者加以任用。荀子说，有这两种不良政治习惯的人，可以称是“狡谲”之人，即狡诈奸险之人。狡谲之人，以及有这种恶习的大臣，是国家的污秽和妖孽。荀子还特别对“妒”的恶习作了更明确和具体的批判，认为如果有士人与妒人为友，贤人就不会来亲近；君主如果重用了妒臣，贤能之人就不会来做官。

很显然，蔽公之人和妒贤之人，都是与儒家的道德观念相背离的，而无视公家利益和嫉妒贤能之人的大臣，更是儒家政治观念的最大的敌人。反过来讲，一个符合儒家修身标准和从政标准的官员，必然不会以私害公，也不会妒贤嫉能。凡事首先服从公家的利益，遇有贤能之人就不遗余力地向上举荐。当然，在荀子生活于其中的“朕即国家”的时代，此所谓公家也是君主之家，而在儒家的定义中，一个合格的君主，其利益与民众的利益应当是一致的。

从后世逐渐形成的儒家思想来看，作为大臣，忠君是第一要义。臣不忠，何以为臣？当然，孔子说过，“君使臣以礼，臣事君以忠”[26]，为忠君提出了先决条件。尽管如此，忠君还是必要的，否则君臣关系就无法正常建立和维系。或许正是虑及这层关系，荀子对大臣之“忠”做了进一步的分层，以使臣之忠道更趋合理和完善。

忠君有高中低三个层次，而于君不忠者，则不必分层，总括之为

“国贼”。

所谓大忠，是说能够以自己的德行感化君主，使君主的思想发生质的变化，致使国家全面走向大治。荀子举的例子是周公旦之于周成王。周成王继位时年少，周公旦精心辅政，以德治国，最终把周成王培养成一代明君，成就周朝早期的“成康之治”。当然，有德之大臣从本质上感化君主，应该说不是一件简单的事情，客观一些讲，应该是所谓天时、地利、人和的综合结果。

大忠之后是次忠，是说有德行的大臣调整有能力的君主，特别是改正君主的一些重大失误，不至于使君主在错误的道路上一去不回。荀子所举例证是管仲之于齐桓公。管仲辅佐齐桓公成就一代霸业，这是包括孔子在内的传统儒家所肯定的一面。但是，从孟子开始，也批评管仲并没有很好地利用他对于齐桓公的影响力，终究未能达到一统天下的王者之业，或者至少没有认真地去恢复周天子的权威。当然了，这样的观点也有许多可商榷的地方。客观地说，管仲应该没有这个修养和能力，但有些儒者在这个问题上不依不饶，也有一定的合理之处。

忠君的最低层次是下忠，是指大臣劝谏君主的不妥之处，可君主却未予接受，致使大臣发怒，甚至在冲动之下做出不得体的事情，比如当年的伍子胥之于吴王夫差。因为吴王不接受伍子胥的意见，导致公开冲突，最后伍子胥被吴王错杀。伍子胥不仅因为冲动而送命，也使吴王担负了杀死忠臣的恶名。不用说，下忠之臣如何把握好与愚君甚至昏君相处的分寸，也是君主专制体制下的典型难题。

忠君者有各种各样的表现，其实不忠君者也有各种类别的表现。也许是这种太容易识别，或者是荀子认为不值得为这类人多费笔墨，所以就把他们统称为“国贼”，即对国家的贼害者。这类人极其自私，谈不上任何道德修养，当然也不在乎君主和国家的荣与辱、好与坏，只求博得君主个人的欢心，以便从君主那里获得个人利益，进而结成自己的利益集团。荀子以商纣王时代的曹触龙为例，强调像商纣王式的亡国灭身，就与这种国贼的投机钻营有着必然的关系。

如上所言，荀子思考大臣的品质，重点在于如何让大臣称职，处理好与君主的关系，所以，其重点必在那些有资格做大臣的人们的身上。

我们已经注意到，是不是听从君主的命令，是不是有利于君主，这是个非常复杂的问题，并不像说起来那么简单。所以，荀子接着就认真讨论了大臣与君主关系之间、相处之中的种种具体情形，并对此类情形作了明确的定义，然后把它们上升到政治品质的高度。这些政治品质包括：

谏 君主做出的决定、做出的事情，如果就要危及国家，甚至到了殒灭社稷的地步，大臣或君主的近亲中有人能够向君主进言，君主能够接受那是最好，一旦不接受就会辞职而去，这种表现叫作“谏”，劝谏。荀子认为，商期早年的伊尹谏太甲王，商朝末年的箕子谏商纣王，就是最好的例证。

争 在上述情形下，如果向君主进言之后，君主接受了当然可以，可一旦君主不接受，就以死抗争，这种表现就叫“争”。与“谏”相比，“争”并没有选择躲避或逃避。此二者的共同之处，是没有向做错的君主屈服，更没有选择同流合污。商朝末年的比干，春秋末期的伍子胥，都是与君主抗争的典范。当然，“争”的结果都是悲剧。比干被商王剖心而死，伍子胥实质上也是死于吴王之手。

辅 当君主犯错的时候，有些大臣并不选择个人劝谏或抗争，而是运用智力，说服并率领群臣，以大家的力量强迫君主接受。这时候，尽管君主心里不舒服，但最终却不能不听从众人的意见，结果证明大家是正确的，当然也就解除了国家面临的大问题，或者消除了国家的大害，使君主和国家都得到尊荣和平安，这就是“辅”，用实际行为辅助君主和国家走向困境。荀子认为，赵国的平原君是当之无愧的辅臣。

弼 最为极端的一种情形，是公开与君主对抗，不听从君主的命令，甚至假冒君主的命令和身份，做出了君主反对的事情，但结果却是使国家走出了危险境地，去除了君主受到的侮辱，功劳至上，为国家带来了最大的利益。“弼”也是辅佐之义，但在荀子的使用中，显然比“辅”的程度更加直接，甚至更加强烈。比如当年魏国的信陵君，不顾魏王的命令，窃符救赵，还杀死了魏王的大将晋鄙，结果大败秦国，不仅救援了赵国，也安定了魏国，其中的惊心动魄，真是非普通大臣敢于担当。

荀子对于具有谏、争、辅、弼这四种政治品质的大臣给予了高度的评价，认为他们是社稷之臣、国君之宝，是英明的君主应该尊重和厚遇，并加以奖赏的对象。与明君相反的是“闇君”，即所谓的暗主，昏愦之主，其做法与明君正好相反，当然是荀子严厉批判的对象，我们在前文已经多有领略。

另外，荀子又从言行是否合格及是否一致的角度分析了具有不同修养和政治品格的大臣。

言与行都合格的，荀子认为是国之宝物，即可以全面管理国家的大臣；言语不行，但有实际才能的，是国之重器，即具有某一方面治国才能的大臣；言语能行，但才能不足的，是国之物用，即在某个时候、某件事情可以发挥作用的大臣；很有口才，但行为恶劣的，则是国之妖孽，即肯定会为害于国家和社会的大臣。不用说，要想治理好国家，必须敬重国宝，爱护国器，使用国物，剔除妖孽。

（三）大臣的灵活性，事君之义

在中国古代的传统政治关系中，有一个死结是非常引人注目的，这就是，尽管一个大臣是品质高尚的、才能著卓的、责任心强大的，但在现实政治中，却并不能保证其必能发挥其应该发挥的作用，更不用说建立其应该建立的功绩了。从现代政治来看，这个死结相对容易解开，因为有相关制度的约束。可是，在荀子时代，政治制度是君主制，君主与大臣是主人与仆人的关系；或者说，江山社稷是君主的私人财产，大臣是为君主维护其江山社稷而服务的。仆人再好，再能干，却始终存在着主人是否认可、是否接受的问题。然而，在当时，人们并不能认识到问题出在这里。所以，思考和研究政治的人们，不管是站在君主的立场上，还是站在大臣的立场上，都只能在君主专制的政治体制下思考如何处理好君臣关系。即使是荀子这样的大学者、大思想家，在大臣如何事奉君主的问题上，也只能要求大臣如何掌握灵活性，在“事君之义（宜）”上做文章。

荀子首先强调大臣在国家政治中的作用。他说，有坚持正义的大臣在位，朝廷就不会出现偏颇之政，即不会从国家的决策层发出邪曲的决定；如果有上述谏、争、辅、弼等四种大臣能够真正发挥作用，君主即便有过错，也不会走得太远。以上是文的方面，而在武的方面，荀子认为，君主身边有勇士，有仇恨的敌对之人就不敢对君主本人做什么；如果守卫边疆的武将很称职，就不会受到别国的侵扰。

一国之主如果能够任用上述四方面的人才，就说明这是个喜欢“同”的君主，即能够做到尚贤使能，让各方面的人才共同出力、共同发挥治国理政的作用，并且为他们的成功而欢欣鼓舞。这样的君主，就是荀子心目中的英明之主。与此相对，那种昏暗之主则喜欢“独”，喜欢做独裁者，或者如孟子所说的“独夫”[27]，大权独揽，自己逞能，一个人说了算。这样的君主必然妒贤畏能，生怕大臣们建功立业，更有甚者，还会找各种借口惩罚忠臣，奖赏贼人，荀子把这种君主称作“至闇”[28]，即最昏庸暗昧的君主，糊涂到家的人。像夏桀王和商纣王这样的君主之所以会灭亡，就是他们是“至闇”之主。

说到这里，问题就来了。既然君主有明有暗，那么，大臣面对不同的君主时，应该如何思考和行事呢？

不用说，应对这个问题的大前提是，无论是明主还是暗主，大臣都不可以取而代之。所以，重点是如何对待不同类型的君主，而不是改变君主。

那么，君主都是什么类型的呢？从整体的荀子思想来看，以实际政治成就为标准，荀子大体上把君主分为三类，即王者、霸者和亡者。在此处，从大臣的角度来看，则是相应地划分为圣君、中君和暴君。

对于圣君，即圣明的君主，大臣只能听从命令，不会有机会去谏争，因为圣君总体上讲是不犯错误，至少是不犯大错的。这样一来，大臣只能是恭敬听命，谨慎执行，不敢自行更改甚至改变圣君之命。这种表现，就是把顺从君主作为自己的工作志向，甚至人生向往。

对于中君，大臣不能完全听从，而是要保持一种谏争之态，因为中君是会时常犯错误的。但是，因为中君又是能够接受谏争的，所以也不能对中君阿谀奉承。这也就是说，对中君要坚持一种刚强而不退让的态度。大臣要忠于君主，但中君需要的是，是就是是，非就是非，以此保证不要堕落到暴君的道路上去。

对于暴君，大臣则一定要讲究精细的策略，以保证自己的人身安全，因为一旦失去人身安全，一切的一切就都无从谈起了。对待暴君的策略，其核心是，可以对暴君之政的某些方面做些修修补补的工作，而不是选择公然对抗的方式方法。荀子设想了一种比较极端的状况，比如适逢乱时，大臣无处可去，只能处在某国的暴君之下。那么，到了这般田地，就要在公开场合多说君主的优长之处，避免谈及君主的短处，并把这当成一种常态，以静观事态的变化。这就是说，对于暴君，要调整心态但却不能流于俗气，温柔但不屈从，宽容而不乱法，坚持最高的道德原则，不细究某些细节，以求逐渐影响暴君，使其改邪归正。

可能是因为在当时暴君较多，而正是这些暴君使人们对君主的表现印象至深，所以，荀子不得不对如何面对暴君的问题作最深入的思考和最细致的指导。而荀子最后的总结是，对于暴君，“若驭朴马，若养赤子，若食馁人，故因其惧也，而改其过；因其忧也，而辨其故；因其喜也，而入其道；因其怒也，而除其怨。曲得所谓焉。”[29]对于暴君，如同驯服野马，又如同养育婴儿，以及给饥饿至极之人喂食，不能依常法常道，而是要寻找他们能够接受的方式方法。比如说，要根据他们所害怕的东西，让他们改正自己的过失；要根据他们担心的东西，让他们寻求事情发生发展的原因；要利用他们高兴的时候，让他们认可大道；要利用他们发怒的时候，去除他们对某些事情不适当的怨恨。这种办法，荀子认为是一种“曲线救物”的思路，能够取得意想中的良好效果。

对于春秋以来的名臣，荀子借用孔子之口，有一个由低到高的排列，当然也可以说是评价。为什么只提这几位名臣？可能主要是他们在历史材料中的记载相对详细，并且为荀子时代的人们所熟知。

子家驹是鲁国的名臣，荀子认为他只是“续然大夫”[30]，即只能接续前代的政治业绩，对君主的过失修修补补，不能建立新的功业，所以比不上齐国的晏婴。不过，晏子只注重完成政事、建立功业，即使这些事情具有政治创见，但却不及郑国的子产，因为子产相当看重民生。然而，子产又不及齐国的管仲，因为管仲具有雄才大略，帮助齐桓公称霸天下，对天下人、对华夏文明都有贡献。这就是说，子家驹只能守成，不管国家向何处发展；晏子只顾建功，没有顾及社会的稳定；子产把郑国管理得井然有序，却没有在意天下人的利益。

那么，是不是管仲就是最好的大臣呢？未必。管仲虽然依靠其才略使齐国成为霸主之国，但主要凭借的是武力和智谋，而不是仁义，所以并没有让天下人归心，一俟他去世，天下又回到了以前的混乱状态。

所以，荀子称管仲以下诸位名臣都是“野人”，即缺乏道德修养的质朴之人，其才略也只能让他做诸侯之臣、霸主之臣，不可能做教化天下的天子的大臣。由此看来，要做一个荀子眼中的合格的大臣，必须是德才兼备，既要有儒家所定义的政治美德，还要有法家所认可的具体的治国才能。儒法兼容，才是合理的、有前途的政治走向。

(四) 大臣的现实性，以术事君

大臣面对君主，有种种情形。有不同的大臣，也有不同的君主。上文所说“事君之义”，基本上是说大臣以君主的利益为主，并且是在君臣关系的总体方面、在大是大非面前，以大义为准绳遵从君主的意志，实现对国家和社会的治理。但是，在处理具体事务，特别是日常政务方面，一个合格的大臣也要讲究适当的方式方法，以实现各个层次的政治目的。

对于从政之“术”，孔子也是非常重视的，除了强调从政者崇高的政治追求之外，孔子并不反对适度的政治智慧。孔子称赞卫国大夫宁武子，“邦有道则智，邦无道则愚。其智可及也，其愚不可及也。”[31]这位宁武子，国家政治清明时就积极地表现其聪明才智，政治昏暗时就装糊涂，尽量不发表当权者不能接受的政治意见。孔子不无羡慕地说，表现聪明才智并不难，难的是明明清楚，却要装糊涂。同时，在一些细节上，孔子本人也很注意自己的表现方式，《论语·乡党第十》就记载了大量孔子从政时日常言行，甚至“君命召，不俟驾，行矣。”君主有紧急召见时，等不及备好马车，孔子便徒步而行了。事实上，事情再急也急不到这种程度，马车备好之后也能够追上徒步行走之人，但孔子就是要表现出对君主之命的极度重视，不能说没有“术”的味道。不过，与后来法家人物，比如申不害和韩非子的“帝王之术”相比，孔子是依礼而行，有摆样子的嫌疑，但并没有与君主斗智斗勇、相互克制的意思。

同样，荀子探讨以术事君，也是秉持了孔子以来儒家君子的传统，讲究的是“持宠处位、终身不厌之术”，这是说，大臣处于可以受宠的高位，想要长久保持，就需要相应的方式方法。

荀子主张，一位大臣，如果被君主尊敬和看重，就应该表现出恭敬和谦卑；如果受到信任和宠爱，就要越发谨慎和谦让；如果大权独任，就要更加小心，并注意细节；如果经常在君主身旁，就要表现出足够的亲近之态，但不要有邪恶之念；如果被疏远，也要忠诚如一，不要有背叛之举；如果被降职，就要更加警惕，但不要怨恨。总地来说，尊贵的时候不自傲，被信任的时候不得意，委以重任的时候不专权。面对财货时，虽然喜欢，也不必随意获取，而是要尽量辞让，符合大义的时候再去获取。有好事的时候要以平和的心态对待，有祸患的时候也要以安静的心态对待。富有的时候要广为施惠，贫穷的时候则生活节约。贵贱贫富时都无所谓，关键是要有节操，宁可被杀死也不做奸邪之事。荀子把这样的人称为吉人。有的人，甚至是不乏一些思想家，把吉人看作是神秘的人，看作是认识了某种神秘天道的人，其实，在荀子这里，以儒家君子之道为修养，不论富贵贫贱，都坚持君子的操守，就是吉人，面对人君时，也会是一个合格的人臣。

如果上述几项是初级之术，如下所述就是中级和高级之术。

对于中级之术，荀子说："求善处大重、任大事，擅宠于万乘之国，必无后患之术，莫若好同之，援贤博施，除怨而无妨害人。"做大臣的，当然要学会善于身处国之大位、完成治国大事，同时还要受到君主的宠信，避免后患无穷。为此，荀子提出"好同之"的主张，即与贤人相处，与贤人取齐。大权在握，要任用贤才，博施恩惠，以此消除人们的怨恨，使自己的政治主张能够顺利贯彻和执行。荀子与楚国春申君交往较深，春申君黄歇是著名的"战国四君子"之一，长期左右楚国朝政。所谓"战国四君子"共有的特点之一，就是广纳贤才，博施恩惠。只要有一技之长，"四君子"便把他们招致门下供养，能任用则任用之，不能马上任用的，对他们也没有任何要求，让他们在门下安逸地生活，有任用他们的时候再说。这种做法，有法家弄权的一面，也有儒家看重贤才的一面。在荀子这里，是把儒、法的用人观念结合起来，试图发展成自己的一套实用主张。这就是荀子进而解释的，"推贤让能，而安随其后。如是，有宠则必荣，失宠则必无罪恶，是事君者之宝，而必无后患之术也"。[32]如果能够做到推举贤人、让位给能人，那么，位高权重的大臣，在得到君主宠信的时候会荣耀无限，而一旦失宠也不会获罪，因为有贤人在位或继任，既不会给君主造成损失，也不会恩将仇报，不会加害于当初推举他们的人。荀子的这个思路是能够自圆其说的，所以他认为这是事奉君主的法宝，也是身为人臣的必要的自保之术。

在中级之术的层面，荀子欣赏智者的作为。这个智者之“智”，在荀子这里是正面的意义，因为先秦时代的许多思想家对“智”是持有异议的，即把过度的巧技甚至心计置于“智者”的定义之中。荀子的智者，就是智慧之人，特别是在政治领域，智者既有儒家的道德修养，又能明白各种情势，并做出适当的对应。

智者的做事原则是，志盈愿满之时就要设法谦让，一切平顺时要考虑可能的艰险，安稳的时候要想到危机。就是做了这么多的考虑，还是担心祸患的发生。只有这样，才能做事不出偏差。虽然有巧妙的心思，也要把握好分寸，这样才能找到事物的关键；虽然有能力，也要尽力在差异中找到共同点，这样才能保证必胜；虽然有智慧，也要把谦让放在首位，这样才是真正的贤者。荀子是理性主义大师，讲任何道理时都很周详，所以他强调，做事如果把握不好“度”，就容易陷入机巧之中。他的学生韩非子的政治思想之所以成为“帝王术”，就是荀子式的理性主义思维的一种发展结果。

与智者相反的是愚者，荀子对这类人提出了尖锐的批评，直到完全否定。

愚蠢之人，位高权重之时就会独揽大权，嫉贤妒能，压制有功之人，挤兑有罪之人，骄傲志满，轻视曾经对他们有过怨恨的人。这样下去，必然是地位越尊贵反而越危险，担子越重越容易被废弃，越想享受独宠越容易受辱。形成这种局面的根本原因在哪里呢？荀子认为，“堕之者众，而持之者寡矣”，就是说，由于愚蠢之人的修养问题和品格问题，结果是反对他们的人多，而支持他们的人少。

在论述了中级之术后，就是高级之术了。其实，所谓高级，并不是说比中级或低级更高一筹，而是站在不同的角度照察君臣关系而已。高级之术，是在最一般的意义上论述君臣关系，当然主要是为臣之道。

高层次的君臣之术，荀子称之为“天下之行术”，即可以通行于天下的君臣之道。具体说来就是，做大臣的，尽管有时不被君主所知，也没有怨恨之心。不用说，在古代君主专制体制下，因为是家天下，君主一人说了算，所以，做大臣的，特别是没有家世背景的知识分子，要想在现实政治中有所作为，首要的问题是获得君主的知用。事实上，到了荀子时代，除君主而外的世家大族左右一国政局的情形已经少见了，士人从政已经成为政治常态，这就更凸显出了君主知用的关键作用。

在得到君主的知用以后，做大臣的就必须进行严格的自我约束了。因为有君主的知用在先，所以，有功必赏已经不成为问题，容易出现的问题是大臣的矜功之色，夸功的表现。既然是自夸，就不免夸大。夸大了自己，其他人，有时甚至是君主之功，就会在无形之中被贬低。可想而知，这肯定是从政过程中的大忌，既有碍于团结同僚，又会招致君主的反感。

那么，正确的态度应该是什么呢？荀子认为，即使是功劳多多，也要尽量少地向君主要求什么。因为功劳是和君主的赏赐联系在一起的。在古代，这种赏赐在君主那里还是比较随意的，并没有十分明确的制度上的安排。这样一来，就存在着受赏赐的大臣是否满意的问题。在荀子看来，无论赏赐合理与否，或者是大臣自己感觉合理与否，在接下来的工作中，都还应该是“爱敬不倦”，视工作为爱和敬的对象，不敢有丝毫的懈怠。

上述三项高层次的要求，是有反有正的，相互扶持的。荀子的说法是，“恭敬以先之，忠信以统之，慎谨以行之，端悫以守之，顿穷则疾力以申重之”。对于这三项原则，首先要以恭敬之心去看待，然后从内到外深信不疑，并在行动中谨慎遵守，老老实实地坚持执行，即使遭遇到莫大的困难，也要用尽全力地反复申明。“如是，则常无不顺矣”，长远来看，如果这样做了，就不会有不通顺的时候，以至于“以事君则必通，以为人则必圣”，事奉君主必会通达，修身为人必会达至圣人的境界。所以，“夫是之谓天下之行术”。[33]

显然，所谓君臣关系的高级之术，就是最一般化的做法，不针对具体的情形和事件。因此，荀子提出的最为一般的要求，就是做大臣的态度或心态。荀子非常认真地指出：“少事长，贱事贵，不肖事贤，是天下之通义也。”年少者服事年长者，地位低的人事奉地位高的人，修养差的人事奉修养好的人，这是天下的最一般的原则。所谓“通义”，就既是最基本的原则，也是最高的原则。荀子在此确实在申明等级关系，但这种等级关系，既不是先天的，也不是不可变更的。看上去，年少、年长似乎是先天的，但这是生物性的先天原则，是随着时间变化而变化的，而并不是不可变更的政治原则。至于贱和贵、不肖和贤，则显然都是后天修养和努力的结果。所以，这个“通义”仅仅是激励人们自强自立。

注释：

①《论语·八佾第三》。

②《荀子·君子》所引。

③以上均见《荀子·王霸》。

④以上均见《荀子·王霸》。

⑤《荀子·大略》。

⑥《论语·先进十一》。

⑦《荀子·君道》。

⑧《荀子·君道》。

⑨《荀子·君道》。

⑩以上均见《荀子·君道》。

⑪《荀子·王霸》。

⑫《荀子·强国》。

⑬《论语·八佾第三》。

⑭《孟子·离娄下》。

⑮《荀子·王霸》。

⑯《荀子·君道》。

⑰《论语·卫灵公十五》：子曰："无为而治者，其舜也欤？夫何为哉？恭己正南面而已矣。"所谓"恭己"和"正南面"，是说君主要有良好的道德行为，做好必要的表率作用。

⑱《论语·卫灵公十五》：子曰："君子谋道不谋食。耕也，馁在其中矣；学也，禄在其中矣。君子忧道不忧贫。"君子解决了社会发展之"道"的问题，人民就不会受到贫困的威胁。

⑲以上均见《荀子·富国》。

⑳《论语·季氏十六》。

㉑《荀子·王霸》。

㉒《荀子·王霸》。

㉓《荀子·臣道》。

㉔《荀子·大略》

㉕《荀子·大略》。

㉖《论语·八佾第三》。

㉗《孟子·梁惠王下》。

㉘《荀子·臣道》。

㉙《荀子·臣道》。

㉚《荀子·大略》。

㉛《论语·公冶长第五》。

㉜以上均见《荀子·仲尼》。

㉝以上均见《荀子·仲尼》。

第十四章 从政楚国与著述兰陵

投奔春申君，在楚国从政
离开官职，著成《荀子》

有关荀子的生平事迹，我们不得不依靠《史记》的记载，但也不断受困甚至受害于《史记》的记载。比如说荀子在楚国从政之事，根据《史记·孟子荀卿列传》和其他相关传记的记载，不一致之处真是太多了。这些矛盾之处，我们在前文试图了解荀子生平时已经多有领教。所以，本书关于荀子生平事迹的说明，也不得不经常发出两可之辞，作者的心愿，也只是给人们提供一些参考而已。

投奔春申君，在楚国从政

荀子游历天下各国，到达秦国的时间当在秦昭王中后期。据《史记·范雎列传》，范雎任秦国之相在秦昭王四十一年（公元前 266 年），至秦昭王四十八年（公元前 259 年）辞去相国之间，荀子访秦，应该在这个区间之内，也就是说，荀子最晚在公元前259年离开秦国。这一年是楚考烈王四年。《史记·春申君列传》说："春申君为楚相八年，……以荀卿为兰陵令。"楚考烈王元年春申君开始做楚相，楚考烈王八年就是春申君做楚相八年，这就是说，荀子在到达楚国的若干年之后才得到了兰陵令的职位。

当然，理论上讲还有一种可能是，当荀子到达秦国时，范睢已经不在秦相之位，但根据《范睢列传》的记载，范睢是在极大的政治压力下辞去相国之位，"应侯因谢病请归相印。昭王强起应侯，应侯遂称病笃。"范睢为了辞相去祸，不惜自称病重，为的就是远离秦国政治，在这种情况下，他又怎么胆敢与荀子进行私人会面，并讨论秦国政治呢？所以，荀子见范睢，理应于范睢在相位的时候。

不管时间上是什么时候，荀子终究是离开了秦国，到达了楚国，并最终在楚国兰陵地方作了最高行政长官，即"令"。这主要是因为，根据在秦国的所闻所见、所遇所谈，荀子意识到，秦国虽然算不上传统意义上的霸政，比如远不及齐桓、晋文时代，但秦国依靠其有效的国家建设和社会管理，必定能够统一天下，而山东六国成为"亡国"只是个时间问题。荀子及其追随者当然改变不了这样的大势，所以，荀子最后决定，放弃近乎无效的游仕，去寻找一下能够养老的安稳之地，就这样，荀子来到了楚国。

荀子在楚国的经历与著名的春申君黄歇有着密切的关系。

根据《史记》相关记载，战国中期以后，七国政治中逐渐出现了著名的"战国四公子"，他们是楚国的春申君黄歇、齐国的孟尝君田文、赵国的平原君赵胜和魏国的信陵君魏无忌。《史记》给他们都有专门的传记，足见司马迁对于"四公子"的重视程度。在《史记·春申君列传》中，司马迁说："春申君既相楚，是时齐有孟尝君，赵有平原君，魏有信陵君，方争下士，招致宾客，以相倾夺，辅国持权。"这说的是，到春申君做了楚国宰相的时候，四公子终于形成。"四公子"共同的手段或特点是，招揽四方宾客，特别是优待士人，并形成相互争夺人才的局面。"四公子"

如此作为的目的只有一个，即壮大力量，保持权力，而保持权力的目的是使自己的国家安定繁荣。司马迁对“四公子”的概括言简意赅，表现了他对于那个时代的士人所受到的政治优遇的推崇。这也就是说，正是因为“四公子”有着上述特点，像荀子这样的思想家才能充分利用他们的思想学说描述和冲击那个时代。

“四公子”有上述司马迁所总结的相同之处，也有一些不同之处。除了所在国家的不同，还有一个很明显的不同，就是四人之中只有春申君是平民出身，并不是传统严格意义上的“公子”，而其他三人都是真正的诸侯世家出身。所谓“公子”是一个习惯说法，指的是诸公之子，即各国君主的后人。从《春申君列传》来看，春申君是楚国人，姓黄名歇，显然不是楚国的国姓，他之所以得志于楚考烈王，并在去世之前的二十五年一直占据着楚相之位，是由于他具有战国纵横家的才能和胆识。战国纵横家是那个时代最有想像力，最有创新精神的一批人才，而这种精神与荀子思想比较契合，这也许是春申君能够任用荀子的内在原因。

由此来看，我们可以大胆推测一下，荀子之所以在秦国受到思想“重创”之后去楚国，应该是与春申君有关。可惜在相关史籍中，并没有荀子与春申君面晤的记载。但是，在《荀子·成相中》中，荀子说：“世之愚，恶大儒，逆斥不通孔子拘。展禽三绌，春申道辍基毕输。”限于本书的篇幅，我们无法全面研究春申君的思想，但从荀子的说法来看，显然是把春申君归于大儒的行列，并且与孔子和鲁国贤人展禽相并列，这应该是对春申君很高的评价了。当然，这种说法是在春申君死后才提出来的，所谓“辍基毕输”，是说春申君在楚国的基业全部被毁，无疑是指春申君被李园谋杀后的结局。不过，无论怎么说，春申君黄歇以布衣贤士的身份，能够在楚考烈王在位的26年间从始到终地做国相，这在古代史上也是相当少见的，并且也只有具备了高深的儒士修养的贤人才能做到这种地步。所以，荀子以他高超的见识，毅然投奔春申君，应该说是自然而然的事情。

考烈王元年，以黄歇为相，封为春申君。

卿乃适楚，而春申君以为兰陵令。[①]

春申君相楚八年，为楚北伐灭鲁，以荀卿为兰陵令。[②]

这记载的是荀子在楚国从政时的一些基本情况，即荀子到了楚国后，被春申君所赏识，在公元前255年（楚考烈王八年、齐王建十年）担任楚国兰陵地方（在今山东省南部苍山县兰陵镇）的行政长官。兰陵在楚国的东南边陲，与齐国邻近，应该说是楚国应对齐国的重要地区。春申君选择荀子做兰陵之长，或许是考虑到荀子多年在齐国，对齐国的情况比较了解，更方便对于齐国的一举一动做出反应。不过，荀子为政兰陵之后有过什么政举？主政时间多长？等等相关事实，都是后人无法知晓的事情。唯一对于荀子为政兰陵有所反应的，是西汉时期《韩诗外传》中的一则故事。

客有说春申君者曰："汤以七十里，文王百里，皆兼天下，一海内。今夫孙子者，天下之贤人也，君藉之百里之势，臣窃以为不便于君。若何？"春申君曰："善。"于是使人谢孙子。孙子去而之赵，赵以为上卿。

客又说春申君曰："昔伊尹去夏之殷，殷王而夏亡；管仲去鲁而入齐，鲁弱而齐强。由是观之，夫贤者之所在，其君未尝不善，其国未尝不安也。今孙子，天下之贤人，何谓辞而去？"春申君又云："善。"于是使使请孙子。[③]

此所谓"客"，当指春申君的门客，如上所言，招揽门客是战国四公子的特色，也是那个时代的政治和社会风气之一。有政治地位并有一定经济基础的当权者，都会尽自己之所能招揽大批士人，供应他们吃喝用度，平时闲谈天下政治，议论一国之事，有需要的时候则从他们之中选择合适的人选，比如著名的“脱颖而出”的故事，就是平原君赵胜之门客毛遂的精彩表现。《史记》大量记载这类故事，西汉其他的“故事集”类型的书籍，如《韩诗外传》等随之跟进，形成西汉时期的一种创作风尚。这类故事表达的是士人渴望被知遇的诉求。以司马迁为代表，编撰或转述这类故事，目的是强调士人之才能的特殊性，即他们不是普通的官吏，并不擅长处理日常政务，但在关键时刻却能展示自己的才能和风采。所以，这类故事并不需要事事为真，而是重在表达士子的精神。

所以，我们在此看到的关于荀子的故事，其真实性，特别是细节上的真实性是很可怀疑的。在这个故事里，春申君毫无头脑，任由“客”的摆布。有门客说，荀子很有才能，很危险，如果长期给他一方土地，他就会建立商汤王和周文王一样的功绩，从而对春申君的地位形成威胁，于是，春申君就将荀子解职，迫使荀子不得不离开楚国，回到家乡赵国，并成为赵国的上卿。然而，当另一位门客又以历史事件为例，认为像商汤王的宰相伊尹和齐桓公的佐臣管仲一样的贤人是安定国家的必有人选时，春申君同样认可，于是又派出使者，要把荀子请回来。很显然，春申君做楚国宰相 26 年，却在任用一位贤人时如此缺乏主张，是不合情理的。所以，这样的故事是不可靠的。从这类故事里，我们得到的真正的信息应该是荀子曾经在楚国做官并非一帆风顺，而让荀子这样的胸有济国救世之志的政治家长期待在远离楚国政治中心的地方，显然不能让荀子满意的。或许，就在荀子于春申君为楚相的第八年做兰陵令之后，直到春申君为楚相的第二十六年被谋杀，这十八年期间，做兰陵令的荀子有过思想上的彷徨，甚至有可能暂时离开过这个职位。

总之，《韩诗外传》和《战国策》所载荀子与春申君的故事，应该是好事者的杜撰，与荀子的真实生平无关。即使春申君对荀子的态度有过变化，也不能以此类手法加以证明。以春申君的才能和见识，即使真的对荀子有什么看法，也不太可能做出这样的举动。故事中荀子的回应，大讲自己无法再回到楚国的理由，更是故事编撰者的无边想像。而故事后部所引赋文，来自于《荀子》书中，同样缺乏基本的事实说服力。

有关荀子的类似佚事，在汉代广泛流传，这主要是由于荀子的学说在汉代很受推崇。这类故事的出现，最大的可能是，荀子的追随者或荀子后学，只是为了给荀子的怀才不遇寻找的若干原因中的一种。

离开官职，著成《荀子》

《史记·春申君列传》记载，楚考烈王去世后，阴谋家李园谋杀了春申君。这一年是公元前238年（楚考烈王二十五年，秦王嬴政九年）。《荀卿列传》又称："春申君死而荀卿废，因家兰陵。"说的是春申君死后，荀子就失去了兰陵令的职位，但还是在兰陵安家，生活在那里，直到去世。如前所言，因为《荀卿列传》并没有说荀子离开过楚国，这显然是说荀子在兰陵令的职位上做了十八年。这样一来，根据《荀卿列传》，荀子五十岁离开家乡赵国，直接到达齐国，后来被迫离开齐国后，游仕中原各国，可以确知的是赵国和秦国，最后到了楚国，直到寿终。

从公元前255年到前238年，荀子一直担任兰陵令。由于不可知的原因，春申君主政下的楚国一直没有委荀子以重任，大概也不愿意承担无视人才的名声，才一直任用着荀子。但是，这样的情状，既让春申君尴尬，也让荀子尴尬。我们看到，荀子对于楚国的政治多有尖锐批评，对于天下士人的政治遭遇也多有慨叹，这应该都与荀子在楚国的复杂的政治经历密切相关。

大概在兰陵生活日久，晚年的荀子就在兰陵安了家，并没有回到战争连绵的三晋地区。一直在身边的弟子李斯，看到老师在现实政治中已经无路可走，也离开了荀子，到秦国去谋求发展了。荀子"嫉浊世之政，亡国乱君相属，不遂大道而营于巫祝，信禨祥，鄙儒小拘，如庄周等又猾（滑）稽乱俗，于是推儒、墨、道德之行事兴坏，序列著数万言而卒”。也就是说，荀子认识到他所处的世间政治混乱而又腐败，各国君主多半昏庸无道，不遵循大道，而是把国家政治的兴盛寄希望于各种迷信手段，同时，鄙陋的儒生目光短浅，还有像庄子一样的士人逃避现实，于是，荀子就担负起了矫正世俗思想弊端的责任。荀子此时应当是在 70 至 80 岁左右，不可能亲身在各国之间奔走，就选择了著书立说的形式，写下了几万言的著述，也就是现在我们所看到的《荀子》10 万言，或者至少是其中的一部分。

荀子生逢战国之末，既有条件和才能总结先秦学术，也以自己的不懈努力为后世学术树立了独一无二的榜样。在先秦诸子中，荀子的学术成就最为丰富，也最为多样。

《荀子》最早成书，是出于西汉学者刘向之手。刘向（约公元前 77 年—公元前 6 年），字子政，是西汉著名的经济学家、历史学家和文学家，其一生的主要贡献是奉命进行整理古籍，《荀子》是其中重要的一种。他在上奏朝廷的疏文中称：“所校雠中《孙卿书》凡三百二十二篇，以相校除复重二百九十篇，定著三十二篇。”[4]这就是说，当时的书名是《孙卿书》，全书三十二篇，是把几百篇杂文辑集而成。可能是为了缩小篇目，很多时候就把意旨不同的篇章放在了一个篇目之下。《荀子》三十二篇虽然各有篇名，但同一篇名下的内容经常是不一致的。比如《非十二子》后面几段，不仅与批判十二子的内容不一致，就是相互之间也没有明显的主旨联系。这就是说，有些段落是编者生硬置入的，与所在篇章并不是同一主题。当然，这也从一个方面说明，当刘向编纂《荀子》时，并没有随意把一些章节删掉，而是尽可能地收在书中，即便看上去有些任意放置排列的表现。总之，现存《荀子》三十二篇基本反映了荀子及荀子之门的学术面貌。

自刘向校定《荀子》以来，这本书变化并不大，这不仅说明其校雠和编辑有着相当的合理性，更说明了以《荀子》为代表的荀学思想在历朝历代都有着广泛而深刻的影响力。

在汉代，如清代学者谢墉所言：

《小戴》所传《三年问》全出《礼论篇》，《乐记》、《乡饮酒义》所引俱出《乐论篇》，《聘义》子贡问贵玉贱珉亦与《法行篇》大同。

《大戴》所传《礼三本篇》亦出《礼论篇》，《劝学篇》即《荀子》首篇，而以《宥坐篇》末见大水一则附之，《哀公问五义》出《哀公篇》之首。

则知荀子所著，载在二《戴记》者尚多，而本书或反缺佚。⑤

这是汉代的大、小戴《礼记》两书对《荀子》各篇的引用情况。

在唐代，《隋书·经籍志》⑥和《旧唐书·经籍志》⑦仍称《孙卿子》，《新唐书·艺文志》则称《荀卿子》，并另有“杨倞注《荀子》二十卷”⑧，《宋书》沿用⑨。杨倞则在其《注序》中称“改《孙卿新书》为《荀卿子》”，这是《荀子》之名的开始。另外，唐代著名学者韩愈写有《读〈荀子〉》之文，说明唐代读《荀子》者大有人在，并且不乏大家。

在宋代，刻本较多，反映出读者多且面广，荀学并未中绝，只是没有得到理学家的广泛认可而已。如天禄《琳琅书目·一》宋版《子部》有《纂图互注荀子》（一函八册）。宋陈振孙《书录解题》曰：“《汉志》作《孙卿子》者，避宣帝讳也。至杨倞，始复改为《荀子》，分二十卷而注释之。淳熙中，钱佃耕道用元丰监本参校，刊之江西漕司，其同异者之篇末，凡二百二十六条，视他本最为完善。”钱曾《读书敏求记》称，有《荀子》二十卷，为杨倞注《荀子》，凡三十二篇、二十卷，并刘向篇目。宋代淳熙八年六月，吴郡钱佃得元丰国子监本，并二浙、西蜀诸本参校，刊于江西计台。其跋云："耳目所及，此特为精好。予又藏吕夏卿重校本，从宋本摹写者，字大悦目，与此可称双璧矣。"此外，尚有台州本等。由此看来，宋时刊刻《荀子》已非一本。大致来看，有北宋吕夏卿熙宁大字本和吕本所摹写的其他宋本，有南宋吴郡钱佃（字耕道）的江西漕司刊本（淳熙八年六月），有元丰国子监本，浙江、西蜀多种刻本，以及有淳熙八年唐仲元（与政）刻熙宁元年国子监本（吕夏卿重校）。

到了元代，《荀子》刻本依旧多有。如天禄《琳琅书目·一》元版《子部》有《纂图分门类题注荀子》（一函十册），前载杨倞《序》，并新增丽泽编集《荀子事实品题》一卷，不著纂人姓氏，其识语称"旧本荀、扬图说不过具文，今得丽泽堂编次品题，凡卿、云事实颠末历历可考"，则是荀、扬合刊之书。

在明代，张金吾《爱日精庐藏书志》二十一《子部·儒家类》有《荀子》二十卷（影写宋吕夏卿大字本），以及世德堂刻本。从书肆帖括到学人收藏，各方面都是相当看重《荀子》一书。

有清一代，由于乾嘉之学的兴盛，先秦古籍得到了学界的全面整理，《荀子》也不例外。孙星衍《孙氏祠堂书目·内篇二·诸子》有《荀子》二十卷，唐杨倞《注》，计有《纂图互注》宋巾箱别本、明世德堂刊本、明重刊小字本、卢文弨校刊本、严杰依惠校本等，蔚为大观。

荀子思想及其著作对周边受中国传统文化熏陶的国家也有影响。在日本和朝鲜均有《荀子》古刻本。[10]宣扬军国主义的日本靖国神社内有"游就馆"，得名于《荀子·劝学》："君子居必择乡，游必就士。"

从以上《荀子》流传简史中可以看出，《荀子》一书的流传范围和规模相对较小，相关的整理和注疏也不够多，与这本书的思想深度和广度是不相称的，与这本书对于中国古代政治和社会的实际影响也是不相称的。不过，虑及宋明以来理学正统思想界对荀子思想的排斥，《荀子》一书能够在各方面存续着如此影响，又是相当不可思议的。由此可见，荀子思想的影响力确实是不易磨灭的。

《荀子》从成书到现在，在篇章文字方面流变不大。从现存内容上看，《荀子》书中既有荀子本人所著，亦有其后学甚至荀门之外人士撰作和编辑的痕迹。到刘向校书时，发现有重复的内容，方才下手整理，成为流传至今的《荀子》模样，至于书名，当然是最不重要的事情了。

综合来说，汉代以来，因为荀学更多的影响是在实际政治领域，而未能在思想界和学术界持续成为显学，也就没有更多的学者关注或利用《荀子》之书，这反倒是很大程度上保全了《荀子》的基本内容。这本巨著，从荀子撰文累聚，到后人辑成，是其第一阶段；到刘向校辑整理，是第二阶段；到唐人杨倞作《荀子注》，是第三阶段；到清朝中期以来学者们考校整理和研究，是其第四阶段。从文本的角度来看，以后也不应该会有很明显的变化。更全面更深入的思想研究，是未来的《荀子》和荀学的发展方向。

杨倞所注《荀子》是迄今能够看到的历史上最早的《荀子》注本，这与荀子思想在汉代以来的巨大影响是不相称的。原因之一，最有可能是《荀子》一书相对简明易懂，不烦注疏。语言相对通俗，讲理非常透彻，直到唐代，注家才感觉到有注释的必要。

杨倞，唐代弘农（今河南灵宝县）人，正史无传，其生平事迹基本不可考。《新唐书·艺文志》称杨倞为“汝士子，大理评事”，即他的父亲是杨汝士，他本人官至大理评事。元代杨注刻本称“唐登仕郎，守大理评事”，说明他再无升迁。其父杨汝士与唐代大诗人元稹和白居易为同时代人，官至东川节度使，终为刑部尚书，说明杨倞的家世并不寻常。

杨倞为何要注释《荀子》，其在《注序》中称，从思想上来说，是认为孟子和荀子是孔子之道的继承者，故弘扬荀子思想，就是发扬孔子之道。就《荀子》一书来说，其思想之高度，亦足以振兴王道。但是，自此书问世以来，人们只有阅读，没有过注释整理，致使其书编简烂脱，谬误多见，明显影响到了正常的阅读和理解。出于社会和历史的责任，杨倞担当起了校理和注释《荀子》的责任，在后人看来，尽管不乏舛误，但其首校《荀子》的贡献还是巨大的。除了文字校理之外，杨氏只是把三十二篇分为十二卷，并把某些篇次作了调整，同时，遵循校书的原则，没有进行文字上的删节，保持了此书在汉代的原貌。

杨倞注释《荀子》完成于唐宪宗元和十三年十二月，时在公元 818 年。此后，由于宋明理学的兴起，荀学日益遭到排斥，《荀子》当然不会受到如其他儒学典籍般的重视。特别是《荀子》中像《性恶》和《非十二子》诸篇，更是宗从理学的宋明儒者难以接受的，当然也难以要求他们去注释这样的著述。在这样的时代背景和学术背景下，《荀子》及杨倞注在宋元明三代仅有一些质量不如人意的刻本，这与《荀子》的内涵是极其不相称的。

直到清代中期，随着实学的兴盛，宋明理学受到越来越多的批评，而清代考据之风的兴起，到乾、嘉两朝形成所谓的乾嘉之学，荀子思想和《荀子》之书才重新受到重视，注《荀子》者辈出，成果叠加，并最终由王先谦（1842—1917）所集成，形成了《荀子集解》，为近现代的荀子研究奠定了坚实的基础。

《荀子》文辞犀利而有规法，既有力度，又不乏所谓的“现代”意识。《荀子》的文章以论说体为主，但也兼有其他各种文体，比如长短句的语录体，夹叙夹议的文学体，容易上口的辞赋体，还有通俗易懂的诗歌体。《荀子》的体裁和写作风格在《韩非子》中有所回应，但是，与《荀子》相比，《韩非子》的文章虽然更具战斗性，但因此也显露出了独断性，并且在言辞上不太讲究，在文学表现力上远不及《荀子》。可以说，荀子的思想总结了先秦学术的成就，启发了汉代的一大批思想家，如贾谊、司马迁和王充等；而《荀子》的文章则达到了诸子百家的顶峰，直接促进了汉代文学的发展。汉代学者的著述多称引“孙卿”，证明了荀子在汉代的巨大影响。汉代以降，《荀子》的影响则更多集中在其思想内容方面。

注释：

①《史记·孟子荀卿列传》。

②《史记·孟尝君列传》。

③《韩诗外传》卷四《第二十五章》。又见《战国策·楚策四》。

④《汉书·艺文志》："《孙卿子》三十三篇。"

⑤谢墉《荀子笺释序》，见王先谦《荀子集解》，中华书局，1988年版，第13页。

⑥《隋书·经籍志·子部·儒家》："《孙卿子》十二卷。楚兰陵令荀况撰。"《集部·别集》："楚兰陵令《荀况集》一卷。残缺，梁二卷。"

⑦《旧唐书·经籍志·丙部·子录·儒家类》："《孙卿子》十二卷。荀况撰。"《丁部·集录·别集类》："赵《荀况集》二卷。"

⑧《唐书·艺文志·丙部·子录·儒家类》："《荀卿子》十二卷。荀况。""杨倞注《荀子》二十卷。汝士子，大理评事。"《丁部·集录·别集类》："赵《荀况集》二卷。"

⑨《宋史·艺文志·子类·儒家类》："《荀卿子》二十卷。战国赵人荀况书。""杨保（倞）注《荀子》二十卷。"

⑩清光绪年间宜都人杨守敬在其重刊台州本《荀子·跋》中记云："余初来日本时，从书肆购得此书双钩本数卷。访之，迺知为狩谷望之之旧藏台州本，此其所拟重刊未成者。厥后从岛田篁村见影摹全部，因告知星使黎公求得之。……此间别有朝鲜古刊本，亦略与此本同。……更参以日本物茂卿（有《读荀子》四卷）、冢田虎（有《荀子断》四卷）、久保爱（有《荀子增注》二十卷）、豬饲彦博（有《荀子补遗》一卷）所订。"

第十五章　教育思想和教育成就

学习、受教和教育

荀门弟子——李斯和韩非

略论孔子、孟子和荀子的弟子们

荀子是中国古代伟大的教育家之一。荀子有博大精深的教育思想，也培养出了震撼历史的弟子们。荀子的教育思想和教育成就是人类史上罕见的。

荀子是学者型的政治家，即使他有过从政的经历，也是以学者的身份做官。学者的特点，就是不仅是去做什么，还要弄明白为什么要做这个，不做那个；为什么这么做，而不是那么做。

荀子是儒家思想家。虽然他的思想历程相当复杂，与孔子和孟子相比较，思想内容也更为丰富，涉猎的思想面更为宽广，但他始终离不开儒家思想这个核心。特别是在晚年，当荀子离开官职，专心在兰陵讲学的时候，更是以自己非常丰富的人生经历和广博的思想历程，最终回归到儒学领域。这样的回归，集中体现在他关于“学”的思考和论述上。

上述荀子思想的各个方面相互作用，最终必须要体现在教育方面。先秦时代的思想家们都有远远近近的追随者，但并不是每一位思想家都能把这样的追随转化为成功的教育。在向教育的成功转化方面，儒家有着行之有效的方式方法，并从孔子开始就逐渐形成独特的教育传统。更重要的是，儒家教育在注重现实的同时，还有鲜明的教育思想，而到了荀子这里，这样的教育思想更为全面和系统，并深刻影响了他身后的中国历史。凡是受过教育的人，无不记得荀子的著名论断，“青，取之于蓝而深于蓝；冰，水为之而寒于水”，这句话来自于《荀子·劝学》，而这篇著名的文章同样是每个求学者的必读之文。

荀子身为教育家的另一项成就是教育出了历史上两位著名的法家人物，即法家思想家韩非子和法家人物李斯。韩非子是公认的先秦法家思想的集大成者，中国古代“帝王术”的全面创制者；李斯则是秦始皇统一天下过程中的秦国丞相，为秦国一统下、建立秦王朝立下了不可或缺的大功。

学习、受教和教育

看重学习是先秦儒家的传统，孔子自称“好学”[①]，孟子的“好为人师”[②]，都强调了学习的重要性。但是，对学习做出系统而全面的不朽论述的，还是要数荀子。更为重要的是，荀子关于学习的阐述，也一直是历史上的经典之论。此后各个时期的学者们，但凡论及学习的，无不必须面对荀子的论学观点。

谈到荀子论学，有一点是必须强调的。那就是，荀子之学，既包括学知识之学，也包括学道术之学，既有学问，也有学术或学说。这两方面的内容，既不能相互替代，还又相互有关联。有学问未必能够走向有学说，但是，好的学问必然有助于好的学说，好的学说必须包含好的学问。在荀子的具体论说中，学问与学说在多数情况下是揉在一起，但有时候也有分开或有所侧重的时候，这是后世学习者必须注意的一个方面。

（一）学习不可以停息：学习的态度和方法

《荀子》的开篇就是《劝学》篇。把劝勉人们积极主动地求学的内容放在首篇，应该是后人编排过程的想法，并不见得就是荀子认为论述学习是他的思想的第一要义。不过，这篇文章中的许多观点和名言警句却一直为后人津津乐道，甚至可以说是荀子学说中唯一没有让后世学者产生思想分歧的内容。

《劝学》篇开头就说："君子曰：学不可以已。"[③]

这应该是荀子对于学习的总的态度，就是学习不可以停止，不可以中止，必须持之以恒，甚至不可以有暂时的停歇。孔子说："学如不及，犹恐失之。"[④]学习就像追赶在我们前面奔跑着的人，就算我们在不停地追赶，还怕赶不上，更何况是停下来呢。而荀子说"学不可以已"，"已"是停止的意思，更为直白。这是他对世人的要求，应该也是他的学习的原则，甚至是人生的准则。

在学习方法上，荀子首先要求日积月累。他说："积土成山，风雨兴焉；积水成渊，蛟龙生焉；积善成德，而神明自得，圣心备焉。"有了相当程度的量的积累，才会出现实质性的变化和提高。积善而成德，成德而神明得，神明得而圣心备。人的成长是一种不断上升的过程，这个过程由多个阶段组成，而每一阶段的进步都有赖于上一阶段的积累，正所谓"不积跬步，无以至千里；不积小流，无以成江海"。不断的积累，锲而不舍的努力，是学习成功和人生进取的必要保证。

其次，学习还要有始有终，不能半途而废。"骐骥一跃，不能十步；驽马十驾，功在不舍。锲而舍之，朽木不折；锲而不舍，金石可镂。"学习成功的要诀之一在于"不舍"，也就是"不已"。事实上，做成任何一件事情，都需要"不舍"和"不已"的精神。一时的热情或激情，相对来讲比较容易达到，经年累月的坚持则非有强大的精神支持不可。"靡不有初，鲜克有终”[5]，凡事总是开头容易，坚持到底就太难了，但是，要想成功，必须坚持到底。

荀子举例说：“蚓无爪牙之利，筋骨之强，上食埃土，下饮黄泉，用心一也。蟹六跪而二螯，非蛇、蟮之穴无可寄托者，用心躁也。”要做到有始有终，必须专心一致，戒绝浮躁。蚯蚓身体柔弱，但为了生存，精神坚强，这才造就了它的用心专一。“是故无冥冥之志者，无昭昭之明；无惛惛之事者，无赫赫之功。”所谓“冥冥”和“惛惛”，指的是那种心无旁骛的志向和追求，这是建立赫赫之功的精神和思想保证。以生活经验而论，“目不能两视而明，耳不能两听而聪”，同时看、听两样以上的事物，必然得不出清晰的印象。以人生经历而言，“行衢道者不至，事两君者不容”，总在岔路口上徘徊，肯定到达不了目的地；总在多个君主之间奔波，肯定不会被任何一个君主容纳。“故君子结于一也”，所以，荀子的结论是，君子之人，必须把思虑集中在一处，持之以恒，直到成功。

可以说，学习是一项终生的事业。学习要想有所成就，必须坚持不懈，终身不怠。荀子引用了当年孔子弟子子贡与孔子的一场对话，用来说明这个道理。

子贡很聪明、有头脑，孔子对他的要求就格外严厉。终于有一天，子贡向孔子请求说：“赐倦于学矣，愿息事君。”在您这里求学让我（子贡名“赐”）太累了，我想改行，去事奉君主，在从政之际稍作休息。孔子回答说，正像《诗》里所说的，“温恭朝夕，执事有恪”，对待君主，时时刻刻都要保持温良恭顺的态度，做事更是不敢有丝毫的松懈。所以我认为，事奉君主也够难，怎么可能让你有休息的机会呢！

既然事奉君主无法休息，“然则赐愿息事亲”，希望在奉养亲人的过程中获得休息。可是，在孔子看来，奉养亲人也是一项艰难的事业，同样不会得到休息。那么，子贡接着提出，在妻子、朋友那里，甚至去做个农夫，能否得到休息呢？对于这些想法，孔子的回答也都是否定的。子贡困惑了，“然则赐无息者乎?”我就找不到一个可以休息的地方了吗？孔子的回答是，当然有啊，“望其圹，皋如也，巅如也，鬲（lì）如也，此则知所息矣！”[6]对于包括子贡在内的所有人，特别是想有所成就的人来说，只有躺在坟墓里，才能得到真正的休息。

通过这场伟大的对话，荀子想要告诉世人的是，人生是不可止息的，而伴随人生的学习同样是不可须臾停止的。只要是一个活着的人，特别是一个想对这个世界做些什么的人，学习就是一项终生的事业，甚至是连稍作休息的地方和机会都难以找到。

（二）学习改变人生：学习的作用和重要性

学习可以改变一个人，可以改变人的命运。

学习的重要内容之一是学习所谓“文学”，即典章文物、礼仪法度，这也是传统文化的重要组成部分。在荀子看来，“文学”对于人生，犹“琢磨”之于玉器一样重要。璞石经过不断的打磨加工，最终才能成为玉器。比如楚国卞和发现的著名的和氏之璧，本来就是一块普通的石头，只是经过了玉工的精心加工，才成为贵重的宝贝。如果说以人的成长为例，孔子弟子子贡和子路，他们本来都是普通人，可是，通过在孔子门下的不断学习，深受文学和礼义的教育和熏陶，最终却成为有影响的士人。

荀子说：“青，取之于蓝而青于蓝；冰，水为之而寒于水。”这是荀子最著名的关于学习的论断，但也有可能是当时的俗语，意指后人总是能超过前人，社会一定能够进步。其中的“青”和“蓝”是当时的两种颜料，青比蓝的颜色更深更重。

荀子把这句话用在学习上，意义更加深邃。不过，结合荀子的整体思想，他真正想要表达的是，如同青胜于蓝、冰寒于水一样，人通过学习，就可以超越人性之恶，达到善的境界。同样的一个人，不学习就是蓝和水，学习之后就是青和冰。不学习只是一个普通人，学习之后就是不同寻常的人。学习可以提升人的素质和思想境界，学习可以改变人生。

为使这一观点更加深入，荀子进一步说道，一段木头，经过木匠的加工，可以把它做成直木。再经过必要的工序，也可以把它做成车轮，让它不再回复成原来的样子。这就是说，任何天然的事物，都可以通过适当的加工，比如木头的刻削、金属的磨砺，使其改变原有的状态或属性；同理可知，任何人，只要经过合理而必要的学习，比如不断的博学和反省，就能去掉本性中恶的东西，变得明理而不犯大错。

这样一来，就触及了学习的重要性，或者是学习的作用的问题。对此，荀子也有进一步的论说。荀子认为："干、越、夷、貉之子，生而同声，长而异俗，教使之然也。……神莫大于化道，福莫长于无祸。"不同民族的人，其自然属性相同，但社会属性却千差万别，荀子认为这是"教"的结果。教与学是同一事物的两个方面，这就是说，正是后天的学习，才使人与人之间产生了明显区别，甚至本质区分。正如孔子所说："性相近也，习相远也。"⑦人的本性是相近的，只是不同的习染，即不同的生长环境使人相区分。此所谓生长环境中，学习是最重要的环节。

不过，"异俗"的目的不是单纯的求异，而是求高。正是在此意义上，荀子才强调说，学习可以使人"神"、使人"福"，而神用与得福的具体内容，就是教化得道、避免祸患。

那么，我们根据什么来认定学习可以使人得道和避祸呢？根据自己的学习经验，荀子强烈主张，哪怕是短时的学习，也胜过成天的思考。与孔子的相关主张相比，⑧荀子的这种观点可能有些极端，但其目的只是强调学习的极端重要性，并不是比较学习与思考哪个更重要。

更重要的是，荀子指出，学习并不完全是个人努力的事情，必须有所凭借。个人踮脚远望，不及登高所见；驾车之人，即使行路不便，也能到达千里之外；摇船之人，即使不会游泳，也能渡过大江大河。这些事例都说明，"君子生（性）非异也，善假于物也。"这里的"假"是凭借的意思。君子之人并不是在生理上与其他人有什么不同，而是在智力和思想上有所差异，即他们明白，人必须通过利用外物的长处拓展生存空间和提高生活质量。要实现这个利用外物的过程，人必须学习。

我们不要忘记，荀子是理性主义大师，凡事凡理，他都承认有多面性。对于教育或教化的作用，荀子并没有无限夸张，也没有认为教育是万能的。有人难为荀子说，你所推崇的尧、舜这样的圣王都不能完全施行教化，以至于他们都没把自己的儿子朱和象教育好、教化好。对此，荀子表示不能接受。

荀子认为，像尧、舜这样的圣王，是最善于教化人民的，所以，他们在位的时候，天下人都从内心里服从他们，而这都是他们善于教化的结果。那么，为什么他们各自的儿子，尧帝的儿子丹朱、舜帝的独生子象，却一直为恶，没有被教化过来呢？这不是尧、舜的过失，而是朱、象本人的罪过。在荀子看来，尧、舜是天下杰出的人物，而朱、象是天下行为最险怪的人物。那些向荀子提问的世俗学者，不怪怨朱、象的险怪，却非难尧、舜，荀子认为他们太过分了，同样是险怪之说。

平心而论，在这个问题上，荀子的辩解是不太有说服力的。那些提问者之所以以尧、舜的儿子为例向圣王的教化能力提出质疑，就是因为在那个时代，儿子们主要是随父亲成长的，按理说父亲对儿子们的教化是全程的，不存在完全受其他人影响或教化的可能，这才能从根本对尧、舜的教化能力，进而对于荀子所重视的教育的作用和功能提出挑战。荀子也意识到了这一点，这才把原因或责任全部推给朱、象本人。这样一来，根据荀子的辩解，朱、象没有被教化，不是尧、舜能力不足，而是朱、象生下来就是不可能被教化的。孔子是说过“上智与下愚不移”[9]的话，但孔子说的是智力水平，这与先天因素有关，而并不是说道德品质是由先天决定的。所以，在这个问题上，荀子的解释是有缺陷的。

荀子当然也意识到自己的辩解说服力不足，所以又举例说，像羿和蠭门这样的天下最擅长射箭的人，如果弓无力、箭杆不直，也不会射中目标；像王良和造父这样的天下最擅长驾车的人，如果面对蹩腿马、破烂车，也难以驾车到达远方。但是，荀子举此例显然是不周全的。因为弓箭和车马有问题，这与射手和驾车者无关，而儿子有了问题，就与父亲有关了。所以，荀子不得不回避主要问题，接着强调说，尧、舜再善于教化，也不能使行为险怪之人回心转意，更不用说，从上古时代以来，哪个世代都会有一些顽冥不化之人，这些人是教化不过来的，教育对他们是不起作用的。荀子如此论说，显然有偷换概念之嫌，因为问话的人是专指尧、舜的儿子们，而不是指其他不相干的人。

荀子最后的辩解是，像问话的那些世俗之人，他们的问话动机有问题，是故意非难圣王的，所以他们是不祥之人。追随他们的所谓学者，一定会因此而遭受其殃。而反对他们的人，肯定会喜庆有余。说到这里，荀子则几乎是一种主观的认定了。其实，承认确实有难以教育和教化之人，并不足以全盘否定教育和教化的功能和作用。荀子出于对社会的使命感，重视教育和教化的作用，是可以理解的。但由于人所不能左右的时代和环境因素的影响，确实有些人得不到适当的教育和教化的机会，教育和教化就会显得在这种人身上没有作用，这完全是正常的。

（三）为什么要学习：学习的动因

一个人会不会选择学习，是内因和外因共同作用的结果，有时甚至是难以区分其内外的。荀子以他擅长的例举手法说："质的张而弓矢至焉，林木茂而斧斤至焉，树成荫而众鸟息焉，醯酸而蜹聚焉。"靶子搭起，就会有箭射来；绿树成荫，就会有鸟来栖；食物变质，就会有腐虫生出。对于人来说，身处何地，言行如何，就决定了他的生存状况和生活方向，这正如荀子所说："言有召祸也，行有招辱也，君子慎其所立乎！"人的生存环境真是太重要了。

荀子举例说："蓬生麻中，不扶而直；白沙在涅，与之俱黑。"在其他环境下随处蔓延生长的荒草，如果生长在麻秆中间，不必特别扶持，也会正直地生长；白色的沙土，如果跟黑色的染料掺在一起，一定也会变成黑色。这就是说，只有身处良好的环境，获得良好的学习榜样，才能走上正道，否则就会同流合污。

荀子进一步分析道："物类之起，必有所始。荣辱之来，必象其德。"[10]任何事情的发生，都有其原因。有外因，荀子称之为"类"；有内因，荀子称之为"德"。作为一代思想宗师，荀子的理性精神无与伦比，以理服人是他的思想本色。

那么，人为什么要学习呢？荀子认为，"君子之学如蜕，翻然迁之。故其行效，其立效，其坐效，其置颜色、出辞气效。"[11]君子的学习如同蝉蜕一样，学成之时，人就会焕然一新。具体说来，他的行走、站立、坐着，甚至是表情和说话的语气，都会表现出蝉蜕一样的效果。

有人问道：我想由卑贱到达高贵，由愚钝变为智慧，由贫穷转为富有，如何才能实现呢？

荀子的回答是：可以呀，那就只有通过学习才能实现了！

如果要问，荀子如此回答的根据是什么呢？荀子给出的答案是，那些真正的求学之人，如果严格按照学习的要求去做、去行，就会成为士人；如果对学习表现了十足和渴望，就会成为君子；如果学通学成，就会成为圣人。显然，荀子在此所说的学，主要是指某种思想学说，严格说来，就是指孔子儒学。对于孔子儒学的三种态度和做法，决定了做人的三个层次或高度，当然都是积极的层次和高度。总之，用荀子的话来说，通过学习，上可以做到圣人，下可以做到士、君子，这完全是凭借自身努力就可以实现的，是任何人都无法阻止的。

具体说来，如果我们以前是一个浑然无知的普通人，通过学习，我们达到了尧、舜一样的思想认识，这难道不是由卑贱到达高贵了吗？如果我们以前连家庭琐事都分辨不清，通过学习，却弄清楚了大仁大义是怎么回事，能够分清是非，看待天下大事如同分别黑白那么容易，这难道不是由愚钝者变为智慧之人了吗？如果我们以前只是个普通劳动者，通过学习，能够把治理天下的本领学到手，这难道不是由贫穷转为富有了吗？这就相当于是说，如果现在有这么一个人，家中藏有千金之宝，即使去乞讨而食，人们也会认为他是个富人。尽管他所拥有的财宝不能当衣服穿、不能当粮食吃、不能当东西卖，人们依然认为他很富有，这是为什么呢？难道不就是因为他拥有能够致富的手段吗？这种人显然是富有之人，即便他曾经是贫穷之人。

作为思想家，荀子更认可精神财富，因为真正的精神财富是外力剥夺不去的，是有着无穷无尽的创造力的，而这种力量的基础，就是学习。那么，学习的目的和动因，在荀子看来，就是要获得这样的精神财富。

不过，荀子对于人们求学之动因的分析，主要是立足于经验主义的逻辑推断。也就是说，根据人们的观察，努力学习之人，大多数都会有好的结局，而在不喜欢学习的人中间，多半都难以获得好的结果。甚至在荀子的时代，由于学习知识被社会中上层所垄断，这种经验性的结论就更容易获得有力的例证。

（四）如何完成学习之一：学习之“术”

荀子所重视的学习的内容是什么呢？

荀子指出：“不登高山，不知天之高也；不临深溪，不知地之厚也；不闻先王之遗言，不知学问之大也。”如果认识不到比你更高明的东西，你就只能有退无进。具体到人的学习，一项重要的学习内容就是“先王之遗言”，也就是以儒家思想为核心的传统文化。

荀子说：“学恶乎始？恶乎终？曰：其数则始乎诵经，终乎读礼；其义则始乎为士，终乎为圣人。”荀子在此就学习的内容提出了两方面的标准，即“数”和“义”。

数，或者称之为“术”，是指具体的学习方法或成功指标，即从外在方面来看，成功要开始于诵读经典，终了于知晓礼制。当然，所谓诵读和知晓，并不是浅层意义上的阅读和了解，而是指对于经典和礼制的通晓和掌握。通过“数”或“术”的学习和锤炼，经典和礼制中的精神贯注到人的头脑之中，人的思想和行为就会发生变化。荀子认为，这个变化的过程，最初阶段是士人的表现，最终阶段则是圣人的表现。

那么，人们能不能实现这样的学习过程，能不能达到学习的成功呢？荀子的回答是肯定的。他说：“真积力久则入，学至乎殁而后止也。故学数有终，若其义，则不可须臾舍也。为之，人也；舍之，禽兽也。”如果真下功夫，日积月累，每个人都能进入这个由始到终的进程，但从总体上讲，这样的学习是没有止境的，荀子甚至直截了当地说，学习只能停止于离开人世的那一刻。另一方面，即使“诵经读礼”的外在活动有完结的时候，言行守义、处世做人却也一刻不能舍弃。因为人活着就要做人，做人就要奉义行事，所以荀子才会不客气地说，守义则为人，舍义即为禽兽。

既然学习在形式上必须起始于读经，荀子就很具体详细地道出了他所说的“经”是什么经典，这些经典的主旨是什么。荀子说：

《书》者，政事之纪也；

《诗》者，中声之所止也；

《礼》者，法之大分，类之纲纪也。

故学至乎《礼》而止矣。

夫是之谓道德之极。

《礼》之敬文也，《乐》之中和也，《诗》、《书》之博也，《春秋》之微也。

在天地之间者毕矣。

很显然，《书》《诗》《礼》《乐》《春秋》是荀子为人们的学习之始提供的经典。荀子认为，《书》，即后世的《尚书》，记载的是古来的政事，即历史上发生的重大历史事件和进程。《诗》，后世称《诗经》，既有博大的内容，又能使人从诗篇的音乐中体会音声的和谐节奏。《礼》，即后世的“三礼”（《周礼》《仪礼》《礼记》）之类，可以规范人的仪表和行为。《乐》应该是指后世失传的所谓《乐经》之类的书籍，可以使人的内心达到平和的境界。《春秋》，即《春秋经》，可以调节人生的细微之处。

我们会用专门的章节，探讨荀子与儒家传世经典的关系，讲述荀子对于儒家经典传承做出的积极贡献。从荀子对于学习之起始的要求来看，荀子对于儒家经典的重视是不言而喻。更重要的，荀子把这些经典的价值提高到了“道德之极”和“天地之间毕矣”的高度。所谓“道德之极”，是指人生修养的最高标准；所谓“天地之间毕矣”，是说囊括了世间的所有美好。正因为如此，在《荀子》这部书中，或者说在荀子的主要作品中，不仅处处体现着这些儒家经典的思想和精神，而且其原文也不断地被引用来阐述和证明荀子的观点和思想。

（五）如何完成学习之二：学习之“义”

正如上文所述，荀子认为，学习的具体步骤是始于读经，终于学礼；而实际目标则是始于做士人，终于做圣人。这就说明，他认为的学习的终极目的并不是掌握某种具体的知识，而是做人，做圣人。换句话说，学习之“术”只是手段和途径，学习之“义”才是真正的目标和目的。那么，荀子为什么会有这样的主张？他的真正的关注点又是什么呢？

从学理上讲，或者就一般理论而言，人的本性是有认知能力的，是有学习的能力的，这是人的自然本性，或者说是生物特性。另一方面，人之外的自然界，或者说人之外的万事万物，它们之所以那样存在，也是有其存在原理的，并且这样的原理是可以被人所认知的。

总之，人有认知能力，事物有被认知的本性。这样一来，至少从理论上讲，人只要想认识事物存在的原理，或者人只要想认知事物，就可以不断地认识，在数量上和程度上都是没有限制、没有穷尽的。不过，荀子注意到，一个人认识的事物再多，也只是单独的知识，而事物的数量是没有穷尽的，所以，要想周浃地认识事物的普遍原理，就必须通过学习，对个别事物的知识加以提升，达到一般性的认识，得出一般性的结论。如果想通过认识一件件的事物，最后达到认识所有的事物，最终掌握事物的一般原理，这显然是一种很愚蠢的想法，因为任何人都不能以自己有限的生命去认知所有的事物。而明知这样做不现实，却还不知道适可而止，那就是“妄人”，虚妄之人了。

对于此类问题的思考，在先秦时代并不少见，只是角度和重点、途径和目的与荀子有所不同而已。其中最具代表性的是道家的著作《老子》和《庄子》中所表述的观念。《老子》有“绝学无忧”“为学日益，为道日损”的说法，《庄子·养生主第三》则说：“吾生也有涯，而知也无涯。以有涯随无涯，殆已！”这都表达出了人生有限，但具体知识无穷无尽的观念。所不同的是，荀子主张必须适时地加以抽象的概括和理性的提升，而老、庄则不同程度地主张收敛甚至放弃。

既然一般意义上的学习既是对人的认识的提高，又是对人的认识的限制，那么，学习的真谛究竟是什么呢？荀子给出的答案是，学习，就是学习“止”。

“止”的本义并不是停止，而是走到某个地方。一旦走到了那个应该到达的地方，当然就可以停止了。所以，“止”的全部含义，是说走到那个应该停止的地方。那么，这个地方是什么呢？荀子说是“至足”，即最高的满足，那就是圣王的高度、圣王的境界。

什么才是圣王的“至足”境界呢？荀子的解释是“尽伦”和“尽制”[12]，

并断言此“两尽”是天下的至极之处。

荀子所说“尽伦”之“伦”和“尽制”之“制”，指的就是事物的一般规律，而不是具体事物的性质和原则。“伦”是类别的意思，“制”是规则的意思。伦和制相结合，就是指一类一类的事物、一层一层的事物的一般性规则，直到大道和天理。

所以，荀子的学，是通过学习之“术（数）”，达到学习之“义”，即在学习和认知具体事物的过程中，从“伦”得“制”。就是“法其法，求其统类”，通过效法事物之法则，求得对事物的“统类”，即对一般规律和普遍规则的认知。

其实，上述《老子》和《庄子》里的思想，特别是《老子》的思想，与荀子的思想基本相通，只是不及荀子叙述的详细而已。“绝学无忧”，就是要求不必沉溺于无穷极的对于具体事物的认识，而这样的无穷尽的学习是足以让人产生无限忧虑的。“为学日益”是对普通的学习活动和过程，即荀子所说学“术”的描述，而“为道日损”则是对于学“义”的追求。所谓“损”，就是去掉对于具体事物的无尽追逐，去掉事物的表象，从“伦、制”的高度去认识事物、世界。有这种志向并着手去做的人，荀子认为是“士”的层次；做到基本接近的时候，才是“君子”的高度；完全实现的时候，则是圣人的境界了。

（六）什么是老师：向老师学习

荀子指出，学习的重要途径之一是“近其人”，即向那些比自己更强更好的人学习，以他们为师。而且，在向老师学习的时候，还要注意礼仪，把学习和实践完全结合起来。[13]按理说，学习传统经典主要是学习者个人的事情，为什么还要向其他人学习，向老师学习呢？荀子指出：“《礼》《乐》法而不说，《诗》《书》故而不切，《春秋》约而不速。”《礼》《乐》之文正统规法，但缺乏面对具体情况时的具体指导；《诗》

《书》记载的都是过往之事，对现实没有直接的明示；《春秋》的意义隐约，不能很迅捷地指导现实。这就说明，要想让这些经典真正的指导人生，必须“傍其人，习君子之说，则尊以遍矣，周于世矣。”[14]就是说，在学习经典的过程中，要向那些学成在先的君子之人靠拢，学习他们的思想学说。经典是古代的，君子则是当代的。古今相结合，一个人才能得到普遍的尊重，并畅行于天下。

很显然，学习礼法，向老师学习，是学习的正道。荀子指出：“学也者，礼法也。夫师，以身为正仪，而贵自安者也。”[15]学习是学什么呢？从根本上讲是学习礼法，学习做人。因为老师在学习上先行一步，并且学有成就，有资格为人师表，为人正仪，正所谓“礼者，所以正身也；师者，所以正礼也”，这样一来，“非礼，是无法也；非师，是无师也。不是师法，而好自用，譬之是犹以盲辨色，以聋辨声也，舍乱妄无为也”。[16]无法，则不知道学什么；无师，则不知道跟谁学。失去了这样的最基本的学习原则，反而喜好自作主张，那么，一个人就只能妄乱其所作所为了。

向老师学习，并不是因为老师这个人，而是因为老师拥有特别的知识和智慧，荀子称之为“师法”[17]。

从求知或成人的逻辑顺序来讲，无所听闻不如有所听闻，不过，听闻所得的知识又不如亲眼所见获得的知识，而仅凭目见所获得的知识又不如有所探索、对其原理有所了解的知识，当然，最好的知识，是那种经过实践检验的知识，特别是经过自己亲身实践、能够有益于自己的行为的知识。所以，荀子强调说，学习某种知识，或探求某种思想，最终目的应该是能够指导言行，有助于自己的生活。能做到这个程度，荀子称之为“明”，即思想和心灵的通明，这就是荀子心目中的圣人所达到的学习的境界。荀子认为，圣人之所以能够做到以仁义为本，是非分明，言行一致，没有其他奥妙之处，就是把学而行之放在了首位。

所以，反过来讲，一个人，一个学习的人，只凭听闻，不亲自去见识，即便很广博，也一定是谬误多多；亲自见识之后，却不做深入的了解和思考，即使有深刻的记忆，也一定会陷入妄乱之中；有了深入的了解和思考，却没有实践和体验的过程，即使了解和思考得很厚实，也会出现困惑。同样，只注重实践，而缺乏必要的听闻和见识，即使行动没有问题，因为没有达到像仁者那样的通达，到最后也会使所有的行为出现错误。

所以，求知和实践是一个整体，是无法分开，也不能分开的；同样，向老师学习和自己思考、实践，也是一个整体。基于如此认知，荀子强调说，一个人，如果不向老师学习，不接受已有规则的约束，就会作奸犯科、犯上作乱，比如说，有小聪明的人就会去盗窃，有勇力的人就会去做贼寇，自认为有能力的人就会扰乱社会，善于观察细微之处的人就会发表奇谈怪论，善于辩论的人就会提出怪诞的言论。所有这一切，都是有害于社会的。相反，如果一个人有老师、讲规则，那么，有智慧者就会很快成为通达之人，有勇力者就会很快树立威严，有能力的人就会很快成就业绩，观察入微的人就会很快完成要做的事情，善于辩论的人就会很快把道理说清楚。由此可见，有老师、讲规则就是人生的一大宝藏，反之就是人生的祸殃。

进而言之，从本质上说，没有老师、不讲规则，人的本性就会任意放纵；有了老师、讲求规则，人的后天所获就会不断积累。也就是说，从老师那里得到的东西，以及按规则行事，是后天所得，而不是先天具备的，因而也不能够自然生成。根据荀子的人性论，完全顺从或依据人的先天所得去生存，就会走向自私自利，产生出无限的祸害。人必须约束和改造先天之性，在社会生活中不断学习，获得社会所允许的正确行为规范，以此造就完善的人性，并且有利社会的发展。

发表言论的时候不强调老师，这叫作叛逆；从事教学的时候不称道老师，这叫作背离。像这样的背叛者，英明的君主绝不会接纳，更不用说重用，而朝中的士大夫即使是与其偶遇在路途上，也不会跟他有任何言语。荀子在此所说“言而不称师”之“言”，显然不是指普通意义上的言语对话，而且是指思想学说层面上的言论；“教而不称师”之“教”，也不是指普通的教学，而是更强调传授某种思想时的教学活动，即建立和传承某种思想派别时的情形。由此看来，“师”就是思想学说的正当来源。有师承，才会有思想学说的健康发展；个人重视师承，才能约束和要求他献身于思想学说的传承和发展。

荀子甚至认为，一个国家要想兴盛，必须看重师傅、尊崇师长，因为只有这样，国家才会有法度、有规矩。相反，在一个行将衰亡的国度里，师傅和师长肯定没有崇高的社会地位，这会直接导致人们完全按照自己如何快意的原则去行事。每个人都随心所欲了，法度自然就会被践踏，社会也就走向混乱无度了。

要向老师学习，当然对老师本身也要有明确的要求，即什么样的人才有资格做老师。荀子的主张是：“师术有四，而博习不与焉。”有四类人可以为师，但是，仅有广博的知识，而没有做老师的品质，是不可以称作老师的。做老师的四项品质是什么呢？荀子说：

(1) 尊严而惮，可以为师；
(2) 耆艾而信，可以为师；
(3) 诵说而不陵不犯，可以为师；
(4) 知微而伦，可以为师。

(1) 有尊严，言行有所忌惮，有所不敢为，才可以做老师。(2) 年龄要达到五十或六十岁以上，并且讲求信用，才可以做老师。(3) 能够诵读和解说经典，并且个人能够履践经典的要求，才可以做老师。(4) 能够明于事物的细微之处，能够区分事物的类别，才可以做老师。

以上四项要求，应该是同时起作用的，不能说达到其他一条就可以做老师。因为只有这样，才能是“水深而回，树落则粪本，弟子通利则思师”[18]。水达到了一定的深度才会出现回转漩涡，树叶落到树根处才能化为肥料，弟子被培养成通达便利之人才能思念老师的恩德。不能具备上述四项要求的老师，就如同不够深度的水、无法归根的落叶一样，无法把弟子培养成才，当然也就不能得到弟子的拥戴。

荀门弟子——李斯和韩非

在教育事业方面，荀子的情形与孔子、孟子都有些相似。与那个时代的几乎所有学者和思想家一样，这些儒家大师们的首要追求也是从政，以自己的思想学说直接指导现实政治，以期最有效地为人世间造福。在此过程中，他们必须传播自己的思想学说，这势必会吸引一些人的注意力，更会引起一些年轻人的兴趣。这样一来，就会有或多或少的后生晚辈集聚在这些思想大师的周围，在聆听其思想学说的同时，形成某种形式的一个团体。这样的团体，既有思想学术追求，也有政治追求，从教书育人的角度看去，也是教育事业的追求。所以说，对于孔子、孟子和荀子来说，他们的教育事业，严格说来就是其政治事业的副产品。当然，我们如此定性，并没有贬低之意，而是强调，他们的教育成就与他们的政治追求是息息相关的。

从历史上看，既然我们可以把以孔子和孟子为首的团体称作孔门和孟门，当然也就可以把荀子及其追随者组成的团体称作荀门。从外在可比的方面来看，荀门的人数不及孟门，更不及孔门；从内在的不可比的学生质量来说，即使不能说荀门一定强于孔门和孟门，至少荀门也是很有特色，并且是光芒四射的。

（一）李斯和韩非子

《史记·孟子荀卿列传》的说法是：“李斯尝为弟子，已而相秦。”一位名叫李斯的人，曾经是荀子的弟子，后来做了秦国的相国。

根据《史记·李斯列传》记载，“李斯者，楚上蔡人也。”李斯是楚国上蔡地方的人，年轻时做郡中小吏，看见生活在厕所附近的老鼠只能去吃不洁之物，却还不断受到来来往往的人和犬的惊扰，过着恐慌的日子，而粮仓中的老鼠却是优哉地吃着上好的粮食。这样的不同让李斯大为感慨，“人之贤不肖譬如鼠矣，在所自处耳。”人的贤与不肖，很大程度上决定于所处的位置、所生活的层次。为改变处境，李斯“乃从荀卿学帝王之术，”跟随荀子学习政治学。李斯学成之后，认识到楚王不足以成就大事，而山东六国日渐衰弱，同样是无法建立盖世之功，于是就打算西入秦国，参加到秦国统一天下的大业之中。

李斯跟随荀子学习所谓“帝王之术”，一直到学成后入秦，这期间我们只了解一个时间节点，即“至秦，会庄襄王卒”，入秦之时，适逢秦庄襄王去世，秦王政继位，这一年是公元前 246 年（楚考烈王十七年）。根据上一章的分析，荀子最迟在公元前 259 年到达楚国，这距李斯奔秦还有十多年的时间。所以，李斯在荀门学习“帝王之术”，最有可能的就是在这段时间。

不用说，人们更关心的是李斯表白的离开师门的理由。

> 斯闻：得时无怠。
>
> 今万乘方争时，游者主事。今秦王欲吞天下，称帝而治，此布衣驰骛之时而游说者之秋也。
>
> 处卑贱之位而计不为者，此禽鹿视肉，人面而能强行者耳。
>
> 故诟莫大于卑贱，而悲莫甚于穷困。
>
> 久处卑贱之位，困苦之地，非世而恶利，自托于无为，此非士之情也。[19]

李斯的人生总则是，一旦看中时机，就必须毫不懈怠地去努力、去争取，直至获得成功。那么，李斯看中的时机是什么呢？他认为，各国君主此时此刻都在争取压制甚至消灭他国的机会，并因此而对“游者”格外重视。所谓“游者”就是游说之人、游仕之士，即非本国世家大族的有真才实学之士。李斯认定，最有资格吞并天下的是秦王，而历代秦王最为看重出身布衣的游说之士。另一方面，李斯深深感受到，身处社会下层的人士，如果不以自己卑贱的社会地位和穷困的生活为耻辱，就只能算是长着人的面孔、能够勉强行走的行尸走肉一般。这样的人，本来没有地位，生活无着落，却还喜欢议论长短、空谈世事，甚至号称厌恶利益，自认为是无为之人，在李斯看来，这并不是士人内心的真实想法，而是懈怠之心在作怪。李斯完全不赞成这样的思想，也根本不想做这样的人，所以，他毅然决定，“将西说秦王矣”，要起身西去，说服秦王，成就功业。

李斯其人及其坚定的政治立场和鲜明的政治观点，在历史上影响深远。上述李斯之语，是他告别老师时的自白，铿锵有力，不容辩驳，很有震撼力。早在汉代初期，著名学者陆贾就指出：“鲍丘之德行，非不高于李斯、赵高也，然伏隐于蒿庐之下，而不录于世，利口之臣害之也。”[20]此处的鲍丘又称包丘子，是荀子的另一位学生，以持守坚定的儒家立场和传授儒家经籍而著称于世。陆贾之语证明，荀子兼容儒、法的政治思想并没有被所有的弟子们接受，这就很自然地出现了宗儒与宗法的两类弟子。坚守儒家仁义的书生，与推行法家法制的现实主义者们，在更多情况下是难以相容的。但是，在实际政治上，二者必须相容，才是实现切实可行的治国安邦之策，尽管这种相容经历了艰难的过程，也不断出现各种起伏。

在两千多年前的西汉昭帝始元六年（公元前 81 年），朝廷专门召开了历史上著名的盐铁会议，名义上是讨论经济政策，实际上是要统一政治思想，即如何使儒、法思想在实际政治中并行不悖。参会者是朝廷主要大臣和各地著名儒家学者，共计六十多人。他们就治国之道和理政之策展开对话，后由著名学者桓宽将会议记录整理成书，即《盐铁论》。对话的双方是“大夫”和“文学”，前者主张以霸道治国，后者主张以仁政治国，这显然是荀子政治思想的主题。对话的双方还屡次提及李斯和包丘子，显示出荀子的思想和李斯的功业在西汉时代的广泛影响。

大夫曰：夫怀枉而言正，自托于无欲而实不从，此非士之情也？

昔李斯与包丘子[21]俱事荀卿，既而李斯入秦，遂取三公，据万乘之权以制海内，切侔伊、望，名巨泰山；而包丘子不免于瓮牖蒿庐，如潦岁之蛙，口非不众也，卒死于沟壑而已。

今内无以养，外无以称，贫贱而好义，虽言仁义，亦不足贵者也！

文学曰：方李斯之相秦也，始皇任之，人臣无二，然而荀卿谓之不食，睹其罹不测之祸也。

包丘子饭麻蓬藜，修道白屋之下，乐其志，安之于广厦刍豢，无赫赫之势，亦无戚戚之忧。

今之在位者，见利不虞害，贪得不顾耻，以利易身，以财易死。无仁义之德，而有富贵之禄，若蹈坎阱，食于悬门之下，此李斯之所以伏五刑也。[22]

官员们显然肯定和仰慕李斯的功业，瞧不起包丘子的潦倒，而学者们则是直指李斯的结局，赞扬包丘子的气节。最为难得的是，同出于荀子之门的两位弟子，立场和结局是如此的完全不同，而在几百年后还让立场完全不同的人们一起提及，并拿来证明完全不同的政治主张。

对于李斯，官员们认为他不仅身居高位，权倾天下，而且其功业可以与辅佐商汤王打江山的伊尹和辅佐周武王夺天下的姜太公吕望相提并论。可是，学者们却认为，李斯虽然深得秦始皇的信任和重用，却让他的老师荀子一直担心他的不幸结局。李斯最终受刑而死，就是因为身无仁义的修养，却享受了高官厚禄。

对于儒家学者，官员们极尽其嘲讽之能事。他们引用李斯的说法，认为学者们思想并不正确，却自认为是正当的；嘴上说没有欲望，实际上并非如此。他们对内无力奉养家人，在外没有名望，身处贫贱之中，却声称喜好大义。这样的人，即使能够言说仁义，又有什么可贵之处呢！但是，学者们却大声辩护，认为学者确实有可能生活很窘迫，但这又有什么关系呢？因为坚持仁义而过不上富裕的生活，当不上权力赫赫的高官，这只能让学者的内心更坦然。他们不会像现实中的那些在位者一样，见利之时就不去考虑害，贪婪而不顾廉耻，直到因为牟利而丢掉性命。

事实上，在此之前，《荀子·议兵》就记载了李斯与荀子的一番针锋相对的对话，本书第十章已经有过详细的介绍。这段对话的意义，不仅可以作为荀子与李斯存有师生关系的铁证，也证明了师徒二人在思想上的分歧。由于本书的主旨和篇幅所限，我们不能深入讨论李斯的思想，不过，从结局上看，李斯在思想上与老师分道扬镳，与荀子对法家治国之术的重视，以及荀子对秦国政治的某种程度的肯定，也是有着一定关系的。

荀子坚持他的儒家主张，认为讲求仁义的目的，或者说仁义的作用，就是要使国家政治更为合理。国家政治走上了正确的轨道，民众就会亲近在上者，爱戴君主，甚至会毫不犹豫地为君主而死。以治军为例，如果能以仁义治国，将帅的作用就不会是第一位的。反观秦国，由于无视仁义，虽然不断打胜仗，但却始终处在恐惧之中，就怕天下人集合起来一起攻击他，所以，荀子认为秦国之军缺乏思想道德基础，是末世之兵。事实也证明，秦国统一天下之后，强大的军队竟然经不住陈胜、吴广这两位农民起义军的振臂一呼，确实是被荀子不幸而言中了。

在那个时代，如果没有深厚的学术修养和精准的政治洞察力，确实难以认识到秦国政治的不足之处，所以，李斯难以接受荀子的上述看法也是很自然的。

从结果上看，荀子并未阻止李斯，或者是阻止未果。李斯最终踏上了赴秦国之路。在秦国，李斯一路披荆斩棘，做到秦国最大的官，即身为丞相，并为秦国的统一天下和秦朝早期的法制建设做出了巨大贡献。但是，秦朝的迅速灭亡，也与李斯的推波助澜，一味以强力统治天下的做法大有关系。至于李斯本人，最终死在奸臣赵高的手中，也从一个侧面证明了秦国政治的缺陷和像李斯这样的政治人物的短视。

《史记·老子韩非列传》又说："韩非者，韩之诸公子也。喜刑名法术之学，而其归本于黄老。非为人口吃，不能道说，而善著书。与李斯俱事荀卿，斯自以为不如非。"这是说，李斯还有一位同窗，即韩国的韩非。韩非是韩国公室后人，贵族出身，与李斯同学于荀子门下。韩非有口吃之疾，不方便与人交流，于是就把时间更多地用在学习上，以至于壮志雄心的李斯也得自愧弗如，并在后来的关键时刻把这种"学不如人"转化成了报复的行动。

韩非子后来成为最杰出的法家思想家，思想史上认为他是法家思想的集大成者，集传统法家的"法、术、势"为一体，提炼出不折不扣的"帝王术"。司马迁说韩非喜欢"刑名法术之学"，就是强调了在韩非子之前，法家思想已经在思想界广泛存在了，而韩非子则为传统法家思想找到了真正的归宿，即"黄老"之学，一种假托于黄帝和老子的唯我独尊、专制独裁的思想取向。这些思想看似与荀子思想毫无共同之处，但是，荀子是真正能够读懂法家思想的人，荀子对儒家思想的信仰、对圣王的崇敬也很具有独断性的，这是荀子之学真正能够吸引韩非的地方。更重要的是，荀子的理性精神也完全映照在了韩非子的思想中，而《荀子》之文和《韩非子》之文在文气上无疑是息息相通的。

韩非子对儒家思想有过许多极其辛辣刻薄但也不乏中肯的批判，这就说明，韩非子对儒家思想是相当了解的。对于已经成了名的儒家人物，《韩非子》对孔子和子夏尚存好感，对子思（孔子之孙）则持批评态度，这与荀子对这几位的态度是一致的，由此我们也许可以说，韩非子对于儒家思想和人物的了解，与荀子有着很大的关系。

思想成熟之后的韩非子完全瞧不起他那个时代的各家各派的学者，对于儒家主张的以道德约束政治的观点也是嗤之以鼻，这可能也是受到荀子诸如对“十二子”所持苛刻批判态度的影响，尽管荀子可能无法接受韩非子否定人的道德修养和道德品格可以在政治社会领域里发挥作用的观点。不过，对于韩非子铺陈在他的犀利文章中的极端的法家思想，秦王嬴政（后来成为秦始皇）却极度欣赏，并把韩非子请到秦国，当面求教。秦王和韩非子都是帝王术的学习者，而对帝王术深有心得并能娴熟使用的，却是韩非子的同窗李斯。李斯恐怕受宠中的韩非子取代自己的地位，便联合朝中大臣进谗言，最终把老同学害死在了狱中。可怜的韩非子，虽然他的书中把君臣之术讲得头头是道，本人却惨死在了脱不掉的书生气之中。在这一点上，韩非子与老师荀子倒是相差无几。

不过，以韩非子为荀子弟子，二者的师生关系，在《荀子》和《韩非子》中都得不到直接的证明。这两部书都是大部头的著作，《韩非子·显学》中说，孔子去世后，儒家先后出现过八个主要派别，其中的“孙氏之儒”，一般认为就是指宗从荀子的一派儒生，也许其中会有上述包丘子等人，但这并不能证明韩非子就是荀子的学生，因为我们期望读到的是韩非子与荀子更为直接的关联。至于《荀子》之中，则完全没有韩非子其人的影踪。

（二）其他弟子

在荀子与弟子的对话中，除了李斯，《荀子》之中就只有口称荀子为“先生”的陈嚣了。关于荀子这位弟子进行对话的思想背景，本书第十章相关部分有过介绍。

与李斯一样，陈嚣也是在对待武力的问题上与老师产生了分歧。可以想见，如果没有像荀子那样五十岁之前一直对儒家思想的执著追求，要想在战国后期的社会环境下不对诸如法家和兵家之类的实用性很强的思想学说产生特殊兴趣，真是一件困难的事情。

陈嚣请教老师道：对于国家的养兵用兵，老师您总是认为应该以仁义为根本。仁者主张爱人，义者遵循礼义，都是以理服人，那为什么还要养兵用兵、使用武力呢？所以我认为，任何国家的养兵用兵，都是为了争夺利益。

荀子的回答与对待李斯一样，还是首先认为陈嚣对荀子所主张的“仁人之兵”的理解在根本上就有问题。在荀子看来，仁者正是因为爱人，才会厌恶那些害人的人；义者正是因为遵循礼义，才会厌恶那种胡作非为之人。仁人之武力的本质是用来禁止暴虐、除掉祸害的，而不是去争夺利益的。所以才说，仁人之军队，要保护什么的时候就好像神灵在起作用，凡是其经过的地方都会被彻底改变，好比是及时雨洒过，人人都会感到喜悦。㉓

陈嚣在《荀子》中仅此一见，其他典籍中也没有记载，想必是荀子的一位普通弟子。至于在“议兵”的问题上荀子对陈嚣的教诲是不是发挥了作用，后人也是不得而知。

另外一位有名姓的弟子就是上文提到的浮丘伯，也就是包丘子㉔。史籍记载：

> 春申君死而孙卿废，因家兰陵。李斯尝为弟子，已而相秦。及韩非号韩子，又浮丘伯，皆受业，为名儒。㉕
>
> 楚元王交字游，高祖同父少弟也。好书，多材艺。少时尝与鲁穆生、白生、申公俱受《诗》于浮丘伯。伯者，孙卿门人也。及秦焚书，各别去。元王既至楚，以穆生、白生、申公为中大夫。高后时，浮丘伯在长安，元王遣子郢客与申公俱卒业。㉖
>
> 申公，鲁人也。少与楚元王交俱事齐人浮丘伯受《诗》。汉

兴，高祖过鲁，申公以弟子从师入见于鲁南宫。吕太后时，浮丘伯在长安，楚元王遣子郢与申公俱卒学。㉗

在百家争鸣的时代背景下，荀子门下也可谓是百花齐放。在法家思想家韩非子、法家实践家李斯之外，还有传统型的儒家学者浮丘伯。从《汉书》的记载来看，这位浮丘伯在荀子门下学习，专攻荀子《诗》学，最终自成一家，并在西汉初年收授弟子。浮丘伯的修养和学养皆为深厚，并形成儒家历史上传《诗》的传统，甚至远到西汉后期，我们在《盐铁论》中都能看到，当时的人们还视浮丘伯为儒家学者的典范。

略论孔子、孟子和荀子的弟子们

在先秦百家争鸣的时代，各家各派几乎都收授弟子。这有力图壮大力量、扩大影响的动机，也是时代之风气使然。但是，只有儒家在这方面做得最为成功。其中的原因，最根本之处是儒家思想特殊的入世取向。

严格说来，先秦诸子的思想都是入世的，只是切入点不同而已。但是，其他各派的入世观和入世手段，都对投入其门的弟子有特别的要求，不是要求某一种专门的技能，比如兵农家，就是提出某些特殊的要求，比如墨家，或者是偏重于某一个领域，比如兵家。反观儒家，对于入其门的弟子并没有上述任何要求，而只是要求弟子勤学，在学习中获得做人的要求和治国理政的才能。这样一来，儒家学派对于弟子的要求，既不偏执，又能使弟子们获得个人品格的提高，更能得到更多的从政机会。在此基础上，儒家学派的教学活动更能取得成功就是很自然的事情了。

儒家的教学活动开始于孔子。孔子是儒家学派的创始人，也是儒家教育的开拓者，更是改变中国古代教育方向的第一人。在孔子之前，官学式微，私学兴起，但是，正是在孔子的努力之下，教育才逐渐成为一种行业，老师也才从一种单纯的以教育为谋生手段的劳动者上升为一个特殊的社会阶层的成员。

尽管教育只是孔子的政治追求的副产品，但他的教育活动是相当成功的。众所周知，孔子一生共有弟子三千多人，其中有成就的七十多人，在《论语》中留下名姓和事迹的也有三十人左右，个人成就在史籍中有记载的也有二十人左右，并且遍及当时的各个社会阶层和领域。这样的教育成就，在人类历史上是绝无仅有的。最为重要的是，孔子思想之所以能够流传后世，并形成儒学发展的浩荡洪流，一个不可或缺的原因就是孔子弟子的集体成就。孔子及其弟子的影响遍及全社会，是那个时代的历史链条中不可缺少的一个重要环节。如果没有孔子弟子的存在，中国古代社会就会走向另一个方向。

孟子的活动年代距离孔子去世已经百年，但孔子积极从事教育活动的精神却被孟子很好地继承了下来，并且在孟子时代，各家各派收授弟子的活动已然成风，孔子时代没有遇到过的与各家弟子直接交锋的事情，孟子却屡屡面对。孟子也广招弟子，尽管也有被他拒绝收入门下的人，但总体上讲，“后车数十乘，从者数百人，以传食于诸侯”[28]的场面无疑是相当壮观的，并且是孔子在世时不可想象的事情。孟子的弟子，最高峰时达到有数百人同时在门下，并受到各国诸侯一家家地轮流接待，证明孟子的教育活动也是相当有成就的了。然而，孟子弟子虽众，但有出息、有作为的弟子却没有见到，同样是令人深感诧异的。无论是在孟子的有生之年，还是在他去世之后，弟子们在社会上基本上是默默无闻的。《史记·孟子荀卿列传》说，各国君主认为孟子的思想“迂远而阔于事情”，太空洞辽远，难以解决眼下的事情，所以都不愿意任用孟子。晚年的孟子在从政无望的情况下，无奈地“退而与万章之徒序《诗》《书》，述仲尼之意，作《孟子》七篇”，只好与以万章为首的弟子们讨论学问，并著写了《孟子》这部书。

《孟子》在孟子生前就完成了，基本上是弟子们记录，孟子审定，所以也可以说是孟子亲自撰写的，比较真实地反映了孟门的实际情况。孟子弟子基本上都出现在了《孟子》之中。与孔子一样，正是在周游各国的政治追求中，孟子也带出了一批有才能的弟子。孟子接收弟子的目的，也不是要他们做纯粹的学究，而是为自己的政治事业寻找支持者和同行者。不过，与孔子不同的是，孟子的言论和思想比较刻板，相应地，对弟子的要求也比较苛刻和单一。所以，与孔子弟子相比，孟子弟子较少思想上的创新，也就更缺乏个人的影响，以至于在他们之后，并没有什么对孟学的像样的接续。

因为孟子弟子较少个人表现，所以，当世及后世，对这些弟子的记载和评说都比较少。出现在《孟子》中的孟子弟子只有十五六位，并且几乎没有什么单独的言论。比如说，同样是问难孟子，比较成熟的弟子能够从同情的角度出发，使孟子有机会全面而深刻地阐述自己的主张，而比较肤浅的弟子则更多地在一些细枝末节的问题上纠缠不清，甚至使孟子感到为难和恼火。可惜的是，尽管他们有时也有一些自己的思考，但孟子并没有给他们太多的自己发挥的天地。所以，当我们难以找到他们各自的思想传人的时候，也就不会感到惊讶了。

荀子弟子的情形则一如上述。在数量上，让后人知道荀子弟子极其有限，不出十位，甚至他的弟子们也承认荀子“徒与不众”[29]；在整体质量上，荀门也算不上有多精彩，而真正出彩的是荀子的个别弟子。但正是由于这几位出彩的弟子，才把荀子的教育成就推到了一个其他人难以企及的高度。

总地来说，要论整体上的教育事业的成功，孔、孟、荀相比，则非孔子莫属。孔子弟子人数多，质量好，从整体上形成对于时代精神和历史走向的影响，尤其是在学术思想和社会思潮领域，没有孔子弟子的成就，很难想像孔子儒学能够一直延续下去，直到汉武帝时代的儒术独尊。孟子弟子虽然人数众多，但都被孟子本人的光辉所覆盖，并没有形成多少可见的影响力。荀子弟子人数很少，但仅有的几位却光芒四射，都是历史上的重量级人物。韩非子的法家思想和帝王之术、李斯的历史功绩、浮丘伯等人对儒家典籍的传承，都是孔子和孟子的任何一位弟子中难以达到的贡献。所以说，虽然荀门的历史贡献与他们所处的特殊时代有关，但无论如何，在对中国古代君主专制社会政治传统的塑造中，不去关注荀子及其弟子的话，肯定是说不过去的。

注释：

①《论语·公冶长第五》：子曰："十室之邑，必有忠信如丘者焉，不如丘之好学也。"

②《孟子·离娄章句上》：孟子曰："人之患在好为人师。"案：我们宜从积极的一面理解孟子的"好为人师"说。

③以下所引荀子之说，凡未经注明者，均出自《荀子·劝学》。

④《论语·泰伯第八》。

⑤《诗经·大雅·荡》。

⑥《荀子·大略》。

⑦《论语·阳货十七》。

⑧《论语·为政第二》子曰："学而不思则罔，思而不学则殆 dài。"这强调的是学与思之间要有一种合理的平衡。

⑨《论语·阳货十七》。

⑩以上均见《荀子·劝学》。

⑪《荀子·大略》。

⑫《荀子·解蔽》。

⑬《荀子·劝学》："学之经（径）莫速乎好其人，隆礼次之。"

⑭《荀子·劝学》。

⑮《荀子·修身》。

⑯以上均见《荀子·修身》。

⑰《荀子·儒效》。

⑱以上均见《荀子·致士》。

⑲《史记·李斯列传》。

⑳《新语·资质》。

㉑王利器曰：《御览》八四一引“包”作“鲍”，王应麟《姓氏急就篇》下引仍作“包”。顾广圻曰“包邱子者，浮邱伯也。”见《盐铁论校注》，天津古籍出版社，1983年第1版，第230页。

㉒《盐铁论·毁学》。

㉓详见《荀子·议兵》。

㉔胡元仪《郇卿别传考异》二十二事：“‘浮丘’一作‘包丘’，见《盐铁论·毁学篇》。浮丘盖齐地名，因以为氏。‘浮’、‘包’同声字，如《春秋》‘浮来之地’，《左传》‘浮来’，《公》、《穀》皆作‘包来’，是其例也。”见王先谦《荀子集解》，中华书局，1988年版，第47页。

㉕刘向《孙卿书录》，见王先谦《荀子集解》，中华书局，1988年版，第558页。

㉖《汉书·楚元王刘交传》。

㉗《汉书·儒林传·申公传》。

㉘《孟子·滕文公下》。

㉙《荀子·尧问》。

第十六章 经典、文学、音乐

经典传承
文学成就和影响
音乐理论

荀子对于早期儒学的贡献是多方面，除了他的思想和学术贡献之外，还有相当重要的一个方面，就是荀子对于早期儒家经典的研究和传承。

荀子儒学思想的直接来源是卜子夏，而子夏在孔门被誉为“文学”弟子，即对于传统的文物典章有着特殊的兴趣和研究成就，这样一来，子夏对于孔门所重视的经籍必然会有深湛的研究，也会有积极的传承。所以，荀子之学自然就与儒家经典结下不解之缘。

经典传承

在西汉前期就已受到官方重视的儒家“五经”中，《诗经》《礼》和《春秋》的传承都与子夏有关。而在《荀子》中，儒家五经都是被经常引用和直接论说的对象。正如上文所说，荀子还是研究礼和乐的专家，并且在礼论和乐论方面也有深刻的论述，这些都直接影响到了汉代的经学传统。所以，到了汉代，儒家经典的流传几乎都被儒生与荀子挂起钩来。有汉儒甚至认为，儒家五经都经过了荀子的传承。这样的说法虽然有攀附名人的嫌疑，但汉儒之所以选择荀子为五经的传承始祖之一，也并不是没有道理的。

荀子晚年专于治学，儒家经典实赖以传之。可以说，荀子治经，做的是真功夫。

（一）“经”学通论

在儒家思想史上，有其独特的经学传统。儒家经典是其思想的载体，儒家思想是儒家经典的灵魂。儒家经典的开始，是从孔门读经开始的。在西汉前期汉文帝时代，朝廷初置经学博士，儒家经典开始了规范化和制度化的进程。在历代官方重视和学者们的努力之下，到清代形成了儒家的十三部核心经典，简称“十三经”，即《论语》《孟子》《春秋经》“三传”（《左传》《公羊传》《穀梁传》）《诗经》《尚书》“三礼”（《周礼》《仪礼》《礼记》）《易经》《孝经》《尔雅》。不过，如果追根溯源的话，对儒家经典的大量使用和系统研究，应该是从荀子开始的。

荀子不仅大量使用经典，还对经典有研究、有论述。与孔子和孟子相比，荀子对于儒家经典是有过深入的研究，并对经典的性质、作用等发表了全面的评说。在传承经典的同时，大力宣传经典的意义，如此互为表里的努力，使儒家经典的传承和影响力获得了实质性的提高。从这个角度来看，汉儒大力推崇荀子的传承经典之功，确实是理由充足的。

在论及荀子对于“学”的重视时，我们在上一章引用过《荀子·劝学》中的如下文字：

> 《书》者，政事之纪也；

《诗》者，中声之所止也；

《礼》者，法之大分，类之纲纪也。

故学至乎《礼》而止矣。

夫是之谓道德之极。

《礼》之敬文也，《乐》之中和也，《诗》《书》之博也，《春秋》之微也。

在天地之间者毕矣。

这可以说是荀子眼中的儒家“五经”，与后世的“五经”相比，多了《乐》，少了《易》。汉儒以来称《易》为“群经之首”，但荀子更看重《乐》的教化作用，这与他关注现实政治的精神是一致的。

荀子指出：“《礼》《乐》法而不说，《诗》《书》故而不切，《春秋》约而不速。”《礼》《乐》之文正统规法，但缺乏对具体情况的具体指导；《诗》《书》记载的都是过往之事，对现实没有直接的明示；《春秋》的意义隐约，不能很迅捷地指导现实。这就说明，要想让这些经典真正地指导人生，必须“傍其人，习君子之说，则尊以遍矣，周于世矣”[①]。就是说，在学习经典的过程中，要向那些学成在先的君子之人靠拢，学习他们的思想说学。经典是古代的，君子则是当代的。古今相结合，一个人才能得到普遍的尊重，并畅行于天下。这也说明，尽管荀子对于儒家经典倾注了极大的热情和精力，但他的落脚点还在现实问题上。正是因为有了这样的指导思想，儒家经典在荀门的努力之下才在汉代获得了全面普及和提高。

圣人也者，道之管也。

天下之道管是矣，百王之道一是矣，故《诗》《书》《礼》《乐》之归是矣。

《诗》言是，其志也；
《书》言是，其事也；
《礼》言是，其行也；
《乐》言是，其和也；
《春秋》言是，其微也。
故《风》之所以为不逐者，取是以节之也；
《小雅》之所以为《小雅》者，取是而文之也；
《大雅》之所以为《大雅》者，取是而广之也；
《颂》之所以为至者，取是而通之也。
天下之道毕是矣。
向是者臧，背是者亡。[2]

荀子首先强调，圣人是大道的关键。人的因素始终是最主要的，正如孔子所言："人能弘道，非道弘人。"[3]大道需要人去阐发和推行，儒道则需要儒家的圣人去把握。天下的大道很广大，但儒家大道是其关键。自古以来无数的圣王，坚持的就是儒道。在这段语录中，"是"就是指儒道。荀子所称的儒家五经，《诗》《书》《礼》《乐》《春秋》，都是以儒道为归宗，都是儒家思想的载体。从这个方面来看，荀子依然是循规蹈矩的儒生。

具体说来，荀子"五经"都是儒家思想的表达，所不同的是，《诗》说的是志向，《书》说的是政事，《礼》说的是行为，《乐》说的是和美，《春秋》则是微言大义。在荀子"五经"之中，最受荀子重视的是《诗》，《荀子》中引用最多的也是《诗》中之诗。荀子对诗篇的引用，几乎是信手拈来，随处可见。

《诗》由三部分组织，即《风》《雅》《颂》，其中《雅》又分为《大雅》和《小雅》。《风》是民间歌谣，反映普通人的情怀，有对时政的讽刺和批判，有对个人生活和遭遇的感慨，这些内容以及歌谣的表达方式，都容易过度，但是，荀子和孔子一样，认为《风》中之诗并没有随波逐流、肆无忌惮的表现，因为它们遵循了儒道的节制。《小雅》是士人的作品，内容虽然比较个人化，但也根据儒道加以文饰，有礼有节。《大雅》也说时政，但却具有更广阔的视野。《颂》是庙堂之诗乐，至高无上，根据儒道而达到了通天下的高度。

显然，荀子给予"五经"以最高的思想和政治地位，认为天下大道尽在儒道，儒道尽在"五经"。遵循"五经"则向善向好，背离"五经"则走向灭亡。

> 《国风》之好色也，《传》曰："盈其欲而不愆其止。其诚可比于金石，其声可纳于宗庙。"
>
> 《小雅》不以于污上，自引而居下。疾今之政，以思往者。其言有文焉，其声有哀焉。[④]

这是荀子专门论《诗》的内容。《国风》是《诗经·风》的组成部分。荀子引用某种解释《诗经》的《传》书的内容，认为其中的那些倾诉爱情的诗篇，想要尽情表达的是对异性的爱欲，但却又不超越最基本的规矩，即伦常之德。作者们的爱恋之心如金石般真诚，所配合的音乐之声即使是作为宗庙之乐也是合格的。这就是说，《国风》中诗篇的"好色"，是对美的正当的、严肃的、中规中矩的追求，是人的正常表现，直如孔子所说，"《诗》三百……思无邪"[⑤]，所有诗篇的动机和意旨都是没有问题的。

再说《小雅》中的诗篇，虽然是对时政的讽刺和批判，但并不是对君主和在上位者的无端污蔑，而是居下者对于国家前途必要的担忧，所以才对现实政治表现出疾愤，并不断想起曾经有过的政治清明的时代。正因为有端正的指导思想，这才在文字上非常讲究，注意遣词造句的优美，并不时地表达对于世道混乱的哀痛之情。

荀子对于《诗经》之诗的分析，既注重诗篇的原义，又看重对其意旨的提高，奠定了历代对于《诗经》的基本认识。由此我们也可以看到，荀子对于《诗经》确实是研究深入、心得独到，完全无愧于传经大师、传《诗》大德的称号。

从自己对经典的研读中，荀子屡有独特的收获，比如他说：

> 不足于行者，说过。
>
> 不足于信者，诚言。
>
> 故《春秋》善胥命，而《诗》非屡盟，其心一也。
>
> 善为《诗》者不说，善为《易》者不占，善为《礼》者不相，其心同也。[6]

有些人会被认为其行动跟不上言语，荀子认为这是由于这些人的言语说得过头了。至于言语本身，有些时候会被认为缺乏信用，荀子认为这是由于言语太过诚实，难以全部兑现。荀子这么说，并不是说他赞成言行不一或言而无信，而是说单纯的言说总有其不足之处，所以，不去说什么，不去多说什么，而把重点放在行动上，这才不会引起不必要的怀疑和麻烦。荀子以“五经”为例说，在《春秋》和《诗经》中，对于诸侯国之间的事务，都是肯定那种简明的言语约定，而不赞成烦琐而频繁的盟约，也就是说，诸侯之间能不能履约，关键在于行动，不在于如何盟誓。荀子进而总结道，读懂了《诗》的人不去解说诗意，理解了《易》的人不去占卜，把握了《礼》的人不去操办礼仪。这是为什么呢？因为这种人的心思和思想是一样的，即读经的目的是指导人们如何行动，而不是空谈和炫耀，正如孔子所教导的，“古之学者为己，今之学者为人”[7]，真正的学者是为了自己修养身心而学习，虚妄的学者则是为了在人前显摆而学习。

总之，荀子对于儒家经典的研习是全面而深刻的。他对经典有学习、有体会、有传承，是儒家经学史上里程碑式的大学问家。对于经典的方方面面，荀子都有明确的观点，这在现存孔子和孟子的言论中是看不到的。

（二）儒家经典传承

关于荀子和荀门传承儒家经典的总体情况，胡元仪《郇卿别传》认为：

> 郇卿善为《诗》《礼》《易》《春秋》。
>
> 从根牟子受《诗》，以传毛亨，号《毛诗》；又传浮丘伯，伯传申公，号《鲁诗》。
>
> 从虞卿受《左氏春秋》，以传张苍，苍传贾谊。
>
> 谷梁俶亦为《经》作《传》，传郇卿，卿传浮丘伯，伯传申公，申公传瑕丘江公，世为博士。
>
> 郇卿尤精于《礼》，书阙有间，受授莫详。
>
> 由是，汉之治《易》《诗》《春秋》者皆源出于郇卿。[8]

胡元仪的结论是，汉代《诗经》和《春秋》的治学传统都与荀子有关，只有《礼》书，荀子的学习来源不明，但他本人在礼学方面研究颇深，心得见之于《荀子》，对汉代的礼学传统影响至深。

关于《诗经》，陆德明《经典释文·叙录》称："子夏授曾申，申授魏人李克，克传鲁人孟仲子，孟仲子授根牟子，根牟子授赵人孙卿子，孙卿子传鲁人大毛公。"看起来，正如我们在本书第一章已经分析过的，荀子之学源之于孔子弟子子夏，而传承《诗经》的传统更是从子夏开始。陆玑《毛诗草木虫鱼疏》则云："孔子删《诗》，授卜商，商为之序，以授鲁人曾申，申授魏人李克，克授鲁人孟仲子，孟仲子授根牟子，根牟子授赵人孙卿，卿授鲁国毛亨，亨作《诂训传》以授赵国毛苌。时人谓亨为大毛公，苌为小毛公。”这就是说，汉代《毛诗》的传统与荀子的传承密切关联。另外，汉代《鲁诗》的传统源之于荀子弟子浮丘伯，如《汉书·儒林传》记载：“申公，鲁人也，少与楚元王交俱事齐人浮丘伯，受《诗》。……申公卒以《诗》、《春秋》授，而瑕丘江公尽能传之。”关于浮丘伯的事迹，我们在上文已经言及。

在《荀子》之中，我们粗略统计的结果是，荀子共引用诗句85次之多，这在先秦其他著述中是绝无仅有的。在这些引用中，有使用其原意的，也有引申其意义的，也有完全是荀子自由发明的意义，总之，荀子对诗篇和诗句的掌握是非常练达的。这也从一个侧面证明，荀子对于《诗经》的研习，在那个时代不仅是独一无二的，而且也是站在最高峰的。

关于《春秋》经传，《左传》之《正义》引刘向《别录》称：“左丘明授曾申，申授吴起，起授其子期，期授楚铎椒，椒作《钞录》八卷授虞卿，卿作《钞撮》九卷授孙卿，卿授张苍。”《经典释文》则云：“左丘明作《传》，以授曾申，申传卫人吴起，起传其子期，期传楚人铎椒，椒传赵人虞卿，虞卿传同郡郇卿，名况，况传武威张苍，苍传洛阳贾谊。”这就说明，《春秋经》之《左传》也经过了荀子的传承。其中，曾申是孔子弟子曾参之子，著名军事家吴起曾经随曾申学习儒道，而张苍则是西汉著名经学家。

杨士勋《穀梁疏》云：“穀梁子名俶，字元始，一名赤，鲁人，受《经》于子夏，为《经》作《传》，授孙卿，卿传鲁人申公，申公传瑕丘江翁。”[9]颜师古亦云：“穀梁授《经》于子夏，传郇卿。”这就是说，《春秋经》的《穀梁传》也有荀子的传承之功。

在实际引用经典方面，除了《诗经》之外，荀子对于《书经》，也就是《尚书》之文，也有多达15次的引用。因为《尚书》本身就是政治教科书，文义明确，所以，荀子的引用也是中规中矩，完全使用其原义。

《荀子》中谈及《春秋经》的只有两处，都是议论其中的人和事，并没有直接的文字引用。对于礼书，并不见《荀子》中有过文句上的引用。对于儒家的传统礼仪，《荀子》不断有所提及，但却没有说明这些礼仪的出处。至于他的精彩的礼论，荀子同样没有说明其来源。上文所引“善为《礼》者不相”，也可以理解为“善为礼者不相”，即并不是说荀子一定读过某册或某些《礼》书，而只是泛言礼仪。这样一来，荀子对于礼的研习成果，就更可能是源之于他在游仕岁月里的实际考察所得，以及或许还有前世流传下来的散乱记载了。

需要特别考虑的是荀子对于《易》的引用和理解。

传世的《易》有《易经》和《易传》两大部分。《易经》是原初的占卜手册，《易传》则是战国至西汉前期的学者们对于《易经》的解释，共有十个部分，世称“十翼”。《易经》的卦辞和爻辞素来以文字难解、歧义丛生著称，而荀子的引用共有两处，一处只是单纯引用[10]，没有其他上下文，看不出有什么用意。另一处引用后则使用明显的引申甚至个人想像之义，即《坤卦·六四》爻辞：“括囊，无咎无誉。”本来的意思是扎紧口袋，就不会出问题，这是先民日常劳作中遇到的情况，而荀子的理解则是“腐儒之谓也”[11]，认为可以用来形容腐儒的保守和无所作为，这显然是这句爻辞之中没有的意义。至于认为《咸卦》讲的“夫妇之道”，则是等同于《易传》的视角，说明荀子对《易》的理解也受到了当时说《易》之风的影响，尽管《荀子》中并没有引用过《易传》。当然，荀子对于《易经》的最经典的评说，还是上引“善为《易》者不占”的观点，说明荀子是不赞成占卜之术的。

除了上述传世的儒家经典之外，《荀子》还 18 次引用《传》和 5 次引用《语》这两种书。其实，《传》和《语》并不是书名，而是两类书的统称。《传》书如《左传》等，是对于某部经典的一种特殊的解释，即不是解释经典的文字和字义，而是对经典的含义做进一步的引申性的思考。《左传》虽然以纪事的形式出现，但其本质还是发掘《春秋经》的意义。不过，荀子所引《传》书的文字统称为"《传》曰"如何如何，而并没有告诉我们这些《传》书是对哪部经典的解释。只有《大略》称"《国风》之好色也，《传》曰……"看上去是引用了一种解释《诗经·国风》的《传》书，说明在荀子时代就已经有了解释《诗经》的专门著述了。

至于《语》书，则应该是一种语录体的著述，如后来把孔子的言论集辑称为《论语》，西汉学者陆贾著《新语》，正是《语》书传统的某种继续。《荀子》所引《语》书文字，看上去也应该是某人或某些人的语录，因为如同荀子所引《传》书很可能不是出自某一本《传》一样，他引用的《语》书也可能不是某一种《语》。

严格来说，荀子与经典的关系，应该是不止于传承儒家经典这样的相对狭隘的范围。传承儒家经典当然是中国学术史、思想史，特别是儒家思想史和经学史上的居功至伟之事，不过，我们也应该看到，荀子的博览群书，并在博览中勤于思考、勇于批判的精神，同样是令人仰视才见的。

文学成就和影响

在晋地文学中，典型作品主要是《诗经》中的《唐风》和《魏风》，以及政治家和思想家的政论作品，这方面的代表人物就是荀子和韩非子师徒二人。

晋地民风质朴，早在唐虞时代，晋国就开始流传《卿云》《南风》《康衢》和《明良》等民歌民谣，而先秦典籍中所说的《大章》《大韶》和《大厦》等乐章，也是晋地早期诗歌。在《诗经·国风》中，属于晋地的有《唐风》12 篇、《魏风》7 篇，约占"风"部分 12%。《唐风》之"唐"，就是叔虞建立的唐国。《唐风》12 篇并没有唐国时期的内容，但却以"唐"为名，表现了晋地的历史渊源。《魏风》之"魏"，是晋国本土成长起来的大家族，最终成为三晋国家之一。魏氏家族和魏国历史是晋和三晋历史的一个缩影。反映在《诗经》中，晋地民歌民谣首先表现了对现实政治的关注。《唐风》和《魏风》中的晋诗既讴歌了三晋风情，又记载了三晋名物；既有对普通人之生活和情怀的描述和歌唱，也有对黑暗政治的抨击和嘲讽。这些诗歌主题明确，表达率直，无论在思想上还是艺术上，都是《诗经》中的上品，更是晋文化的有机组成部分。

晋地的文学传统深受《诗经》的影响。这一传统在《诗经》之外的表现主要有两个方面，一是它的诗赋传统，一是它的政论传统。

先秦时代晋文学的诗赋传统主要表现在荀子的作品中。荀子不仅是伟大的思想家，也是卓有成就的文学家，荀诗和荀赋对后世都有深刻的影响。《诗经》中的诗歌主要创作于春秋之前。在春秋时代，士大夫们经常在各种场合非常优雅地借用《诗经》中的诗句表意，有时也有一些个人的创作。到战国时代，由于时代的紧迫感在加剧，以诗代言的优雅情调荡然无存，诸子百家都是用鸿篇巨制表达自己的思想。受这种时代风气影响，战国中后期，出现了具有诗人气质的思想家和具有时代风貌的诗赋作品。

在这些新诗人中，最有成就的是南方楚国的屈原和北方三晋的荀子。由于楚地文化传统与中原地区有所不同，屈原的诗赋辞藻华丽，婉转晦涩，在创作形式上也比较讲究。相对来讲，荀子的诗赋追求粗犷豪放，朴实无华，重在直抒己意，不太讲究形式，充分体现了晋文化特色。比如屈原《离骚》："日月忽其不淹兮，春与秋其代序。惟草木之零落兮，恐美人之迟暮。"表现的是典型的文士哀怨。再看荀子之《赋》："皇天隆物，以示下民，或厚或薄，常不齐均。"显然是重在表达思想。再看荀子《成相》篇中的通俗诗，"世之衰，谗人归，比干见刳箕子累。世之祸，恶大儒，逆斥不通孔子拘"。表意胜过形式，显现了与"楚辞"完全不同的风格。

晚年的荀子，回顾一生的经历和思想历程，感慨万端。作为思想家，他感觉到直接的批判只是阐明事实，还不足以表达其情感，所以就以诗和赋的形式用文学作品加以表达，因为文学作品更能表达悠远的情怀。由此看来，我们必须重视荀子晚年浩叹中的文学成就。

《荀子·赋篇》记载了荀子的赋作。荀赋的内容有对儒家道德修养的关切，如阐述“礼”和“智”是什么，也有对生活日用的关注，如对“云”“蚕”和“针”的描述。虽然这些赋作的体量不大，但与他的哲学著作一样，也是充满了对于人间事务的关怀。不过，更能体现晚年荀子情怀的是他的《小歌》。

（一）《小歌》抒怀

荀子晚年有“佹（guǐ）诗”一首。所谓“佹诗”，传统的解释是佹异之诗，意思是不同于一般意义上的诗作，而这首诗的真名，应该是叫作《小歌》，由《小歌》全诗和前面的诗序组成。

在荀子时代，诗歌并不流行。这其中的原因很多，最主要的是天下政治形势复杂、社会事务紧迫，更有利于政治家和政治思想家表现自己。中国古代诗歌的主流是以《诗经》为代表的传统，人们似乎已经满足于吟诵《诗经》之诗来表达自己的诗情，然后就是诸子百家的时代，现实政治充盈着知识分子的身前身后。只是到了战国末期，才在楚国出现了以屈原为代表的骚诗。

楚国一直被中原文明视为文化不发达的蛮夷之地，在百家争鸣的时代并没有出现过思想家，这也是形成骚诗文化的原因之一。但是，骚诗的风格虽然有《诗经》的痕迹，但却是完全不同的另一种风格。其主题之多样、用情之悽婉、用词之偏僻，与《诗经》北辙南辕，代表的是一种新的文化格调。可以说，《诗经》是北方的文学传统，骚诗则是南方的文学传统。

荀子的思想成长和成型于中原文化的传统中，但他又长期在楚国做官，甚至终老于楚国，所以，当他不得不以“佹诗”的形式表达自己的忧思之时，不能不受到北、南文化的共同影响。总体上讲，荀子的诗作在内容上有更多的中原《诗经》文化的元素，如直陈其事，观点明确而犀利，而在形式上则受到南楚骚诗文化的影响，用词时有偏僻，用情相对夸张。为了体会其特色，我们必须认真地诵读荀子的“佹诗”《小歌》。

我们先来看所谓的“诗序”部分。

天下不治，请陈佹诗。
天地易位，四时易向。列星陨坠，旦暮晦盲。
幽闇登昭，日月下藏。公正无私，反见纵横。
志爱公利，重楼疏堂。无私罪人，憼革戒兵。
道德纯备，谗口将将。仁人绌约，傲暴擅强。
天下幽险，恐失世英。螭龙为蝘蜓，鸱枭为凤凰。
比干见刳，孔子拘匡。
昭昭乎其智之明也，郁郁乎其遇时之不祥也。
拂乎其欲礼义之大行也，闇乎天下之晦盲也。
昊天不复，忧无疆也。千岁必反，古之常也。
弟子勉学，天不忘也。圣人拱手，时几将矣。
与愚以疑，愿闻反辞。

因为天下政治得不到合理的治理，荀子不得不以佹异之诗予以鞭挞。

荀子用文学的语言对于天下政治的总的概括是，好比天地掉换了相互位置，四季也没有了自己的方向，星辰不断地陨落，白天黑夜也发生了颠倒，幽暗之处发出光亮，日月也躲藏得不见踪影。所以，这就是个黑白不分、是非不在的时代，公正无私的人们反而受到各种打击，立志为公利献身的人却一直受到排斥，道德高尚之人却屡遭陷害，仁义之人被黜退，傲慢暴虐者却无度逞强。这一切的一切，都将导致英才失落，小人得志。

荀子举例说，如同商纣王时代的忠臣比干遭受剖心之害，春秋时代的孔子在卫国的匡地被拘押一样，正说明那些具有大智慧的人，反而不断遭遇不祥，不合乎礼义的人和事大行其道，天下政治黑暗一片，无边无际，让仁人君子忧患无限。

但是，在终极意义上，荀子还是乐观主义者，相信正义最终能够战胜邪恶。他坚定地告诫弟子们，自古以来不变的规律仍然是，任何事情，经过足够长时间的发展，一定会走向其反面。他要求弟子们一定要勤勉学习，因为上天是不会忘掉那些担当道义的人们的。所以，圣人也是拱手而立，等待事物变化的契机。在这个时候，荀子宁愿做一个愚者，去说一些不能为世俗接受的话语。

那么，这是些什么话呢？那就是荀子的《小歌》。

> 其《小歌》曰：
> 念彼远方，何其塞矣！
> 仁人绌约，暴人衍矣。忠臣危殆，谗人服矣。
> 琼玉瑶珠，不知佩也。杂布与锦，不知异也。
> 闾娵（jū）、子奢，莫之媒也。嫫母、力父，是之喜也。
> 以盲为明，以聋为聪，以危为安，以凶为吉。
> 呜呼上天，曷维其同！[12]

每当想到未来，道路上充满了阻塞。
明明是宝玉，却不懂得佩戴。忠臣身陷危殆，进谗言者却被任用。
美女和帅男却无缘婚配，丑女和恶夫却得到婚嫁之喜。
盲人被认为能看清，聋人被认为能听清。以危险为平安，以凶险为吉祥。
上天啊上天，如何才能实事求是！

总体上讲，“诗序”部分更近乎写实，诗句部分更近乎抒情。《荀子》仅存的这一首严格意义上的诗作，让我们看到思想家荀子的另一面。诗义虽然不是足够的清晰和生动，但是，特色鲜明的依旧是他对于现实政治的关切，对人类未来的关怀。从这个角度来看，还是哲学的表达更近乎荀子的初衷。

（二）文学成就的特色和影响

正所谓“诗言志”，诗赋是人生志向和情怀的一种相对深沉和悠远的表达。晚年的荀子，应该表达的思想已经完成，随着年龄的增高和体力的衰减，既不可能四处游学、游仕，也可不能在现实政治中努力抗争了。于是，他就毅然掩上了哲学的书卷，在沉思中享受生命，而作诗作赋，就是一种适度的享受方式。

荀子不仅是先秦时代伟大的思想家，也是当时卓有成就的文学家，他所作的诗和赋，对后世都有深刻的影响。作为独立于文学体裁的“赋”直接来源于《诗经》中的“赋”体。《诗经》有三种主要体裁或创作手法，即赋、比、兴，其中的“赋”体就是“直陈事体”，把诗歌所要表达的内容直截了当地表现出来，既不使用比喻来借物说明，也不通过描述其他事物而兴起所要表达的内容。

在秦汉之际，荀子和屈原的风格依然并存。楚汉之争的两位主角，刘邦和项羽，都曾有过即兴的亦吟亦唱式的诗歌创作，开创了汉乐府诗的先河。汉高祖刘邦得天下之后，曾到故乡沛县光宗耀祖，并在与乡人的聚会中即席歌诗，“大风起兮云飞扬，威加海内兮归故乡，安得猛士兮守四方”。在与刘邦的争斗中失败的西楚霸王项羽则在垓下被围中慷慨悲歌，吟诗道：“力拔山兮气盖世，时不利兮骓不逝。骓不逝兮可奈何，虞兮虞兮奈若何。”二人的作品风格明显有所不同，身为楚人的项羽更接近于楚辞的传统，而刘邦则更多了一些荀子诗赋的精神。

班固在《汉书·艺文志》中说：“大儒孙卿及楚臣屈原离谗忧国，皆作赋以风（讽），咸有恻隐古诗之义。”这是在说，荀子和屈原的赋都表达了政治讽喻的内容，坚持了《诗经》以来作赋的传统。班固接着说道，此后，先秦时期著名的赋家有宋玉和唐勒，汉代则是枚乘、司马相如和扬雄，但是，这些人因为更注重赋的形式，就逐渐失去了赋的实际内容。所以，东汉学者扬雄就自我检讨说，写诗的人既注重形式，又注重内容，而写赋的人则只注意了形式。辞赋到东汉时因为追随楚辞而走入了死胡同，人们这才又开始注重荀子的传统，使诗歌创作进入了朴实的古诗时代。《艺文志》记载有“孙卿赋十篇”，而现存《荀子》中只有《赋》和《大略》两篇，还有《成相》诗一篇。这种不一致有两种原因，一是荀子的赋在传世的过程中有所缺失，一种则是班固所说的“十篇”尽在现存的《荀子》之中，只是失去了明显的标记而已。事实上，《赋》和《大略》的诗赋也并不是十分连贯的整体，可以作一些篇章的区分。

当然，荀子首先是一位思想家，所以，在当今的古代文学史研究方面，讲到战国时期的诗歌创作时，很容易忽略荀子诗赋的地位。讲到汉赋时，由于多半是讲枚乘、司马相如和扬雄等人的长篇绮丽之赋，也很容易略过与荀子诗赋风格比较一致的像刘邦《大风歌》那样的民间非专业诗人的诗歌创作，当然也谈不到荀子诗赋的影响。讲到汉乐府，则又倾向于研究《诗经》的影响，而跨过了荀子诗赋的承上启下的作用。再往下，讲到三国和建安时期的诗歌创作时，由于远离荀子的时代，更不会讲到荀子诗赋的深远影响。现代文学史研究中的这些缺憾之处，对于荀子及其文学成就来说是非常不公平的。荀子是杰出的思想家，但我们不能因此而忽视荀子诗赋的地位。荀子的思想成长主要在三晋地区完成，他的思想和文学艺术成就是以晋文化为主体的。

荀子思想的直接来源是子夏之学，荀子的文学成就亦与子夏有关。子夏在孔门被誉为“文学”弟子，对孔门所重视的经籍既有深湛研究，也有积极传承。如前所述，当时的“文学”与我们现在对这个词的理解有所不同，但后世所谓文学，应该是在子夏“文学”的范围之内的。

晋地文学的政论传统主要是表现在荀子和韩非子师徒二人的作品中。在此二子之前，《汉书·艺文志》也记载了相当多的晋地政治家或思想家的政论作品，如“《魏文侯》六篇、《李克（悝）》七篇”，可惜已经散佚不存了。至于“《申子》六篇、《慎子》四十二篇”，虽然思想内容是讲述申子之“术”和慎子之“势”，但从写作风格上看，让人颇为怀疑是不是那个时代的作品。又有“《公孙龙子》十四篇”和“《毛公》九篇”，都是战国时期三晋名家的作品，前者基本上是哲学著作，后者则已经失传。还有纵横家苏秦和张仪的作品“《苏子》三十一篇、《张子》十篇”，后来也已失传。有人认为《战国策》中可能有此二子的作品，但现在要区分出来已经相当之难了。

这样一来，我们只能把关注重点放在荀子和韩非子的作品上，因为他们的作品保存的多且完整，而且具有那个时代政论文的典型性。《汉书·艺文志》记载有“《孙卿子》三十三篇”，现存《荀子》有32篇，基本反映了荀子的学术全貌。《荀子》政论文的主要特点是，文辞犀利而有规法，既有力度，又闪耀着理性的光辉。

《汉书·艺文志》记载有“《韩子》五十五篇，”而现存的《韩子》也正好是55篇。不过，据学者研究，现存55篇很可能是后人为凑足班固所说的数目而勉强分篇的结果。《史记·老子韩非列传》称，韩非子“作《孤愤》《五蠹》《内外储》《说林》《说难》十余万言”。这些篇章现在都能读到，写作风格也相当一致。在这些文章中，韩非子用词简明、表达直率，无论是针砭时弊，还是表达政治理念，都是直来直去，毫无拖泥带水之处，是政论文的典型之作。《韩非子》所表达的，既有理性主义的严酷性，又有理想主义的浪漫性，前者让人拍案叫绝，后者让人扼腕叹息。

《荀子》的体裁和写作风格在《韩非子》中有着明显的回应，但是，与《荀子》相比，《韩非子》的文章虽然更具战斗性，但因此也显露出了独断性，并且在言辞上不太讲究，在文学表现力上远不及《荀子》。《荀子》的文章达到了诸子百家的顶峰，直接促进了汉代文学的发展。

音乐理论

说到音乐，应该说是与人类社会和人类文明共同出现、共同生长和发展的。中国古代有着悠久的音乐传统，相关研究和考古发现都可以证明这一点。古代中国人不仅有着深厚而广泛的音乐实践、音乐活动，而且还形成了颇具特色的音乐理论。在先秦诸子百家中，儒、道两家相对关注音乐，甚至喜欢音乐，但道家更偏重于个人欣赏或享受，而儒家又在其中加入了音乐的社会功能，即陶冶情操、教化人心的作用，并且社会功能更注重于个人欣赏。

在文学成就之外，荀子对“乐”也有高深的研究。事实上，在那个时代，文学与音乐也是相通的。《诗经》中的每一首诗，本来都是配合有乐声的。荀子精通诗篇，不可能与诗相关的音乐没有研究。

《荀子》中的专篇《乐论》在中国音乐史上具有划时代的作用。

儒家的创始人孔子既是音乐迷，又是声乐专家。他本人喜欢唱歌，[13]还与鲁国的首席乐师交流音乐理论，[14]并亲自整理《诗经》中的乐章，[15]门人弟子也颇有擅长声乐者。[16]孔子及早期儒家对音乐的如此重视，是中国古代音乐实践和理论得以蓬勃发展的重要促进因素。

荀子对于音乐的贡献，可以说源之于孔子，但更胜于孔子。原因之一，可能是留传下来的荀子的言论更多一些，所以我们感觉荀子说得更为详尽。但是，也有一些方面是明显的荀子思想观点的演进，因而也更值得我们重视。

《乐论》既有关于音乐或乐教的一般性的理论说明，也有关于音乐的作用和具体礼仪中的奏乐要求的描述，而“乐论”本身则是现存中国古代最早的音乐理论论述。早期儒家有过《乐经》之类的经典，但却没有流传后世。所以，《荀子》之中关于“乐”的记载和论述，就显得非常重要和珍贵。

（一）音乐的创制

荀子是理性主义的思想家，从来不回避现实问题，所以他说：

> 夫乐者，乐也，人情之所必不免也，故人不能无乐。
>
> 乐则必发于声音，形于动静，而人之道，声音、动静、性术之变尽是矣。
>
> 故人不能不乐，乐则不能无形。形而不为导，则不能无乱。
>
> 先王恶其乱也，故制《雅》、《颂》之声以导之，使其声足以乐而不流，使其文足以辨而不諰（xǐ），使其曲直、繁省、廉肉、节奏，足以感动人之善心，使夫邪污之气无由得接焉。
>
> 乐者，圣人之所乐也，而可以善民心。
>
> 其感人深，其移风易俗，故先王导之以礼乐，而民和睦。
>
> 是先王立乐之方也，而墨子非之，奈何！⑰

荀子开宗明义，认为音乐是给人快乐的，是人情的自然流露，是不可避免的、合理的，所以，人是离不开音乐的。

音乐通过声音和动静表现自身，这与人的生存之道是相合相应的，所以，人既不能没有音乐，也不能没有音乐的表现形式。但是，正如音乐本身有其规则一样，人欣赏音乐也应该有规则，否则就会造成混乱。

在这个关键时刻，还是荀子一向崇拜的推进文明进程的先王们，因为担心音乐给人心和社会造成混乱，就制作了积极向上的乐声以引导人们欣赏音乐、得到快乐，一如《诗经》中《雅》《颂》部分的乐曲所呈现的。

正如上文所说，孔子整理过《雅》《颂》部分的乐章，并且认为《诗经》“无邪”，具有欢乐而不过度、哀痛而不毁伤的特点。[18]

继承和发扬了孔子的观点，荀子认为，以《诗》乐为代表的先王制作的雅正之乐，其主旨是快乐而不流漫，足以感动人心，使邪僻污浊的音乐没有市场。

事实上，圣人也是人，所以荀子明确地说，圣人也是喜欢音乐的，同时，圣人也是顺应民心的，也把自己对音乐的良好感受，传导到民众心中，起到移风易俗、和睦人民的作用。

当然，在这个关键时刻，荀子也没有忘记斥责墨子的观点，即墨子主张“非乐”，认为音乐不能带来任何实际价值，应该全面禁绝。荀子甚至斥责道：“故曰：墨子之于道也，犹瞽之于白黑也，犹聋之于清浊也，犹欲之楚而北求之也。”墨子对于音乐的认识，好似盲者不辨黑白，聋人不分清浊，好似从中原出发要到楚国，却向北行进一样，真是大错特错了。

总之，音乐的基本作用是给人带来欢乐，是人的自然要求和反应。但是，因为音乐带给人的欢乐必然会影响人的思想，所以，音乐不可能是空洞的，而是应该有内容的。正规而庄重的音乐可以鼓舞战斗士气、提高生活品位、鼓励人们积极向上，而颓废和狂乱的音乐，比如“郑、卫之音”则足以使人心志散乱、行为有失检点。显然，荀子既肯定了音乐自身的特性，也坚持了早期儒学重视音乐教化的传统。《荀子》“乐论”是中国古代音乐理论和德育理论的重要起源和主要组成部分，当然也是晋文化的组成部分。

（二）音乐的作用

很显然，先王创制音乐是有目的的。根据先王制作音乐的原则，音乐的作用应该由人身扩展到社会。在宗庙等正式的政治场合，君臣上下同听庙堂雅乐，让人产生平和敬畏之感；在家庭之中，父子兄弟同听音乐，促进相互关系的和睦亲切；在邻里族人之间，年长者和年幼者同听音乐，有助于实现和气顺畅。这就是说，遵循上述原则，要使音乐达到让人们思虑一致、和谐相处的目的，以及调节生活节奏、促进以文相处，足以让社会发展遵循基本的道德原则，以应对纷繁复杂的社会生活。

由此可见，荀子心目中的音乐，以欣赏和谐为基础，完全超越了普通的美感，达到了调节人际关系，进而促进社会进步的作用。

说到音乐的具体作用，荀子特别提到音乐与军事活动的关系。

荀子认为，《雅》《颂》之类的正声，能够提升人的志向、开阔人的见识。伴随着铿锵有力的音乐，战士们手持武器，能够保持庄重的仪容。伴随着有节奏的音乐，行军和进攻的战斗行动整齐划一，进退才会有度。所以说，出征需要有音乐伴随前进，便于战士听从命令；凯旋需要有音乐伴随成礼，便于彰显军容，其所发挥的作用是一样的。从音乐与行军打仗的和谐配合中，同样能够感受到先王制礼的精髓所在。

荀子充分认识到了音乐对人的积极影响，与普通人的感觉不同，荀子认为音乐能够进入人的精神深处，能够让人的心态和思想快速地发生变化，因此，先王才非常重视音乐的修饰作用。中庸平和的音乐能够让人和顺而不随波逐流，严肃庄敬的音乐能够让人与大道取齐，不胡作非为。一旦让民众的精神达到了音乐如此影响之下的效果，军队就会强劲有力，国家就能安定祥和，敌国不敢有任何非分之想。这样一来，百姓安居乐业，在上者建功立业、名扬四海，天下人就都想来接受其统治。不用说，这显然是王道的良好开始。音乐的作用，逐渐由个人欣赏上升到提升精神品位，扩展到社会发展，直到实现仁政。

当然，着眼于现实，荀子也注意到“邪音”对人们的思想和行为的不利作用，对于社会和国家的瓦解之力，断言“礼乐废而邪音起”，邪乐是国家遭受危亡之威胁的原因之一。所以，“先王贵礼乐而贱邪音”，并为此专门设置“太师”一职，使其“修宪命，审诗章，禁淫声，以时顺修，使夷俗邪音不敢乱雅”，利用音乐的独特作用，辅助法令的执行，审定诗篇的乐章，禁止过度宣泄的乐声，按照时事的要求，维护雅乐的正统地位。

（三）音乐的理论

为了证明上述观点，荀子进一步从乐理的角度加以分析和论证。荀子指出，对于普通人而言，如果因外物而产生了喜好或厌恶之类的情感，但却没有恰当的发泄渠道，心中就会烦乱，心中烦乱的结果，有时候不加以控制，应该说有可能产生不利于自己和他人，甚至不利于社会的行为。先王对此有足够的认识，认识到不能任由人的烦乱情绪的发泄，于是就用音乐修饰人们的行为，端正其快乐的方向，天下之事就顺畅自然了。

那么，上述好恶之情是如何产生的呢？荀子举例说，遇到丧事，有哭泣之声，会让人心中悲切；带着武器行走在行伍之中，听着战士们悲壮的歌声，会让人心神不安；听到郑、卫之声，看到妖冶之容，会让人心中无度失控；穿着正式的礼服，听到雅正的乐声，会让人心中庄严。这些情感的出现是人所无法抑制的，所以，君子的选择是，不听过度宣泄的音乐，不看妖冶的女色，不说恶毒的言语。这就证明，环境对人的情感的影响是不可避免的，有时会是不可克服的，为此，必须在必要的时候，在适当的地方，给人们提供雅正的音乐。

从人的生理和心理角度来看，奸邪之声和雅正之声都能使人生发感应，只不过是，对于奸邪之声，是生理上的逆气发生感应，并进而对人形成消极混乱的心理影响；而对于雅正之声，则是生理上的顺气发生感应，并进而对人形成积极有序的心理影响。所以，良好的声乐和不良的声乐，都会引发人们生理和心理应和，这就要求君子之人非常谨慎地对待不同的环境，远离奸邪之声的影响和诱惑。在这里，荀子并不是简单地认为只有雅正之声才能唤起人们的感应，更没有认为奸邪之声会自动被雅正之声所压制甚至消灭，而是从客观的角度看待所谓奸邪之声，承认奸邪之声也会有声乐原理上的感人之处，比如郑、卫之声也有音乐上的感染力，这就要求人们注意环境的影响力，以积极防范的态度面对负面的事物及其负能量。这种态度，对于传播和发扬正面事物和正能量而言，具有更加明显的科学性和合理性。对奸邪之声的如此分析，在孔子和孟子的思想中，我们是看不到的。

面对奸邪之声的影响所及，君子之人应该如何从正面加以应对呢？

荀子说，君子应该积极倡导雅正之乐，充分利用雅正之乐已有的特定场合和音乐力量的特点，引导人们的心志，在完成礼仪的同时，使人们的行为也走上正常轨道，并且通过日积月累，让人们从个人耳目聪明和血气平和开始，达到社会的移风易俗和天下的安宁，使音乐之美与道德之善实现有机融合。孔子说过，雅正的主旋律音乐就是“尽善尽美”的音乐，既有音乐之美观，又有道德教化的寓意在其中。[19]

音乐的出发点和最终目的是让听者获得快乐，但不同的是，君子是因为音乐中表现的大道而快乐，普通人则是因为音乐中的美好的乐声而快乐，普通人的这种快乐，纯粹是一种生理上的快感，所以，君子要用大道克制欲望，让人们从音乐中得到快乐，但却不能产生心理上的烦乱，因为一旦欲望占了上风，大道不知所在，人们最终得到的只能是思想惑乱，而不是快乐了。

音乐能够引导人们获得真正的快乐。通过健康向上的音乐，人们应该获得道德修养上的提升。由此看来，对于社会治理来说，音乐是一种最高级的手段。也就是说，一旦音乐能够发挥其移风易俗的作用，那就将是一个大治的社会。

荀子认为，“乐也者，和之不可变者也；礼也者，理之不可易者也。”音乐追求的是和谐的精神境界，礼则是表现天理的道德高度，而礼乐的共同性质，是它们的终极性和永恒性。这就是说，儒家对礼乐的重视，实际上是对于人类最高精神和至高道德的追求。从音乐理论开始，进而上升到礼乐治国的高度，也只有荀子的博大思想体系能够容纳这样的内容。

在探讨了音乐理论之后，荀子也对“声乐之象”进行了分析。所谓声乐之象，就是雅正之乐的演奏过程，以及各种乐器及其演奏之声的象征意义，比如“鼓，其乐之君邪！故鼓似天，钟似地，磬似水，竽笙、管钥似星辰日月”，由此可见，荀子与孔子一样，既是音乐爱好者，又是音乐专家，更是音乐理论家，并把对音乐的专长融和到治国理政、关怀天下的情怀之中。

在自己亲身的音乐实践中，“吾观于乡，而知王道之易易也。”[20]从乡人的礼宾赏乐的过程中，荀子深切深受到了王道是如何可以改变人们的思想和生活的。

这样的过程，体现的是社会地位贵贱明了，高低分明，和畅快乐而不流淫，兄弟长幼各有各的位置，场面安静祥和，没有丝毫的紊乱。荀子认为，如果这五个方面做到位了，那么，个人就足以正身，国家就足以安定。各个国家因此而安定了，天下也就安定了。由此可见，礼乐的作用，从一个乡人聚会的场面上，就能说明王道是如何改变了一个社会和国家了。

先秦时代传统的儒家有“六艺”和“六经”之说。六艺是礼、乐、射、御、书、数，六经则是《诗》《书》《礼》《易》《乐》《春秋》。其中的乐的部分，不论是乐的实践，还是《乐》书，都没有很明确的记载和流传。特别是《乐》书，人们都认为应该有，但却一直没有看到这部专书。这样一来，《荀子》书中的乐论，就成为弥足珍贵的先秦时代儒家音乐理论的系统见证。荀子“乐论”的文字并不是很长，但却是一气呵成、首尾相续之作，非常值得人们去学习和研究。

注释：

①《荀子·劝学》。

②《荀子·儒效》。

③《论语·卫灵公十五》。

④《荀子·大略》。

⑤《论语·为政第二》。

⑥《荀子·大略》。

⑦《论语·宪问十四》。

⑧见王先谦《荀子集解》，中华书局，1988年版，第38–39页。

⑨胡元仪《郇卿别传考异》二十二事："此《疏》有脱文，当云'卿传浮丘伯，伯传申公，申公传瑕丘江翁'。《汉书·儒林传》：'申公少与楚元王交，俱事齐人浮丘伯，卒以《诗》、《春秋》授，而瑕丘江公尽能传之。'是其证也。"见见王先谦《荀子集解》，中华书局，1988年版，第47页。

⑩《荀子·大略》：《易》曰："复自道，何其咎？"

⑪《荀子·非相》。

⑫《荀子·赋篇》。

⑬《论语·述而第七》："子与人歌而善，必使反（返）之，而后和hè之。"

⑭《论语·八佾第三》："子语鲁大师乐。曰：'乐其可知也：始作，翕xī如也；从zòng之，纯如也，皦jiǎo如也，绎yì如也，以成。'"

⑮《论语·子罕第九》："子曰：'吾自卫反（返）鲁，然后乐正，《雅》、《颂》各得其所。'"

⑯《论语·先进十一》："子曰：'由之瑟sè奚为于丘之门？'"○"（曾皙）鼓瑟希，铿kēng尔，舍瑟而作。"

⑰《荀子·乐论》。

⑱《论语·八佾第三》：子曰："《关雎jū》，乐而不淫，哀而不伤。"

⑲《论语·八佾第三》："子谓《韶sháo》：'尽美矣，又尽善也。'谓《武》：'尽美矣，未尽善也。'"《韶》是大舜时代的主旋律，《武》是周武王时代的主旋律。

⑳以上均见《荀子·乐论》。

结语 人生尤重身后事

荀子之死，弟子推崇 荀子之光，照耀历史

凡是在传统文化深厚的民族和国家，人们尤其看重身后的名声和影响。孔子断言“仁者寿”①，认为仁义之人的长寿，不仅在于生前的寿数，还在于身后在世人记忆中的地位。儒学是入世的学问，儒家君子不仅重视在世之时的成就和口碑，更重视离世之后对人世的影响以及后人对他们的评价，对此，孔子更是说过：“君子疾没世而名不称也。”②如果身后没有好的名声传世，对君子来说是疾愤至极的憾事。当然，这样的影响和名声并不是仅靠主观愿望就能获得的，而是由生前的所作所为决定的。

对于如此的身后之事，荀子是不必担忧的。尽管他在世之时怀有把自己的政治思想和政治愿望付诸现实的遗憾，但他的思想成就和教育成就，以及他的人格力量，足以让他流芳百世。当然，更令人欣慰的是，荀子在世时是长寿者，离世之后更是长寿者。

荀子之死，弟子推崇

荀子去世的确切时间已无法得知，秦始皇在公元前221年统一天下，荀子著述中未谈及与此有关的事实，说明荀子的寿数应在这一年之前。有人认为他可能活过百岁，而在本书的分析中，也认为他应该有九十岁左右的高龄。据一些研究结果，那个时代人们的平均寿命在五十岁左右，可见能活到耄耋之年，在当时确实是超高寿的了。

《史记·孟子荀卿列传》记载说，荀子去世后就葬在了兰陵，这应该是荀门弟子们所为。兰陵距荀子的家乡郇邑并不太远，但因为中间正好有太行山和黄河等天然阻隔，而在那样一个兵荒马乱的年代把荀子安葬回家乡也确实不易。如果有幸，也只能让荀子魂归故里了。

一代宗师荀子的去世，标志着先秦学术的终结。对于荀子思想成就的评价，他的弟子们甚至认为他胜过了孔子。《荀子》结尾处有一段话，可能是弟子们为《荀子》一书所作的后记：

> 为说者曰："孙卿不及孔子。"是不然。
>
> 孙卿迫于乱世，鰌（qiū）于严刑。上无贤主，下遇暴秦。礼义不行，教化不成。仁者绌约，天下冥冥。行全刺之，诸侯大倾。
>
> 当是时也，智者不得虑，能者不得治，贤者不得使。
>
> 故君上蔽而无睹，贤人拒而不受。
>
> 然则孙卿怀将圣之心，蒙佯狂之色，视天下以愚。《诗》曰："既明且哲，以保其身。"此之谓也。
>
> 是其所以名声不白，徒与不众，光辉不博也。

今之学者，得孙卿之遗言余教，足以为天下法式表仪。

所存者神，所过者化。观其善行，孔子弗过。世不详察，云非圣人，奈何！

天下不治，孙卿不遇时也。德若尧、禹，世少知之。方术不用，为人所疑。其知至明，循道正行，足以为纪纲。呜呼！贤哉！宜为帝王。

天地不知，善桀、纣，杀贤良。比干剖心，孔子拘匡，接舆避世，箕子佯狂，田常为乱，阖闾擅强。为恶得福，善者有殃。

今为说者又不察其实，乃信其名。时世不同，誉何由生？不得为政，功安能成？志修德厚，孰谓不贤乎！③

那些多嘴多舌的人说，荀子不如孔子。可在荀子弟子们看来，这种说法并不符合事实。理由是，从个人的角度来看，荀子生活在乱世，山东六国没有贤能之主，再加上秦国的横暴行径，使得儒家的礼义教化难以实行，像荀子这样的儒者迫于时势的压力，也是无所作为。从天下大势来看，智者没有机会运用智慧，有才能者得不到施展的舞台，贤者也得不到适当的任用，正所谓君主受到蒙蔽，对国家的混乱根本看不到，贤能之人自然就会被拒之门外。在这种形势下，荀子尽管没有把其他人放在眼里，也只能胸有圣者的志向，努力做到明哲保身而已。结果就是，荀子并没有获得巨大的名声，也没有收受众多的弟子，更没有把他的思想光辉广泛地发散出去。

那么，在弟子们看来，荀子的人格高度和思想成就到底在哪里呢？他们认为，当代的任何一位学习者，只要能够得到荀子的遗言余教，就足以为天下人树立起榜样。荀子的人格和思想，只要是存在过的地方，就会显现出神奇的效果，只要是经过的地方，人们就会受到道德化育。仔细观察荀子妥善的行为，是孔子都难以超过的。世人不去详细了解，却说荀子不是圣人，真是让人无奈啊！

接着，荀子的这些弟子们又举出了历代贤能之人所遭受到的不公正待遇，以及祸乱天下之人却得到良好结果的例子，以证明荀子确实生活在一个作恶者得福、行善者遭殃的时代。

可是，那些多嘴多舌之人却相信表面现象，不去深入考察实际情况。而在荀子弟子们看来，正是这样的时代使荀子无所作为。在这样恶浊的时代里，荀子凭什么能得到荣誉？那些昏庸的君主连从政的机会都不给荀子，凭什么让他建功立业？然而，弟子们深信，荀子的志向是那样的崇高，德行是那样的深厚，凡是对他有所了解的人，肯定不会认为他不是贤者！

这段文字的中心思想，一是认为荀子是胜过孔子的圣人，二是认为荀子具有成为帝王的品德和才能。这当然是弟子们的溢美之词，后人可以理解。但是，弟子们对于荀子一生遭遇的描述，以及对于荀子之学的巨大价值的肯定，却是非常可取的。与孔子时代不同，荀子时代的政治更加混乱，各种各样的学说层出不穷，争鸣激烈，要想在这样的一个时代有所成就，有所作为，难度可想而知。荀子不受世俗的影响，坚持自己的主张，最终成为一代宗师，就对中国历史和思想史的影响而言，在许多方面确实不亚于孔夫子。

平心而论，上述荀子弟子对荀子的评价中，断言荀子胜过孔子，甚至认为荀子可以做帝王，应该说有着很浓厚的对于荀子的个人崇拜甚至造神的成分在其中的。这种情况，在任何时代、任何思想大师身后都是发生过的。孔子之后，其弟子甚至认为孔子之高明堪比日月，无人能及，这同样是对孔子的神化。神化固然有些过度，但孔子之高明，荀子之光辉，却也是事实。

荀子之光，照耀历史

流传于世的《荀子》10万言，肯定包含了各方面的文字来源，这在先秦诸子的著述中是常见的事情。荀子弟子的数量虽然不及孔子和孟子那么多，但是，除了像韩非子和李斯这样的个性突出，谋求自我发展的弟子之外，还是有一些弟子追随在荀子左右，并能程度不同地继承其衣钵。荀子死后，他们把老师生前的著述编辑缀合，同时也把他们自己的作品附在其中，这也是正常的事情。比如说上引《荀子》最后一段对荀子的称颂，显然不可能是荀子本人所作。但是，从总体上看，《荀子》中的大多数内容还是荀子本人所写，也是后人研究荀子生平和思想的最可靠的依据。

荀子的历史影响，除了他教育出来的杰出弟子之外，就是他的著作及思想。荀子及其思想，与他的著作一道，深刻影响了秦汉以后的中国历史。

正如本书一再强调的，荀子的两大贡献，一是系统化和深化了传统儒家思想，包括对儒家经典的研习和传承，二是从理论上证明了儒、法思想在管理社会、治理国家方面的兼容性。在西汉前期，从文、景时代朝廷置经学博士，到汉武时代“罢黜百家，独尊儒术”，都与荀子的第一项思想贡献有着直接的关联。

至于荀子的第二项贡献，《汉书·元帝纪》记载：

> 孝元皇帝，宣帝太子也。……大臣杨恽、盖宽饶等坐刺讥辞语为罪而诛，尝侍燕从容言：“陛下持刑太深，宜用儒生。”
>
> 宣帝作色曰：“汉家自有制度，本以霸、王道杂之。奈何纯任德教，用周政乎！且俗儒不达时宜，好是古非今，使人眩于名实，不知所守，何足委任?”乃叹曰：“乱我家者，太子也。”

这是西汉元帝做太子时与父亲汉宣帝的一次具有历史意义的对话。汉宣帝在位二十多年，是历史上公认的复兴汉武帝之政的皇帝。当身为太子的元帝劝谏宣帝不必对大臣惩罚太重，同时应该加大任用儒生的力度时，宣帝很生气，称汉王朝已经形成了自己的政治传统，那就是“霸、王道杂之”，即法家的霸道和儒家的王道兼收并用。当然，如同荀子一样，宣帝也批评了那种“俗儒”，他们不识时宜，喜欢肯定古代、否定当今，擅长玩弄概念、空洞说教，却不懂得治国理政的根本之处是什么。

汉宣武此说，乍听上去有批评儒家的味道，但从他的整体言论来看，显然不是冲着荀子所说的大儒、圣人而去的。宣帝批评的重点是那种“俗儒”，这样的儒生，就是孔子、孟子和荀子都瞧不起，更不可能被“霸、王之道杂之”的皇帝加以委任了。那么，霸道、王道杂而用之、兼而任之的思想是从哪里来的呢？不用说，就是来自于荀子的著作及其思想。这一点，无论从本书的分析中，还是从历史的事实中，都能得到无可辩驳的印证。

在汉代，荀子及其著作的影响极其广泛而深入。西汉前期学者们编撰的一些重要典籍之中，采自《荀子》的内容很多。如《韩诗外传》逐字引用《荀子》有44处之多，清代学者考校《荀子》多依赖《韩诗外传》的转引。此外，《大戴礼记·曾子立事》载有《荀子》中的《修身》《大略》等篇之文，《礼记》之《乐记》《三年问》《乡饮酒义》则载有《荀子》的《礼论》《乐论》之文。

对于荀子其人，汉武帝时司马迁著《史记》，专写《孟子荀卿列传》，并在《儒林列传》中认为“于（齐）威、宣之际，孟子、荀卿之列，咸遵夫子之业而润色之，以学显于当世”，可以说是高度肯定了荀子的历史地位。到西汉后期，著名学者刘向受朝廷指派，对《荀子》之书进行了专门的整理，形成了流传后世的荀子之书。刘向认为：

汉兴，江都相董仲舒亦大儒，作书美郇卿。

如人君能用郇卿，庶几于王。

观郇卿之书，其陈王道甚易行，疾世莫能用，其言凄怆，甚可痛也！

其书可比于传记，可以为法。[4]

刘向对《荀子》的高度评价，证明了荀子及其思想在汉代的重大影响。到东汉时，著名学者王充在其著作《论衡·寒温篇》中提出，“夫天道自然，自然无为。”与荀子的天道观可以相互发明。王肃所编《孔子家语》也是多载《荀子》中的故事。《荀子》书中后几篇所载佚事或故事，几乎都出现在了汉代学者编撰的各种书籍之中，由此可见《荀子》的流传之广、影响之深。

直到隋唐时代，荀子依然广受重视。著名学者韩愈写有《读〈荀子〉》，文中说：“及得荀氏书，于是又知荀氏者也。考其辞时若有不粹，要其归，与孔子异者鲜矣，抑犹在轲、雄之间乎！”认为荀子思想不及孟子，但高于西汉另一大儒扬雄。顺着这个思路，韩愈又作了一个很有名的论断，认为“孟氏醇乎醇者也，荀与扬大醇而小疵”，孟子是纯粹的儒者，荀子和扬雄在大方向上是儒生，但都有纤小的不足之处。韩愈的如此评价显然是很苛刻的，并且由于韩愈在唐代以后影响力很大，他对荀子“大醇而小疵”的评价便开始动摇荀子作为大儒的地位了。韩愈在他的另一篇重要著作《原道》中，甚至认为荀子的思想“择焉而不精，语焉而不详”，并因此把荀子排除在韩愈认定的儒家道统之外，认为“孔子传之孟轲，轲之死，不得其传焉”。当然，孟子不可能传学于荀子，但认为荀子不是儒家传统中的正宗学者，显然是草率的认识。

不过，同是唐代人，学者杨倞不仅充分肯定了荀子的思想，还在历史上首次为《荀子》作注释，这对于《荀子》更加广泛的流传起到了重要的促进作用，在《荀子》发展史上具有里程碑式的意义。他在《荀子·序》中指出："孔氏之道，几乎息矣，有志之士，所为痛心疾首也。故孟轲阐其前，荀卿振其后，观其立言指事，根极理要，敷陈往古，掎挈当世，拨乱兴理，易于反掌，真名世之士，王者之师。"这是说，荀子与孟子并驾齐驱，都是传世之名士，也都堪任王者之师。这样的评价，比韩愈的观点显然更加公允。对于《荀子》一书，杨倞认为可以"羽翼六经，增光孔氏"，是儒家经典的必要补充，"非徒诸子之言也"，在儒家史上的作用要高于其他儒家学者。所以，杨倞才要为《荀子》作注，以彰显它的本质和作用。

唐代的另一位大思想家、文学家柳宗元在他的著名论文《封建论》中说："荀卿有言：'必将假物以为用者也。'由是君长政生焉。"在《天说》中，柳宗元认为上天并不能赏功罚祸，因为人间的福祸全是人们自己所为，即所谓"功者自功，祸者自祸"，这显然是受到了荀子自然观的影响。这都说明，柳宗元对《荀子》是相当有研究的。

可是，在宋代，理学思潮兴起，孟子的心性之论开始大行其道，性善论也成为绝对真理。随着孟子的地位在思想界的不断被抬升，激烈批评孟子并与孟子思想有所反对的荀子及其思想必然会受到非议甚至打压。理学大师程颐认为，"荀卿才高学陋，以礼为伪，以性为恶，不见圣贤……圣人之道，至卿不传"[⑤]，这种论调，与理学的独断性特点是一致的。著名文学家苏轼在《荀卿论》中则说："荀卿者，喜为异说而不让，敢为高论而不顾者也。其言愚人之所惊，小人之所喜也。子思、孟轲，世之所谓贤人君子也。荀卿独曰：'乱天下者，子思、孟轲也。'天下之人，如此其众也；仁人义士，如此其多也。荀卿独曰：'人性恶。桀、纣，性也。尧、舜，伪也。'由是观之，意其为人必也刚愎不逊，而自许太过。"由不赞成荀子的思想，甚至怀疑到荀子的性格和为人。如此过激的批评，对荀子地位的毁损是可想而知的。到了南宋时期，著名理学家朱熹也对荀子发出了批评，认为荀子的思想“全是申、韩，观《成相》一篇可知”。以《成相》一篇而概括荀子思想，进而认为荀子思想都是如申不害和韩非子一样的观点，这显然是失之偏颇的。

总括宋人对荀子的批评，主要是集中在荀子“性恶论”上。但是，我们在本书第八章研习荀子人性论的时候已经指出，宋代理学家对于人性的气质之性和义理之性的区分，实际上是深受荀子人性观的启发和影响。只是他们的思想取向不允许他们公开承认“性恶论”的合理性，这反倒使荀子的整体思想的影响力自宋代以后不断下降。其实，荀子思想影响力下降的过程，也是中国古代社会逐渐走入下坡路的过程。当然，即使是在诸多有影响力的学者猛烈批判荀子的宋代，《荀子》一书依然拥有广泛的读者，这从本书第十四章介绍《荀子》宋代刻本的流行状况中便可得知。其实，荀子在宋代遭到围攻的事实也说明，在宋代之前，荀子的影响力是相当可观的。

在明朝，受理学思想占据思想界统治地位和科举考试完全控制知识分子人生取向的影响，荀子之学的影响力很是有限，也没有出现专门研究荀学的重要人物。对荀学有所接触的学者，对荀子及其思想的看法也是有褒有贬。学者黄佐说：“荀况之书，以性为恶，以理为伪，其言曰：‘一之于性情则两失之矣，一之于礼乐则得之矣。’人惟性善，故可以用礼乐，不然其如礼乐何矣？其言戾矣！”[6]这是把荀子的性恶之说与儒家的礼乐之教对立起来，显然是对荀子思想的极大误解，说明他并没有全面深入地研习荀子思想。

不过，也有学者极力推崇荀子，代表人物就是明清之际颇具批判精神的思想家李贽。李贽把荀子列为“德业儒臣”的首位，将孟子列在其后，认为：“荀子与孟子同时，其才俱美，其文更雄杰，其用之更通达而不迂。”[7]李贽是那个时代的“反叛”者，所以更能洞悉荀子思想的精髓。对于《荀子》一书，文学家归有光的评价是，“当战国时，诸子纷纷著书，惑乱天下。荀卿独能明仲尼之道，与孟子并驰。顾其为书者之体，务当于文辞，引物联类，蔓衍夸多，故其间不能无疵。至其精造，则孟子不能过也”。根据对《荀子》之文辞的分析，归有光的褒贬是颇有见地的，证明他是认真阅读和思考过这本书的。所以，归有光才能进一步断言，“自扬雄、韩愈皆推尊之，以配孟子。迨宋儒，颇加诋黜，今世遂不复知有荀氏矣。悲夫！学者之于古人之书，能不惑于流俗而求自得于心者，盖少也。”在归有光看来，韩愈尽管认为荀学有“疵”，总体上还是推尊荀子的，只是在宋儒的打压之下，荀子才消失在流俗之中。

有清一代，由于实学的兴起，理学的统治地位逐渐式微，人们对于荀学的关注日渐复兴，甚至超过了两汉之后的任何时代。从本书第十四章介绍清代有关《荀子》考释的众多版本中，就能看出这一点。《四库总目提要·荀子》认为，“平心而论，卿之学源出孔门，在诸子之中最为近正”，正是代表了清代之人对荀子的总体看法。近现代以来，荀学研究的复兴，与清代学者的相关学术成果有着直接的关系。尽管谭嗣同在其《仁学》攻击荀学，认为中国古代“两千年之政，秦政也，皆大盗也；两千年之学，荀学也，皆乡愿也”，但这种政治家的偏激之论，并没有实质性地影响近现代以来人们对荀学日益提升的关注度。

综上所述，秦汉以来荀子及其思想的跌宕起伏，与荀学的内在思想有关，也与时代的变化和世事的纷繁有关。荀子及其思想在秦汉之际很受学者们的重视，对当时的政治也很有影响，直到隋唐之世，荀子还以其博识深思而受到学者们的推崇。最有影响的《荀子》的版本，就是唐代学者杨倞的《荀子》注本。两宋以后，由于理学大盛，荀子的思想逐渐受到理学家们的贬斥，这主要是因为荀子的讲求实效的学说与理学的悬浮作风格格不入。到了清代，理学开始衰败，实学兴起，荀子之学又重新受到了重视。近现代以来，荀子思想越来越引人注目，甚至被称为“荀学”。但是，不管对荀学的褒贬是非如何，都说明荀学已经成为时代发展和思想进退的必要组成部分。我们相信，随着对于《荀子》和荀子思想研究的不断深入，荀学的影响一定会一日高过一日。光芒四射的荀学不仅是三晋文化的一颗明珠，也是中国思想史上不可或缺的重要内容。

注释：

①《论语·雍也第六》。

②《论语·卫灵公十五》。

③《荀子·尧问》。

④《孙卿书录》，见王先谦《荀子集解》，中华书局，1988年版，第558、559页。

⑤《二程全书》卷十《大全集拾遗》。

⑥《南雍志》卷十八。

⑦《藏书·德业巨儒》。

后记

撰写一部严格意义上的荀子传记，确实是一件困难的事情。

在中国古代思想史上，荀子的思想最为广博，但其一生的经历却相对简单，能为后世津津乐道之事迹也很有限。《史记》首次为荀子作传，也不过寥寥二百余字，而先秦和两汉的其他典籍之中，关于荀子的逸话逸事也是相当罕见。

在上述背景下，后世之人为荀子写传记，如果想在荀子生平事迹上作文章，则不得不面对巧妇难为无米之炊式的困境。为此，所有撰写荀子传记者，无不将其思想成就作为荀子一生的主要事迹加以叙说。本书也无法例外。

不过，为了增加读者对荀子思想更为全面深入的理解，也为了阅读方便，本书对于荀子生平的叙述也作了一些新尝试，其中最明显之处，是将荀子生平事迹与他的思想成就相关联，特别是在叙述方式上，并没有在书首以专章介绍和考证荀子生平事迹，而是把荀子生平所历分成四个主要阶段，与荀子思想发展的进程作了对应。

也就是说，荀子的经历应该与他的思想发展阶段基本保持一致。这样一来，既能说明荀子思想的来源之一，也让读者能够在相对轻松的阅读中加深对于荀子生平和思想的理解与记忆。

当然，这是作者的一厢所愿。究竟效果如何，有待广大读者的评判。

作者

二〇一七年一月

《三晋百位历史文化名人传纪丛书》已入选传主名单

尧	传说时期
舜	传说时期
禹	传说时期
晋文公	春秋
介子推	春秋
师旷	春秋
卜子夏	春秋
赵武灵王	战国
蔺相如	战国
荀子	战国
韩非子	战国
卫青、霍去病	西汉
班婕妤	西汉
关羽	三国
石勒	十六国
郭璞	两晋
慧远	两晋
法显	两晋
拓跋珪、拓跋焘、拓跋宏	南北

冯太后	两晋
王通	隋
尉迟敬德	唐
薛仁贵	唐
武则天	唐
狄仁杰	唐
王勃	唐
宋之问	唐
王之涣	唐
郭子仪	唐
王昌龄	唐
王维	唐
斐度	唐
白居易	唐
柳宗元	唐
温庭筠	唐
司空图	唐
李克用	唐
狄青	宋
司马光	宋
杨家将	宋
米芾	宋
元好问	金
关汉卿	元
郝经	元
白朴	元

萨都剌	元
罗贯中	明
王文素	明
孔天胤	明
王家屏	明
张慎言	明
傅山	清
于成龙	清
陈廷敬	清
孙嘉淦	清
杨二酉	清
雷履泰	清
栗毓美	清
祁寯藻	清
徐继畬	清
董文焕	清
车毅斋	清
刘笃敬	清
杨深秀	清
渠本翘	清